Konrad Heiland (

Prinzip Infektion

Atmosphärische Übertragung in Gesellschaft, Kunst und Psychoanalyse

Mit Beiträgen von Marie-Luise Althoff, Konrad Heiland,
Bernd Heimerl, Rudolf Heltzel, Hannes König, Uwe Labatzki,
Alfons Labisch, Christa Möhring, Theo Piegler,
Sebastian Rüger, Uli Schauerte, Willem Strank
und Hans-Christoph Zimmermann

Psychosozial-Verlag

Bibliografische Information der Deutschen Nationalbibliothek
Die Deutsche Nationalbibliothek verzeichnet diese Publikation
in der Deutschen Nationalbibliografie; detaillierte bibliografische Daten
sind im Internet über http://dnb.d-nb.de abrufbar.

Originalausgabe
© 2020 Psychosozial-Verlag, Gießen
E-Mail: info@psychosozial-verlag.de
www.psychosozial-verlag.de
Alle Rechte vorbehalten. Kein Teil des Werkes darf in irgendeiner Form
(durch Fotografie, Mikrofilm oder andere Verfahren)
ohne schriftliche Genehmigung des Verlages reproduziert
oder unter Verwendung elektronischer Systeme
verarbeitet, vervielfältigt oder verbreitet werden.
Fotos im Innenteil (außer im Beitrag »Theater der Ansteckung«): Julianna Heiland
Umschlagabbildung: James Ensor, *Christi Einzug in Brüssel*, 1888 (Ausschnitt)
Umschlaggestaltung und Innenlayout nach Entwürfen von Hanspeter Ludwig, Wetzlar
ISBN 978-3-8379-2965-2 (Print)
ISBN 978-3-8379-7691-5 (E-Book-PDF)

Konrad Heiland (Hg.)
Prinzip Infektion

IMAGO

Inhalt

Zu diesem Band   9

Danksagung   15

Angst ist ansteckend, aber Mut ist es auch   17
Vorwort und Vorgeschichte
Konrad Heiland

Miasmen, Kontagien, Pesthauch und Infektionen   29
Was die Menschen im Westen der Welt
über ansteckende Krankheiten dachten und denken
Alfons Labisch

Geisterspiele   61
Gedanken zur Corona-Pandemie
Konrad Heiland & Hans-Christoph Zimmermann

»Psychische Infektion«   77
Gedanken zu einem archaisch verankerten Phänomen
Theo Piegler

Von Ansteckungen erzählen   97
Kino und Literatur als Spiegel von Infektionskrankheiten
Konrad Heiland

Ästhetische Lust und Übertragungsprozesse im öffentlichen Raum   115
Marina Abramović: *The Artist is Present* (2010)

Bernd Heimerl

Mahler, Meme, Melodien oder: Wer nicht hören will, kriegt Viren   133
Eine Improvisation über die Wirkungsweise musikalischer »Erreger«

Uli Schauerte

Infektion durch Filmmusik   161
Phänomene der auditiven Penetration im Science-Fiction-Film

Willem Strank

Theater der Ansteckung   181
Gedanken und Erfahrungen eines Schauspielers und Kabarettisten
Ein Interview mit Sebastian Rüger

Konrad Heiland

Digitale Scheißflut   197
Über Ansteckungsphänomene im Web

Hannes König

To selfie or not to selfie   225
Selfies als Selbsttechnologie des frühen 21. Jahrhunderts

Christa Möhring

Digitale Infekte – Digitale Heilung   255
Krankheit und Therapie im Zeitalter der Digitalisierung

Uwe Labatzki

»Emotionen erleben!«   283
Sozialpsychologische Überlegungen zur Welt der Fußballfans

Rudolf Heltzel

Die infizierte Gesellschaft 313
Epidemische Phänomene im öffentlichen Diskurs
Konrad Heiland

**Die Gefühlsansteckung –
nur einen Moment oder Mausklick entfernt** 361
Marie-Luise Althoff

Zu diesem Band

Die Gegenwart zeigt: Das Thema Infektionskrankheiten ist alles andere als erledigt. Das Corona-Virus, eine neue, noch weitgehend unerforschte Variante des bereits bekannten SARS-Virus, beunruhigt zurzeit die Welt. Dieser Entwicklung trägt der Beitrag »Geisterspiele – Gedanken zur Corona-Pandemie«, den der Herausgeber unter Mitwirkung des Kulturjournalisten Hans-Christoph Zimmermann verfasst hat, Rechnung. In diesem Essay werden einige Aspekte vertieft, die in den bisherigen Veröffentlichungen eher zu wenig oder gar keine Beachtung fanden. Der Begriff »Geisterspiele« zollt der Bedeutung und den Auswirkungen Tribut, die mit dem radikalen Einschnitt durch die Pandemie auf vielen Ebenen unseres gegenwärtigen Lebens verbunden sind.

Ausgehend von der medizinischen Wissenschaft und den teilweise verheerenden Erfahrungen mit den sogenannten Infektionskrankheiten in den letzten Jahrhunderten, werden nun in diesem Sammelband zahlreiche Analogien in Gesellschaft, Kunst und Psychoanalyse zum ansonsten weitestgehend medizinisch geprägten Infektionsbegriff entwickelt. Den soziobiografischen Spuren, die letztlich zu der Idee für dieses Buch geführt haben, und ihren verzweigten Ausläufern folgt der Herausgeber Konrad Heiland in seinem Vorwort, etwa dem Begriff und der Bedeutung von Atmosphären, die als geeignetes Übertragungsmedium fungieren, der Balint-Supervision als Methode, die Adhoc-Übertragungen geschickt für sich zu nutzen weiß, und der kritischen Reflektion darüber, wie sich die zunehmende gesellschaftliche Verankerung der Psychotherapie eigentlich auswirkt und ob deren Folgen überhaupt begrüßenswert erscheinen. Es stellt sich die Frage, inwieweit nicht auch ein gewisser »Opferkult« und eine eigenartige Infantilisierung, die unlängst in unsere Gegenwart eingedrungen sind, dieser Verankerung in der Gesellschaft zuzurechnen sind.

Der Medizinhistoriker Alfons Labisch schlägt einen weiten Bogen von der Frühgeschichte bis in unsere Gegenwart hinein und gewinnt so eine Fülle erhellender Einsichten. In seiner präzisen Darstellung erzählt er etwa von Pest, Syphilis und Cholera und ihren ungemein weitreichenden Folgen über alle rein medizinischen Aspekte hinaus. Der Autor formuliert nicht zuletzt auch eine aufschlussreiche Geschichte der unzähligen Fehldeutungen, wie sie den Infektionskrankheiten im Laufe der Jahrhunderte zuteilwurde.

Sigmund Freud hatte bereits zu Beginn seiner Laufbahn von Psychischer Infektion gesprochen, diesen Begriff dann allerdings nicht mehr weiterverfolgt. Der Psychoanalytiker Theo Piegler aber geht diesem Phänomen nun nach, nicht zuletzt auch in seiner Eigenschaft als bedeutsames, neurobiologisches Grundmuster, und fächert es geschickt weiter auf. Dabei referiert er unter anderem auch die Entwicklung psychoanalytischer Konzeptionen seit Freuds grundlegenden Gedanken und für seine Nachfolger impulsgebenden Formulierungen. Die Infektion sowie auch die Nachahmung, die Imitation, geben sich als wesentliche Lebensprinzipien zu erkennen, die von der Neurobiologie bis hin zur gesellschaftspolitischen Bewegung erfasst werden.

Wie es der Psychoanalytiker Rudolf Heltzel, der freundlicherweise seinen wunderbaren Text – bereits 2006 in der Zeitschrift *Gruppenpsychotherapie und Gruppendynamik* erschienen – für diesen Sammelband zur Verfügung gestellt hat, am Beispiel von Werder Bremen prägnant darstellt, gilt dies auch für den Sport, für den Fußball: in Form der ansteckenden Massenbegeisterung für einen seinerzeit erfolgreichen ehemaligen Topverein. In seinem spannend und flüssig geschriebenen Text gelingt es Heltzel mithilfe sehr gebündelt und konzentriert gefasster soziologischer und psychoanalytischer Perspektiven, die Welt des Profifußballs und seiner Fans differenziert darzustellen, Licht und Schatten ihrer besonderen Existenzform erhellend zu beleuchten, sie auch kontextuell überzeugend einzuordnen und Fußball als Religionsersatz zu beschreiben, als eine kultische Handlung.

Die infizierte Gesellschaft wird vom Herausgeber in verschiedenen Aspekten wie etwa den Verschwörungstheorien, dem nahezu überall grassierenden Rechtspopulismus oder auch den seit geraumer Zeit fortwährenden Wirren der MeToo-Debatte vorgeführt. Die Moral der Kunst respektive die Kunst der Moral und die Frage nach der Trennung zwischen Künstler und Werk sind virulent geworden und werden anhand einiger Beispiele diskutiert. Um die infizierte Gesellschaft zu verstehen und zu analysieren, spielt nicht zuletzt auch die grundlegende Theorie des mimetischen Konflikts, wie sie der renommierte französische Kulturtheoretiker René Girard konsequent bis in alle möglichen Verästelungen hinein durchdacht hat, eine wesentliche Rolle.

Der Autor und Psychoanalytiker Hannes König widmet sich in seinem sprachlich virtuosen Beitrag einem bedenklichen, ja abschreckenden bizarren Phänomen, dem digitalen Shitstorm, der Scheißflut, wie er es so treffend nennt. Prägnant erfasst er die sich selbst verstärkende Dynamik der Hassrede im digitalen Raum und deren enormes Ansteckungspotenzial, zweifellos ein Faktor, der die Polarisierungstendenzen in unserer Gesellschaft noch weiter fördert. Darüber hinaus schenkt er seine Aufmerksamkeit der Infiltration der Öffentlichkeit durch den privaten Raum, wie sie in den letzten Jahren allerorten, beileibe nicht immer angenehm, wahrzunehmen ist. In seinem durch zahlreiche intellektuelle Referenzen wirkungsvoll bereicherten Essay weist König unter anderem überzeugend nach, wie sich der übermäßige Aufenthalt in der virtuellen Welt fatal auf das Beziehungserleben von Kindern und Jugendlichen auswirken kann.

Die Psychoanalytikerin Christa Möhring betrachtet eingehender und mit großer Genauigkeit zahlreiche Aspekte der digitalen Welt und stellt dabei das Selfie in den Mittelpunkt ihrer Untersuchungen, die sie mit zahlreichen Statistiken akribisch wissenschaftlich untermauert hat. Neben den unmittelbaren Folgen der weitverbreiteten, exhibitionistischen Selfiekultur verhandelt sie unter anderem auch die möglichen Korrelationen mit dem Narzissmus, der unserer Gesellschaft vielfach, gerade auch von Fachleuten, attestiert wird.

Ansteckungsprozesse im digitalen Raum behandelt auch der Diplompsychologe und Kunsttherapeut Uwe Labatzki ausführlich. Er würdigt die digitale Revolution als erheblichen Einschnitt in unsere Lebenswelt und schildert neben den vielen neuen Möglichkeiten auch die damit verbundenen Gefahren wie Internetabhängigkeit als Infektion durch das Internet und Computerviren als Infektion des Internets. Darüber hinaus sucht er nach digitalen Lösungsmöglichkeiten, die er sehr kenntnisreich zur plastischen, gerade auch für die Praxis unmittelbar anregenden Darstellung bringt.

Den dramatischen Vorgang, wie jemand während eines Vortrags auf einer Tagung von den psychopathologischen Inhalten seiner Rede selbst infiziert wird, beschreibt Marie-Luise Althoff – eine thematische Infektion im wahrsten Sinne des Wortes! Die Psychoanalytikerin behandelt in ihrer ausgesprochen mutigen Abhandlung auch extreme, durchaus furchteinflößende, drastisch anmutende Vorkommnisse wie den psychogenen Tod, den Noceboeffekt oder die psychotische Ansteckung.

Infektiöse Vorgänge finden wir in allen Kultursparten und künstlerischen Ausdrucksformen. Gerade Musik entfaltet ihre stärksten Wirkungen oft auf eine Weise subkutan, die der Komponist und Musikwissenschaftler Uli Schauerte schlicht »passives Hören« nennt. Anders als bewusstes *Hin-* oder *Zu*hören, ob nun zum »Abschalten« oder um für die Intensität spontaner Erlebnisse offen zu bleiben, gleicht diese Art des Hörens fast mehr einem Infektions- als einem Verstehensprozess. Musik ist begriffslos, und doch birgt manche Melodie eine eigene Botschaft, mitunter unsichtbar wie ein Virus, aber auch dechiffrierbar wie ein solcher. Um dies zu zeigen, entnimmt Schauerte »Gewebeproben« aus einem Schubertlied und aus Partituren Gustav Mahlers, der ihm durch die Schaffung digitaler Orchesterplaybacks zum vokalen Gesamtwerk bestens vertraut ist. Doch nicht nur Meisterwerke mit edlen Viren, auch Machwerke mit bösartigen werden entschlüsselt: Ein so berühmter wie penetranter Karnevalsohrwurm der 1950er Jahre erweist sich so als der zur Kenntlichkeit »kodierte« Klon eines noch berühmteren und bösartigeren Originals aus dem musikalischen Giftschrank des NS-Regimes. Zum besseren Verständnis der Begrifflichkeiten ist an diesen Beitrag ein Glossar angehängt.

Der Schauspieler Sebastian Rüger spricht über Mobbing als infektiöses Phänomen, das über eine oft eher ungute Form sozialer Ansteckung gerade erst richtig zu seiner fatalen, finalen Entfaltung kommt. Er stellt sein preisgekröntes Kabarett-Theater »Ulan & Bator« vor, schildert dramatische und irritierende Erfahrungen während der Probenarbeit und problematische, anscheinend von thematischer Infektion mitgeprägte Phänomene in der Film- und Theaterbranche wie etwa die absolut desaströsen Bedingungen bei den Dreharbeiten zu dem legendären Vietnampos *Apokalypse Now*, die gleichzeitig in frappierender Weise dem Sujet des Films entsprachen. Ein zeitgenössisches infektiöses Phänomen erkennt Rüger in den derzeit boomenden, von der Kritik seit Langem geradezu kanonartig hochgelobten Fernsehserien, die sich immer weiter fortpflanzen, oder auch in einigen bizarren, nicht selten geradezu gruselig wirkenden, düsteren Erscheinungsformen im Internet.

Konrad Heiland folgt im Beitrag »Von Ansteckungen erzählen« den Spuren, die etwa die Tuberkulose in der Literatur oder Aids im Kino hinterlassen haben. Die Spanische Grippe wurde in der künstlerischen Verarbeitung von Infektionskrankheiten vergleichsweise eher vernachlässigt, obwohl sie weit mehr Menschen tötete, als im Ersten Weltkrieg gefallen waren – ein nach wie vor erstaunlicher, nicht so leicht fassbarer Umstand. Im Dialog mit seinerzeit bahnbrechenden Essays wie *Krankheit als Metapher* der amerikanischen Paradeintellektuellen Susan Sontag werden die Bedeutungen und Bewertungen von Krankheiten einer erneuten Überprüfung unterzogen. Nicht zuletzt wird auch die Frage gestellt, wie weit heute noch, wie einst in der alten griechischen Kultur, Tragödien als eine Art von Immunisierung wirksam sein könnten.

Ausgehend vom angenommenen infektiösen Grundcharakter der Musik, beschreibt der Filmmusikexperte Willem Strank infektiöse Wirkungen des Kinos durch den Soundtrack, der unsere Emotionen unmittelbar okkupiert, während wir es kaum bemerken, weil wir abgelenkt sind und scheinbar lediglich der Handlung folgen. Er liefert eine detaillierte, musikwissenschaftlich fundierte Beschreibung, die die Architektur und die Bauprinzipien der Filmmusik transparent werden lässt. Die unterschiedlichen Funktionen, die der Soundtrack übernehmen kann, werden anhand zahlreicher sprechender Beispiele, insbesondere von Science-Fiction-Filmen, in deren Plot jeweils eine Epidemie im Zentrum steht, differenziert dargestellt. Die Wirkmechanismen der Tonspur werden bis in die konkreten Tonfolgen hinein offengelegt.

Der Psychoanalytiker Bernd Heimerl folgt seiner Faszination für die Performancekünstlerin Marina Abramovic und hält dabei doch mithilfe der passenden psychoanalytischen Begrifflichkeit ganz wunderbar die Balance zwischen seiner spürbaren Begeisterung und einer gewissen intellektuellen Distanz. Gleichwohl werden auch die tiefergehenden, schmerzlichen Aspekte der existenziell mutigen Kunst Abramovics, die keinerlei Herausforderung, kein Leid scheut und Masochismus und Sadismus zum Ausdruck bringt, deutlich. So nähert sich Heimerl in seinem Beitrag respektvoll dieser grandiosen Künstlerin, deren intensive Wirkung sich gerade im Schweigen, in der Stille entfaltet. *The Artist is Present* lautet der Titel ihrer bis heute berühmtesten Performance; ihre Kunst verweist auf eine Präsenz mit allen Sinnen, körperlich, seelisch, geistig, die aber keiner Worte mehr bedarf.

Konrad Heiland

Danksagung

Mein Dank gilt meiner Frau Julianna Heiland, die für diesen Sammelband einige ihrer wunderbaren Fotografien beigesteuert hat, Bilder, die den Assoziationsraum der vorliegenden Texte wirkungsvoll erweitern können.

Zudem danke ich meinen Mitarbeitern Barbara Först, die mir für unzählige Stunden als engagierte, hilfreiche Sparringpartnerin zur Verfügung gestanden hat, sowie Janka Palinkas und Jakob Strauß, die mir während der Schlussphase hilfreich zur Seite standen. Der Lektorin Julia Stein gilt mein Respekt und meine Dankbarkeit für ihre akribische Arbeit, ihre Geduld und ihre Genauigkeit.

Nicht zuletzt sei auch den Autorinnen und Autoren für ihre gelungenen Beiträge gedankt, ohne die dieses Buch nicht existieren würde.

Angst ist ansteckend, aber Mut ist es auch

Vorwort und Vorgeschichte

Konrad Heiland

Mir erscheint das Prinzip Infektion wie ein übergreifendes, mächtiges Lebensprinzip, eines der wesentlichen Urmuster, nach denen sich die ganze Welt ausrichtet. Es lässt sich in unzähligen Facetten wiederfinden, nicht nur in der allseits vertrauten medizinischen Erscheinungsform der körperlichen Krankheiten, der Infekte, die, anders als erhofft, keineswegs besiegt sind und in immer neuen Varianten das Licht der Welt erblicken, sondern auch im seelisch-geistigen Terrain der Gedanken und Gefühle, der Haltungen, Meinungen und Absichten. Dieses Prinzip taucht in den unterschiedlichsten Gestalten auf und bestimmt unser Leben oft entscheidend mit. Es übt nicht selten erheblichen Einfluss auch auf unsere Handlungen aus, bewirkt Wendungen und radikale Umkehr.

Eine für mich bis heute besonders eindrückliche Begegnung mit diesem faszinierenden Phänomen fand während meiner Studentenjahre in den 1970ern im Kino statt, sie ergab sich durch den hervorragenden Film *Es herrscht Ruhe im Land* (1976), dessen zentrale Aussage lautet: »Die Angst ist ansteckend, aber der Mut ist es auch.«

Es herrscht Ruhe im Land, das Kino aber bricht auf

Der zweifellos sarkastisch gemeinte Titel sagt bereits viel über dieses heute leider etwas in Vergessenheit geratene Werk der Filmkunst aus. Schauplatz der Handlung ist ein fiktives Land in Südamerika, in dem sich das Militär an die Macht geputscht hat. Regie führte der dezidiert politisch engagierte deutsche Filmemacher Peter Lilienthal, der selbst jahrelang in Lateinamerika gelebt hatte, weil er dorthin vor dem europäischen Faschismus geflüchtet war.

Drei Jahre vor Erscheinen des Films, 1973, gab es tatsächlich eine Machtübernahme durch das Militär in Chile, einen gewaltsamen Putsch und den Sturz des bereits seit geraumer Zeit heftig umstrittenen sozialistischen Staatspräsidenten Salvador Allende, der sich offenbar während des Umsturzes, so jedenfalls sagt es die heutige Quellenlage, im Präsidentenpalast erschoss. Die folgende Inthronisation des Militäroberbefehlshabers Augusto Pinochet markiert den Beginn einer schrecklichen Diktatur, die unzählige Menschen das Leben kostete, viele wurden gefoltert, andere wurden verschleppt und tauchten nie wieder auf. Lilienthals Film nun ist zwar einerseits eine Fiktion, wirkt aber doch sehr deutlich wie eine Resonanz, wie ein Reflex auf diese blutigen, deprimierenden Ereignisse in Chile. Dieser Effekt wird nicht zuletzt auch durch die realistisch wirkende, geradezu dokumentarische Machart des Films unterstützt. Es geht um die »kleinen Leute«. Die Hauptrolle spielt dabei der renommierte französische Schauspieler Charles Vanel, geradezu eine Ikone des französischen Kinos, damals bereits Mitte 80-jährig. Er verkörpert einen couragierten Bonbonverkäufer, der es wagt, sich der Diktatur zu widersetzen. Hier wird der sogenannte »kleine Mann« als Held gezeigt, der in der Lage ist, aus innerer Überzeugung heraus mutig und verantwortlich zu handeln. Über die geschilderten politischen Ereignisse hinaus entfaltete dieser Film, so jedenfalls will es mir in der Erinnerung scheinen, eine enorm ermutigende Wirkung, die mir als damals 20-Jährigem half, so manche persönliche Verzagtheit zu überwinden – eine Art Kinotherapie! Charles Vanel als couragierter Bonbonverkäufer wirkt wie ein Vorbild, steckt andere mit seinem Verhalten an, die sich nun mehr zutrauen als zuvor und tatsächlich anders handeln, nicht nur als Figur auf der Leinwand, vielleicht sogar auch als Personen im realen Leben.

Peter Lilienthal gehörte der damals vielversprechenden Aufbruchsbewegung des Neuen Deutschen Films an, die erst in erheblicher zeitlicher Verzögerung zu dem legendären Oberhausener Manifest von 1962 entstanden war, das den Tod von Papas respektive Opas Kino mit plakativem Gestus propagierte und unter anderem auch von Alexander Kluge unterzeichnet wurde. Während der ersten Hälfte der 1960er Jahre verschwand das Kino der 1950er Jahre langsam, nach und nach, von der Bildfläche. Ein gutes Jahrzehnt später als bei der Nouvelle Vague in Frankreich taten sich auch im deutschen Kino neue ästhetische Möglichkeiten jenseits der ausgetretenen Pfade auf. Später, 1971, wurde dann der Filmverlag der Autoren als Selbsthilfeorganisation der sogenannten Autorenfilmer gegründet. Dieser Elan, diese enorm ansteckende Aufbruchsstimmung, diese Offenheit und dieser kreative Optimismus trotz durchaus bedrückender politischer Konflikte und des düsteren RAF-Dramas scheinen heute doch ziemlich verpufft zu sein, einige Namen wie Fassbinder, Wenders und Herzog, allenfalls noch Schlöndorff und Kluge, haben ihren Bekanntheitsgrad zwar halbwegs gehalten, andere sind jedoch weitgehend in Vergessenheit geraten. Der Schwung ist dahin. Damals aber wirkten die Autorenfilmer (nicht nur die deutschen) geradezu wie Helden, denen es zuweilen gelang, das Poetische mit dem Politischen zu verknüpfen. Filmregisseur erschien als ein durchaus attraktiver Beruf von geradezu magischer Anziehungskraft – der unabhängige, selbstbestimmte Künstler, der scheinbar autonome Autorenfilmer, ein geradezu halluzinatorisch anmutender Traum, eine Fata Morgana in der staubtrockenen Wüste des Alltags. Diese regelrechte Zelluloidinfektion veranlasste auch mich, mit der Super-8-Kamera loszuziehen und alles zu filmen, was sich irgendwie bewegte.

Atmosphären, randlos in den Raum ergossen

Eine weitere Spur auf meinem Weg zur Auseinandersetzung mit dem Prinzip Infektion markiert zweifellos die Ausbildung zum integrativen Musiktherapeuten am Fritz-Perls-Institut (FPI), das von dem deutschen Psychologieprofessor Hilarion Petzold 1972 gegründet und nach wie vor innerhalb eines Leitungsteams mit geführt wird. Zur Theorie der von ihm entwickelten Integrativen Therapie hat Petzold zahlreiche Lehrbücher verfasst, in denen er philosophische, anthropologische und psychologische Konzepte geschickt miteinander zu verflechten weiß. Das FPI-Tagungshaus befindet sich in recht idyllischer Lage unmittelbar am umwaldeten Beversee im Bergischen Land, ein durchaus stimmungsvolles Ambiente. In den hier stattfindenden Seminaren wurde nicht zuletzt auch eine theoretische Auseinandersetzung mit dem schillernden Begriff der Atmosphäre immer wieder angeregt.

In den meisten Texten dieses Sammelbandes wird nun gewissermaßen die Magie des Themas selber zum Thema, eine Art thematische Übertragung breitet sich in den verschiedensten Räumen, in Gesellschaft, Kunst und Psychoanalyse aus, einige Wirkungsweisen dieses tatsächlich oft nahezu unbemerkt ablaufenden Vorgangs werden anhand zahlreicher Beispiele eingehender untersucht. Zu dem dabei äußerst bedeutsamen Begriffspaar Szene und Atmosphäre heißt es bei Petzold:

> »[Die Szene] ist erfüllt von sozioemotionalen Mikro-, Meso- und Makroklimata, z. B. einem ›Zeitgeist‹, von ›Atmosphären, die randlos in den Raum ergossen sind‹ (Schmitz 1989), als ein ›Konzert von subliminalen und supraliminalen Sinneseindrücken und ihrer Gedächtnisresonanz‹, die ›Stimmungen‹ schaffen« (Petzold, 1993, S. 900).

Hier wird zumindest versucht, dem so schwer greifbaren, nicht eben leicht formulierbaren Phänomen der Atmosphären ein wenig auf die Spur zu kommen. Als ausgewiesener Experte auf diesem Gebiet hat sich nicht zuletzt auch der deutsche Philosoph Gernot Böhme durch mehrere Veröffentlichungen und zahlreiche Vorträge profiliert. In seinem Buch *Atmosphäre. Essays zur neuen Ästhetik* (2017) schreibt er:

> »Es gibt einen schier unerschöpflichen Fundus von Ausdrücken, mit denen wir über Atmosphären sprechen, Atmosphären charakterisieren. Man spricht von einer *ernsten Atmosphäre*, einer *bedrohlichen Atmosphäre*, einer *erhabenen Atmosphäre*, aber man spricht auch von der *Atmosphäre der Gewalt* oder der *Heiligkeit*, und man redet sogar von der *Atmosphäre eines Boudoirs*, von einer *kleinbürgerlichen Atmosphäre*, von der *Atmosphäre der zwanziger Jahre*« (Böhme, 2017, S. 263, Hervorh. i. O.).

Und diese Liste ließe sich noch weiter fortsetzen: aufgeladene Atmosphären, bis zum Zerreißen gespannte Atmosphären, die Luft ist zum Schneiden, infektiöse Atmosphären, es liegt etwas in der Luft etc. Was war der Filmtitel *Die bleierne Zeit* (1981) von Margarete von Trotta denn anderes als die ungemein treffende Beschreibung der Atmosphäre, der Stimmungslage in Deutschland, als die vorherige Aufbruchseuphorie, die zumindest in Kunst und Kultur eine Zeitlang noch als offene, kreative Experimentierfreude dem Startschuss der rebellischen '68er gefolgt war, 1977 endgültig einem lähmenden Entsetzen gewichen war? Deutschland im Herbst, die brutale Ermordung von Schleyer, die fatale Flugzeugentführung der »Landshut«, das Finale in Mogadischu – das war das deprimierende Ende dieser Phase und besiegelte unwiederbringlich »das rote Jahrzehnt« (Buchtitel Koenen, 2002) es endete in einem absoluten Desaster. Die damit verbundene Veränderung des Zeitgeistes war damals überall spürbar, an jeder Straßenecke, so will es mir scheinen, sie lag tatsächlich in der Luft. Eine Erstarrung, die Hoffnung gefror im Nu, ein eisiger Wind wehte durch die Straßen. Alles Erfreuliche war aufgebraucht, jedwede Heiterkeit verschwunden. Der grimmige Winter übernahm jetzt eiskalt die Führung. Selten ist mir eine atmosphärische Veränderung derart bis in die klappernden, frierenden Knochen gefahren wie zu diesem Zeitpunkt. Noch in der Erinnerung packt mich ein Frösteln. Allenfalls 1989 kündigte sich dann mit dem Fall der Mauer wieder eine positive Zeitenwende an, die den Beginn der 1990er Jahre zunächst in deutlich helleres, wärmeres und eher optimistisches Licht tauchte.

Petzold verweist auf die verschiedenen Formen, die unterschiedlichen Sparten des Gedächtnisses: »Jede Szene und Atmosphäre, die ich (mit) konstituiere, die ich wahrnehmend und handelnd gestalte, wird in mir eingegraben [...]. Das Gedächtnis wird so ein unendliches Reservoir von Atmosphären und Szenen: szenisches und atmosphärisches Gedächtnis« (Petzold, 1993, S. 901). Gerade über sinnliche Eindrücke kann eine vergangene Atmosphäre wieder abgerufen werden, der unübertroffene Meister dieser facettenreichen Evokationskunst ist und bleibt bis in die Gegenwart hinein der legendäre französische Schriftsteller Marcel Proust. In *Auf der Suche nach der verlorenen Zeit* (1913) helfen dem Protagonisten vor allem charakteristische, unverwechselbare Gerüche, um frühere Ereignisse aus seinem Leben wieder heraufzubeschwören, sie nach und nach entstehen zu lassen. Proust hat ein Wunderwerk der Literatur geschaffen, das sich insbesondere erst in der Liebe zum Detail zur vollen Blüte entfaltet. Noch tiefgreifender, noch weitreichender als die poetische Sprache vermag jedoch die Musik das atmosphärische Gedächtnis zu stimulieren. Sie kann in sonst unzugängliche Räume vordringen und tiefer abgespeichertes Erleben erreichen. Es ist denn auch eine unbestrittene Kernkompetenz der Musiktherapie, Atmosphären durch Klänge, insbesondere durch Klangfarben, aus der Versenkung wieder auftauchen zu lassen, Atmosphären auch und gerade aus der präverbalen Phase, als uns die Sprache noch nicht zur Verfügung stand. Die nonverbale Gestaltung fügt eben Wesentliches hinzu. Der musikbegeisterte Psychoanalytiker Sebastian Leikert versucht, dieser Tatsache Rechnung zu tragen und eine Lücke im Theoriegebäude zu schließen, indem er den Begriff der kinästhetischen Semantik neu einführt. Er verweist so auf ein sprachanaloges System von Bedeutungen, das sich aus der Musikerfahrung und den damit unmittelbar verbundenen körperlichen Resonanzen speist und die Welt jenseits verbaler Muster wahrnimmt. Genauer ausgeführt, noch weiterentwickelt und in das Theoriekonzept der Psychoanalyse eingeordnet hat Leikert seine Gedanken etwa in *Schönheit und Konflikt* von 2012. Dabei geht es nicht zuletzt auch um die Rezeptionswege von Kunst, Literatur und Musik. Wie erleben und erfassen wir etwa Musik oder Malerei? »Die Musik ist eine ›*mimetische Symbolisierung*‹«, heißt es bei Leikert,

> »das heißt, sie imitiert körperlich emotionale Grundordnungen und ist damit eine Symbolisierung des Gefühls (Langer 1942). Stern (1985) hat wiederholt die Form emotionaler Verläufe herausgearbeitet und als ›Vitalitätseffekte‹ bezeichnet. Haesler (2002) weist auf die Ähnlichkeit zwischen dem Vitalitätseffekt und der musikalischen Form« (Leikert, 2012, S. 136, Hervorh. i. O.)

hin. Atmosphären lassen sich dabei wohl am ehesten noch mit künstlerischen Methoden wiedergeben – geradezu literarische Qualitäten der Sprache helfen oft entscheidend dabei, Atmosphären treffend zu beschreiben, es ist eine permanente Herausforderung, die passenden Worte zu finden. Ein Manko nahezu aller Therapieausbildungen bleibt, nicht ernsthaft genug genau daran zu arbeiten, wobei es zweifellos grundsätzlich problematisch ist, musikalische Erfahrungen in Sprache zu übersetzen. Gleichwohl sind Musik und Sprache, klug kombiniert, ein wirkmächtiges Team: In der Integrativen Musiktherapie permanent abwechselnd eingesetzt, ermöglichen sie ein Ineinander von Erleben und Verstehen, einen fortwährenden Verarbeitungsprozess. Gesucht sind jedenfalls eloquente, redekundige Therapeuten, die mit ihren Worten den Nagel präzise auf den Kopf treffen, verbale Berührungen durch die sprachliche Genauigkeit ihres Ausdrucks hervorrufen, das »Zauberwort« finden. »Und die Welt hebt an zu singen, triffst Du nur das Zauberwort«, prophezeit Joseph von Eichendorff ebenso schön wie treffend (Schultz, 1987, S. 328). Gernot Böhme verweist auf die japanischen Haikus als rein dem Atmosphärischen geweihte Form der Poesie: »Das Läuten verklingt – der Blütenduft steigt herauf, das ist der Abend«, heißt es bei dem japanischen Dichter Matsuo Basho in einem seiner *Hundertelf Haikus* (Böhme, 2017, S. 66). Gerade wenn nahezu nichts geschieht, dominiert die Atmosphäre, man ist nicht abgelenkt, es wird keinerlei Handlungsspannung aufgebaut. Die Überwindung jeglichen Plots war ein wesentlicher Topos der künstlerischen Avantgarde, in der Literatur und auch im Theater: Der geniale Ire Samuel Beckett, sein Welterfolg *Warten auf Godot* (1952) und sein absurdes *Endspiel* (1957) wären da zu nennen, aber auch die frühen experimentellen, radikaleren Texte und Theaterstücke vom späteren Literaturnobelpreisträger Peter Handke, etwa *Kaspar* (1967) oder die *Publikumsbeschimpfung* (1966), der Nouveau Roman und sein Umfeld, Bücher wie *Tropismes* (1939) von Nathalie Sarraute, das diese Entwicklung in gewisser Weise bereits vorwegnahm, sowie Francis Ponges reine Dingwelt, beispielhaft konsequent durchgeführt etwa in *Die Seife* (1969). So wie in einigen dieser Texte die Sprache selber zum Thema wird, so werden in der abstrakten Kunst Mark Rothkos Farbe und Form zum Inhalt, die Malerei selbst wird zum Gegenstand der Malerei. In der modernen Kunst vermag die Atmosphäre zum wesentlichen Bestandteil des Inhalts zu werden, so fungiert sie auch als ein Schlüsselbegriff der Ästhetik, eine atmosphärische Übertragung erfasst den Rezipienten vor dem Kunstwerk, so er sich diesem nicht völlig verschließt.

Balint-Supervision – produktive Keimzelle multipler Infektionen

Durch einen weiteren wichtigen Zweig meiner Psychotherapieausbildung, die Zusatzqualifikation zum Ärztlichen Psychotherapeuten, lernte ich die sogenannten Balintgruppe als Supervisionsmethode kennen. Der österreichisch-ungarische Psychoanalytiker Michael Balint (1896–1970) war Schüler des legendären, bedeutenden Freudkritikers Sándor Ferenczi und entwickelte ein Konzept, das bis heute regelmäßig und äußerst erfolgreich in Supervisionsgruppen angewandt wird. Die von mir so hochgeschätzte und mit bis heute anhaltender Vorliebe praktizierte Methodik der Balint-Supervision hatte mich von Beginn an überzeugt und war aus heutiger Sicht auch eine frühe, stetig fließende Inspirationsquelle für dieses Buch: Hier soll sich die psychopathologische Verfasstheit des Patienten, der als Fallbeispiel vorgestellt wird, geradezu wie eine Infektion unter den Supervisanden ausbreiten.

Der Patient, um den es dabei jeweils geht, ist nicht anwesend, sondern sein Bild entfaltet sich ausschließlich durch die Schilderung des behandelnden Therapeuten. Im ununterbrochenen Monolog des Behandlers kann sich die innere Dynamik der Fallgeschichte ungehindert entfalten und ihre infektiöse Wirkung auf die anwesenden Gruppenteilnehmer, allesamt selber Ärzte oder Therapeuten, ausüben. Nach dieser anfänglichen Phase folgt dann eine kurze Fragerunde, bevor ein Rollentausch stattfindet. Jetzt schweigt der Therapeut, der zuvor gesprochen hatte und hört zu, während die anderen Teilnehmer beginnen, ihre jeweiligen Resonanzen und Assoziationen möglichst frei und offen mitzuteilen. Nun zeigt sich das pulsierende Herzstück der Balintgruppe. Die einzelnen Gruppenteilnehmer repräsentieren je unterschiedliche Persönlichkeitsanteile des soeben vorgestellten Patienten: So kann es beispielsweise dann, wenn eine Borderlinepersönlichkeit vorliegt, in signifikanter Weise zu Spaltung und unversöhnlichem Streit innerhalb der Gruppe kommen, bei einem stark depressiv gefärbten Fall zu einer Erschöpfung und Ermüdung der Resonanzen, bis hin zu einem vorübergehenden geradezu ratlos wirkenden Schweigen. So bildet sich in der Balintgruppe die persönliche Problematik des Patienten mit ihren verschiedenen Facetten im supervisorischen Prozess ab. Wie der behandelnde Therapeut zu Beginn durch seine ausnahmslos monologisch vorgetragene Fallvorstellung in die Gruppe hineinruft, so schallt es vielleicht später auch wieder zurück, nur mit dem entscheidenden Unterschied, dass nun auch das Unterschwellige, zuvor Nichtgesagte, Resonanz findet. Zudem können die Rückmeldungen auch innerhalb der Gruppe eine gewisse Eigendynamik entfalten, die möglicherweise andere, bisher nicht wahrgenommene Perspektiven eröffnet.

Die Balint-Supervision bedeutet ein veritables Achtsamkeitstraining, eine permanente Schulung der Wahrnehmung. Alles wird während einer Sitzung mit in die Erfassung des Fallbeispiels eingebaut, so etwa auch lautere, besonders auffällige Geräusche von der Straße oder ein Husten aus dem Nebenraum, all das gehört jetzt zur gerade verhandelten Fallgeschichte mit dazu. Es gibt keine Belanglosigkeiten, keine Zufälle, nichts Unbedeutendes. Man versucht, Konstellationen zu erfassen, Korrespondenzen zwischen den Einzelheiten zu erkennen, am Ende zu deuten und daraus auch Lösungsansätze abzuleiten. Das Schlusswort gebührt wieder dem Behandler, der ein kurzes Feedback zu dem soeben erlebten Gruppenprozess formuliert. Nicht selten nimmt er viele wertvolle Anregungen für seine weitere therapeutische Arbeit mit.

Thematische Infektion, atmosphärische Übertragung

So lautet der Arbeitstitel dieses Buches: Thematische Infektion, atmosphärische Übertragung. Es ging darum, Phänomene zu erfassen, die sich von der klassischen freudianischen Übertragung unterscheiden, gleichwohl aber durchaus bedeutsam sein können. Hier werden eben nun keine vollständigen Rollen übertragen, keine umfassenden Gefühls- und vor allem Beziehungskonstellationen, sondern lediglich Teilaspekte. Die atmosphärische Übertragung transportiert eine vage Gestimmtheit, eine emotionale Ansteckung weiter, deren mögliche Hintergründe zunächst im Verborgenen bleiben.

Musik fungiert als hervorragend geeigneter Träger solch atmosphärischer Übertragung. Filmmusik zum Beispiel wirkt bei der Atmosphäre eines Films oft wesentlich mit, ist nicht selten der ausschlaggebende Faktor, der alles andere einfärbt, allen Geschehnissen die intendierte Bedeutung verleiht, unsere Stimmung bei der Betrachtung des Films entscheidend prägt, uns dirigiert, zumeist ohne dass wir es überhaupt bemerken. Wir haben es also hier mit Ansteckungsprozessen zu tun, die nicht der klassischen Form der Übertragung entsprechen, aber dennoch relevant und folgenreich sind.

Infektion, aus dem medizinischen Sprachgebrauch übernommen, meint ja auch einen – oft allerdings besonders wichtigen – Teilaspekt, wohingegen Identifikation auf die gesamte Person verweist und Individualität weitgehend verwischt; ein in aller Regel eher vorübergehender Prozess in der persönlichen Entwicklung: Die Identifikation der Tochter mit der Mutter oder des Sohnes mit dem Vater läuft bei Heranwachsenden nahezu immer wie von selbst ab, gehört zum Erwachsenwerden mit dazu.

Der histrionische Modus und die damit nicht selten verbundene Neigung zur hysterischen Identifikation könnte, wie es der Filmregisseur Woody Allen in seiner satirischen Pseudodokumentation *Zelig* (1983) so beeindruckend vorgeführt hat, im zugespitzten, äußersten Extremfall durchaus zu einer Art »Chamäleon-Syndrom« führen, wenn das Bestreben, sich seiner jeweiligen Umgebung anzupassen, vollkommen die Oberhand gewinnt, so wie bei seinem Protagonisten Zelig. Dieser gilt als das »menschliche Chamäleon«, weil er, egal, wo er sich gerade befindet, immer die hervorstechendsten Eigenschaften seiner Umgebung annimmt. So wird er beim Betreten eines New Yorker Jazzklubs, der vor allem von schwarzen Musikfans frequentiert wird, selber schnell schwarz, bei seiner Rückkehr auf die Straße jedoch augenblicklich wieder weiß. Der Witz des Films besteht darin, dass er sein Grundprinzip, die hysterische Identifikation, bis in die letzte Konsequenz hinein durchdekliniert. Als Zelig etwa aufgrund seiner Symptomatik einer psychiatrischen Befragung ausgesetzt wird, verwandelt er sich umgehend selbst in einen Psychiater, der sich seinerseits nach dem Befinden seines Gegenübers erkundigt und typische »Psycho«fragen stellt. Identität wird so zu einer Chimäre. Sie erscheint unauffindbar.

Imitation, Nachahmung, überall in der Welt zu finden, kann sich nun auf Teilaspekte, aber auch auf das Ganze beziehen, ein Vorgang, der sowohl bewusst als auch unbewusst, geradezu reflexhaft, ablaufen kann, aber zuweilen doch auch recht oberflächlich bleibt. *Der Stimmenimitator* (1987) heißt eine Prosaminiatur aus der gleichnamigen Sammlung von wunderbar grotesken Texten des Autors Thomas Bernhard. Die knappe Schilderung eines künstlerischen Auftritts endet mit den folgenden Worten: »Wir durften auch Wünsche äußern, die uns der Stimmenimitator bereitwilligst erfüllte. Als wir ihm jedoch den Vorschlag gemacht hatten, er solle am Ende seine eigene Stimme imitieren, sagte er, das könne er nicht« (Bernhard, 1987, S. 10). Hier stimmt das Verhältnis von Nähe und Distanz nun nicht mehr, der Abstand wird komplett aufgehoben, der aber eine Grundvoraussetzung für jede Form der Imitation bildet.

Nachahmung ohne hinreichende identifikatorische Anteile kann einen durchaus schmerzhaften Prozess zur Folge haben, wie es der bulgarische Politologe Ivan Krastev und der amerikanisch Politikwissenschaftler Stephen Holmes in ihrem gemeinsam verfassten Buch *Das Licht, das erlosch* (2019) am Beispiel der osteuropäischen Länder ausführlich darstellen: Eine reine, angestrengte und, in gewisser Weise, von oben diktierte Nachahmung ohne innere Überzeugung wird auf die Dauer nirgendwo funktionieren. Im Gegenteil, sie kann zu erheblichen politischen Verwerfungen führen, wie es die antidemokratischen reaktionären Tendenzen in Ungarn oder Polen auf geradezu bedrohliche Weise zeigen.

Das geprägte Selbst

Identitätsentwicklung lässt sich als ein offener und komplexer, lebenslang aktiver Prozess verstehen. Dabei ist der Mensch ein durch und durch geprägtes Wesen; aus zahlreichen Einflüssen und Anlagen heraus hat sich seine Individualität erst entwickelt, sich langsam herausgeschält. Die Prägungen kann er sich später zu eigen machen, sie akzeptieren und vielleicht sogar hier und da umformen. Im engeren Sinne gibt es folglich kein wahres, abgetrenntes Selbst, das ist eher eine Chimäre, ein Glaubensobjekt, ein Fetisch esoterischer Kreise. So ließe sich auch die Objektbeziehungstheorie von Otto F. Kernberg, nach wie vor eine stabile Säule der Psychoanalyse, verstehen: Es bildet sich keine Persönlichkeit ohne die wesentliche Beeinflussung durch andere Menschen; vom allerersten Anbeginn an, noch vor der Geburt, werden wir geprägt. Das Eigene erwächst überhaupt erst aus dem Fremden. Wir sind alle Mischwesen, von zahllosen Einflussfaktoren gezeugt.

Allerdings eröffnet sich durchaus die Möglichkeit, diese Prägungen, diese unbewussten Imitationen und infektiösen Prozesse, wahrzunehmen und zu reflektieren. Dazu soll dieses Buch einen Beitrag leisten.

Literatur

Bernhard, T. (1987). *Der Stimmenimitator*. Frankfurt a. M.: Suhrkamp.
Böhme, G. (2017). *Atmosphäre. Essays zur neuen Ästhetik*. Berlin: Suhrkamp.
Koenen, G. (2002). *Das rote Jahrzehnt. Unsere kleine deutsche Kulturrevolution 1967–1977*. Berlin: S. Fischer.
Krastev, I. & Holmes, S. (2019). *Das Licht, das erlosch. Eine Abrechnung*. Berlin: Ullstein.
Leikert, S. (2012). *Schönheit und Konflikt. Umrisse einer allgemeinen psychoanalytischen Ästhetik*. Gießen: Psychosozial-Verlag.
Petzold, H. G. (1993). *Integrative Therapie. Modelle, Theorien und Methoden für eine schulenübergreifende Psychotherapie*. Paderborn: Junfermann.
Proust, M. (1967). *Auf der Suche nach der verlorenen Zeit*. Frankfurt a. M.: Suhrkamp.
Schultz, H. (Hrsg.). (1987). *Wünschelrute. Joseph von Eichendorff. Werke in sechs Bänden, Band 1*. Frankfurt a. M.: Deutscher Klassiker Verlag.

Biografische Notiz

Konrad Heiland ist Arzt, ärztlicher Psychotherapeut mit Zusatzqualifikation in Psychoanalyse, klinischer Musiktherapeut, Supervisor, Lehrtherapeut und Dozent an verschiedenen Weiterbildungsinstituten. Darüber hinaus verfasst er als freier Autor essayistische Beiträge für Fachzeitschriften und Bücher, ist freier Mitarbeiter beim Bayerischen Rundfunk und Autor mehrerer Radio-Features.

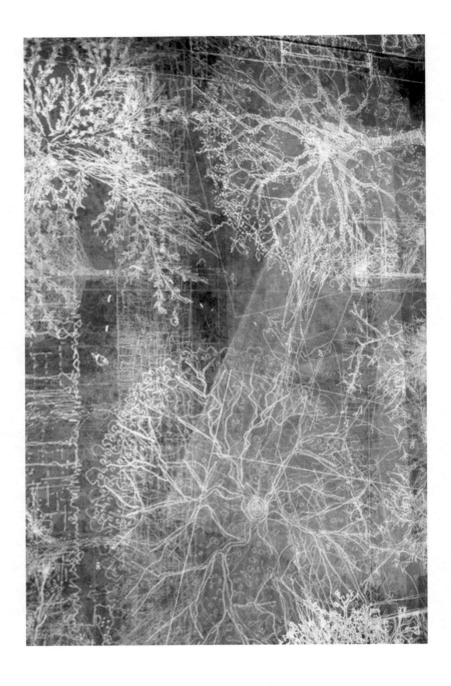

Miasmen, Kontagien, Pesthauch und Infektionen

Was die Menschen im Westen der Welt über ansteckende Krankheiten dachten und denken

Alfons Labisch[1]

Wo waren die Mikroben und Bakterien, bevor sie entdeckt wurden?

Wo waren die Mikroben und Bakterien, bevor sie von Louis Pasteur (1822–1895) und Robert Koch (1843–1910) entdeckt wurden? Sie waren nicht da! Um es zu wiederholen: Im Leben der Menschen bedeuteten sie bis dato nichts, folglich gab es sie auch nicht. Die versammelten Größen der Berliner Physiologischen Gesellschaft mögen ihren Kopf geschüttelt haben, als der unbekannte Robert Koch ihnen am 24. März 1882 unter dem Titel »Die Aetiologie der Tuberculose« ein winziges, auch unter dem Mikroskop nur schwerlich sichtbares Bakterium als einzige und alleinige Ursache dieser allseits bekannten und gefürchteten Volksseuche vorstellte. In seinem Vortrag entwickelte Robert Koch beiläufig die berühmten Koch'schen Postulate, die bis heute zugleich die Methode und der Goldstandard sind, um neue Krankheitserreger fest- oder neue Infektionstheorien aufzustellen, zuletzt als es vor einigen Jahren darum ging, die neuartige Infektionstheorie durch Prionen schlüssig zu begründen (Nobelpreis 1997), die Infektionstheorie für Magenulzera zu beweisen (Nobelpreis 2005) oder das SARS-Virus zu identifizieren (unter anderem durch Christian Drosten im Bernhard-Nocht-Institut für Tropenmedizin Hamburg 2003).

Seit der neuen Mikrobiologie Louis Pasteurs ab den 1860er Jahren in Frankreich und seit Robert Kochs neuer Bakteriologie ab den 1880er

---

[1] Dr. med. Dr. phil. Gabriele Franken und Ulrich Koppitz, Bibliothekar im Institut für Geschichte, Theorie und Ethik der Medizin der Heinrich-Heine-Universität Düsseldorf, danke ich für Hinweise, Verbesserungsvorschläge und Korrekturen. Ebenfalls danke ich Julia Stein, Psychosozial-Verlag, für ihr sorgfältiges Lektorat. Verbleibende Aussagen und Fehler gehen sämtlich zu meinen Lasten.

Jahren in Deutschland hat es viele weitere Jahrzehnte gedauert, bis die Bakterien in der Lebenswelt der Menschen ankamen und damit auch wirkend und »wirklich« wurden. Heute sind die Mikroben ein Teil unseres Alltags geworden – und zwar ohne dass die meisten Menschen jemals Mikroben gesehen hätten. Heute »stecken wir uns mit Bazillen an«, Bakterien »lauern überall«, sie »infizieren« uns, ja, es gibt gleich »Super-Infektionen«, die etwa zu den berüchtigten multiresistenten »Krankenhausinfektionen« führen. Diese sind mit ca. 400.000 bis 600.000 Fällen pro Jahr eine der häufigsten Infektionen in Deutschland. Diese wiederum kosten mit 10.000 bis 15.000 Toten pro Jahr mehr Menschen das Leben als Unfälle im Straßenverkehr.

Dabei ist das Wort »infizieren« an und für sich recht unschuldig. Zwar geben die üblichen neueren Lexika für »infizieren« durchweg die Bedeutung »mit einem Krankheitskeim anstecken«, »jemanden anstecken«, »sich anstecken« an. Im klassischen Latein sehen wir allerdings einen breiteren Bereich von Bedeutungen: Der gute alte »Georges« gibt in seinem *Lateinisch-Deutschen Handwörterbuch* für das Lemma »inficio« an: »mit etwas anmachen, d.h. mit etwas so vermischen, dass es dessen Geschmack oder Farbe annimmt und so seine natürliche Beschaffenheit wenn nicht verliert, doch verändert«, insbesondere also »färben, benetzen, tränken, dann auch vergiften« – mit einem Gift oder Verpesten durch pestilenzialische Dünste und Krankheiten, dann auch im übertragenen Sinne beeinflussen, anstecken, beflecken etwa durch die Künste (Tacitus: »rex hostium artibus infectus«) oder durch Aberglauben (Tacitus: »homines superstitione infecti«). Eine Infektion im Sinne des Einschleusens von – biologischen oder gar spezifischen – Krankheitserregern ist indes nirgends gemeint. Der Begriff »Infektion« wurde erst im 16. Jahrhundert in den deutschen Sprachgebrauch übernommen. Die ursprüngliche Bedeutung »hineintun« wurde auf »vergiften, verpesten, anstecken« eingeschränkt. Das Wort wurde immer wieder auch im übertragenen Sinne gebraucht, etwa »Sie waren von jenem Gedankengut infiziert« oder »mit neuem Geist infiziert«. Auf die »Infektion« im Sinne von spezifischen Krankheitserregern und spezifischen Krankheiten eingeengt wurde das Wort erst mit der Entwicklung und Verbreitung der Mikrobiologie und Bakteriologie.

Im Folgenden möchte ich einige der vielen und vielfältigen Begriffe verfolgen, die zumindest in der europäischen Geschichte für die Infektion durch einen Krankheitskeim, und zwar vor allem mit dem allseits bekannten und gefürchteten Phänomen massenhafter ansteckender Krankheiten, verwandt worden sind. Dabei geht es mir nicht um eine jener ultrakurzen Einführungen in die Geschichte der Medizin, für die zum Leidwesen der Fachleute die Medizingeschichte gelegentlich herhalten muss. Die Geschichte der Seuchen selbst und die Geschichte, wie die Menschen mit massenhaftem Sterben und Tod umgegangen sind, sind andernorts hinreichend sowohl populärwissenschaftlich (Vasold, 1991; Winkle, 1997) als auch historiografisch beschrieben und analysiert worden (Leven, 1997; Thießen, 2016; Vögele et al., 2017). Mir geht es in dem nachfolgenden Essay darum, im Sinne des Herausgebers den Nebenbedeutungen, den »atmosphärischen Ansteckungen« und damit der Deutungsbreite von Ansteckung beziehungsweise »Infektion« nachzuspüren. Hierzu werde ich zunächst ausgewählte Beispiele aus der Geschichte der Infektionen und Seuchen vorstellen. In einem weiteren Teil wird verfolgt, wie diese Seuchen aus dem Blickwinkel und mit den Mitteln der modernen naturwissenschaftlichen Medizin erklärt wurden. Die Gewinne und Verluste, die Haupt- und Nebendeutungen bis hin zu Grundproblemen der modernen Wissenschaften werden angesprochen – dies allerdings stets mit Blick auf die Medizin generell und speziell die öffentliche Gesundheitssicherung samt den darum anzusiedelnden medizinischen Fachdisziplinen. Dabei werde ich auch auf eigene frühere Arbeiten zurückgreifen (Labisch, 1992, 2015; Labisch & Woelk, 2012). Weitere Literaturangaben folgen in diesem Text nur bei direkten Zitaten und Hinweisen; die Lektüre dieser Publikationen weiterer Autoren und Herausgeber sei nahegelegt.

Ansteckende Krankheiten bei den »Alten« – Deutungen und Reaktionen von Menschen, Gemeinschaften und der Medizin

In frühen Jäger- und Sammlerkulturen waren Seuchen unbekannt. Denn sollte ein seltener aggressiver Erreger – etwa beim Verzehr von infiziertem Wildfleisch oder Geflügel – eine Gruppe vagierender Nomaden anstecken, wäre die allgemeine Ansteckungsgefahr mit dem Aussterben dieser Gruppe gebannt. Spätestens mit dem Übergang zu Ackerbau und Viehzucht in der Jungsteinzeit waren ausreichend hohe Anzahlen von Menschen und Menschengruppen gegeben. Diese konnten von Krankheiten befallen werden, die von Person zu Person übertragen werden und schließlich große Massen erkranken lassen. Seuchen in dem Sinne, dass eine Vielzahl von Menschen von derselben Krankheit befallen und hingerafft wird, gibt es also erst, seitdem der Mensch in großen Verbänden mit anderen zusammenlebt. Zusätzlich war seit der Domestikation von Tieren im Zuge der neolithischen Revolution vermehrt das Risiko von Tieren übertragener Erreger gegeben – so etwa der Tuberkulose (Rinder), den Salmonellosen (Geflügel), dem Milzbrand (Paarhufer) oder der Parasitosen, etwa dem Befall mit Würmern vielerlei Art. Mit zunehmender Sesshaftigkeit und Vorratshaltung brachten kulturfolgende Tiere wie etwa Nager weitere Gefahren von Infektionen – wie etwa der Pest. Seit dem Beginn der Schriftlichkeit haben wir daher auch Zeugnisse über massenhaftes Sterben und massenhaften Tod.

In Homers *Ilias* überfällt Apoll das Lager der Achaier mit einem Hagel von verseuchten Pfeilen, weil sie ihn beleidigt hatten: zunächst wurden die Maultiere, dann die Hunde, dann die Menschen von der Seuche getroffen (Ilias I, 42–62). Die Abwehr der Krankheit kann sinnvollerweise nur darin liegen, den Zorn des Gottes Apollon zu besänftigen: mit Opfern, Gesängen, rituellen Waschungen (Ilias I, 314f.). Diese Waschungen sind keinesfalls als moderne hygienische Reinigungen zu verstehen. Ärzte, im Heer der Achaier durchaus vorhanden, wurden nicht konsultiert. Ärzte waren für Wunden zuständig. Seuchen zu bekämpfen gehörte zu den Aufgaben der Seher und Priester.

Im Alten Testament schickte der Gott der Israeliten Plagen über die Ägypter, weil diese sein auserwähltes Volk nicht ziehen lassen wollten: Die Erstgeburt von Vieh und Mensch wurde vernichtet (Exodus 9,1–17; 11,5). Die Philister wurden »mit bösen Beulen« geschlagen, nachdem sie die Bundeslade entführt hatten (1 Samuel 5,6). Gott strafte die Israeliten selbst mehrfach mit einer Pest (Numeri 25,9; 2 Samuel 24,15; 1 Chronik 21).

Seuchen wurden jeweils mit einem höheren Geschehen verbunden. Die Götter waren beleidigt worden oder aber die Götter überfielen die Feinde: In den frühen Berichten steht jeweils das Heilsgeschehen im Vordergrund. Ein solches Geschehen in irgendeiner Weise auf moderne Begriffe von Epidemien hin zu deuten, geht völlig in die Irre. So wird in den biblischen Darstellungen des Mittelalters der Pfeilhagel gezeigt, mit dem die Philister – wohl Nachkommen jener sagenhaften Seevölker, die die mediterrane Welt des 12. Jahrhunderts vernichteten – überzogen wurden, um anschließend von der Pestilenz hingerafft zu werden. Auf dem Boden sind in diesen Illuminationen tote Ratten zu sehen. Also beobachteten die Menschen des hohen Mittelalters, dass beide – tote kleine Nagetiere und die Pest – zusammen vorkamen. Dass es auch etwas miteinander zu tun hatte, wussten sie indes nicht: Es war ein Zusammenfall, eine Koinzidenz. Insgesamt und überhaupt haben wir uns entschieden vor im modernen Sinne gesundheitlichen oder spezieller noch hygienischen Deutungen alten Verhaltens und alter Verhaltensvorschriften zu hüten. So resultiert das Verbot, Schweinefleisch zu essen, keinesfalls aus hygienischen Vorschriften – etwa möglicher Trichinen wegen –, sondern aus dem fundamentalen Gegensatz sesshafter Bauern – die Schweine züchteten – und vagierender Hirten – die Schafe oder Rinder züchteten. Trichinen sind erst Anfang des 19. Jahrhunderts entdeckt worden, ihre Infektiosität wurde erst seit Mitte des 19. Jahrhunderts bekannt. Die »Alten« dachten weder medizinisch noch gar hygienisch.

Mit der klassischen griechischen Antike treten wir in das bis heute andauernde Zeitalter einer analytischen Weltsicht ein: Die Natur steht den Menschen gegenüber und kann nach festen Regeln erkannt werden – nebenbei: eine Weltsicht, die das referenzielle Naturverständnis der Chinesen nie entwickelt hat, die es zumindest nicht zum Durchbruch kommen ließ. So finden wir bei Thukydides (ca. 460–ca. 400 vor unserer Zeit), dem Vater der europäischen Geschichtsschreibung, die erste umfängliche und klare Beschreibung einer Seuche, von der Athen 430 vor unserer Zeit befallen wurde. Während einer Belagerung war die gesamte attische Bevölkerung in den Befestigungen der Stadt zusammengedrängt. Über diese auf engstem Raum in größter Sommerhitze zusammengedrängte Menschenmasse – auch heutzutage eine elementare gesundheitliche Herausforderung – fiel ein »Loimos« her, eine Pest, die sich allmählich von Äthiopien, Ägypten und Libyen kommend nach Athen vorgearbeitet hatte. Ungeachtet der zahlreichen Symptome, die Thukydides ebenso ausführlich wie akribisch schildert, ist es uns mit unseren Begrifflichkeiten unmöglich, dieses Seuchengeschehen in unserem Sinne hygienisch und bakteriologisch eindeutig als eine spezifische Infektionskrankheit zu identifizieren. »Loimos« bedeutet Seuche, Verderben, auch verderbliche Menschen, die andere zu Untaten verführen.

Die europäische antike Medizin zeichnet sich seit Hippokrates zwar durch ihren klaren Bezug auf die Natur und die Naturwissenschaften ihrer Zeit aus. Es hat aber keine Umgebungstheorie von massenhaften Infektionskrankheiten und Seuchen gegeben. In einer letztlich kosmologischen Weltsicht ordnete die hippokratisch-galenische »Diaita« das gesamte Leben der Menschen in eine umfassende Lehre gesunder Lebensart ein.

In dieser tatsächlich »ganzheitlichen« Diätetik stand auch tatsächlich der Mensch im Mittelpunkt. Eben deshalb ist es trotz ihres eindeutig wissenschaftlichen Charakters problematisch, die hippokratisch-galenische Gesundheitslehre als eine Gesundheitswissenschaft aufzufassen, die den Charakter des Öffentlichen erfüllte. Dies wird besonders an der berühmten Schrift über *Luft, Wasser und Ortslage* des Corpus Hippocraticum deutlich. Dieser Text wird in der Geschichte öffentlicher Gesundheitssicherung häufig als der Beginn einer gesellschafts- und umgebungsbezogenen Betrachtung der Medizin gesehen. Tatsächlich enthält die Schrift viele wertvolle Theorien und Beobachtungen über endemische und epidemische Krankheiten sowie die Wechselwirkungen, die aus der Lebensweise und der Konstitution der Menschen in ihrer jeweils eigenen und eigenartigen Umwelt herrühren. In erster Linie geht es in diesem Text aber darum, dem griechischen Arzt die notwendigen Hinweise und Ratschläge zu geben, auf welche Bedingungen er zu achten habe, wenn er an bislang unbekanntem Ort tätig wurde. Denn die griechischen Ärzte der Antike übten ihr Gewerbe im Herumwandern aus und sahen sich daher stets neuen Patienten gegenübergestellt. Die Schrift zielt damit auf die individuelle Begegnung von Arzt und Patient. Von einer öffentlichen – und das heißt: immer oberhalb der Individuen und ihrer primären Lebensgemeinschaften ansetzenden – Sichtweise von Krankheit und Gesundheit sowie öffentlicher, über die individuelle »Diaita« hinausgehende Abwehr- oder gar Vorsorgemaßnahmen gegen pestilenzialische Krankheiten ist nirgends die Rede.

Pest und Syphilis im Mittelalter und in der Frühen Neuzeit – Deutungen und Reaktionen von Menschen, Gemeinschaften und Medizin

Ansätze zur öffentlichen Regelung auch der gesundheitlichen Verhältnisse der Städte lagen bereits Ende des 13./Anfang des 14. Jahrhunderts vor. Weniger als auslösende Ereignisse denn als treibende Momente haben die »große Pest« der Jahre 1347 bis 1351, besonders aber die dann im Abstand von ca. zehn bis 15 Jahren wiederkehrenden endemischen Pestepidemien zu gelten. Die mittelalterliche Pest kann in ihren historischen und geistigen Dimensionen und Folgen kaum überschätzt werden: Je nach Region wurde bis zu einem Drittel der Bevölkerung hingerafft, ganze Generationen starben aus, Gemeinschaften und Gesellschaften mussten nach dem Ausklingen der Seuche neu geordnet werden. Die Reaktionen auf die Pest sind in Kunst und Literatur sowie aus zahlreichen Zeugnissen von Zeitgenossen überliefert (Bergdolt, 1989, 1994). Die Gesellschaft, die Familien fielen auseinander. Einerseits halfen gegen die als Strafe Gottes angesehene Seuche nur Buße, Opfer und die Verehrung des Pestheiligen St. Rochus; andererseits wurde das Leben in vollen Zügen ausgekostet: Jeder Tag konnte der letzte sein. Die Juden wurden als Schuldige ausgemacht, Judenpogrome waren die Folge – obschon die eigentliche Vertreibung der Juden Europas bereits ein Jahrhundert zuvor eingesetzt hatte.

Die medizinischen Grundanschauungen der Zeit waren weit von der Annahme einer spezifischen Ursache, die gleichsam in die Menschen hineinkriecht, entfernt. Überaus aufschlussreich ist in diesem Zusammenhang das berühmte »Gutachten der Medizinischen Fakultät der Universität Paris an Philipp VI., König von Frankreich, über die Ursachen der Schwarzen Pest« aus dem Jahr 1348 (Schwalb, 1990, S. 159). Die Professoren der seinerzeit berühmtesten Universität der Christenheit unterteilten die Ursachen in eine entfernte, mittelbare und eine nahe, unmittelbare Ursache. Die erstere sahen sie in einer Konjunktion der oberen Planeten Saturn, Jupiter und Mars im Tierkreiszeichen des Wassermanns. Durch diese Stellung der Gestirne wurden die Eigenschaften der Planeten verstärkt, sodass die Primärqualitäten feucht und warm überwogen. Außerdem bedingte die kosmische Konstellation klimatische Veränderungen, die als ein vermehrter Einfluss von feuchten und warmen Südwinden und die Veränderung der Qualitäten der Jahreszeiten beschrieben wurden. Die beiden Qualitäten warm und feucht, die durch die stellaren und die dadurch bedingten klimatischen Veränderungen das Übergewicht erhielten, erzeugten Fäulnis und korrumpierten die Luft in ihrer Substanz, sodass sie zu einer giftigen und todbringenden Materie wurde.

Dieser Vorgang bildete nun die unmittelbare Ursache der Erkrankung der Menschen, indem sie gezwungen waren, diese in ihrer Substanz vergiftete Luft einzuatmen. Sie korrumpierte oder tötete – zum Herzen vorgedrungen – den Spiritus vitalis, dessen Sitz im Herzen war, und löschte damit das Leben aus.

Eine wichtige Frage für die Magister war die, warum nicht alle Menschen durch diese vergiftete Luft erkrankten und starben. Als Antwort wiesen sie auf die unterschiedliche Disposition (aptitudo, praeparatio) der Menschen hin. Ihrer Meinung nach waren vor allem Menschen disponiert, deren Säfte die gleichen Eigenschaften besaßen wie die korrupte Luft selbst,

35

das heißt diejenigen, die warm und feucht waren und deshalb zur Fäulnis neigten. Des Weiteren waren Menschen stärker gefährdet, deren Säftegleichgewicht durch einen Überschuss gestört war, was zum Beispiel durch verstopfte Körperporen oder eine ungesunde Lebensweise bedingt sein konnte.

Die nächste weltumspannende Seuche war die Syphilis, die mit der Entdeckung Amerikas nach Europa überging. Ende des 15. Jahrhunderts führte der Nürnberger Stadtarzt Theodericus Ulsenius in seinem berühmten – weil mit einer Abbildung offenbar von Albrecht Dürer versehenen – Flugblatt über die neue Seuche Syphilis Folgendes aus: Die Ursachen lägen in einer ungünstigen Verbindung des Saturn und des Jupiter im Zeichen des Skorpion und im Hause des Mars. Diese Konstellation könne nur Unheil bringen. Das Sternzeichen Skorpion weise überdies auf die Geschlechtsteile hin, sodass primär eine die Genitalien betreffende Krankheit ausbrechen müsse. In einer zweiten Auflage des Flugblattes riet Ulsenius zu Frömmigkeit und Bußfahrten ins Heilige Land (Philipp, 1998). Die Syphilis war demzufolge eine Strafe Gottes. Gleichwohl war sie – nach der Malaria, die aufgrund ihrer regelmäßigen Fieberanfälle bereits im Altertum als eigene Krankheitsentität erkannt worden war, und der Lepra, die sich auch mit den Kreuzzügen in Europa verbreitet hatte – eine der ersten Krankheiten, die so spezifisch waren, dass sich hieraus Ansätze zu einer eigenen Krankheitslehre und daraus folgend zu einer spezifischen Therapie entwickelten. Im Fall der Syphilis waren dies die – sündhaft teuren – Abkochungen aus dem Guajakholz oder Einreiben und nachfolgende Dampfbäder mit Quecksilber-Paste – bis an die Grenze der Vergiftung. Dabei ist zu beachten, dass die Syphilis des ausgehenden 15. und frühen 16. Jahrhunderts noch der verwandten tropischen Frambösie geglichen haben wird, wie wir etwa den Berichten Ulrich von Huttens über seinen Selbstversuch mit Guajakholz entnehmen können (Hutten, 1902 [1519]).

Wie reagierte nun die Gesellschaft auf derartige Massenkrankheiten? Die Städte – zunächst in Oberitalien – schufen als Zentren der Verkehrswirtschaft durch ihre Arbeits- und Lebensweise die Wege, auf denen sich die großen Seuchenzüge ausbreiten konnten. Damit verursachten sie durch ihr ureigenes, auf ständigem Austausch beruhendes Handeln Gesundheitsgefahren. Zugleich wurden auch die inneren Handlungsabläufe städtischen Lebens immer störanfälliger. Wenn die Städte als soziale Einheiten überleben wollten, mussten sie folglich gesundheitliche Probleme anders wahrnehmen als das feudal organisierte Land. Ansätze zur öffentlichen Regelung auch der gesundheitlichen Verhältnisse der Städte lagen bereits Ende des 13./Anfang des 14. Jahrhunderts vor.

Die Pestzüge waren nach innen eine elementare kollektive Bedrohung der familialen und städtischen Ordnung. Nach außen bedeutete die Pest, dass der Verkehr von Waren, Informationen und Finanzen stillstand. Die »Sanitas terre« wurde als (letztlich biologische) Grundlage des Handelns in und außerhalb der Stadt erkannt. Die inzwischen akademisch ausgebildeten Ärzte boten diejenigen Konzepte an, die sowohl den leidenden Menschen – allerdings beschränkt vornehmlich auf die zahlungsfähige Oberschicht – als auch dem Stadtregiment geeignet erschienen, das Geschehen angemessen zu erklären. In diesem Sinne kann das Pestgutachten der Pariser Medizinischen Fakultät von 1348 als ein Auftakt öffentlich-medizinischer Gutachten in der europäischen Geschichte gesehen werden: Es ist ein Musterbeispiel für die kosmologische Sicht von den astralen Ursachen bis hin zu den individuellen konstitutionellen Voraussetzungen der Krankheit in der Tradition hippokratisch-galenischer Humoralpathologie. Die in dieser Theorie schlüssig entwickelte, unspezifische Theorie einer »Constitutio epidemica« sollte das europäische Denken beherrschen und wurde durch Thomas Sydenham (1624–1689) zu neuem Leben erweckt.

Die Medizin der Zeit schloss eine irgendwie zu denkende »Ansteckung« nicht ein. Daher blieben auch die Möglichkeiten öffentlicher Abhilfe begrenzt – theoretisch zu begründen war nur die kollektive Flucht vor den todbringenden Miasmen. Medizin und Ärzte versagten regelmäßig angesichts drohender oder bereits eingetretener Epidemien. So setzte sich im alltäglichen Umgang mit der Seuche allmählich gegen die Miasma-Theorie der gelehrten Professoren eine pragmatische Anschauung durch. In irgendeiner Weise wurde eine unmittelbare Ansteckung von Mensch zu Mensch unterstellt. Die Städte ergriffen von selbst entsprechende Abwehrmaßnahmen, in denen sich sowohl die miasmatische Theorie – Ansteckung durch Gifthauch – als auch die kontagionistische Empirie – Ansteckung durch Berühren giftiger Stoffe – rein pragmatisch mischten: Reinigung und Kontrolle der äußeren (wohl auch: inneren häuslichen und sozialen) Verhältnisse der Stadt, Kontrolle des Verkehrs in und außerhalb der Stadt bis hin zur Entwicklung der Isolation und Quarantäne etc. Die notwendigerweise politischen und administrativen öffentlichen Gesundheitsmaßnahmen, die tief in das öffentliche, in das wirtschaftliche und in das private Leben eingriffen, zu bestimmen und durchzuführen, blieben völlig in den Händen der Stadtherren – und sind es, wie die notwendige Verbindung ordnungs- und gesundheitsrechtlicher Eingriffsgewalt zeigt, heute noch.

Die Choleraepidemien der frühen Industrialisierung – moderne Atavismen

Die Anfänge moderner Wissenschaften Ende des 16./Anfang des 17. Jahrhunderts, die Aufklärung, die modernen Techniken, die ab der Mitte des 18. Jahrhunderts entwickelt wurden, schützten allerdings keinesfalls vor irrationalen Reaktionen gegenüber massenhaften Krankheiten und massenhaftem Siechtum und Sterben. Im 19. Jahrhundert durchstreiften – jeweils von Indien ausgehend – eine Reihe von Cholerazügen die ganze Welt: Die erste Pandemie reichte von ca. 1820 bis 1823, die zweite von 1826 bis 1837, die dritte von 1841 bis 1850 und nochmals von 1854 bis 1859, die vierte von 1863 bis 1875, die fünfte von 1881 bis 1896 und die sechste von 1899 bis 1923. Die zweite Pandemie war diejenige, die 1831 von Asien über Russland nach Westen vordrang und 1832 über Belgien und Frankreich die britischen Inseln und dann die USA erreichte. Diese Pandemie war die erste Begegnung Europas mit der asiatischen Cholera. Allerdings war die Krankheit als solche den Europäern aus Asien, namentlich aus Indien, längst bekannt.

Die Reaktionen in Europa waren atavistisch. Auch hochzivilisierte Weltstädte versanken im Chaos. Besonders eindrücklich hat dies Heinrich Heine in den Berichten aus Paris geschildert, die er 1832 unter dem Titel »Französische Zustände« in der Augsburger *Allgemeinen Zeitung* veröffentlichte (Heine, 1981 [1832]). Am 29. März langte die Seuche in Paris an, ein »Karneval«, ein öffentlicher Mummenschanz, sollte der Gefahr spotten, aber: Auf offener Straße brachen die Menschen zusammen, Entsetzen, Hilflosigkeit machte sich breit, die Kranken und Sterbenden blieben allein, angesteckte Menschen wurden verlassen, »Giftmischerei« sollte jetzt die Ursache des großen Sterbens sein, »Verdächtige« wurden von aufgebrachten Passanten erschlagen – die Aufklärung war vergessen, es herrschte die blanke Angst. Diese und ähnliche Reaktionen wiederholen sich ständig – und wurden stereotyp auch ständig wieder berichtet (Bourdelais, 1987; Evans, 1987; Briese, 2003).

Aus diesen Nachrichten der Zeit und der Geschichtsschreibung ergibt sich leicht der Eindruck, die Cholera sei eine jener Krankheiten gewesen, die an der Spitze der Krankheits- und Sterblichkeitsdaten steht. Bereits ein kurzer Blick in die – übrigens ersten – übergreifenden Statistiken zu den Krankheits- und Todesursachen der Zeit zeigt etwas völlig anderes. Aus den Berechnungen Friedrich Oesterlens ergibt sich beispielsweise für die Sterblichkeit in England zwischen 1850 und 1859, dass in der Klasse der »zymotischen Krankheiten« aus der Gruppe der »miasmatischen Krankheiten« die Cholera erst an achter Stelle der Todesursachen genannt wird; nur im Jahre der berüchtigten Epidemie von 1854 führte die Cholera die Statistik an (Oesterlen, 1865, S. 750). Die Spitze der Todesursachen innerhalb dieser Gruppe wurde von Scharlach, Typhus und Diarrhöe eingenommen. Mit großem Abstand folgten Pertussis, Morbilli, Croup, Variola und dann erst Cholera. Von den acht häufigsten Todesursachen der bei Oesterlen genannten Gruppe waren fünf Krankheiten des Kindesalters – sie verursachten die höchste Sterblichkeit. Das galt allerdings bis Ende des 19. Jahrhunderts als »normal«.

Die moderne historische Demografie kann dieses Urteil nur bestätigen: Hauptursache der Übersterblichkeit in den Städten war keinesfalls die Cholera, Hauptursache war mit Abstand die Säuglingssterblichkeit. Sie konnte in besonders betroffenen Städten in heruntergekommenen Stadtteilen annähernd 50 Prozent erreichen – um es auszuschreiben: Fast jedes zweite Neugeborene verstarb im ersten Lebensjahr. Hauptursache für die hohe Säuglingssterblichkeit war wiederum der gemeine Durchfall – und keine irgendwie komplizierte Krankheit (Vögele, 1998, 2001).

Selbst in so gesunden Städten wie Düsseldorf lag die Säuglingssterblichkeit an der Wende zum 20. Jahrhundert bei 15 Prozent (Vögele, 1998). Und auch dies lässt sich historisch-statistisch feststellen: Die Mütter ernährten ihre Säuglinge nach dem Abstillen erst dann richtig, als die Säuglingssterblichkeit nicht mehr mit der Höhe der Sommertemperatur einherging. Dies war in Deutschland nach dem Rekordsommer 1911 der Fall – wenngleich einige Städte, darunter auch Düsseldorf, nach wie vor unter der berüchtigten Sommerdiarrhöe zu leiden hatten.

»Skandalisierte« Krankheiten und »echte Killer«

Wie lassen sich nun derartige Diskrepanzen in der öffentlichen Wahrnehmung der häufigsten Krankheiten und Todesursachen erklären?

Die Cholera gilt als die klassische Seuche des 19. Jahrhunderts. Als die »skandalisierte Krankheit« der Industrialisierung löste sie die Pest und die

Pocken ab, die vorher auf der »Angst-Skala« die vorderen Plätze eingenommen hatten. Zunächst die Seuchenzüge der Cholera, dann oftmals allein schon die Furcht vor einer drohenden Heimsuchung versetzten den Staat, die Industriestädte und die Bevölkerung in Schrecken. Die Ansteckungswege der Cholera waren unklar, Symptome der Krankheit waren entsetzlich, innerhalb weniger Stunden trockneten auch vormals gesunde, kräftige Menschen völlig aus. Der Tod trat aus heiterem Himmel ein. Aber die Handels- und Industriestädte wollten überleben: Handel und Wandel, der »bürgerliche Verkehr« – wie dies damals hieß – durften unter keinen Umständen zum Erliegen kommen, die heranwachsenden Industriestädte wären an ihrem Lebensnerv getroffen worden (Geigel, 1874; Pettenkofer, 1873, S. 6):

> »[F]ür die menschliche Gesellschaft im Großen wäre die Verhinderung des ›bürgerlichen Verkehrs‹ gleichbedeutend mit Abschneidung eines elementaren Lebenssubstrates. Nirgends zeigt es sich deutlicher, als bei den grossen Volksseuchen, dass dasjenige, was wir mit einem Ausdrucke ›Bürgerlichen Verkehr‹ genannt haben, ein unausweichbares Element der menschlichen Gesellschaft selber bildet, um deren öffentliche Gesundheit es sich handelt, und dass es leichter angeht, seine fehlerhafte Beschaffenheit als seinen gänzlichen Mangel zu ertragen. ›Der freie Verkehr ist ein so grosses Gut, dass wir es nicht entbehren könnten, selbst um den Preis nicht, dass wir von Cholera und noch vielen anderen Krankheiten verschont blieben. Eine Sperre des Verkehrs bis zu dem Grade, dass die Cholera durch denselben nicht mehr verbreitet werden könnte, wäre ein viel grösseres Unglück, als die Cholera selbst, und die Völker würden die blutigsten Kriege führen, um solche Schranken wieder zu brechen, wenn sie ihnen auferlegt würden.‹«

Die (Industrie-)Städte gingen ab den 1850er Jahren allmählich dazu über, vorgreifend auf das – damals rein durch Zuwanderung bedingte – Bevölkerungswachstum, die neuen Produktionsweisen, die veränderten Lebensbedingungen und den technologischen Fortschritt zu reagieren. Als präventive Intervention wurde die Assanierung entwickelt: die naturwissenschaftliche Durchleuchtung und öffentlich-technische Reinigung der mittelbaren und unmittelbaren Lebensverhältnisse der Menschen, die Anlage von Ortschaften, das Entfernen von Abfallstoffen, das Beerdigungswesen, die Massenernährung und die Wasserversorgung. Als bleibende Neuerung im öffentlichen Gesundheitswesen hinterließ die experimentelle Hygiene die hygienetechnische Infrastruktur der (Industrie-)

Städte. Im Zuge der industriellen Verstädterung setzte sich – heute mit dem Begriff »Urbanisierung« zusammengefasst – allmählich der Gedanke einer vorausgreifenden städtischen Leistungsverwaltung durch, der letztlich auch mit der zentralörtlichen Funktion der Städte in eine frühe Form von »Standortpolitik« überging.

Die »Skandalkrankheit« Cholera wirkte hier als eine Art »Trigger« für überfällige soziale Reformen. Die Cholera war eine echte Bedrohung, vor allem für die arme Bevölkerung. Sie war aber auch ein politischer Schlachtruf. Hinter einer »skandalisierten Krankheit« lassen und ließen sich – das hatte bereits das »Sanitary Movement« der 1830er Jahre in England gezeigt – manche überfälligen Reformen durchsetzen. Und selbstverständlich war die Cholera auch ein professionspolitischer Schlachtruf. Hinter einer »skandalisierten Krankheit« konnten Medizin und Ärzte sowie einzelne medizinische Schulen ihre soziale Bedeutung insgesamt steigern und ihre individuellen beruflichen Interessen durchsetzen.

Was ist eine »skandalisierte Krankheit«?

➤ Die öffentliche Wahrnehmung liegt weit oberhalb des üblichen Niveaus: Die Berichte über diese Krankheiten bestimmen alle Medien der Zeit;
➤ diese – völlig überhöhte – öffentliche Wahrnehmung steht in einem krassen Missverhältnis zur – geringen – epidemiologischen Bedeutung der Krankheit.

Das Musterbeispiel der Cholera im Vergleich zu anderen Durchfallerkrankungen, insbesondere zur Säuglingssterblichkeit im 19. Jahrhundert, haben wir erwähnt. Ein aktuelles Beispiel ist SARS (Coronavirus) (2002/03 weltweit um 800 Todesopfer; in Deutschland unter zehn Fälle, sämtlich genesen) gegenüber der Sterblichkeit an »normaler Grippe«: die Sterblichkeit lag hier regelmäßig bei 20.000 bis 30.000 Fällen (1968/70; 1995/96; 2004/05; 2014/15; 2016/17; 2017/18).

Dagegen stehen beispielsweise die nur selten öffentlich wahrgenommenen (bakteriellen) Lungenentzündungen. In Deutschland ist die Lungenentzündung die häufigste tödlich verlaufende Infektionskrankheit. Insgesamt steht sie auf Platz 5 der häufigsten Todesursachen. Die offizielle Rate der Neuerkrankungen in Deutschland liegt bei etwa 140.000 bis 200.000 jährlich, allerdings wird eine hohe Dunkelziffer vermutet. Die Wahrscheinlichkeit des Todeseintritts bei vorher lungengesunden Patienten liegt bei ca. fünf Prozent. Wenn die Lungenentzündung (Pneumonie) jedoch im Krankenhaus erworben wird (sogenannte nosokomiale Pneumonie), beträgt die Letalität (Sterblichkeit) bis zu ca. 70 Prozent.

An chronisch-obstruktiven Lungenerkrankungen (COPD) – im Volksmund fälschlich »Asthma« genannt – sterben allein in Deutschland jährlich ca. 15.000 Menschen. Schätzungen gehen davon aus, dass in Deutschland drei bis fünf Millionen, in den USA etwa 16 Millionen und weltweit etwa 600 Millionen Menschen an einer COPD erkrankt sind. Damit muss von einem globalen Phänomen gesprochen werden. In den USA stellt die COPD die vierthäufigste Todesursache dar: Man kann von einer Volkskrankheit sprechen. Von den zehn häufigsten zum Tod führenden Krankheiten ist sie die einzige, deren Häufigkeit zunimmt.

Dies bedeutet, dass bis heute – während die Öffentlichkeit mit »skandalisierten Krankheiten« erregt wird – die breite Masse die tatsächlichen »Killer« nicht wahrnimmt; hochschießende Emotionen und atavistische Reaktionen also auch hier (s. auch Thießen, 2016). Ein gutes Beispiel ist das Virustatikum Oseltamivir (Handelsname: Tamiflu). Während der Schweinegrippe-Hysterie wurden seit 2009 weltweit Milliarden Euro für Tamiflu ausgegeben. Allein das ferne Drohen der Vogelgrippe hat international tätige Unternehmen dazu veranlasst, das – an sich schon nur bedingt wirkende – Tamiflu anzukaufen und einzulagern. So soll Großbritannien über 600 Millionen Euro für ein zweifelhaftes Medikament ausgegeben haben. Dies wiederum heißt systematisch: Unsere Abwehrmaßnahmen, unsere gesundheitspolitischen Reaktionen richten sich nicht nach den epidemiologisch bedeutenden, sondern nach anderen, gegebenenfalls skandalgetriebenen Kriterien aus.

Ist nun Covid-19 eine »skandalisierte Krankheit«? Ja und nein! Im Vergleich zu den aktuellen Infektions- und Todeszahlen sind die Covid-19-Zahlen niedrig. Trotzdem sind Städte, Regionen und Nationen weltweit auf beispiellose Weise gesperrt: Also ja, eine »skandalisierte Krankheit«. Aber mit Blick auf SARS 2002/03 und MERS 2012 kann die durch SARS-CoV-2 ausgelöste Epidemie und Pandemie dazu führen, dass der weltweit am besten vorbereitete Gesundheitsdienst in kurzer Zeit zusammenbricht (z. B.: Norditalien; Spanien; Frankreich; USA – Stadt New York). Durch frühzeitiges Eingreifen kann die Funktionalität der medizinischen Versorgung sichergestellt werden, um kurz- bis mittelfristig Krankheiten zu vermeiden und Leben zu retten. Covid-19 ist keine »skandalisierte Krankheit«, sondern ein potenzieller »echter Killer« (s. hierzu ausführlich Fangerau & Labisch 2020).

Die Wissenschaftliche Revolution im Europa des ausgehenden 16. und frühen 17. Jahrhunderts – Gewinne und Verluste

Von Hippokrates und seinem Vollender Galen (129–216) führt kein gerader Weg zur modernen westlichen Medizin. Vielmehr haben sich im späten Mittelalter und in der frühen Neuzeit Welterklärung und Weltdeutung auch im medizinischen Wissen und ärztlichen Handeln wieder zu einem geschlossenen Ganzen vereint. In der scholastischen Medizin des Mittelalters und in der Astromedizin der Frühen Neuzeit ordneten sich Physiologie, Pathologie und Therapie gänzlich in eine umfassende Weltsicht ein. Diese – und hier ist dieser Begriff gerechtfertigt – ganzheitliche, katholische Weltsicht schloss in die Welterklärung zugleich die Sinngebung der Welt ein und verband sich in der Iatro-Theologie (»Christus Medicus«), der Iatro-Dämonologie, der Iatro-Astrologie und der Iatro-Magie zu eigenen medizinischen Konzepten (»iatros« = altgriech.: Arzt; archiatros – arzat – deutsch: Arzt). Viele Aspekte dieser synkretistischen Medizin sind in das kollektive Gedächtnis abgesunken und bestimmen bis heute die Alltagswahrnehmung und auch das Alltagshandeln vieler Menschen (Müller, 1993) – wie dies in Begriffen wie »Entschlackung«, »Blutreinigung« oder »Frühlingskur« zum Ausdruck kommt.

In der Renaissance, im Humanismus und in der Reformation begann sich die Welterkenntnis vom religiösen Denken zu lösen. Ende des 16. und Anfang des 17. Jahrhunderts wurde in Europa das Naturverständnis innerhalb weniger Jahrzehnte revolutioniert – und zwar
a)   durch die atomistisch-mechanistische Auffassung der Natur,
b)   durch die Mathematisierung und
c)   durch die Produktion von Fakten durch Experimente.

Diese drei Elemente formten einen sich selbst vorantreibenden Prozess der Welterkenntnis (Huff, 1993, 2005, 2011; Cohen, 2010). Francis Bacons (1561–1626) Wahlspruch »scientia est potestas« (Wissen ist Macht) wurde zum Grundgedanken des wissenschaftlich-technischen Machbarkeitsparadigmas der Moderne. Der Körper der Menschen und damit die medizinischen Grundlagenwissenschaften waren ein wesentlicher Teil dieses Prozesses, in dem sich der Okzident der Welt wissenschaftlich und technisch vom Orient zu entfernen begann – dieses Auseinandergehen östlicher und westlicher Wissenschaft ist übrigens eine heiß diskutierte Frage, die es nach wie vor zu lösen gilt.

Martin Heidegger (1889–1976) hat das Phänomen der neuzeitlichen Wissenschaften und der diesen zwingend nachfolgenden Maschinentechnik, die sich in dieser Weise nur in Europa entwickelten, in bedenkenswerter Weise analysiert (Heidegger, 1950 [1938], 2000 [1953]; Marschner, 1985). Die modernen Wissenschaften lösen aus dem Gesamten aller Phänomene aufgrund ihrer Gegenstandsdefinition – die Natur als zerleg- und analysierbares Gegenüber des Menschen (Demokrit) – und ihrer Denk- und Kontrollmittel – Mathematisierung und Experiment – einen bestimmten Bereich heraus, den sie wiederum mit derselben Gegenstandsdefinition und denselben Denk- und Kontrollmitteln be- und erarbeiten. Das Wesen der Forschung besteht darin, »dass das Erkennen sich selbst als Vorgehen in einem Bereich des Seienden [...] einrichtet«.

Forschung vollzieht sich dadurch,

> »dass in einem Bereich des Seienden, z. B. in der Natur, ein bestimmter Grundriss der Naturvorgänge entworfen wird. Der Entwurf zeichnet vor, in welcher Weise das erkennende Vorgehen sich an den eröffneten Bezirk zu binden hat. Diese Bindung ist die Strenge der Forschung. Durch den Entwurf des Grundrisses und die Bestimmung der Strenge sichert sich das Vorgehen innerhalb des Seinsbereiches seinen Gegenstandsbereich. [...] Aber die mathematische Naturforschung ist nicht deshalb exakt, weil sie genau rechnet, sondern sie muss so rechnen, weil die Bindung an ihren Gegenstandsbezirk den Charakter der Exaktheit hat« (Zitate nach Marschner, 1985, S. 118).

In diesem »Betrieb« wirkt von nun an eine Art revolvierender Mechanismus der Welterkenntnis, der permanent neue Fakten produziert, die ihrerseits aufgrund ihrer Rechenhaftigkeit und Experimentierfähigkeit technisierbar sind. Gleichzeitig produziert dieser wissenschaftliche Betrieb immer weitere Fragen, die wiederum mit denselben Mitteln untersucht werden und ebensolche Produkte – Ergebnisse, Techniken, neue Projekte, neue Spezialdisziplinen – schaffen. Dieser Mechanismus ist ebenso ein Inklusions- wie ein Exklusionsmechanismus. Diejenigen Fragen, die sich den Grundbedingungen stellen, werden integriert; diejenigen Fragen, die mit dem Grundmechanismus nicht angehbar sind, werden ausgeschieden oder von vornherein nicht wahrgenommen.

Mit Blick auf die Vielfalt und Vieldeutigkeit der Phänomene, die sich im Leben der Menschen bieten, und besonders mit Blick auf die nunmehr entstehende naturwissenschaftliche Medizin, die sich im Konzept der »Iatro-Technologie« den Bedingungen der modernen Wissenschaften verschrieben hat (zu den Konzepten der Medizin: Rothschuh, 1978), wird daraus wiederum deutlich, dass die elementaren Fragen der Sinnhaftigkeit des menschlichen Lebens aus der Medizin ausgeschieden wurden – ja ausgeschieden werden mussten. Eine moderne wissenschaftliche Diagnose kann befreiend sein: die Frage etwa eigenen oder fremden moralischen Verschuldens entfällt – »Sucht« ist eine Krankheit. Ebenso entfällt aber jede Frage nach dem Sinn von Leiden, Krankheit oder Sterben. Die Welt der Deutungen, die Welt der lebenswichtigen Ereignisse und Entscheidungen ist nicht die Welt wissenschaftlichen Erklärens.

Eben hier öffnet sich also jener große Raum des durch die Wissenschaften samt der modernen Medizin nicht Erklärbaren, der gleichwohl im alltäglichen Leben von Ärztinnen und Ärzten und Patientinnen und Patienten greifbar wird. Ob es nach dem bis dato Gesagten der rechte Weg sein kann, diesen offenen Raum zwischen naturwissenschaftlich-medizinischer Erklärung und lebensweltlicher Deutung wiederum mit den Kriterien der modernen Wissenschaftlichkeit zu untersuchen und zu gestalten – wie dies etwa Sigmund Freud (1856–1939) zu Beginn seiner Forschungen in dezidierter Weise versucht hat –, darf bezweifelt werden. Eine Lösung aus diesem Dilemma deutet sich in der »Neuen Phänomenologie« von Hermann Schmitz und seinen Nachfolgern an. In dieser Denkrichtung wird der seit den späten Vorsokratikern geltende Gegensatz von analysierbarer Gegenstands-Welt und der personalen Eigen-Welt von vornherein dadurch ausgeschlossen, dass der Leib und seine Möglichkeiten, die Phänomene wahrzunehmen und zu deuten, in den Mittelpunkt gestellt wird (Schmitz, 1964, 1965, 1985, 1989).

Dem Leib wuchs mit der säkularen Wende zu modernen Wissenschaften, gleich ob im induktiven Empirismus eines Francis Bacon oder im deduktiven Rationalismus eines René Descartes (1596–1650), eine strategische Rolle in der Naturerkenntnis zu: das »Entdecken« des Körpers durch Aufschneiden und eigenen Augenschein – durch »Anatomie« und »Autopsie« – wurde zum neuen Paradigma. Es begann der Weg, auf dem der naturgebundene Leib der Menschen zum objektivierten Körper vergegenständlicht wurde. Die Gesetze der Natur zu erforschen bedeutete, die Gesetze zu erkennen, nach denen die Menschen handeln sollten. Wissen anzuhäufen, wurde zu einem Wert aus eigenem Recht.

Die Gesundheitswissenschaften des ausgehenden 19. und frühen 20. Jahrhunderts

Wie wirkte sich dieser säkulare Sprung in eine neue Art, die Welt zu erklären, auf das seit Langem bekannte Phänomen ansteckender Krankheiten aus? Loimos, Miasma, schleichendes Gift? Oder aber krankmachende Stoffe oder Tiere? Diese Alternativen sollten die weitere Diskussion beherrschen.

Das Verdienst, die altüberkommene Hygiene systematisch mit den Naturwissenschaften zu verbinden, gebührt Max von Pettenkofer (1818–1901) und seiner Schule. Die experimentelle Hygiene, befördert durch die Cholerapandemie der 1850er Jahre, sah Krankheitsursachen unspezifisch in der unbelebten mittelbaren (Grundwasser, Boden) oder unmittelbaren (Wohnung, Kleidung, Lebensmittel) Umgebung der Menschen. Das Krankheitsgeschehen wurde als dynamische Auseinandersetzung von Keimen – genauer: von deren giftigen Produkten – und unspezifischen, aber beeinflussbaren ökologischen Umständen verstanden.

Die Bakteriologie Robert Kochs (1843–1910) und seiner Schule, entwickelt ab ca. 1880, sah die Krankheitsursachen zunächst ausschließlich in einem spezifischen und gleichmäßig wirkenden Keim. Nicht nur die einzelne Infektionskrankheit, sondern auch Seuchen als massenhafte Infektionskrankheiten wurden als monokausales, von eindeutig identifizierbaren Krankheitserregern ausgelöstes Geschehen gedeutet. Durch seine methodisch-konzeptionellen Neuerungen gelang es Koch erstmals in der Geschichte der Medizin, eine wissenschaftlich und methodisch eindeutige und damit reproduzierbare Beziehung zwischen einer einzigen Ursache und einer spezifischen Erkrankung herzustellen. Die Wirkungen dieses tatsächlichen Paradigmenwandels waren ungeheuer und gingen weit über die erklärbaren Probleme hinaus. So wurden, wie Adolf Gottstein (1857–1941) später hervorheben sollte, die vielen verschiedenen Schritte und Ursachen, die eine einzelne spezifische Infektionskrankheit zu einer massenhaften Seuche werden lassen, zunächst ausgeblendet.

Robert Koch musste sein Konzept in den 1880er Jahren mühsam gegen seine Kritiker durchsetzen. Denn unter dem Mikroskop sahen alle möglichen Kollegen alles Mögliche: Was aber, so lautete die Frage, war das spezifische Agens einer Infektion? Robert Koch postulierte eine eindimensionale Beziehung zwischen Keim und Krankheit. Der allgemeine Grundsatz lautete also: »Wo ein Keim ist, da ist eine Krankheit« beziehungsweise umgekehrt »Wo eine Krankheit ist, muss ein Keim sein«. Dieser Grundsatz ist die Grundlage der berühmten Koch'schen Postulate. Nach diesen muss bekanntlich

a) der spezifische Erreger in jedem Krankheitsfall zu finden sein, er muss
b) isoliert und angezüchtet werden können und muss schließlich
c) bei der Überimpfung wieder die gleiche Krankheit erzeugen.

Dieses wissenschaftliche Konzept brachte wesentliche Neuerungen. In der medizinischen Grundlagenforschung entwickelte sich der Krankheitskeim von einer anerkannten Begleiterscheinung zur ausschließlich notwendigen Ursache einer Infektionskrankheit. Außerdem wurde das Tiermodell als experimentelles Modell der Medizin durchgesetzt. In der klinischen Medizin waren jetzt einzelne Infektionskrankheiten klar gegeneinander abzugrenzen.

Aber nicht nur die Anschauungen über die Ursachen von Krankheiten wurden neu geprägt. Wie jedes medizinische Konzept birgt auch die Bakteriologie eine implizite Vorstellung von Gesundheit. Die Bakteriologie wirkte sich demzufolge auch auf die Wahrnehmung und Deutung individueller und öffentlicher Gesundheit aus. Individuelle bakteriologische Gesundheit bedeutete die Abwesenheit von Keimen; öffentliche bakteriologische Gesundheit bedeutete eine Gesundheitssicherung, in der Krankheitskeime technisch beseitigt, zumindest aber die Infektionsketten durchbrochen wurden. Das komplexe Wirkungsfeld öffentlicher Gesundheit wurde nach den Bedingungen des Labors bestimmt. Mit ihren kargen Regeln entfaltete die Bakteriologie eine enorme wissenschaftliche und öffentliche Wirkung.

Die eindimensionale Interpretation von Krankheit und Gesundheit rief in der medizinischen Grundlagenforschung, in der Klinik und auch in der öffentlichen Gesundheitssicherung massive Kritik hervor. Zellulare Pathologie ja, aber dass die Bakteriologie ansetzte, die Pathologie zu beherrschen – das ging Rudolf Virchow (1821–1902) zu weit. Carl Ludwig Schleich (1859–1922), der umstrittene Erfinder der Lokalanästhesie, wies nach, dass disponierende Momente chemischer, physikalischer und mechanischer Art Wundinfektionen fördern. Oscar Liebreich (1839–1908), der

Erfinder des Chloralhydrats, zeigte, dass auch ein spezifischer Keim nur auf empfänglichem Feld seine Wirkung entfalten könne. Max von Pettenkofer, der charismatische Gründer der wissenschaftlichen Hygiene in Deutschland, trank – ohne dass dies weitere Folgen gehabt hätte – 1892 während der Choleraepidemie in Hamburg eine Kultur von Cholerakeimen: »Ich würde ja gerne auch Kontagionist [das heißt: Bakteriologe] werden, die Ansicht ist ja so bequem und erspart alles weitere Nachdenken«, so folgerte er (Pettenkofer, 1892, S. 810). Schließlich entdeckte Koch selbst bei der Kampagne gegen den endemischen Typhus im ersten Jahrzehnt des 20. Jahrhunderts das Phänomen des »gesunden Keimträgers«.

Ungeklärt blieb demzufolge die Frage der unterschiedlichen, der variablen Wirkung spezifischer Krankheitserreger. Besonders greifbar war die variable Wirkung von Krankheitserregern am Beispiel der Tuberkulose als einer nunmehr eindeutig zu identifizierenden individuellen Infektionskrankheit, die zugleich eine epidemiologisch herausragende sowie als »Proletarierkrankheit« skandalisierte Massenerkrankung war. Denn bereits vor der Jahrhundertwende hatten allgemeine pathologische Untersuchungen zutage gebracht, dass nahezu alle Menschen mit Tuberkulose infiziert waren. Aber nur ein sehr begrenzter Teil von diesen war jemals klinisch an dieser erkrankt, ein wesentlich kleinerer Teil an ihr verstorben. Was zeichnete diese erkrankten oder gar verstorbenen Menschen vor allen anderen ebenfalls mit Tuberkelbakterien infizierten Menschen aus? Aus diesen ungelösten Problemen der Spezifität beziehungsweise der Variabilität der einzelnen Infektionskrankheiten einerseits und infektiöser Massenerkrankungen andererseits entwickelten sich die verschiedenen Richtungen der Gesundheitswissenschaften des frühen 20. Jahrhunderts.

Den Aspekt der unterschiedlichen Wirkung von Keimen auf Individuen griff Ferdinand Hueppe (1852–1938) mit der Konstitutionshygiene auf. Die veränderlichen Anlagen oder Prädispositionen, die veränderlichen auslösenden Reize, zum Beispiel in Form unterschiedlich virulenter Keime, und die veränderlichen Übertragungs- und Umgebungsbedingungen, zum Beispiel in Form unterschiedlich wirkender Krankheitsüberträger oder pathogener Lebens- oder Arbeitssituationen, wurden zu einem dynamischen Modell gefasst (Hueppe, 1925, S. 10):

> »In diesem Sinne ist jeder normale und pathologische Lebensvorgang, jede Krankheit kein bleibender Zustand, status, sondern ein energetischer Vorgang, processus, und als solcher eine Funktion veränderlicher Faktoren, und

> zwar der veränderlichen Prädisposition oder Anlage als Ursache, der veränderlichen auslösenden Reize oder Erreger und der veränderlichen Außenbedingungen. Damit werden die Konditionalhygiene (Lévy, Pettenkofer, Parkes), die Auslösungshygiene (Pasteur, Koch) und die Konstitutionshygiene (Hueppe) in einer biologischen Kausalkette geeint, und es gibt jetzt eine geschlossene Hygiene des Menschen.«

Damit begründete die Konstitutionshygiene das auch heute noch – und zwar von der Individual- bis zur Präventivmedizin – geltende Modell eines dynamischen Wechselverhältnisses von Disposition, Exposition und vermittelnden Umständen beziehungsweise Vektoren.

Die Konstitutionshygiene befasste sich auch bereits mit der Frage der Vererbung von Krankheit und Krankheitsanlagen. Die Rasse- oder Rassenhygiene, verbunden mit den Namen Wilhelm Schallmayer (1857–1919) und Alfred Ploetz (1860–1940) und ausformuliert seit den frühen 1890er Jahren, ist bereits eine Reaktion auf die Hygiene selbst: Medizin, Hygiene und sozialer Fortschritt würden die »natürliche« Auslese hemmen – es käme daher zu einer »widernatürlichen« Zunahme lebensuntüchtiger Individuen. Die absehbare erbliche Degeneration müsse daher durch eine gezielte gesellschaftliche, das heißt gesundheitspolitisch geplante und öffentlich-medizinisch organisierte Auslese verhindert werden (»negative Eugenik«); demgegenüber müssten die Träger guter Erbanlagen durch entsprechende öffentliche Maßnahmen gefördert werden (»positive Eugenik«). Die Rassenhygiene verlagerte das Krankheitsgeschehen damit in das Erbgut des Menschen.

Die soziale Hygiene war gleichsam die letzte unter den neuen Gesundheitswissenschaften des ausgehenden 19. und frühen 20. Jahrhunderts. Ab ca. 1900 entwickelt, richtete die Sozialhygiene ihren Blick auf die Häufung von Krankheiten in bestimmten Gruppen der Gesellschaft und deren spezifische, offenbar pathogene Lebensverhältnisse. Daher rührt der Begriff der »sozialen Pathologie« Alfred Grotjahns (1869–1931), der als wissenschaftlicher Begründer der sozialen Hygiene zu gelten hat. Grotjahn unterscheidet eine deskriptive und eine normative soziale Hygiene: Die soziale Hygiene ist als deskriptive Wissenschaft die Lehre von den Bedingungen, und die soziale Hygiene ist als normative Wissenschaft die Lehre von den Maßnahmen, die die Verallgemeinerung hygienischer Kultur unter der Gesamtheit von örtlich, zeitlich und gesellschaftlich zusammengehörenden Individuen und deren Nachkommen bezwecken.

Zu Beginn des 20. Jahrhundert, also eine Generation nach der Entdeckung des Tuberkulosekeims, hatte sich das bakteriologische Konzept entscheidend gewandelt. Alle denkbaren Faktoren des Geschehens galten als dynamische Größen. Die Virulenz von Keimen variiert von harmlos bis lebensbedrohend, der Einfluss von – notabene: infektiologischen – Vektoren, wie etwa Fliegen oder Mücken, variiert von vernachlässigbar bis immer pathogen, die Disposition eines möglichen Wirtes schließlich variiert von immun bis in jedem Fall ansteckungsfähig. Überdies beeinflussen sich Krankheitskeim, Vektor und Wirt wechselseitig.

Miasma, Kontagium, Pestilenz, Infektionen – Versuch einer Zusammenschau

Wir haben eine kleine Tour durch die Geschichte der Miasmen, Kontagien, Pestilenzen und Infektionen unternommen. Einiges wurde berichtet, vieles nur gestreift, noch mehr wurde nicht einmal erwähnt. Das Interesse ist – so hoffe ich – geweckt: Auf weiterführende Literatur wurde verwiesen. Zum Abschluss dieses Essays seien mit Blick auf die Intentionen des Herausgebers dieses Bandes einige Gedanken in aller Kürze und Schärfe zusammengefasst.

Dass massenhafte Krankheiten mit den jeweiligen Umständen eines Raumes zusammenhängen, haben die Menschen bereits frühzeitig erfahren. Der Gedanke der »Conditio«, der »Umgebung« als Ursache von Seuchen zieht sich bis heute durch. Die frühen Deutungen finden in Begriffen wie Loimos, Miasma, Pestilenz, vergiftete oder verseuchte Umwelt ihren Ausdruck. Hippokrates hat seine Erfahrungen als Individual- und nicht Stadtarzt in seinem oben angesprochenen Werk *Über Luft, Wasser und Ortslage* mit Blick auf die möglichen Gesundheitsgefahren der Bewohner diskutiert: So waren die Menschen in hoch gelegenen, kühlen, trockenen Gegenden anderen Gefahren ausgesetzt als die Menschen in tief gelegenen, heißen und feuchten Gegenden und mit ebensolchen Jahreszeiten. Der »Genius epidemicus« – die besondere Erscheinungsform einer (Massen-)Krankheit – haftete einer Krankheit und einer Gegend in immer neuen Ausprägungen gleichsam an: Die verpesteten Armenviertel der mittelalterlichen Städte, die verfilzten, ohne Wasserver- und Wasserentsorgung ausgestatteten Armenviertel der frühen Industriestädte – das sind solche Orte, in denen die Krankheiten hausen und in denen die Menschen, besonders die Kinder, vorzeitig sterben. Das »Febris aestivo-autumnalis«, das Sumpf- und Tropenfieber, die Mala-Aria – die »schlechte Luft« – so von Francesco Torti (1658–1741) in seiner Abhandlung 1709 benannt – machte in den südlichen Hemisphären ganze Landstriche im Spätsommer zu lebensgefährlichen Gegenden. Die Westküste Anatoliens als Heimat berühmter antiker griechischer Städte war seit dem frühen Mittelalter wegen der Malaria verwaist. Die Maremmen Italiens waren in der Antike drainiert und kanalisiert worden. Diese Infrastruktur war in der Spätantike untergegangen und im Mittelalter vergessen worden – und zwar mit einem erheblichen Zoll an Menschenleben, die an der Malaria zugrunde gingen (Dante berichtet davon in der *Göttlichen Komödie*). Erst im späten 18. und frühen 19. Jahrhundert wurde die gründliche Assanierung begonnen – und führte im 20. Jahrhundert im Zuge des Versuchs, die Malaria weltweit auszurotten, wieder zu dauerhaft lebenswürdigen Umständen.

Aus diesen breiten, die Verbesserung vielfältiger Lebensverhältnisse einschließenden und daher immer überaus teuren und in ihrer Wirkung unspezifischen Eingriffen speist sich der Name Konditional- oder Umwelthygiene. In der modernen Hygiene werden die nachfolgenden Maßnahmen auch als »horizontale Interventionen« bezeichnet – das heißt sämtliche Lebensumstände werden in einem solchen Ausmaß verbessert, dass auch die einzelne Krankheit oder Krankheitsgruppe als das ursprünglich skandalisierte und politisierte Interventionsziel verschwindet: Die Assanierung verseuchter Stadtviertel, die zentrale Versorgung mit reinem Wasser, die Entsorgung von Schmutzwasser und Müll, die Kanalisierung und Drainage gesamter Landstriche, die systematische Zerstörung von Habitaten möglicher Krankheitserreger oder Krankheitsüberträger – Mücken: Malaria und Gelbfieber – und eine permanente Kontrolle der Infektionskrankheiten sind derartige Interventionen. Die horizontalen Interventionen schließen seit der Entwicklung der modernen Bakteriologie die Kenntnis der spezifischen Krankheitserreger und Krankheitsüberträger ein. Oftmals steht hinter derart kostspieligen Maßnahmen ein anderes Ziel als dasjenige, Menschen vor bestimmten Krankheiten zu bewahren. Wirtschaftliche Gründe haben wir erwähnt, wichtig sind zudem etwa militärisch-strategische Gründe. So wäre der Panama-Kanal zu Beginn des 20. Jahrhunderts in der mörderischen, von Malaria und Gelbfieber verseuchten Gegend Mittelamerikas ohne die strategischen Ziele der USA nicht vollendet worden.

Als ein völlig anderer Blick hat der Versuch zu gelten, den Mechanismus der Übertragung in der Berührung, durch »Kontagien« und in übertragbaren Krankheitsstoffen oder gar »Krankheitskeimen« auszumachen. Auch dieses Denken ist seit der europäischen Antike gegeben. Marcus Terrentius Varro (116–27 vor unserer Zeit) beschrieb in seinen Büchern über die Landwirtschaft »animalia quaedam minuta«, also winzige kleine Lebewesen, die durch Mund und Nase von den Erkrankten aufgenommen werden. Girolamo Fracastoro (1477–1553), der die seinerzeit grassierende neue Krankheit in einem Lehrgedicht mit dem Namen »Syphilis« versah, beschrieb »Seminaria morbi«, also »Samen der Krankheit« – Entitäten, die zwar durchaus seinen Beobachtungen als Arzt entsprochen haben können, aber wesentlich seinen philosophischen Anschauungen entsprangen. Der Universalgelehrte Athanasius Kircher (1602–1680) beschrieb 1656 aufgrund seiner mikroskopischen Studien, dass sich im Blut der Pestkranken kleine Lebewesen bewegten. Vermutlich hat er rote und weiße Blutkörperchen gesehen. Antoni van Leeuwenhoek (1632–1723) entdeckte im Trinkwasser, im Speichel und im Zahnbelag von Menschen Bakterien – wohl Bazillen, Kokken und Spirillen. Als die Bedeutung des Wassers für die Verbreitung von Krankheiten immer deutlicher wurde, entdeckten die Zeitgenossen im schmutzigen Wasser der Themse unter dem Mikroskop einen Zoo von Ungeheuern. Ähnliches geschah in der berüchtigten Choleraepidemie in Hamburg 1892. Noch Patrick Manson (1844–1922), der spätere Papst der Tropenhygiene, postulierte 1894 im Anschluss an seine Forschungen zur Filariose/Elephantiasis (übertragen unter anderem durch Culex-Mücken), dass die Malaria ebenfalls durch Mücken übertragen würde: Die Infektion erfolge, so meinte er damals, durch abgestorbene und mit dem Trinkwasser aufgenommene Mückenpartikel. Louis Pasteur hatte mit seinen mikrobiologischen Forschungen eine Tür geöffnet. Erst Robert Koch konnte mit seiner stringenten Methode aus der Vielzahl der verschiedenen Stoffe und Lebewesen, die sich unter dem Mikroskop zeigten, eindeutig dasjenige kleinste Lebewesen identifizieren, das eine spezifische Krankheit verursachte. Mit seiner Methode wurden anschließend innerhalb weniger Jahrzehnte viele Krankheitserreger entdeckt. Und diese Methode ist – wie gezeigt wurde – auch heute noch entscheidend für den Nachweis von Erregern bis hin zu dem völlig neuen Konzept der Infektion durch Prionen, also durch – im Gegensatz zu Protozoen, Bakterien oder Viren – nicht mit Genmaterial ausgestattete und daher nicht replikationsfähige Eiweiße.

Was hilft es, einen Krankheitserreger zu kennen, der die Menschen »infiziert« und gegebenenfalls eine »Infektionskrankheit« auslöst? Die Entdeckung eines spezifischen Erregers hat erhebliche Folgen für die Wahrnehmung und Bekämpfung einer Krankheit: Krankheitsentitäten im Sinne der Nosologie können klar definiert werden, Krankheiten können bei entsprechenden Nachweismethoden klar differenzialdiagnostisch bestimmt werden, Infektionswege können analysiert werden, entsprechende spezifische Gegenmaßnahmen, zum Beispiel Isolationen oder Desinfektionen, können getroffen werden, mögliche Überträger, Zwischen- und Endwirte können identifiziert werden – und schließlich können spezifische Impfstoffe und späterhin Heilmittel, die Antibiotika, entwickelt werden. Alles dies hat wiederum erhebliche Auswirkungen auf die Bekämpfung der Infektionskrankheit – wie etwa die Bestimmung und Behandlung »gesunder Keimträger« bei Salmonelleninfektionen oder die speziesspezifische Assanierung des Habitats von Zwischenwirten wie etwa Mückenbrutstätten etc. Viele dieser krankheitsspezifischen Maßnahmen sind als isolierte Eingriffe zu bezeichnen: Es handelt sich – im Gegensatz zu horizontalen Maßnahmen – um »vertikale Maßnahmen«. Das Musterbeispiel ist die Impfung: Sollte eine spezifische Impfung möglich sein – wie am bekanntesten seit dem ausgehenden 18. Jahrhundert mit der Pockenschutzimpfung – ist es allein durch diese möglich, die Infektionskrankheit dauerhaft zu beseitigen. Alle anderen Umstände können völlig unberücksichtigt bleiben. Und eben dies ist das Faszinosum vertikaler Maßnahmen: Weder die Ärzte noch die (Gesundheits-)Politiker noch die Gesellschaft brauchen sich um weitere, möglicherweise extrem teure oder politisch unerwünschte Maßnahmen – wie zum Beispiel Landreformen zur Bekämpfung der Malaria (Litsios, 1996) – zu kümmern.

Dazu ein letztes historisches Beispiel: die Beri-Beri-Krankheit, eine mit erheblichen Bewegungseinschränkungen einhergehende Vitaminmangelkrankheit, entsteht durch den ständigen und hauptsächlichen Verzehr von geschältem Reis. Diese Krankheit war sowohl in der japanischen Marine als auch im japanischen Heer im ausgehenden 19. Jahrhundert weit verbreitet und führte zu erheblichen, auf die Kriegsführung wirkenden Ausfällen. Die europäisch und hier vornehmlich von Robert Koch ausgebildeten führenden japanischen Heeresärzte der Zeit waren überzeugt, dass es sich um eine ansteckende Krankheit handeln müsse: Sie suchten den »Beri-Beri-Bazillus«, um diesen durch gezielte – eben vertikale – Maßnahmen bekämpfen zu können. In der Marine führte die – heute würden wir sagen – prospektive Studie eines erfahrenen, in der klassischen japanischen Kanpo-Medizin und dann in England ausgebildeten japanischen

Schiffsarztes zu dem Ergebnis, dass die Erkrankung etwas mit der Ernährung zu tun haben müsse. Die daraufhin eingeführte Mischkost – also eine horizontale Maßnahme – reduzierte die Mangelkrankheit dramatisch (Oberländer, 2005).

Der Veterinärmediziner Anton Mayr (1922–2014) hat die Problematik des spezifischen Zugriffs auf Massenerkrankungen – in der Folge der Diskussion um eine weltweite Ausbreitung der sogenannten Vogelgrippe – in einem Grundsatzartikel zum Problem der »Eradikation und Tilgung von Seuchen« systematisch herausgearbeitet (Mayr, 2006, A. 3115f.).

»Seuchenerreger sind stets Erreger von Infektionskrankheiten; aber nicht alle Erreger von Infektionskrankheiten sind Seuchenerreger. Der Erreger einer Infektionskrankheit wird in der Regel erst dann zum Seuchenerreger, wenn er neben seiner Infektiosität folgende Eigenschaften besitzt:
- erhöhte Virulenz prägt die Schwere des Krankheitsverlaufs
- hohe Kontagiosität führt zu einer raschen Ausbreitung der Infektion
- hohe Widerstandsfähigkeit (Tenazität) gegen äußere Einflüsse
- an Stelle der erhöhten Kontagiosität kann auch die Übertragung durch lebende Vektoren, in denen eine Vermehrung der Erreger stattfindet (Arthropoden-Seuchen), eine Rolle spielen.

Während Infektiosität (Mindestinfektionsdosis) und Virulenz eines Erregers die Gefährlichkeit einer Infektionskrankheit bedingen und für das Zustandekommen eine unentbehrliche Voraussetzung sind, führen Kontagiosität, Tenazität und biologische Übertragung zur Anhäufung und Verbreitung von Krankheitsfällen und bestimmen damit den Seuchencharakter. Zu einer Seuche kann es kommen, wenn der Erreger lediglich eine der letztgenannten Eigenschaften besitzt.«

Eine Eradikation als die größtmögliche vertikale Maßnahme ist nur möglich, wenn es sich um einen spezifischen Erreger handelt (Mayr, 2006, A 3116):

»Die Eradikation der Menschenpocken bestätigte die Richtigkeit der theoretisch aufgestellten Kriterien für eine erfolgreiche Ausrottung von Seuchen. Die Schlüsselkriterien sind dabei:
- der Erreger hat nur einen Wirt
- der Erreger darf in der Umwelt nicht ubiquitär sein

> der Erreger wird direkt ohne Zwischenwirte übertragen
> im Wirt führt die Infektion stets zur Krankheit
> persistierende latente Infektionen gibt es nicht
> der Erreger darf nicht in verschiedenen serologischen Typen und -Subtypen auftreten und muss genetisch stabil sein
> die Krankheit kann durch weltweite Schutzimpfungen verhindert werden.«

Dieser Ausflug in die aktuelle Infektiologie soll uns Folgendes zeigen: Eine Seuche als Massengeschehen hat auch aus primär bakteriologisch-infektiologischer Sicht erhebliche Voraussetzungen. Das Wort »Infektion« ist zu einem medizinischen Fachterminus geworden, der das Eindringen eines spezifischen Keimes und die daraus resultierenden Abwehrmaßnahmen impliziert. Über die aktuelle Problematik der Individualtherapie – Antibiotika, Antibiotikaresistenz, MRSA, Multi-Infektionen etc. – ist in diesem Beitrag nicht gesprochen worden. Für Infektionen als Massenphänomen gelten darüber hinaus weitere Bedingungen.

Aus der heute immer komplexer werdenden Sicht des Weges von der einzelnen Infektion bis hin zur Epidemie ergibt der Blick in die Geschichte folgendes Bild: Beide Phänomene – die einzelne Infektion und die Massenerkrankung – wurden in den Begriffen und Bezugssystemen der jeweiligen Zeit wahrgenommen und reflektiert. Als Endergebnis zeigt sich, dass eine Infektion nur höchst selten ein monokausales Geschehen ist. Es müssen vielmehr viele weitere Faktoren hinzutreten, damit aus einer Infektion eine Krankheit und aus einer Infektionskrankheit eine Seuche wird. In der Infektiologie wird im Sinne des »Betriebes« der Wissenschaften – siehe Martin Heidegger – versucht, diese Faktoren mit den gegebenen Mitteln zu analysieren und zu technisieren. Gleichwohl werden diese Erklärungen die Lebenswelt der Phänomene und der lebensweltlichen Deutungen – siehe Hermann Schmitz – niemals gänzlich erreichen oder gar durchdringen. Das ist angesichts der Digitalisierung und Algorithmisierung unserer Welt ebenso beruhigend wie beunruhigend. Beruhigend ist gewiss, dass es stets eigene Bereiche der Welterklärung einerseits und der Weltdeutung andererseits geben wird. Beunruhigend ist sicherlich, dass das Infektionsgeschehen heute als (Überlebens-)Kampf zwischen verschiedenen Lebewesen anzusehen ist, der gleichsam an der Frontlinie der Aufnahme- beziehungsweise Abwehrfähigkeit und damit der Immunität der Lebewesen ausgetragen wird. Ein bekannter, hier sicher ungenannt bleiben wollender Mikrobiologe meinte einmal mehr oder weniger sarkastisch, der Mensch sei nur dazu da, die Mikroben zu (er-)tragen, die in, an und um ihn herum leben – und deren Zahl übrigens größer ist als die der körpereigenen Zellen. Die Malariaerreger haben – als Beispiel für Lebewesen, die auch Menschen für ihre Vermehrung nutzen – 1,2 Milliarden Jahre Erdgeschichte überlebt, deren Überträger – im Fall der Malaria die Anopheles-Mücken – überleben bereits 250 Millionen Jahre. Ob die Menschen, mit ihren Vorgängern gerade einmal sechs Millionen Jahre, als Spezies gar erst 0,2 Millionen Jahre alt – im Kampf gegen derartig widerstandsfähige Lebewesen obsiegen können, muss offenbleiben.

Literatur

Bergdolt, K. (Hrsg.). (1989). *Die Pest 1348 in Italien: fünfzig zeitgenössische Quellen.* Heidelberg: Manutius.
Bergdolt, K. (1994). *Der Schwarze Tod in Europa. Die Große Pest und das Ende des Mittelalters.* München: C. H. Beck.
Briegleb, K. (1981 [1976]). *Schriften 1831–1837* [Ullstein Werkausgabe, Band. 5]. München: Ullstein.
Briese, O. (2003). *Angst in den Zeiten der Cholera. Band 1: Über kulturelle Ursprünge des Bakteriums; Band 2: Panik-Kurve; Band 3: Auf Leben und Tod; Band 4: Das schlechte Gedicht.* Berlin: Akademie-Verlag.
Bourdelais, P. & Dodin, A. (Hrsg.). (1987). *Visages du Cholera.* Paris: Belin.
Cohen, H. F. (2010). *How modern science came into the world. Four civilizations, one 17th-century breakthrough.* Amsterdam: Amsterdam Univ. Press.
Evans, R. J. (1987). *Death in Hamburg. Society and Politics in the Cholera Years 1830–1910.* Oxford: Clarendon. [dt.: (1990). *Tod in Hamburg. Stadt, Gesellschaft und Politik in den Cholera-Jahren 1830–1910.* Reinbek: Rowohlt].
Fangerau, H & Labisch, A. (2020). *Pest und Corona. Pandemien in Vergangenheit, Gegenwart und Zukunft.* Freiburg i.Br.: Herder.
Geigel, A., Hirt, L. & Merkel, G. (1874). *Handbuch der öffentlichen Gesundheits-Pflege und der Gewerbe-Krankheiten.* Leipzig: Vogel.
Heidegger, M. (1950 [1938]). Die Zeit des Weltbildes. In M. Heidegger (Hrsg.), *Holzwege* [Gesamtausgabe. I. Abteilung: Veröffentlichte Schriften 1914–1970. Band 5] (S. 69–104). Frankfurt a. M.: Klostermann.
Heidegger, M. (2000 [1953]). Die Frage nach der Technik. In M. Heidegger (Hrsg.), *Vorträge und Aufsätze.* [Gesamtausgabe. I. Abteilung: Veröffentlichte Schriften 1910–1976. Band 7.] (S. 5–36). Frankfurt a. M.: Klostermann.
Heine, H. (1981 [1892]). Französische Zustände. In H. Heine, *Sämtliche Schriften in zwölf Bänden, Band 5: Schriften 1831–1837,* hrsg. von K. Briegleb. München: Ullstein.
Huff, T. E. (1993). *The rise of early modern science. Islam, China, and the West.* Cambridge UK, New York: Cambridge Univ. Press.

Huff, T. E. (2005). *An age of science and revolutions, 1600–1800*. Oxford, New York: Oxford Univ. Press.
Huff, T. E. (2011). *Intellectual curiosity and the scientific revolution. A global perspective*. Cambridge UK, New York: Cambridge Univ. Press.
Hueppe, F. (1925). Zur Geschichte der Sozialhygiene. In A. Gottstein, A. Schlossmann & L. Teleky (Hrsg.), *Handbuch der sozialen Hygiene und Gesundheitsfürsorge*, Band 1 (S. 1–70). Berlin: Springer.
Hutten, U. v. (1902 [1519]). *Ueber die Heilkraft des Guaicum und die Franzosenseuche (De Guaiaci medicina et morbo Gallico)*. Übers. v. H. Oppenheimer. Berlin: Hirschwald.
Labisch, A. (1992). *Homo hygienicus. Gesundheit und Medizin in der Neuzeit*. Frankfurt a. M. u. a.: Campus-Verl.
Labisch, A. (2015). Medizin und Medizingeschichte. In Jaeger, F., Knöbl, W. & Schneider, U. (Hrsg.), *Handbuch Moderneforschung* (S. 166–179). Stuttgart: Metzler.
Labisch, A. & Woelk, W. (2012). Geschichte der Gesundheitswissenschaften. In K. Hurrelmann & O. H. Razum (Hrsg.), *Handbuch Gesundheitswissenschaften* (6. Aufl.) (S. 55–98). Weinheim, Basel: Beltz, Juventa.
Leven, K.-H. (1997). *Die Geschichte der Infektionskrankheiten. Von der Antike bis ins 20. Jahrhundert* [Fortschritte der Präventiv- und Arbeitsmedizin, Band 6]. Landsberg/Lech: ecomed.
Litsios, S. (1996). *The tomorrow of Malaria*. Karori, NZ: Pacific Publishing.
Marschner, J. (1985). Die Gestalt der neuzeitlichen Wissenschaft im Denken Martin Heideggers. In Born, R. P. & Marschner, J. (Hrsg.), *Philosophie, Wissenschaft, Politik. Festschrift Rudolf Wohlgenannt zum 60. Geburtstag* (S. 111–129). Wien, New York: Springer.
Mayr, A. (2006). Eradikation und Tilgung von Seuchen. *Deutsches Ärzteblatt, 103*, C-2603–2606.
Müller, I. W. (1993). *Humoralmedizin. Physiologische, pathologische und therapeutische Grundlagen der galenistischen Heilkunst*. Heidelberg: Haug.
Oberländer, C. (2005). The Rise of Western ›Scientific Medicine‹ in Japan: Bacteriology and Beriberi. In M. Low (Hrsg.), *Building a modern Japan. Science, technology, and medicine in the Meiji era and beyond* (S. 13–36). New York u. a.: Palgrave Macmillan.
Oesterlen, F. (1865). *Handbuch der medicinischen Statistik*. Tübingen: Laupp.
Pettenkofer, M. v. (1873). *Was man gegen die Cholera thun kann*. München: Oldenbourg.
Pettenkofer, M. v. (1892). Ueber Cholera, mit Berücksichtigung der jüngsten Cholera-Epidemie in Hamburg. *Münchener Medicinische Wochenschrift, 39*, 807–817.
Philipp, P. (1998). Das Flugblatt des Nürnberger Arztes Theodoricus Ulsenius von 1496. *Berichte zur Wissenschaftsgeschichte, 21*, 175–183.
Rothschuh, K. E. (1978). *Konzepte der Medizin in Vergangenheit und Gegenwart*. Stuttgart: Hippokrates.
Schmitz, H. (1964ff.). *System der Philosophie*. 5 Bände in 10 Teilen. Bonn: Bouvier.
Schmitz, H. (1965). *Der Leib* [System der Philosophie, 2. Band, 1. Teil]. Bonn: Bouvier.
Schmitz, H. (1985). Phänomenologie der Leiblichkeit. In H. Petzold (Hrsg.), *Leiblichkeit. Philosophische, gesellschaftliche und therapeutische Perspektiven* (S. 71–106). Paderborn: Junfermann.
Schmitz, H. (1989). *Leib und Gefühl. Materialien zu einer philosophischen Therapeutik*. Hrsg. v. H. Gausebeck & G. Risch [Innovative Psychotherapie und Humanwissenschaften, Band 48]. Paderborn: Junfermann.

Schwalb, A. B. (1990). *Das Pariser Pestgutachten von 1348. Eine Textedition und Interpretation der ersten Summe.* Diss. med. Tübingen: Köhler.

Thießen, M. (2016). Infiziertes Europa: Seuchen im langen 20. Jahrhundert [Historische Zeitschrift Beiheft NF 64] München: De Gruyter Oldenbourg.

Vasold, M. (1991). *Pest, Not und schwere Plagen: Seuchen und Epidemien vom Mittelalter bis heute.* München: C. H. Beck.

Vögele, J. (1998). *The Urban Mortality Change in England and Germany, 1870–1913* [Liverpool Studies in European Population, vol. 5]. Liverpool: Liverpool Univ. Press.

Vögele, J. (1998). »Düsseldorf – Eine gesunde Stadt?« Zur Entwicklung der Sterblichkeit in Düsseldorf im 19. und frühen 20. Jahrhundert. *Düsseldorfer Jahrbuch. Beiträge zur Geschichte des Niederrheins, 69*, 211–235.

Vögele, J. (2001). *Sozialgeschichte städtischer Gesundheitsverhältnisse während der Urbanisierung* [Schriften zur Wirtschafts- und Sozialgeschichte 69]. Berlin: Duncker & Humblot.

Vögele, J., Noack, T. & Knöll, S. (Hrsg.). (2017). *Epidemien und Pandemien in historischer Perspektive/Epidemics and pandemics in historical perspective.* Wiesbaden: Springer VS.

Winkle, S. (1997). *Geißeln der Menschheit. Kulturgeschichte der Seuchen.* Berlin: Artemis & Winkler.

Biografische Notiz

Alfons Labisch, U.-Prof. em. U.-Prof. h. c. Dr. phil. Dr. med. M. A. (Soz.), ML (Mitglied der Leopoldina), ist Distinguished Professor am Institute for Global History, School of History, der Beijing Foreign Studies University in Beijing. Er beschäftigt sich mit der Geschichte des Wechselverhältnisses von Gesundheit, Medizin und Gesellschaft.

Geisterspiele

Gedanken zur Corona-Pandemie

Konrad Heiland & Hans-Christoph Zimmermann

> Das Wesentliche ist die Verwandlung.
> *Heiner Müller*

> Alle Geschichte ist die Geschichte von Immunsystemkämpfen.
> *Peter Sloterdijk*

Ein Gespenst weilt unter uns, man kann es weder hören noch riechen und schon gar nicht sehen. Nur an den teilweise doch sehr üblen, ja, zuweilen schrecklichen Folgen lässt es sich erkennen. Das Virus fliegt, es liegt geradezu in der Luft, als winziges Aerosolpartikel, gut getarnt saust es unerkannt durch den Äther.

»Wann immer Gespenster erscheinen, gibt es Zweifel: Mit ihrem Auftritt treten zugleich Zweifel darüber auf, ob wir ›richtig‹ gesehen oder gehört haben, Zweifel, ob wir unseren Sinnen und unserem Verstand trauen können, Zweifel, ob wir verstanden haben, was die Gespenster von uns wollen und warum sie gerade uns erscheinen. Mit der Gespenstererscheinung verschwinden alle Sicherheiten« (Aggermann et al., 2015, S. 9),

so heißt es im Vorwort des Sammelbandes »*Lernen mit den Gespenstern zu leben«. Das Gespenstische als Figur, Metapher- und Wahrnehmungsdispositiv in Theorie und Ästhetik*. Offenbar sind wir momentan geradezu von Geistern und Gespenstern umgeben. So findet sich in dem aktuellen Sachbuch *Die Psyche in Zeiten der Corona-Krise – Herausforderungen und Lösungsansätze für Psychotherapeuten und soziale Helfer* (Bering & Eichenberg, 2020) die folgende Passage:

»Der Begriff für ein Bundesligaspiel ohne Zuschauer, ein sogenanntes Geisterspiel, trifft unabsichtlich mitten hinein in unsere tiefsten Ängste, nämlich in die Furcht, allein und einsam Geistern und Gespenstern zu begegnen und sich in einer irrealen Schattenwelt zu bewegen« (Beck, 2020, S. 58).

Sogar die altehrwürdigen Rolling Stones werden von Geistern heimgesucht. *Living in a ghost town* (2020), so heißt ihr aktuellster Song, als dessen stimmungsvoller Höhepunkt ein kleines, aber doch sehr feines Mundharmonikasolo von Mick Jagger erklingt, während im dazugehörigen Musikvideo die Kamera geisterhaft leere Straßenzüge und sonst immer dicht bevölkerte Plätze im Zeitraffer durchkämmt, ja, geradezu manisch absucht, aber nun: kein Mensch nirgends, gespenstisch.

Maskenparaphrase

Das amerikanische Bread and Puppet Theatre trat seit Anfang der 1960er Jahre mit bis zu fünf Meter hohen Puppen auf, die an langen Stäben befestigt waren. Schon rein optisch enorm wirkungsvoll, geradezu einschüchternd war dieser Aufstand der Riesen, der auch politische Hintergründe plakativ thematisierte. Das dänische Odin Teatret präsentierte in den 1970er Jahren Schauspieler auf Stelzen, die maskiert in atemberaubender Geschwindigkeit mit virtuoser Körperbeherrschung zu antreibender, perkussiver Musik durch den Raum tanzten. Beide Theatergruppen haben mich mit ihren expressiven Puppen und archaisch wirkenden Masken in jungen Jahren nachhaltig beeindruckt. Unter der Überschrift »Maske und Therapie« bewegte sich damals auch das kreativtherapeutisch geprägte Selbsterfahrungskonzept des Psychotherapeuten Bernward Weiß, an das ich mich gerne zurückerinnere.

»Was bewirken Masken? Schutz und Schrecken, verdecken oder offenbaren.« Persona, Maske, meint die nach außen präsentierte Person, die Rolle im öffentlichen Raum. Im Theater spricht man von »Dramatis Personae«, von den Figuren eines Dramas. Personare heißt »hindurchtönen« und verweist auf die Stimme des Schauspielers, die hinter seiner Maske erklingt und ihn kenntlich macht. Masken als ästhetisches Objekt, als wesentliches Element im Spiel, im Ritual, thematisieren das Überpersönliche, Existenzielle. In *Eyes wide shut* (1999), dem letzten Film des legendären amerikanischen Meisterregissseurs Stanley Kubrick nach einer Novelle von Arthur Schnitzler, steht eine düstere Zeremonie im Mittelpunkt des Geschehens, ein Ritual, das in einer abgelegenen, äußerst streng bewachten Villa stattfindet. Nach einer anfänglichen erotischen Irritation, gelangt die daraufhin hilflos herumirrende, seelisch schwer angeschlagene Hauptfigur wie zufällig, aber doch auch schicksalhaft an diesen besonderen, geheimnisvollen Ort. Sexualität und Tod sind dort unmittelbar präsent, die Gesichter verbergen sich alle hinter Masken, die von ihrer Form her unverkennbar an den venezianischen Stil angelehnt sind. Gewalttätige Momente und Schönheit treffen, wie auch in Werken Kubricks, etwa *The Shining* (1980) oder *Clockwork Orange* (1971), unmittelbar aufeinander.

Masken schaffen oft eine Überhöhung, Entgrenzung, sie triggern die Fantasie, erinnern an das Kollektive in uns, stimulieren Offenbarungen. Verdeckt erhöht sich die Bereitschaft, offener zu reden. Bernward Weiß' Konzept baut eben genau darauf auf und verbindet Kunsttherapie gekonnt mit Theaterelementen: Am Anfang gestalten die Gruppenteilnehmer selber ihre eigenen Masken, mit denen sie dann später die Bühne eines Improvisationstheaters betreten. Hier gewinnt die Maske nun eine befreiende Bedeutung, sie ermöglicht einen beträchtlichen Zugewinn an persönlicher Offenheit. Andererseits bedeutet sie aber auch Amimie, es bleibt lediglich ein einziger Gesichtsausdruck für sämtliche Befindlichkeiten und Stimmungen übrig, eine autistisch anmutende Starrheit, Unbeweglichkeit, die unheimlich wirken kann. Der starre Blick der Mutter ängstigt das kleine Kind, das immer lauter zu schreien beginnt, wenn das Gesicht der Mutter keinerlei Rührung zeigt.

Pesthauch und Coronaatem

Der Mund-Nasen-Schutz, den die Covid-19-Pandemie jedem Bürger als »Must« verordnet, suggeriert aber auch einen grundlegenden Verdacht: Dass der Atem jedes Menschen potenziell den viralen Hauch der Infektion und damit des Todes in sich tragen könnte. Der Gebrauch des Begriffs »Maske« erscheint allerdings nicht unproblematisch, worauf die Sprachwissenschaftlerin Annette Klosa-Kückelhaus vom Leibniz-Institut für Deutsche Sprache hingewiesen hat: »Mundschutz ist hier (paradigmatisch) im Kontext von Schutzkleidung verortet, Maske im Kontext von anderen Elementen von Kostümierung« (Klosa-Kückelhaus, 2020, S. 1). Auch wenn derzeit beide Bezeichnungen synonym gebraucht werden, dient die Verhüllung eher der Verhinderung einer Infektion als der Verschleierung von Identität. Damit werden im kollektiven Bildgedächtnis grundsätzlich andere Motivbestände aufgerufen: Fotos aus Operationssälen, sterilen Laboren, smoggeplagten asiatischen Städten, aber auch von italienischen Polizisten mit Mundschutz, die Bootsflüchtlinge in Empfang nehmen. Die Historikerin Francesca Falk analysiert in ihrem Aufsatz »Europa – der Blick auf die Ränder« die Ikonografie solcher Fotografien:

> »Auf jenen Bildern in den europäischen Medien hingegen, in denen Uniformierte mit Mundschutzmasken Bootsflüchtlinge empfangen, ist die Bedeutung der Maske eine etwas andere. Es überlagern sich territoriale Grenzen mit Körpergrenzen; Migration erscheint hier auch als Angriff auf die Integrität des eigenen Körpers« (Falk, 2010, S. 338).

Auch wenn das tagelange Ausharren auf dem Schiff die Entwicklung von Krankheiten begünstigen mag, der rassistische Subtext der Fotos bleibt unverkennbar und weckt Erinnerungen an koloniale Diskurse.

Mit Covid-19 zieht nun allerdings die Infektionsgefahr ins Innere der Gesellschaft ein. Der Mensch ist des Menschen Virus. Genauer: Der menschliche Atem scheint potenziell vergiftet, Schwebeteilchen in der Luft, sogenannte Aerosole, gelten als Bedrohung. Mit dem Angriffsziel Atemwege ist die kulturhistorische Herzkammer des christlichen Westens getroffen: »Da machte Gott der Herr den Menschen aus Staub von der Erde und blies ihm den Odem des Lebens in seine Nase. Und so ward der Mensch ein lebendiges Wesen«, heißt es in Genesis 2, 7. Vom Pfingstwunder ganz zu schweigen. Der Atem ist vom ersten Schrei bis zum letzten Seufzer das Alpha und Omega des Menschen. Wie aktuell das ist, zeigt die Heilig-Kreuz-Kirche in München-Giesing. Der Foto- und Videokünstler Christoph Brech hat die sieben Kirchenfenster des neogotischen Baus im Herbst 2019 neu gestaltet und mit 1.200 blaugetönten Röntgenaufnahmen von Lungenflügeln versehen. Dass die Aufnahmen auch die Hinfälligkeit des Menschen thematisieren, ist allerdings ebenso offensichtlich. Das verweist darauf, dass Atem und Angst seit Jahrhunderten ein metaphorisches Doppel bilden; in den Zeiten der Pest genauso wie den Zeiten der Bakterien und Viren. Alain Corbins klassische Untersuchung *Pesthauch und Blütenduft* entfaltet die Geschichte des Geruchssinns als einer fortschreitenden Entwicklung der Hygiene im 18. und 19. Jahrhundert. Mit der Entwicklung der Bakteriologie und der Virologie, also mit der Entdeckung einer geruchlosen und unsichtbaren Infektionsgefahr, nimmt die Angst vor möglichen Ansteckungen erheblich zu.

»Die neuen Ansprüche auf gute Luftqualität, der Abscheu vor begrenzten Räumen und stickigen Gerüchen, der Alptraum der allgegenwärtigen Schwindsucht, die mehr und mehr zum Kristallisationspunkt des morbiden Schreckens wird, die phobische Angst vor dem Ersticken, dessen Ursachen nunmehr bekannt sind und das im Sprachgebrauch der damaligen Zeit zu einer stereotypen Metapher wird – all dies enthüllt eine anschwellende Angst vor den in der Atmosphäre verborgenen Gefahren, eine Angst, für deren Verschärfung nicht zuletzt die Autorität der Gelehrten verantwortlich ist« (Corbin, 1984, S. 215).

Verschwörungstheorien und Verdächtigungen

»Gerade weil die Gefahr unsichtbar ist, erzeugt sie Kopfgeburten, so verrückt diese auch sein mögen«, schreibt der Psychoanalytiker Martin Altmeyer in seinem Zeitungsbeitrag »Irren ist menschlich«, indem er unter anderem zu erläutern versucht, warum ein gefährliches Virus die Ausbreitung wahnhafter Verschwörungstheorien begünstigt (Altmeyer, 2020, S. 37). Martin Altmeyer, der in seinen Büchern und Beiträgen immer wieder aktuelle Entwicklungen aus psychoanalytischer Sicht aufschlussreich zu kommentieren weiß, stellt nun eine spannende, jedoch nicht völlig unproblematische Parallelisierung zu der individuellen Paranoia eines Schizophrenen her. So werden die Verschwörungstheoretiker nachhaltig und gravierend pathologisiert.

»In der Vorgeschichte von Patienten finden wir meist eine über Tage und Wochen anhaltende innere Unruhe, verbunden mit diffusen Ängsten und dem unerträglichen Gefühl, ins Leere zu fallen oder psychisch zu implodieren. Sobald sich jedoch ein Wahnsystem ausbildet, beruhigt sich dieser bedrohliche Unruhezustand in dem Maße, wie der Patient zu ahnen beginnt, woher die Gefahr wirklich kommt, bis er es endlich weiß« (ebd.).

Nach seinem doch recht heftigen Angriff auf die gegenwärtigen Paranoiker relativiert Altmeyer dann im weiteren Verlauf des Artikels seine zuvor noch so aggressive Stellungnahme, indem er nun selbstkritisch bekennt:

> »All das gehörte zu den Gewissheiten einer rebellischen Jugend, die im roten Jahrzehnt unter dem Eindruck von Vietnamkrieg, Auschwitz-Prozess und Notstandsgesetzgebung auf die Straße ging, um den verhassten Kapitalismus zu stürzen und die Welt zu verbessern – mit der Musik von Bob Dylan, den Rolling Stones und den Beatles im Ohr, aber auch mit Heldenporträts von Mao Tsetung, Ho Chi Minh oder Che Guevara auf unseren Fahnen.«

Obwohl diese Rebellion durchaus viele positive gesellschaftliche Folgen zeitigte, war sie andererseits auch von paranoid gefärbten Fehleinschätzungen durchzogen (ebd.).

Jede Zeit pflegt ihre Irrtümer, ihren Irrglauben, erzeugt Phantome und Gespenster. Jede Zeit hält ihre passenden Verschwörungstheorien parat. Einige fatale, im Nachhinein doch recht verblüffende Verblendungen der sogenannten '68er erscheinen heute mehr als offensichtlich, aber waren sie damals vielleicht sogar notwendig, um den erforderlichen gesellschaftlichen Schub, den nötigen Druck zu erzeugen? Verschwörungstheorien beruhen zwar in aller Regel auf unwahren Behauptungen und falschen Unterstellungen, haben aber dennoch ihre realen Auswirkungen. Auch in der Weltliteratur haben sie ihre bleibenden Spuren hinterlassen.

In Thomas Pynchons legendärem Kultroman *Die Enden der Parabel* (engl. Originalfassung 1973) geht es unter anderem darum, dass man zunächst die Folgen und erst im Anschluss deren offensichtliche Ursache erkennt, eine Umkehrung, wie sie nicht zuletzt auch bei der Erfassung einer Viruspandemie charakteristisch sein kann. Erst nachdem die angebliche Wunderrakete V2 eingeschlagen hat, kann man tatsächlich auf ihren vorherigen Flug zurückschließen. Die V2 sollte den Krieg für Nazi-Deutschland entscheiden, wurde aber zum Fehlschlag; die Rakete fiel im wahrsten Sinne des Wortes ins Wasser.

> »Die Vorstellung einer Rakete, die man erst kommen hört, nachdem sie explodiert ist [...], ein paar Meter Film, die rückwärts ablaufen ... der Einschlag der Rakete, die mit Überschallgeschwindigkeit herabgestürzt ist – und dann erst wächst aus ihm heraus das Heulen ihres Sturzes, holt ein, was längst schon tot ist und brennt ... ein Geist am Himmel ...« (Pynchon, 1994, S. 81),

heißt es in Pynchons vielschichtigem Text. Mit der titelgebenden Parabel wird auf die charakteristische Flugbahn dieser Waffe verwiesen. Die bis heute rätselhafte Identität des Autors führte unlängst zu verschiedenen Gastauftritten in der Zeichentrickserie *Die Simpsons*, bei dem das Phantom Pynchon, ausschließlich mit einer über den Kopf gestülpten Tüte, auf der ein fettgedrucktes schwarzes Fragezeichen prangt, zu sehen ist. Viele von Pynchons Texten sind von Verschwörungstheorien geradezu netzwerkartig durchzogen, ja, sie werden in gewisser Weise sogar von ihnen zusammengehalten, als seien gerade sie der Stoff, der das Rad der Welt am Laufen hält.

Als Naiver, der die anderen der Naivität bezichtigt, tritt der Verschwörungstheoretiker auf. Er kann den Zufall nicht akzeptieren und führt eine Art Amoklauf der Rationalität vor, die unter dem Zwang steht, alles und jedes begründen und erklären zu müssen. Wie ein Mantra suggeriert er sich immer wieder dieselbe paranoide Formel. Durch diese andauernde Wiederholung entsteht Relevanz und Verankerung. So bildet sich ein abgeschlossenes System heraus, das letztlich weder bewiesen noch widerlegt werden kann.

In Ihrem gemeinsamen mit der Psychologin Pia Lamberty verfassten Werk *Fake Facts. Wie Verschwörungstheorien unser Denken bestimmen* (2020) schreibt die Ökonomin und Bürgerrechtlerin Katharina Nocum dazu: »Bei der Bildung von Theorien stellt die sogenannte Falsifizierbarkeit von Aussagen ein zentrales Element dar. Das bedeutet: Eine wissenschaftliche Theorie muss widerlegbar sein, denn sonst kann sie nicht empirisch überprüft werden« (Nocun & Lamberty, 2020, S. 267).

Es ist eine durchaus beachtliche psychische Leistung, die Komplexität unserer Welt überhaupt auszuhalten. Die Ambiguitätstoleranz hat jedoch in letzter Zeit eher nachgelassen, was die politischen Polarisierungstendenzen zusehends anfacht. So fällt es auch nicht allen gleichermaßen leicht, das sogenannte »Präventionsparadox« zu verstehen.

> »Denn wenn ein Schaden eintritt, war die Prävention offenbar schlecht oder nicht wirksam genug. Passiert dagegen nichts, dann hätte man sich die Mühe sparen können, weil am Ende ja nichts passiert ist. Präventionsarbeit erscheint also immer entweder als schlecht oder überflüssig« (Mukerji & Mannino, 2020, S. 50),

stellen die beiden Philosophen Nikil Mukerji und Adriano Mannino in ihrer pointierten Abhandlung *Covid-19: Was in der Krise zählt* zu Recht fest. Die erfolgreiche Präventionsarbeit hat nun offenbar dazu geführt, den Mythos von der Inexistenz des Virus weiter zu befördern. Zumindest wurde in Windeseile die Behauptung laut, es sei alles halb so wild, keinesfalls schlimmer als die übliche saisonale Grippe, die Infektionszahlen würden es ja schließlich beweisen, was sich jedoch als fataler Trugschluss herausstellt.

Ästhetisierung des Virus

Unschädlich machen lässt sich das Virus aber vermeintlich auch durch eine affirmative Gegenstrategie: Die Ästhetisierung. Unter dem Elektronenmikroskop wirkt SARS-CoV-2 ziemlich unansehnlich: Unregelmäßig gerundete Körper in Schwarzweiß mit verkümmerten Tentakeln. Schon der umgangssprachliche Name »Corona« überhöht das Virus mit Assoziationen zur Sonnenatmosphäre, zum Heiligenschein oder sogar zur gleichnamigen Heiligen. Die kursierenden Illustrationen treiben diese Überhöhung weiter. Es waren die medizinischen Illustratoren Alissa Eckert und Dan Higgins von der US-Gesundheitsbehörde CDC, die im Januar 2020 die erste Abbildung lieferten: Eine betongraue symmetrische Kugel, auf der die Eiweißmoleküle als rote und orangefarbene Tentakel thronen. Auch wenn später Farben wie grün und blau hinzukamen, die Tentakel mal trichterförmig, mal wie Spikes aussahen – mit der gespickten Kugel war die Grundform etabliert, an der sich alle folgenden Illustrationen orientierten.

Die beiden Illustratoren stehen in einer langen Tradition wissenschaftlicher Evidenzbildung durch Abbildungen. Von dem berühmten Bakteriologen Robert Koch ist der legendäre Satz überliefert: »Das photographische Bild eines mikroskopischen Gegenstandes ist unter Umständen wichtiger, als dieser selbst« (Bredekamp & Brons, 2004, S. 373). In ihrem Aufsatz »Fotografie als Medium der Wissenschaft« beschreiben Horst Bredekamp und Franziska Brons, dass Koch der Fotografie sogar den Status eines wissenschaftlichen Beweises zumaß. Doch schon er rang mit den Tücken der Schwarzweißabbildung sowie der Kontrastierung der Krankheitserreger auf ihrem Nährboden – sodass er für die Darstellung der Piroplasmen, aber auch der Tuberkelbazillen dann doch wieder auf kolorierte Zeichnungen zurückgriff.

»Kein Bild, sei es zeichnerischer, mechanischer, fotografischer oder digitaler Art, gibt nur passiv wider, sondern trägt immer auch ein konstruktives Element in sich, das aus der Sphäre des Bildes selbst stammt und das sich aus dieser Sphäre ergibt« (ebd., S. 378).

Neben die ästhetisierte Einzeldarstellung des neuen Coronavirus trat schnell auch der (geordnete) Virenschwarm. Dabei werden die Kugeln perspektivisch in der Tiefe gestaffelt und in einem dunklen Raum verortet, in dem sie frei zu schweben scheinen. Ein Motiv, das die Bildsprache der Science-Fiction aufruft, allerdings mit einem entscheidenden Twist. Bereits 1995 hat die Biologin und Wissenschaftstheoretikerin Donna Haraway im Zuge ihrer Untersuchungen zur Biopolitik und Immunologie auf die jahrzehntelange »Gleichsetzung von Weltraum und Körperinnenraum und die damit verbundenen Diskurse des Außerirdischen« hingewiesen (Haraway, 2014, S. 172) – Diskurse, die Infektion, Invasion sowie immunologische Schemata mit den politischen Konstellationen des Kalten Krieges parallelisieren. Geradezu paradigmatisch zeigt der US-Spielfilm *Fantastic Voyage* (1966) diesen bedrohten Körperinnenraum: Eine auf Nanogröße verkleinerte Gruppe amerikanischer Wissenschaftler wird in den Organismus eines übergelaufenen tschechischen Kollegen eingeschleust, dessen Leben durch ein Blutgerinnsel bedroht ist.

Die Ästhetisierung von SARS-CoV-2 bekam schließlich einen entscheidenden Schub durch dessen frühzeitige Musealisierung. Bereits im März 2020 gingen zahlreiche Museen und Universitäten mit Sammlungsaufrufen an die Öffentlichkeit. »Menschen in ganz Europa werden gebeten, Fotos, Videos und Eindrücke an das Museum einzusenden, um für zukünftige Generationen in der Museumssammlung zu dokumentieren, wie sich ihr Alltag durch die Corona-Pandemie verändert«, heißt es etwa im Aufruf »#CollectingCorona« des Museums Europäischer Kulturen in Berlin (Museum Europäischer Kulturen Berlin, https://blog.smb.museum/). Ähnliche Aufrufe lancierten das Historische Museum in Frankfurt, das Kölnische Stadtmuseum oder Universitäten in Hamburg, Bochum und Gießen. Jede Musealisierung bedeutet immer eine Dekontextualisierung. Die Angst, die in der Gesellschaft zirkuliert und sich in Objekten materialisiert hat, wird stillgestellt. Die Visualisierung hinter Glas macht aus den ausgestellten Alltagsgegenständen schließlich zeichenhafte Informationsträger, die neu interpretiert werden müssen – und in deren musealem Noli me tangere sich das Distanzgebot der Covid-19-Pandemie wiederholt.

»Infodemie«

»Die Zahl der Sprecher erhöht sich, die Möglichkeit von Geltungsansprüchen wird wahrscheinlicher, die Chance auf Gehör wächst – aber damit sinkt die Verständigungswahrscheinlichkeit« (Nassehi, 2020, S. 52). So charakterisiert der Soziologe Armin Nassehi unsere Gegenwart, jenseits der Coronapandemie. Hört überhaupt noch einer zu oder sind alle stets nur auf Sendung, konnte man sich bis vor Kurzem zu Recht fragen. »Das Aussenden beherrscht immer einseitiger die Welt, die Leistungen des Empfangens lassen nach. [...] Dies All ist erfüllt von jedermanns erbrochenem Alltag. Das Logbuch einer weltweiten Mitteilungsinkontinenz«, schreibt der deutsche Autor Botho Strauß aus seiner uckermärkischen Eremitage, offenbar nachhaltig angeekelt (Prostka, 2017, S. 121). Die Digitalisierung hat alle Schleusen geöffnet, nun ergießen sich die unzähligen Statements jedweder Qualität über uns, der nächste Shitstorm lauert schon auf seinen Auftritt.

Mittlerweile herrscht allerdings ein monothematischer Tsunami, die jeweils aktuellsten Coronazahlen fluten unablässig in den Raum Droht damit, während die Natur zurzeit ein wenig aufatmen darf, nun eine Art geistige Luftverschmutzung? Eine geradezu betäubende Überfülle von Informationen erfordert eine Gegenreaktion des Einzelnen, eine Art Nachrichtendiät, die dem sonst drohenden Strukturverlust entgegenwirkt – oder es folgt eine Art »bulimische Gegenreaktion«, die dann letztlich das gerade zuvor noch begehrte Wissen wieder radikal entwertet.

Psychopathologische Resonanzen

»Je besser es den Menschen wirtschaftlich geht, desto eigenständiger und damit auch individualistischer sind sie. Dass damit ihr Risiko der Einsamkeit ebenfalls steigt, dürfte den wenigsten klar sein«, mahnt der deutsche Psychiater Manfred Spitzer (Spitzer, 2018, S. 14) in seinem grundlegenden Werk *Einsamkeit – Die unerkannte Krankheit*« (2018).

Spitzer behandelt Einsamkeit als bedeutsamen pathogenen Faktor und verweist eindringlich auf die Gefahren, die damit verbunden sind, bis hin zu potenziell tödlichen Krankheiten wie Krebs, Herzinfarkt, Schlaganfall, Depression und Demenz. Lagerkoller, Orientierungsverlust, Ziellosigkeit und Verwirrung, vermeintlich grundlose Erschöpfung, Handlungsblockade, gesteigerte Unruhe – all das könnten mögliche Folgen des Lockdowns im Rahmen der Pandemie sein. Der Psychotherapeut Volker Beck widmet seinen Beitrag im Sammelband *Die Psyche in Zeiten der Corona-Krise* (2020) dem sogenannten Social Distancing, das tatsächlich ein Physical Distancing bedeutet, und dem Zusammenhang von Einsamkeit und Digitalisierung. Er schreibt: »Kann ein medial vermitteltes Du mich und Dich überhaupt berühren?« (Beck, 2020, S.61) »Berührt zu sein bei Facebook ist genauso, wie reich zu sein bei Monopoly«, hat ein unbekannter Autor ins Netz gepostet« (ebd.). Und dennoch verdanken wir der Digitalisierung zweifellos, dass sie uns vor einer noch härteren privaten Isolierung bewahrt und nicht selten auch in Videokonferenzen oder im Homeoffice eine mehr oder weniger gelungene Fortsetzung von Arbeitsprozessen ermöglicht hat.

Angststeuerung und Angsttoleranz, mit der Angst leben, deshalb durchweg Vorsicht walten lassen, aber ohne jegliche panische Reaktion, darin liegt zurzeit die Herausforderung. Tatsächlich findet sich nun bei vielen Menschen durch die aktuelle Krisensituation eine deutliche Verstärkung ihrer bereits zuvor schon vorhandenen seelischen Tendenzen. So neigt etwa ein Patient mit einer somatoformen Störung in einer fulminanten Abwehrreaktion erst zur ausgeprägten Bagatellisierung und völligen Verharmlosung der Lage, verfällt dann aber plötzlich in eine ihn quälende, heillose Panik; der vom Autonomiezwang bestimmte, dezent narzisstische Kollege begehrt gegen die Einschränkungen lauthals auf und schimpft über ungerechtfertigte Freiheitsberaubung; ein anderer will sich gar das Händewaschen nicht von Politikern diktieren lassen.

Dabei liegt in der so gerne vermuteten, oft stillschweigend vorausgesetzten Unversehrtheit des Körpers eine Annahme, die nun deutlich ins Wanken geraten ist. Damit korrespondiert nicht zuletzt auch eine Zunahme von Albträumen, die eine psychotherapeutische oder im Extremfall gar eine pharmakologische Behandlung erfordern kann. »In Zeiten der Corona-Pandemie rechnen wir mit einer Verminderung der Schlafqualität durch Ein-und Durchschlafstörungen sowie häufiger auftretende Albträume«, heißt es dazu in einem weiteren Beitrag des Sammelbandes *Die Psyche in Zeiten der Corona-Krise* (Bertrams et al., 2020, S. 128).

Von einem scheinbar paradoxen, tatsächlich aber gar nicht so seltenen Muster einer Krisenreaktion weiß der Trend- und Zukunftsforscher Matthias Horx zu berichten und lenkt die Aufmerksamkeit in seinem Essay *Die Zukunft nach Corona* auf den Film *Melancholia* (2011) des dänischen Regisseurs Lars von Trier:

> »Darin kommt eine depressive Frau vor, die aufblüht, als ein Meteorit auf die Erde zurast. Während die anderen Menschen panisch werden, wird sie immer ruhiger, weil endlich ihre innere Welt mit der äußeren zusammenpasst. Für unsere Lebensrealität, unser Lebensgefühl, zählt erstaunlicherweise nicht so sehr die Frage, ob etwas gut oder schlecht ist, sondern ob es stimmig erscheint«,

folgert Horx, nicht ganz zu Unrecht (Horx, 2020, S. 47f.). Die mit der Ausnahmesituation verbundenen Chancen werden ebenfalls spürbar: zur Ruhe kommen, Verzicht als Entlastung, sogar als Gewinn erleben. Bislang unvorstellbare Klärungen werden auf einmal möglich, angemessenere, weitaus schonendere Geschwindigkeiten, mehr Gefühl, mehr Wahrnehmung, weniger Handlung, Wesentliches wird deutlicher, Unwesentliches verblasst hingegen. Achtsamkeit wird nun von allen erwünscht, mitfühlen und mitdenken – ist Geborgenheit auch in dieser verordneten Distanz möglich? Unsere innere Objektkonstanz wird einem Test, einer harten Prüfung unterzogen.

Postcorona – eine Zeitenwende?

»Wir überraschen uns, weil wir plötzlich merken, dass wir vieles, was wir unbedingt gebraucht hatten, gar nicht so schrecklich vermissen, dass ›Verzicht‹ gar kein Verzicht sein muss, sondern oft auch Befreiung möglich macht.« (ebd., S. 54), konstatiert Matthias Horx geradezu erstaunt. Dem zu Tode zitierten, längst zur Floskel geronnenen Satz, weniger sei mehr, hatte tatsächlich niemand mehr so recht geglaubt. Nun aber beschleicht einen der Verdacht, es könnte doch tatsächlich etwas dran sein am vielgerühmten Glück der Beschränkung.

In seinem Traktat *Das große Welttheater. Von der Macht der Vorstellungskraft in Zeiten des Umbruchs* zeigt sich der renommierte Historiker und Essayist Philipp Blom fasziniert vom Begriff der »flüssigen Moderne«, wie ihn der polnisch-britische Soziologe Zygmunt Baumann in Umlauf gebracht hat:

> »Er skizziert die digitale, globalisierte und marktbeherrschte Ära als ›liquid modernity‹ (flüssige Moderne), ein wunderbar treffender Begriff für eine Epoche, in welcher der globale Fluss von Kapital, Waren, Menschen, Erd-

erhitzung, Terrorismus, Informationen und Propaganda kaum zu kontrollieren ist, über alle Mauern quillt und alle Deiche überspült, in der die Souveränität von Staaten und anderen Kollektiven zur reinen populistischen Illusion geworden ist« (Blom, 2020, S. 73).

Ist dieser permanente, unaufhörlich fließende Strom jetzt nun doch, wider Erwarten, gestoppt worden?

»Ich glaube, das Virus hat uns an eine Zeitwende gebracht. Beides ist jetzt möglich, das Strahlende und das Schreckliche«, prophezeit der Jurist und Schriftsteller Ferdinand von Schirach im Gespräch mit dem Autor und Filmemacher Alexander Kluge (Schirach & Kluge, 2020, S. 58). Entsteht momentan so etwas wie eine Lücke für den Wandel, für die Ankunft des Neuen, eine innere Vorbereitung, wie sie die Generalpause in der Musik verkörpert? Die Stille – alle Instrumente schweigen –, bevor es dann, aber ganz anders als zuvor, wieder losgeht? »Die meisten Schriftsteller klingen ähnlich, sie erzählen ihre Geschichte, ohne ihre Melodie zu kennen. Ein wirklicher Meister verhilft uns jedoch dazu, dass unser Ohr eine Melodie vernimmt, die wir noch nie zuvor gehört haben« (Blom, 2020, S. 117), schwärmt Philipp Blom von seinen ekstatischen Leseerlebnissen.

Bitte bloß keine Rückkehr zur alten Normalität, Postcorona! »Unsere Welt neu zu denken ist für mich wie ein Befreiungsschlag«, erkennt die Politökonomin Maja Göpel (Göpel, 2020, S. 186). *Unsere Welt neu denken*, so lautet denn auch das titelgebende Motto ihres leicht verständlich geschriebenen Essays, mit dem sie einen veritablen Bestseller gelandet hat.

Ein neuer Morgen, die Natur erwacht und entfaltet ihren berückenden Zauber. Der Tag erhebt sich, »Le jour se lève«, wie es bei Maurice Ravel in seiner symphonischen Dichtung *Daphnis und Chloe* (1912) so schön heißt, und wunderbar in vielen Klangfarben ertönt eine Fülle sich überlagernder, aufsteigender Melodien, die in ein großes, mitreißendes Crescendo hineinführen, die enthusiastische Feier alles Lebendigen. Der Morgen als Versprechen, als Verheißung auf das Kommende, die Aufbruchstimmung bei Sonnenaufgang, schon seit Urzeiten die beste aller denkbaren Stimmungen! Der weitere Fortgang allerdings bleibt offen und ist nicht frei von zahlreichen Risiken und immer wieder aufs Neue und anders bedrohlichen Szenarien am Horizont. Dazu formuliert der Autor und Kursbuch-Herausgeber Peter Felixberger in der zweihundertsten Ausgabe seiner Politik- und

Kulturzeitschrift einen ebenso schönen wie schlichten Satz: »Seit ich lebe, geht die Welt unter« (Felixberger, 2019, S. 241).

Literatur

Aggermann, L., Fischer, R., Holling, E., Schulte, P. & Siegmund, G. (Hrsg.). (2015). *»Lernen, mit den Gespenstern zu leben«. Das Gespenstische als Figur, Metapher und Wahrnehmungsdispositiv in Theorie und Ästhetik*. Berlin: Neofelis Verlag.

Altmeyer, M. (2020, 24. Mai). *Irren ist menschlich. Warum ein gefährliches Virus die Ausbreitung wahnhafter Verschwörungstheorien begünstigt und wie wir das verstehen können*. Frankfurter Allgemeine Sonntagszeitung, Nr. 21, S. 37.

Beck, V. (2020). Die ungewollte soziale Distanz in Zeiten der Corona-Pandemie: Eine Analyse der psychischen Auswirkungen. In R. Bering & C. Eichenberg (Hrsg.), *Die Psyche in Zeiten der Corona-Krise. Herausforderungen und Lösungsansätze für Psychotherapeuten und soziale Helfer*. Stuttgart: Klett-Cotta.

Bering, R. & Eichenberg, C. (2020). *Die Psyche in Zeiten der Corona-Krise. Herausforderungen und Lösungsansätze für Psychotherapeuten und soziale Helfer*. Stuttgart: Klett-Cotta.

Bertrams, N., Pietrowsky, R. & Bering, R. (2020). Zur Bewältigung von Alpträumen in der Corona-Krise. In R. Bering & C. Eichenberg (Hrsg.), *Die Psyche in Zeiten der Corona-Krise. Herausforderungen und Lösungsansätze für Psychotherapeuten und soziale Helfer*. Stuttgart: Klett-Cotta.

Blom, P. (2020). *Das große Welttheater. Von der Macht der Vorstellungskraft in Zeiten des Umbruchs*. Wien: Zsolnay.

Bredekamp, H. & Brons, F. (2004). Fotografie als Medium der Wissenschaft. Kunstgeschichte, Biologie und das Elend der Illustration. In C. Maar & H. Burda (Hrsg.), *Iconc Turn*. Köln: DuMont.
Corbin, A. (1984). *Pesthauch und Blütenduft. Eine Geschichte des Geruchs*. Berlin: Wagenbach.
Falk, F. (2010). Europa – der Blick auf die Ränder. Bootsflüchtlinge und Bildgedächtnis. Ikonen gefährdeter Grenzen. In B. Drechsel, F. Jaeger, H. König, A. Lang & C. Leggewie (Hrsg.), *Bilder von Europa. Innen- und Aussenansichten von der Antike bis zur Gegenwart*. Bielefeld: transcript.
Felixberger, P. (2019). *FLXX Schlussleuchten*. In A. Nassehi & P. Felixberger (Hrsg.), *Kursbuch Nr. 200*. Hamburg: Kursbuch Kulturstiftung.
Göpel, M. (2020). *Unsere Welt neu denken. Eine Einladung*. Berlin: Ullstein.
Haraway, D. (2014). *Die Biopolitik postmoderner Körper*. In A. Folkers & T. Lemke (Hrsg.), Biopolitik. Ein Reader. Berlin: Suhrkamp.
Horx, M. (2020). *Die Zukunft nach Corona. Wie eine Krise die Gesellschaft, unser Denken und unser Handeln verändert*. Berlin: Econ.
Klosa-Kückelhaus, A. (2020). Maske oder Mundschutz? Beitrag von Annette Klosa-Kückelhaus über Eigenschaften des Wortschatzes in der medialen Berichterstattung am Beispiel von »Maske« und »Mundschutz« vom 02.04.2020. www.ids-mannheim.de/fileadmin/aktuell/Coronakrise/klosa_mundschutz.pdf (01.06.2020).
Mukerji, N. & Mannino, A. (2020). *Covid-19: Was in der Krise zählt. Über Philosophie in Echtzeit*. Stuttgart: Reclam.
Museum Europäische Kulturen Berlin. https://blog.smb.museum/collectingcorona-ein-sammlungsaufruf-des-museums-europaeischer-kulturen/ (01.06.2020).
Nassehi, A. (2020). *Das große nein*. Hamburg: Kursbuch edition.
Nocun, K. & Lamberty, P. (2020). *Fake Facts. Wie Verschwörungstheorien unser Denken bestimmen*. Köln: Quadriga.
Prostka, S. (2017). *Implodierte Weltlichkeit. Botho Strauß und die literarisch-ästhetische Kritik der Globalisierung*. Baden-Baden: Tectum.
Pynchon, T. (1994). *Die Enden der Parabel*. Hamburg: Rowohlt.
Schirach, F. v. & Kluge, A. (2020). *Trotzdem*. München: Luchterhand.
Spitzer, M. (2018). *Einsamkeit. Die unerkannte Krankheit*. München: Droemer.

Biografische Notiz

Konrad Heiland ist Arzt, ärztlicher Psychotherapeut mit Zusatzqualifikation in Psychoanalyse, klinischer Musiktherapeut, Supervisor, Lehrtherapeut und Dozent an verschiedenen Weiterbildungsinstituten. Darüber hinaus verfasst er als freier Autor essayistische Beiträge für Fachzeitschriften und Bücher, ist freier Mitarbeiter beim Bayerischen Rundfunk und Autor mehrerer Radio-Features.

Hans-Christoph Zimmermann arbeitet als Journalist für Rundfunk, Print- und Onlinemedien. Sein Themenspektrum reicht von Beiträgen zu Theater und Kulturpolitik sowie wissenschaftlichen Sachbüchern bis zu aktuellen politischen Kommentaren. Darüber hinaus ist er als Dramaturg für die Ernsting-Stiftung tätig.

»Psychische Infektion«

Gedanken zu einem archaisch verankerten Phänomen

Theo Piegler

Das Phänomen der Ansteckung

Bei dem, worum es im Folgenden gehen wird, handelt es sich um ein hoch komplexes Phänomen. Letztendlich hat es auch viel mit der Arbeit mit Menschen zu tun, sei sie pädagogischer oder psychotherapeutischer Natur, mit dem intersubjektiven Austausch nämlich, und dem, was da gewollt oder ungewollt an Ansteckung passieren kann, ja vielleicht auch unabdingbar ist.

Wenn im Folgenden von Infektion gesprochen wird, dann ist nicht die Übertragung von Krankheiten gemeint, sondern – der lateinischen Wortwurzel entsprechend – ganz allgemein das Phänomen der Ansteckung. Aktuell machen Influencer Schlagzeilen, das können Blogger, YouTuber oder Prominente sein, die stark in den sozialen Netzwerken agieren und viele Anhänger haben. So etwa die 18-jährigen Zwillinge Lisa und Lena, die allein in Deutschland über 14 Millionen Follower haben. Oder man denke an die Bewegung der »Gilets jaunes« (Gelbwesten), die über Monate ganz Frankreich aufgemischt haben, an die momentan um sich greifende Demokratiebewegung in Hongkong oder an die 17-jährige Greta Thunberg mit ihrer »Fridays-for-Future«-Bewegung, die die ganze Welt wachgerüttelt hat, um nur einige aktuelle Beispiele (2019) anzuführen.

Auch Musik, die man hört, etwa Beethovens neunte Sinfonie (»Freude schöner Götterfunken«), kann höchst ansteckend sein. Ein leidenschaftlicher Vortrag kann rasant schnell anstecken, wie Martin Luther Kings mitreißende Rede vom 28. August 1963: »I have a dream.« Napoleons Charisma ließ seine Truppen jahrelang von Sieg zu Sieg eilen, so ansteckend war es. Aber auch so alltägliche Dinge wie

Lachen oder Gähnen können enorm ansteckend wirken. Die Reihe der Beispiele ließe sich unendlich fortsetzen, wobei heute immer deutlicher wird, dass derlei Ansteckung kein menschliches Privileg ist, sondern sich gleichermaßen im Tierreich, ja selbst in der Botanik findet.

»Ansteckung« in Botanik und Zoologie

Ein Beispiel für Ansteckung im Tierreich ist das Schwarmverhalten von Vögeln, Fischen und anderen Lebewesen, das deren Überlebenschancen deutlich verbessert. Dabei zeigt die Organisation von Vogelschwärmen, dass hier keine zentrale Kontrolle stattfindet. Die einzelnen Vögel befolgen instinktiv nur einige wenige Regeln: Sich zum Schwarm hin bewegen (Aggregation), Kollisionen mit den Nachbarn durch entsprechenden Abstand vermeiden und die Geschwindigkeit an die nächsten Nachbarn anpassen. Jeder Vogel, der sich so verhält, hat Anteil an dem in der Regel äußerst hilfreichen Verhalten der gesamten Schwarmformation (Horn & Gisi, 2009, S. 50).

Wissenschaftliche Untersuchungen der letzten Jahrzehnte zeigen, dass das Phänomen der Ansteckung sogar im Pflanzenreich zu finden ist, wenn es um die Abwehr von Fressfeinden geht. Bei Beschädigung von Pflanzengewebe werden flüchtige chemische Substanzen freigesetzt, die bei benachbart wachsenden Pflanzen Mechanismen auslösen, die dort die Abwehr der nämlichen Fressfeinde hochfahren, oder es werden auf diese Weise gezielt Insekten angelockt, die Feinde der Schadverursacher sind und auf diesem Weg hilfreich wirken (Martin, 2002, S. 143).

Artübergreifende Ansteckungsphänomene sind gängig und jedem Tierfreund vertraut. Ein eindrückliches Beispiel (»Löwe-Mensch«) findet sich in dem Dokumentarfilm *The Lion at World's End* (Regie: Bill Travers, UK, 1971), der die Geschichte des Löwen Christian erzählt, den zwei junge Australier 1969 als Jungtier im Londoner Warenhaus Harrods kauften, großzogen und später in Kenia erfolgreich auswilderten. Ein Jahr später besuchten sie ihn dort, wo er mittlerweile Herr eines Rudels war. Die Wiedersehensfreude auf beiden Seiten war so unbeschreiblich, dass sie – auch heute noch – selbst die Zuschauer des Films überwältigt. Das ist gleichzeitig auch ein gutes Beispiel für mediale Ansteckung (Keil & Eder, 2005).

Mediale Ansteckung

Letztere betreffend möchte ich eine Bloggerin zitieren, die 2006 in einem Psychologie-Forum Folgendes gepostet hat (Tael, 2006):

> »Seit langem frage ich mich, in wieweit Filme und auch Bücher einen Einfluss auf die Psyche haben. Ich merke z. B. gerade bei Filmen extrem, dass ich oft ein Gefühl des ›Boden-unter-den-Füßen-verlierens‹ habe. Damit meine ich, dass ich total abtauche und mich total in die Materie einbringe. Nach einigen Filmen bin ich dann einige Tage wie weggetreten und erwische mich in allen möglichen Situationen dabei, wie ich noch an den Film denke oder darüber grüble. Ich habe oft auch Träume, in denen ich dann irgendwie in die Handlung des Films integriert werde (aber keine Angstträume oder so). Zudem gerate ich (als Frau) oft ins Schwärmen für eine männliche Rolle (also nicht für den Schauspieler, sondern für die Persönlichkeit, die er verkörpert) und obwohl ich in einer festen Beziehung lebe [...] ist das Gefühl ähnlich wie ein ›Sich-verlieben‹, auch wenn dies nur während des Films stattfindet. [...]
>
> Bei Büchern ist dies ähnlich, zieht sich aber über einen längeren Zeitraum hin, weil man ja meistens länger Zeit hat sie zu lesen. Manchmal ist es auch wie ein Zwang, dass ich zwei Tage nichts anderes machen kann als das Buch zu Ende zu lesen und dann auch an nichts anderes denken kann [...]. Die Handlung des Buches erfüllt mich dann so extrem, dass ich fast nicht mehr in die ›Wirklichkeit‹ zurückkehren kann, wenn ich es nicht bis zum Schluss durchgelesen habe. Danach ertappe ich mich oft dabei, wie ich mich frage, wie es den Personen in den Büchern wohl jetzt geht und was sie so machen, dabei wird mir aber im selben Moment bewusst, dass das ja Unsinn ist, weil diese ja gar nicht existieren ... Dann werde ich manchmal richtiggehend traurig darüber, dass dies ja alles nur eine Fiktion ist. Geht euch das manchmal auch so?«

Der Text bestätigt eindrucksvoll, dass auch der Inhalt aller künstlich/künstlerisch erstellten medialen Produkte in höchstem Maße ansteckend sein kann.

Wie tiefgreifend solche Ansteckung wirken kann, nämlich bis zur existenziellen Identifikation reichend, offenbart ein literarisches Beispiel aus dem Jahr 1774. Damals kam Goethes Briefroman *Die Leiden des jungen Werthers* auf den Markt. Der darin beschriebene Suizid des unglücklich –

da nicht standesgemäß – verliebten Protagonisten löste europaweit so viele Nachahmungstaten aus, dass von einer regelrechten »Suizid-Epidemie« die Rede war. Sicher belegt ist eine zweistellige Zahl von Suiziden in den Jahren nach der Veröffentlichung.

> »Das Phänomen der Nachahmung des literarischen Vorbildes war bei diesen Fällen insofern evident, als sich die Suizidenten genau wie die tragische Romanfigur in blaue Jacke und gelbe Weste kleideten oder das Buch direkt beim Suizid bei sich führten, wie im Fall eines jungen Mannes namens Karstens, der sich bei aufgeschlagenem Buch erschoss, oder Christine von Lassberg, die sich mit dem Buch in der Tasche ertränkte (Steinberg 1999). Nach der Selbsterschießung des 18-Jährigen Karl von Hohenhausen im Jahre 1833 klagte dessen Mutter Goethe sogar nach dessen Tod als Schuldigen an: ›Auch mein Sohn hatte mehrere Stellen im Werther angestrichen ... von euch wird Gott Rechenschaft fordern über die Anwendung eurer Talente‹« (Apell, 1896, S. 117).

> »Goethe selbst erkannte [...] die fatale Medienwirkung seines Briefromans, war persönlich bei der Bergung der Leiche von Christine von Lassberg anwesend (Steiger 1982) und beteiligte sich voller Schuldgefühle (Wilkes 1989) an der Errichtung einer Gedenkstätte (Felsentor) zu Ehren der Toten« (Brosius & Ziegler, 2001).

Rückblickend konstatierte er: »Die Wirkung dieses Büchleins war groß, ja ungeheuer.« Er verglich sie mit einem »geringen Zündkraut«, das eine »gewaltige Mine« zur Explosion brachte: »So verwirrten sich meine Freunde daran, indem sie glaubten, man müsse die Poesie in Wirklichkeit verwandeln [...] und sich allenfalls selbst erschießen: und was hier im Anfang unter Wenigen vorging, ereignete sich nachher im großen Publicum« (Goethe, 1813, S. 630ff.).

1981 wiederholte sich das Ganze in ähnlich dramatischer Weise, nämlich als im ZDF die Serie *Tod eines Schülers* (Drehbuch: R. Stromberger) ausgestrahlt wurde. In den Folgen ging es um einen Abiturienten, der sich durch den Sprung vor einen Zug suizidierte. Die Suizidhandlung selbst wurde nicht gezeigt, vielmehr versuchte die Serie, die Gründe für die schreckliche Tat unter verschiedenen Perspektiven zu erhellen. Über einen Zeitraum von 70 Tagen nach Erstausstrahlung stieg die Zahl der Suizide im Bahnbereich bei 15- bis 19-jährigen männlichen Jugendlichen damals um 175 Prozent! Nach einer zweiten Ausstrahlung eineinhalb Jahre später noch um 115 Prozent, was auf die geringeren Zuschauerzahlen zurückgeführt wurde (Schmidtke & Häfner, 1988).

Die Wirkweise aufseiten des Rezipienten ist die gleiche wie bei allen anderen psychischen Ansteckungsphänomenen, wobei derart dramatische Auswirkungen allerdings dafür sprechen, dass hier eine ähnlich gelagerte Lebenssituation und/oder vielleicht auch eine mehr oder minder brüchige psychische Struktur bei den Betroffenen vorliegt.

Artifiziell herbeigeführt wird Infektion beim »Flashmob«, erstmals 1929 in Erich Kästners Roman *Emil und die Detektive* beschrieben, in dem der Protagonist einen Nachrichtendienst mit befreundeten Kindern organisiert, die einem Täter auf der Spur sind und ihn so stellen. Heute startet ein »Flashmob« dadurch, dass ein Einzelner oder einige wenige Teilnehmer zu einem zuvor vereinbarten Zeitpunkt mit einer abgesprochenen Aktion beginnen. Nur wenn sich binnen weniger Sekunden viele weitere uninformierte, zufällig Anwesende affizieren lassen, wird das Ganze via »psychischer Infektion« zum »Flashmob« und damit zu kollektiv geteiltem Erleben.

Kommerzielle Produzenten versuchen heute sehr bewusst, eine möglichst hohe Infektionsrate zu erzielen, wobei sie die Erkenntnisse verschiedener Subdisziplinen der Psychologie gewinnbringend nutzen, wie etwa Filmpsychologie, Werbepsychologie und Medienpsychologie. Auch die in der Luft liegenden gesellschaftlichen Themen spielen – werden sie getroffen – eine große Rolle. Im Filmgeschäft ist ein Musterbeispiel dafür der Megaerfolg von *Titanic* (1997; Regie: R. Lieberman) – weltweites Einspielergebnis über 1,8 Milliarden US-Dollar. An der Wende zu einem neuen Jahrhundert sinkt hier der größte und modernste Luxusliner aller Zeiten mit Menschen aus allen Schichten an Bord im Kampf mit den Naturgewalten, hier einem Eisberg, und reißt die meisten Passagiere (1.514 der über 2.200 an Bord befindlichen Personen) mit sich in den Tod. Alle Hoffnungen und Ängste, die für die Zuschauer mit dem Jahrtausendwechsel verbunden waren, klangen hier an. Der Film spendete kollektiv die tröstliche Sicherheit, dass das Leben selbst bei solchen Schicksalsschlägen weitergehen kann.

Das nächste Beispiel, als Quantensprung in der Geschichte der Mode bezeichnet, verdankt seinen Erfolg ganz wesentlich *auch* dem Zeitgeist, nämlich dem radikalen gesellschaftlichen Umbruch in den 1960er Jahren: Es ist der Rock, den man nicht beschreiben kann, »denn schon ein einziges Wort wäre zu lang« (Kunze, 1976, S. 27f.). Die Modeschöpferin Mary Quant kreierte ihn in London in den »Swinging Sixties«. Innerhalb weniger Jahre avancierte ihr Minirock weltweit zu *dem* Verkaufsschlager, wobei das Model Twiggy ihn zum Markenzeichen einer ganzen Frauengeneration machte. In der damaligen von Unsicherheit geprägten Zeit vermittelte die modische Identifizierung mit einer progressiven Peergruppe jungen Mädchen und Frauen Halt und Orientierung. Der Erfolg war so groß, dass die Modeschöpferin 1966 von Queen Elizabeth II. mit dem »Order of the British Empire« im Buckingham Palast ausgezeichnet wurde.

Subjektiver Umgang mit Ansteckungsphänomen

Noch ein letztes, auf den ersten Blick völlig aus dem Rahmen fallendes Beispiel soll Erwähnung finden, nämlich die Art, wie Menschen mit ihren eigenen Produktionen umgehen. Lassen sie sich davon selbst anstecken oder gar mitreißen wie Mary Quant, die sich bei ihrer Ehrung der Queen stolz in einem ihrer Minis präsentierte, oder kann auch das Gegenteil der Fall sein? Anstadt und Krause haben das 1988 bei Schizophrenen und einer gesunden Kontrollgruppe untersucht, die sie – jeweils allein mit einem ihnen wohl vertrauten Versuchsleiter – Gesichter mit Basisaffekten zeichnen ließen. Dabei kam heraus, dass die Schizophrenen die mimischen Ausdrücke viel weniger ausdrucksstark zeichneten als die Kontrollpersonen. Am meisten Schwierigkeiten hatten sie mit der Darstellung eines traurigen Gesichts. Ein akut psychotischer Proband weigerte sich sogar, diesen Affekt darzustellen. Unaufgefordert kommentierte er sein Zeichnen. Der Versuchsleiter:

> »Beim Zeichnen der Primäraffekte genügte bereits die Nennung der einzelnen Namen, um ihn in Wut, Angst, Ekel oder Scham zu versetzen [...], bzw. sie projektiv auf geeignete Objekte zu verschieben: ›Der Mann, der Angst hat, sitzt hier‹, oder ›Ekeln sie sich vor mir? Dann geh' ich raus.‹ Bei Scham weinte er heftig. Während er das Bild ›Freude‹ zeichnete, bemerkte er plötzlich: ›Manchmal habe ich das Gefühl, die Gesichter würden mich anlachen und gleich darauf sind sie wieder ernst. Das macht mir Angst!‹ Man kann dies mit Krause (1985) als ›automatische Identifikation‹ bezeichnen und behaupten, dass der Mann zur Abwehr derselben gezwungen war, die Gesichter möglichst wenig expressiv zu zeichnen, um eine psychotische De-

kompensation zu vermeiden. Tatsächlich hatte er kaum Variation in seinen Bildern, alle Gesichter schauten freundlich aus [...]. So betrachtet könnte die mimische Armut der von den Schizophrenen gezeichneten Gesichter möglicherweise eine Folge von ›Besetzungsabwehr‹ (Moser, 1964) sein« (Anstadt & Krause, 1988, S. 130),

von Des-Infektion sozusagen. Dem akuten Psychotiker erscheint nämlich in seinem sehr frühen Modus der Mentalisierung, in all seinem Konkretismus und bei all seiner Schwierigkeit der Subjekt-Objekt-Differenzierung, das gezeichnete Gesicht als lebendiges Gesicht, das massive Gefühle auslöst. Gegen eine solche Aktualisierung seines existenziell bedrohlichen psychotischen Dilemmas zwischen großer Sehnsucht nach Objektnähe und Angst vor verschmelzender Ich-Auflösung muss er sich mit allen Mitteln zur Wehr setzen. Und das tut er am wirksamsten, indem er das Gesicht möglichst ausdrucksarm und leer darstellt. Damit kann er die Wiederbelebung des genannten Dilemmas bannen. Der Befund steht im Einklang mit Krauses Untersuchung über das mimische Verhalten von Schizophrenen (Krause, 2012). Durch den mimischen Ausdruck von Ekel und entsprechend abwehrendes verbales Verhalten tun sie alles, um ein Gegenüber auf Abstand zu bringen. Auch hier: Nähe wäre zu bedrohlich, so sehr sie auch ersehnt wird. Egal, ob bei psychischer Desinfektion oder Infektion – immer spielen die Affekte eine ganz zentrale Rolle, denn sie sind in allen Netzwerken *die* Botschafter. Gleichzeitig wird hier auch anschaulich, dass psychische Infektion nicht zwingend ist, sondern unbewusste Faktoren ebenso wie die bewusste Haltung des Rezipienten darüber entscheiden, ob es zur Infektion kommt oder nicht. Das korreliert mit den Ergebnissen der Hypnoseforschung, die besagen, dass niemand gegen seinen Willen in Hypnose versetzt werden kann.

Psychische Ansteckung – evolutionäre und historische Perspektive

Das Phänomen der psychischen Ansteckung ist dermaßen eklatant, dass sich schon die alten Philosophen damit beschäftigten. Etwa der in der Renaissancezeit lebende Veroneser Universalgelehrte Girolamo Fracastoro (ca. 1476–1553), der von Fernwirkung – »actiones in distans« – sprach, die er naturwissenschaftlich zu ergründen suchte, wobei sich der Vergleich mit dem Wirken eines Magneten aufdrängte (Boenke, 2005, S. 75).

Heute spricht der in Ottawa lehrende Philosoph und Neurowissenschaftler Georg Northoff vom »relationalen Gehirn«, also dem Gehirn als einem Organ, das zwischen Individuum und Umwelt vermittelt und den Transfer psychischer Ansteckungsphänomene bewirken kann. Das Gehirn ist für Northoff ein im Grunde zutiefst soziales Organ. Es ist das Medium für die Beziehungen zwischen Biologie und sozialer Umwelt (Northoff, 2015, S. 60f.). All das lässt ahnen, dass wir es bei dem geschilderten Phänomen der Ansteckung mit einem solchen zu tun haben, das ein archaisches Erbe darstellt und das sich im Rahmen der Evolution immer weiterentwickelt hat, da es offensichtlich die Überlebenschancen deutlich verbessert, auch wenn man diesen Kontext in den so unterschiedlichen Ausformungen dieses Phänomens oft nicht mehr unmittelbar erkennt. Man denke an die Massenhysterie junger Mädchen bei öffentlichen Auftritten bekannter Musikgruppen wie beispielsweise der Beatles in den 1960er Jahren oder das ansteckende Fanverhalten bei einem Fußballweltmeisterschaftsspiel. Derlei Beschreibungen reichen zurück bis in Mittelalter, da in der Regel religiös konnotiert, und in das Altertum, dort mit religiös-animistischem Einschlag. Einen guten Überblick vermittelt Karl C. Meyer (Meyer, o. J.).

Erklärungsversuche im Laufe der Geschichte

Im 19. Jahrhundert begann die Psychiatrie, sich mit dem Phänomen der Ansteckung zu befassen. So konstatiert 1889 Robert Wollenberg, Assistenzarzt an der Provinzial-Irren-Anstalt Nietleben bei Halle (Saale) in seiner Übersichtsarbeit »Über psychische Infection«:

> »Die Frage der sogenannten ›psychischen Infection‹ ist in neuerer und neuester Zeit wiederholt zum Gegenstande eingehender Untersuchungen gemacht worden. Ich will hier nur die Namen einiger Forscher wie: Baillarger, Finkelnburg, Nasse, Witkowski, Régis, Marandon de Montyel, Lasègue, Falret, Lehmann, Wille, Kreuser anführen« (Wollenberg, 1889, S. 62).

Wollenberg meint, bei den psychischen Epidemien und sporadischen Fällen psychischer Infektion individuelle psychopathologische Gegebenheiten voneinander abgrenzen zu können. Er hat dabei besonders »hysterische Neurosen« und psychotische Erkrankungen wie die »Folie à deux« im Blick. Sie bilden seiner Meinung nach den Boden, auf dem dann folgende, als wesentlich zu betrachtende ätiologische Faktoren zur Geltung kämen:

> »1. Der Nachahmungstrieb, dessen Bethätigungen wir ja im gewöhnlichen Leben täglich zu beobachten Gelegenheit haben;
> 2. der schädliche Einfluss, den das primär afficirte Individuum bewusst oder unbewusst auf seine Umgebung übt, d. h. also der eigentliche Vorgang der Ansteckung.«

Im Vertrauen auf den Fortschritt der Menschheit schreibt er damals:

> »Die psychischen Epidemien gehören in unserer Zeit zu den Seltenheiten; Bildung und Aufklärung haben ihnen im Laufe der Jahrhunderte mehr und mehr von dem Boden entzogen, den Unwissenheit und Aberglauben in früherer Zeit zu einem so fruchtbaren machten« (ebd., S. 63).

Auch wenn sein Hinweis auf die protektive Wirkung von Bildung und Aufklärung richtig ist, irrte er doch, da er das evolutionäre Erbe, das in uns allen bis heute unvermindert wirksam ist, nicht berücksichtigt hat. Und dieses betrifft ganz wesentlich unseren Umgang mit dem Affekt der Angst. Gerade da ist psychische Infizierung, also Verbundenheit und Gemeinsamkeit, ein gutes Remedium, wenn auch vielfach nur im und auf den ersten (Augen-)Blick. An dieser Stelle kann schon darauf hingewiesen werden, dass in Angstsituationen das tief in uns verankerte Bindungssystem, wie es Bowlby in den 1950er Jahren beschrieben hat, anspringt. Neugieriges Explorieren ist nur möglich, wenn Menschen sich sicher fühlen. Kriege, Katastrophen wie Tschernobyl, »Nine-Eleven«, nukleare Bedrohung, Klimawandel sowie vermeintliche oder reale Gefahren durch Überfremdung, um nur einige uns allen geläufige Themen zu nennen, lösen »psychische Infektionen« aus, die sich dann in massenhaften – je nach Grad der Integriertheit der psychischen Struktur der Betroffenen – »hysterischen« oder somatoformen Symptombildungen (zum Beispiel »Kriegszitterer«) oder als Gruppenphänomen im politischen Bereich als Populismus à la Berlusconi, Caesar, Heider, Hitler, Le Pen, Stalin, Trump usw. Ausdruck verschaffen. Diese Aufzählung ist unvollständig – zu weit ist das Phänomen im gesellschaftlichen Bereich verbreitet – und auch absolut willkürlich! Gewaltig gefördert und aufgeheizt wird diese Art von Ansteckung heutzutage durch die ohne Zeitverzögerung global agierenden Medien und sozialen Netzwerke (»mediale Infektion«; Showalter, 1997). Psychische Infizierung wird in unserer Zeit artifiziell auch sehr gezielt eingesetzt, um damit Geschäfte zu machen oder Wählerverhalten zu beeinflussen etc. Derlei Ansteckung ist Gegenstand von Sozialpsychologie (zum Beispiel Eichmann, 2014) und Soziophysik, die natürlich einen anderen Ansatz zur Enträtselung wählen als Psychoanalyse und Neurobiologie (zum Beispiel Baecker, 2010).

Psychoanalytische und neurobiologische Erklärungen

Dem Phänomen, dessen Entstehung im Folgenden unter psychoanalytisch/neurobiologischem Blickwinkel über die Zeiten hinweg nachgegangen werden soll, sind – je nach Perspektive der Betrachtung – viele Namen gegeben geworden: Sie reichen im deutschsprachigen Raum von »Gefühlsansteckung« und »Massenhysterie« über »soziale Ansteckung«, »mediale Ansteckung« sowie »psychische Infektion« bis – im angloamerikanischen Raum – zu »mass psychogenic illness«, »mass sociogenic illness = MSI«, »epidemic hysteria«, »hysterical contagion«, »psychogenic epidemics« und »acute somatisation«.

Wie schon beschrieben, beschäftigte das Phänomen im 19. Jahrhundert die aufkommende Wissenschaft der Psychiatrie sehr, eng verknüpft mit Hypnose und Suggestion. So nimmt es nicht wunder, dass sich auch Sigmund Freud um die Jahrhundertwende diesem Sujet zuwandte, hier hat seine Arbeit ihre Wurzeln. In seiner gemeinhin als Geburtsstunde der Psychoanalyse betrachteten »Traumdeutung« taucht 1900 denn auch der Begriff der »psychischen Infektion« im Zusammenhang mit hysterischer Symptombildung – und zwar in Form hysterischer Imitation – auf. Freud geht dabei aber einen Schritt weiter als der zitierte Psychiater Wollenberg:

> »[Der Weg dieser Art von Imitation und der damit verbundene seelische Akt] ist um ein geringes komplizierter, als man sich die Imitation der Hysterischen vorzustellen liebt; er entspricht einem unbewußten Schlußprozeß, wie ein Beispiel klarstellen wird. Der Arzt, welcher eine Kranke mit einer bestimmten Art von Zuckungen unter anderen Kranken auf demselben Zimmer im Krankenhause hat, zeigt sich nicht erstaunt, wenn er eines Morgens erfährt, daß dieser besondere hysterische Anfall Nachahmung gefunden hat. Er sagt sich einfach: Die anderen haben ihn gesehen und nachgemacht; das ist psychische Infektion. Ja, aber die psychische Infektion geht etwa auf

folgende Weise zu. Die Kranken wissen in der Regel mehr voneinander als der Arzt über jede von ihnen, und sie kümmern sich umeinander, wenn die ärztliche Visite vorüber ist. Die eine bekomme heute ihren Anfall; es wird alsbald den anderen bekannt, dass ein Brief von Hause, Auffrischung des Liebeskummers u. dgl. davon die Ursache ist. Ihr Mitgefühl wird rege, es vollzieht sich in ihnen folgender, nicht zum Bewußtsein gelangender Schluß: Wenn man von solcher Ursache solche Anfälle haben kann, so kann ich auch solche Anfälle bekommen, denn ich habe dieselben Anlässe. Wäre dies ein des Bewußtseins fähiger Schluß, so würde er vielleicht in die Angst ausmünden, den gleichen Anfall zu bekommen; er vollzieht sich aber auf einem anderen psychischen Terrain, endet daher in der Realisierung des gefürchteten Symptoms. Die Identifizierung ist also nicht simple Imitation, sondern Aneignung auf Grund des gleichen ätiologischen Anspruches; sie drückt ein ›gleichwie‹ aus und bezieht sich auf ein im [dynamischen] Unbewußten verbleibendes Gemeinsames« (Freud, 1900a, S. 155).

Man könnte sagen, die gleiche seelische Not verbindet und die daraus erwachsende identifikatorische hysterische Symptomatik lindert den Schmerz wirkungsvoll, denn, wie schon der Volksmund weiß, »Gemeinsamkeit macht stark«.

1921 kommt Freud in seiner Schrift *Massenpsychologie und Ich-Analyse* auf das Gesagte zurück und konstatiert – weiterem Erkenntnisgewinn entsprechend – zusammenfassend,

»daß erstens die Identifizierung die ursprünglichste Form der Gefühlsbindung an ein Objekt ist, zweitens, daß sie auf regressivem Wege zum Ersatz für eine libidinöse Objektbindung wird, gleichsam durch Introjektion des Objekts ins Ich, und daß sie drittens bei jeder neu wahrgenommenen Gemeinsamkeit mit einer Person, die nicht Objekt der Sexualtriebe ist, entstehen kann. Je bedeutsamer diese [affektive] Gemeinsamkeit ist, desto erfolgreicher muß diese partielle Identifizierung werden können und so dem Anfang einer neuen Bindung entsprechen« (Freud, 1921c, S. 118),

wie man sie dann in psychisch infizierten Kleingruppen ebenso wie in großen gesellschaftlichen Kollektiven, das heißt Massen findet. Der Einzelne gibt hier sein Ichideal auf und vertauscht es gegen das im Führer verkörperte Massenideal.

> »Die Sonderung von Ich und Ichideal ist bei vielen Individuen nicht weit vorgeschritten, die beiden fallen noch leicht zusammen, das Ich hat sich oft die frühere narzißtische Selbstgefälligkeit bewahrt. Die Wahl des Führers wird durch dies Verhältnis sehr erleichtert. Er braucht oft nur die typischen Eigenschaften dieser Individuen in besonders scharfer und reiner Ausprägung zu besitzen und den Eindruck größerer Kraft und libidinöser Freiheit zu machen, so kommt ihm das Bedürfnis nach einem starken Oberhaupt entgegen und bekleidet ihn mit der Übermacht, auf die er sonst vielleicht keinen Anspruch hätte. Die anderen, deren Ichideal sich in seiner Person sonst nicht ohne Korrektur verkörpert hätte, werden dann ›suggestiv‹, das heißt durch Identifizierung mitgerissen« (ebd., S. 144).

»Wir erkennen«, so Freud weiter,

> »was wir zur Aufklärung der libidinösen Struktur einer Masse beitragen konnten, führt sich auf die Unterscheidung des Ichs vom Ichideal und auf die dadurch ermöglichte doppelte Art der Bindung – Identifizierung und Einsetzung des Objekts an die Stelle des Ichideals – zurück« (ebd., S. 146).

Etwas schlichter ausgedrückt heißt das, dass es bei »Massen«bildungen zu einer doppelten Identifizierung kommt: Einerseits identifizieren sich die Massenindividuen untereinander und andererseits identifizieren sie sich kollektiv mit einem Führer oder (s)einer leitenden Idee bei gleichzeitiger Abtretung (Projektion) des individuellen Ichideals an diesen oder (s)eine leitende Idee. Dies führt zu einer magischen Überhöhung und Stärkung der Ideologie, die gegebenenfalls eine Führerfigur verkörpert. Die sexuelle Zielgehemmtheit, die dem Ganzen innewohnt, macht nach Freuds Meinung die Dauerhaftigkeit solcher Massenbildungen aus. Interessant ist sein Hinweis, dass Verliebtheit so etwas wie »Massenbildung zu zweien« sei (ebd., S. 126), auch wenn hier sexuelle Befriedigung natürlich sein darf – im optimalen Fall also wechselseitige psychische Ansteckung, was das englische »Falling in love« für beide Beteiligte so trefflich auf den Punkt bringt.

Die libidinösen Angelegenheiten betreffend, weist Freud noch zu Recht darauf hin, dass die Scheidung des Ichideals vom Ich auf Dauer nicht vertragen wird, also Verzicht und Einschränkungen, die dem Ich gesellschaftlich auferlegt sind. Deshalb sei der periodische Durchbruch der Verbote die Regel, wie die Institution von Festen zeige, die ja ursprünglich nichts anderes gewesen seien als »vom Gesetz gebotene [kollektive] Exzesse und dieser Befreiung auch ihren heiteren Charakter verdanken«, wie etwa die Saturnalien der Römer oder in späterer Zeit der Karneval, wo »Ausschweifungen jeder Art mit Übertretung der sonst heiligsten Gebote« nicht ungewöhnlich seien (ebd., S. 147). Es liegt nahe, Freuds fast 100 Jahre alten Ausführungen zur Erklärung all dessen heranzuziehen, was heute auf Open-air-Festivals und Partymeilen via psychischer Infektion geschieht.

Beginnend mit Freud hat die Psychoanalyse sich intensiv damit auseinandergesetzt, wie das, was sich zwischen zwei Individuen ereignet, zustande kommt. Lange war die Betrachtung dabei auf die Psychoanalytiker-Patienten-Dyade zentriert, damit aber natürlich nicht minder aussagekräftig. Für Freud war Suggestibilität, die der Ansteckung ja sehr nahesteht, »nichts anderes als die *Neigung* zur Übertragung« (Bohleber, 2018, S. 705). Er verstand sie als eine allgemein menschliche Fähigkeit, die bei Neurotikern besonders stark ausgeprägt sei, und verankerte sie in der »unanstößigen Übertragung«, die sich aus der kindlichen Abhängigkeit von Mutter und Vater ableite. Die Übertragung statte das Gegenüber – in einer analytischen Behandlungssituation den Psychoanalytiker – mit Autorität aus und »setzt […] sich in Glauben an seine Mitteilungen und Auffassungen um« (Freud, 1916–17, S. 463). Die Abgrenzung der Konzepte von Suggestion und Übertragung blieb dabei letztlich offen. Es gelang Freud nicht, beide zufriedenstellend zu definieren. So spricht er noch 1921 vom Rätsel der Suggestion, das sich einer Erklärung entziehe (Freud, 1921c, S. 97), und am Ende seines Lebens bringt er im »Abriss der Psychoanalyse« (1938) nochmals zum Ausdruck, dass Übertragung für ihn immer ein merkwürdiges Phänomen geblieben sei (Freud, 1940a, S. 100), wobei aus heutiger Sicht doch eigentlich schon im Couchsetting der klassischen Psychoanalyse die Unterwerfung des Patienten zum Ausdruck kommt.

Die Psychoanalytikerin Paula Heimann kam einen Schritt voran, indem sie die Existenz eines direkten kommunikativen Kontakts von Unbewusst zu Unbewusst zwischen zwei Menschen – bei ihr natürlich zwischen Patient und Analytiker – postulierte. Aber das Geheimnis, wie dieser unbewusste Kommunikationskanal beschaffen sein könnte, vermochte auch sie nicht zu lüften. Margret Tönnesmann (2016 [1989]) nimmt, so Bohleber (ebd, S. 718), an, dass Heimann zunächst von der projektiven Identifizierung als zentralem Mechanismus unbewusster Kommunikation ausgegangen sei, sich später aber dezidiert davon distanziert habe. Gerade dieses Konzept der projektiven Identifizierung entpuppte sich dann allerdings als weiterführend: Die Psychoanalyse geht davon aus, dass im Grenzbereich zwischen dem Selbst und dem Anderen spezifische seelische Prozesse dann zur Wirkung kommen, wenn Andersheit und Getrenntheit nicht ertragen werden können (Goretti, 2007). Die daraus erwachsenden Prozesse beschreibt die kleinianische Psychoanalyse als projektive Identifizierung. Mit ihrer Hilfe können unerträgliche Teile des Selbst projektiv in einem Anderen untergebracht, dort lokalisiert und kontrolliert werden. Diese Erkenntnis beflügelte eine intersubjektive Denkweise. Zwar gingen die Kleinianer davon aus, dass das, was vom Patienten projektiv in einem Anderen, zum Beispiel dem Analytiker, untergebracht würde, nur mit dem projizierenden Subjekt zu tun habe und dafür kein Entgegenkommen im Verhalten des Gegenübers notwendig sei, doch Bion gelang eine Erweiterung dieser Sicht der Dinge. Für ihn war die projektive Identifizierung nicht mehr nur ein pathologischer Prozess, der der Abwehr dient, sondern eine wichtige Form nonverbaler Kommunikation an sich (Bohleber, 2018, S. 718f.).

Thomas Ogden (1994, 2004) ging dann noch einen Schritt weiter und verstand die gegenseitig stattfindenden projektiven Identifizierungen als Basismechanismus des intersubjektiven Zusammenspiels von Analytiker und Analysand: »Für mich ist die projektive Identifizierung eine Dimension *jeglicher* Intersubjektivität, manchmal ist sie die vorherrschende Eigenschaft der Erfahrung, manchmal aber auch nur subtil im Hintergrund« (Ogden, 1994, S. 99; Hervorh. d. Verf.). Ogden hebt also generalisierend auf die interpersonale Dimension des Konzepts ab. Es geht ihm darum, die Veränderung der Subjektivität der Subjekte in einer interpersonalen Erfahrung psychoanalytisch als eine wechselseitige projektive Identifizierung zu erfassen. (Man rufe sich hier das zur Verliebtheit Gesagte ins Gedächtnis!) Die Subjektivität des Projizierenden sowie des Empfangenden werde auf unterschiedliche Weise negiert: Der Projizierende verleugne einen Aspekt seiner selbst, den er stattdessen dem Empfänger zuschreibe und diesen damit besetze. Dadurch negiere er sich selbst als getrenntes Ich und werde für sich selbst ein Anderer. Gleichzeitig negiere er den Anderen als Subjekt und kooptiere dessen Subjektivität zu seiner eigenen hinzu. Der Empfänger habe an dieser Negation seiner selbst dadurch teil, dass er sich selbst dem verleugneten Aspekt der Subjektivität des Anderen unterwerfe beziehungsweise unterordne.

Die Frage, die immer noch offenblieb, war die, wie der projizierte Aspekt in den Empfänger hineingelangt. Ogden (1979) hat dazu ein Phasenmodell der projektiven Identifizierung entwickelt.

»Zunächst evakuiert der Projizierende einen eigenen Anteil in das *Bild*, das er vom Analytiker hat. Durch die *reale* Interaktion übt der Projizierende Druck aus, damit der Analytiker sich in seinem Denken und Fühlen diesem Bild öffnet und sich der Projektion überlässt. Danach könne die Verarbeitung beginnen. Ogden nennt die zweite Phase eine ›Induktionsphase‹. Sie sei das zentrale Element intersubjektiver Beeinflussung« (Bohleber, 2018, S. 719f.).

Nur von Projektion und Introjektion zu sprechen, simplifiziert den Vorgang allerdings zu sehr. Zumindest zwei zusätzliche Faktoren oder Funktionen müssen noch hinzugefügt werden:

»a) Das projizierende Subjekt muss über eine hypnoseartige Kraft verfügen, mit der es im Objekt Veränderung hervorrufen kann. Diese Fähigkeit gründet in einer ›Körperrhetorik‹ und benutzt Vorgänge des ›Prompting‹ [Anregung] und des ›Priming‹ [Bahnung] sowie Gesten, Posen, Zeigen oder die Prosodie der Sprache. [Trevarthen hat das schon für Säuglinge und ihre Interaktionen mit ihren Bezugspersonen beschrieben, u. a. als rhythmisch (Jaffe, Beebe et al., 2001) und affektiv (»Attunement«) ebenso wie psychomotorisch fein abgestimmten und gänzlich aufeinander bezogenen intersubjektiven »Tanz von Mutter und Kind«, das sogenannte »Matching« (1998). Diese von Geburt an vorhandene enorme Offenheit für psychische Austauschprozesse, die überlebens- und entwicklungsnotwendig ist, stellt die Grundlage des in diesem Beitrag beschriebenen Phänomens dar; T. P.] Es sind alles sensomotorisch geprägte Modi, die der Projizierende benutzt, um das Objekt zu beeinflussen. Diese Vorgänge funktionieren selten bewusst, sondern zumeist subliminal.

b) Beim responsiven Objekt wiederum finden wir eine inhärente Sensibilität, empathisch zu sein und sich auf den emotionalen Zustand des Anderen einzustimmen. Grotstein spricht von einem System bilateraler Selbst-Aktivierung (2005, S. 1061) und bezieht sich dabei auf Stein Bråtens Konzept einer angeborenen ›altero-zentrierten Partizipation‹ und auf die Simulationstheorie der Spiegelneuronen« (Bohleber, 2018, S. 721).

Spiegelneuronen sind spezifische Hirnzellen, die sowohl bei der aktiven Durchführung einer Handlung als auch bei der bloßen Beobachtung dieser Handlung gleichermaßen aktiv werden. Der Arbeitskreis um Giacomo

Rizzolatti hat herausgefunden, dass Spiegelneuronen die biologische Basis von Mitgefühl und damit von affektivem empathischem Erleben sind. Es zeigte sich, dass Empathie also nicht auf Einfühlen, sondern auf *Mit*fühlen basiert, das heißt, es kommt auf der Grundlage unmittelbarer Teilhabe zum Verständnis der Gefühlslage des Anderen. Im Unterschied zur Affektansteckung bleibt der resonanzhaft empfundene Affekt hier dem Anderen zugehörig.

In den letzten zwanzig Jahren haben insbesondere die Forschungen zum impliziten und prozeduralen Gedächtnis sowie zu den eben genannten Spiegelneuronen und zum Embodiment weitere wesentliche Erkenntnisse über die Prozesse der unbewussten Übermittlung und Kommunikation erbracht (Davis, 2001; Gallese, 2015; Kandel, 2006 [2005]; Leuzinger-Bohleber, 2015; Schacter, 1999; Squire, 2004). Dabei spielt unter anderem das »Matching« eine wichtige Rolle. Hierbei handelt es sich um einen willentlich nicht gesteuerten, unbewussten subsymbolischen Prozess gegenseitiger Abstimmung, der Imitation, Intuition und Suggestibilität ermöglicht. Heute verfügen wir über wissenschaftliche Evidenz, dass Gefühle und Fantasien, die in uns entstehen, durch einen Anderen auf unbewusstem Wege ausgelöst beziehungsweise beeinflusst werden können (Bohleber, 2018) (zu diesen Forschungen siehe Beebe et al., 2003; Bucci, 2001; Greatrex, 2002). Mertens (2013) spricht im therapeutischen Kontext von einem »Zwei-Personen-Unbewussten«. Krause hat solche Zusammenhänge im Hinblick auf die Mimik von zwei Interaktionspartnern eindrücklich nachweisen können. Allein aufgrund von Übereinstimmung oder Nichtübereinstimmung war es ihm möglich, den zu erwartenden positiven oder negativen Ausgang einer Psychotherapie zu prognostizieren (Merten & Krause, 2000). Schon Mitte der 1980er Jahre äußerte der französische Psychoanalytiker Didier Anzieu die Vermutung, dass es sein könnte, »dass Intuition und Empathie des Psychoanalytikers vor allem auf einer olfaktiven Grundlage beruhen« (Anzieu, 1996, S. 236). Forschung hierzu, die damals noch nicht möglich war, wird heute realisiert und bestätigt diese olfaktorische Kommunikation (Chen & Haviland-Jones, 2000). 2012 äußerte Krause vorsichtig: »Wenn es stimmt, dass wir Angst riechen können, liegt die Übertragungsneigung im Behandlungszimmer schon in der Luft« (Krause, 2012, S. 204). Heute kann dies als gesichert gelten. Das olfaktorische System ist vermutlich einer der wichtigsten Kanäle unbewusster Beziehungserfahrungen und hat dementsprechend massive Auswirkungen auf das Gegenüber. Geschlechtsspezifisch ist dies für Angst bewiesen: Angst(schweiß) von Männern steckt Frauen, die dies wahrnehmen, mit dieser Emotion an (Albrecht et al., 2011). Noch spannender wird das Ganze, wenn man das Geschehen unter neurobiologischen Aspekten betrachtet, denn bei Musikern, die miteinander spielen (Lindenberger et al., 2009), oder bei Liebenden, die sich innig küssen (Müller & Lindenberger, 2014), kommt es zu einer signifikant vermehrten Synchronisierung der mittels EEG abgeleiteten Hirnaktivität der Interaktionspartner. Für psychische Infektion gilt also: Aus Ansteckung wird Gleichklang!

Zusammenfassung

Das Phänomen der psychischen Infektion ist archaisch – phylo- und ontogenetisch – verankert und ubiquitär zu finden. Es ist eng verbunden mit dem affektiven Erleben und seiner Regulierung. Glaubte man ursprünglich, dass Imitation die zentrale Rolle spielt, konnte die Psychoanalyse nachweisen, dass dabei intensive, nicht bewusstseinsfähige intersubjektive – wenn auch in vielen Fällen, da fiktiv, zwar induzierte, aber selbst imaginierte – psychische Prozesse ablaufen. Freud betonte bezüglich des Vorgangs der Infektion die Abtretung des Ichideals, die Kleinianer projektiv-identifikatorische Prozesse. In dem Maß, in dem Intersubjektivität Eingang in die Psychoanalyse fand, war es möglich, unter Einschaltung der Nachbardisziplinen die zugrunde liegenden Prozesse und Kommunikationswege besser zu fassen. Unser Gehirn ist ein zutiefst soziales Organ, das uns mit unserer Umwelt und anderen Menschen vernetzt. Mindestens ebenso wichtig wie die Sprache, wenn nicht noch viel bedeutsamer, sind im wesentlichen unbewusste Kommunikationskanäle wie Mimik, Gesten, Posen, Prosodie und olfaktorische Signale. Der Empfänger nutzt alle seine sensorischen Organe, und so kommt es über die Spiegelneuronen unter Abgleich mit implizitem Beziehungswissen (Streeck, 2013) und epistemischem Vertrauen (Fonagy et al., 2015) zu sensomotorischen Reaktionen, die in wechselseitige – teilweise sogar mit Synchronisierung von Hirnaktivität einhergehende – Austauschprozesse münden können. Die Ansteckung kann zu reichem affektivem Erleben, zu Zweierbeziehungen und Massenbildungen führen, die über bestimmte Ideologiebildungen oder Verhaltensweisen zu Affektregulierung und/oder Selbststabilisierung beitragen. In vielen Fällen wird noch etwas von der genetisch verankerten, ursprünglichen Funktion des Phänomens sichtbar.

Literatur

Albrecht, J., Demmel, M., Schöpf, V., Kleemann, A.M., Kopietz, R., May, J., Schreder, T., Zernecke, R., Brückmann, H., Wiesmann, M. (2011). Smelling chemosensory signals of males in anxious versus nonaxious condition increases state anxiety of female subjects. *Chem Senses, 36,* 19–27.
Anstadt, T. & Krause, R. (1988). Der Ausdruck von Primäraffekten in Gesichtszeichnungen von Schizophrenen. *Zeitschrift für Klinische Psychologie, 17*(2), 119–131.
Anzieu, D. (1996). *Das Haut-Ich.* Berlin: Suhrkamp.
Apell, J.W. (1896). *Werther und seine Zeit.* Oldenburg: Schulzesehe Hof-Buchhandlung und Hof-Buchdruckerei.
Baecker, D. (2010). Ansteckung, und was man gegen sie tun kann. In S. Jansen, N. Stehr & E. Schröter (Hrsg.), *Positive Distanz? Multidisziplinäre Annäherungen an den wahren Abstand und das Abstandwahren in Theorie und Praxis* (S. 109–117). Wiesbaden: Springer VS.
Beebe, B., Knoblauch, S., Rustin, J. & Sorter, D. (2003a). Introduction: A systems view. *Psychoanal Dialogues, 13,* 743–775. DOI: 10.1080/10481881309348767
Beebe, B., Rustin, J., Sorter, D. & Knoblauch, S. (2003b). An expanded view of intersubjectivity in infancy and ist application to psychoanalysis. *Psychoanal Dialogues, 13,* 805–841. DOI: 10.1080/10481881309348769
Boenke, M. (2005). *Körper, Spiritus, Geist. Psychologie vor Descartes.* München: Wilhelm Fink.
Bohleber, W. (2018). Übertragung – Gegenübertragung – Intersubjektivität. *Psyche – Z Psychoanal, 72*(9), 702–733.
Brosius, H.-B. & Ziegler, W. (2001): Massenmedien und Suizid: Praktische Konsequenzen aus dem Werther-Effekt. *Communicatio Socialis, 34*(1), 9–29.
Bucci, W. (2001). Pathways of emotional communication. *Psychoanal Inq, 21, 40–70.* DOI: 10.1080/073551692109348923
Chen, D. & Haviland-Jones, J. (2000). Human olfactory communication of emotion. *Perceptual and Motor Skills, 91,* 771–781.
Davis, J.T. (2001). Revising psychoanalytic interpretations oft he past: An examination of declarative and non-declarative memory processes. *Int J Psychoanal, 82,* 449–462.
Eichmann, B. (2014). Vorsicht, ansteckend! Emotionen in Teams aus sozialpsychologischer Perspektive. *Soziologiemagazin, 2,* 71–83.
Fonagy, P., Luyten, P. & Allison, E. (2015). Epistemic Petrification and the Restoration of Epistemic Trust: A New Conceptualization of Borderline Personality Disorder and Its Psychosocial Treatment. *J Pers Disord, 29*(5), 575–609.
Freud, S. (1900a). *Die Traumdeutung. GW II/III.*
Freud, S. (1916–17). *Vorlesungen zur Einführung in die Psychoanalyse. GW XI,* 1–482.
Freud, S. (1921c). *Massenpsychologie und Ich-Analyse. GW XIII,* 71–161.
Freud, S. (1940a). Abriß der Psychoanalyse. *GW XVII,* 63–138.
Gallese, V. (2015): Welche Neurowissenschaften und welche Psychoanalyse? Intersub-

jektivität und Körperselbst. Notizen für einen Dialog. *Psyche – Z Psychoanal, 69*, 97–114.
Goethe, J.W. (1813). Dichtung und Wahrheit, II. Teil, 13. Buch, zit. n. Gräf H.G. (1902), *Goethe über seine Dichtungen. Versuch einer Sammlung aller Äusserungen des Dichters über seine poetischen Werke*. Band 1,2. Frankfurt a.M.: Rütten & Loening Verlag.
Goretti, G.R. (2007). Projective identification. *Int J Psychoanal, 88*, 387–405. DOI: 10.1516/4V21-4KV7-46G2-M8Q3
Greatrex, T.S. (2002). Projective identification: How does it work. *Neuropsychoanalysis, 4*, 187–197. DOI 10.1080/15294145.2002.10773396
Grotstein, J.S. (2005). »Projective transidentification«: An extension of the concept of projective identification. *Int J Psychoanal, 86*, 1051–1069. DOI 10.1516/7BFW-QL6C-VWA1-NBNW
Horn, E. & Gisi, L.M. (Hrsg.). (2009). *Schwärme – Kollektive ohne Zentrum*. Bielefeld: transcript.
Jaffe, J., Beebe, B., Feldstein, S., Crown, C.L. & Jasnow, M.D. (2001). *Rhythm of Dialog in Infancy*. Boston, Oxford: Blackwell Publishers.
Kandel, E. (2006 [2005]). *Psychiatrie, Psychoanalyse und die neue Biologie des Geistes*. Frankfurt a.M.: Suhrkamp.
Keil, A. & Eder, J. (2005). Audiovisuelle Medien und emotionale Netzwerke. In O. Grau & A. Keil (Hrsg.), *Mediale Emotionen: Zur Lenkung von Gefühlen durch Bild und Sound* (S. 224–41). Frankfurt a.M.: Fischer Taschenbuch.
Krause, R. (2012). *Allgemeine psychodynamische Behandlungs- und Krankheitslehre*. Stuttgart: Kohlhammer.
Kunze, R. (1976). Fünfzehn. In Kunze, R. (Hrsg.), *Die wunderbaren Jahre* (S. 27–29). Frankfurt a.M.: Fischer.
Leuzinger-Bohleber, M. (2015). *Finding the body in the mind. Embodied memories, trauma, and depression*. London: Karnac.
Lindenberger, U., Li, S.-C., Gruber, W. & Müller, V. (2009). Brains swinging in concert: Cortical phase synchronization while playing guitar. *BMC Neuroscience, 10*, 22. DOI: 10.1186/1471-2202-10-22
Martin, K. (2002). *Ökologie der Biozönosen*. Berlin, Heidelberg, New York: Springer.
Merten, J. & Krause, R. (2000). Facial affective relationship-regulation and therapeutic outcome. In *IPA, First Latinamerican Research Conference on Psychoanalisis. September 1998*, 381–395.
Mertens, W. (2013). Das Zwei-Personen-Unbewusste – unbewusste Wahrnehmungsprozesse in der analytischen Situation. *Psyche – Z Psychoanal, 67*(9), 817–843.
Meyer (o.J.). Massenhaft akut auftretende psychogene Erkrankungen – Massenhysterie. Neuro24.de. http://www.neuro24.de/massenhysterie.htm (03.10.2018).
Moser, U. (1964). Zur Abwehrlehre. Das Verhältnis von Verdrängung und Projektion. *Jahrbuch der Psychoanalyse, Band 3* (S. 56–84). Stuttgart: frommann-holzboog.
Müller, V. & Lindenberger, U. (2014). Hyper-brain networks support romantic kissing in humans. *PLoS ONE, 9*(11). DOI: 10.1371/journal.pone.0112080
Northoff, G. (2015). Sozial eingebettetes Gehirn (»social embedded brain«) und relationales Selbst. In H. Böker, P. Hartwich & G. Northoff (Hrsg.), *Neuropsychodynamische Psychiatrie* (S. 59–66). Berlin, Heidelberg, New York: Springer. DOI: 10.1007/978-3-662-47765-6
Ogden, T.H. (1994). *Subjects of analysis*. London: Karnac.

Ogden, T. H. (2004). The analytic third: Implications for psychoanalytic theory and technique. *Psychoanal Quart, 73*, 167–195.
Schacter, D. L. (1999 [1996]). *Wir sind Erinnerung. Gedächtnis und Persönlichkeit.* Reinbek: Rowohlt.
Schmidtke, A. & Häfner H. (1988). The Werther effect after television films: new evidence for an old hypothesis. *Psychological Medicin, 18*(3), 665–676.
Showalter, E. (1997). *Hystorien. Hysterische Epidemien im Zeitalter der Medien.* Berlin: Berlin Verlag.
Squire, L. R. (2004). Memory systems of the brain: A brief history and current perspectives. *Neurobiology of Learning and Memory, 82*, 171–177. DOI: 10.1016/j.nlm.2004.06.005
Steiger, R. (1982). *Goethes Leben von Tag zu Tag. Band II.* Zürich: Artemis Verlag.
Steinberg, H. (1999). Der Werther-Effekt. Historischer Ursprung und Hintergrund eines Phänomens. *Psychiat. Prax., 26*, 37–42.
Streeck, U. (2013). Implizites Beziehungswissen. *Psychotherapeut, 58*(2), 143–151.
Tael (2006). Einfluss von Filmen und Büchern auf die Psyche. Psychologieforum.de. https://www.psychologieforum.de/einfluss-von-filmen-und-buechern-auf-die-psyche-292.html (10.10.2018).
Tönnesmann, M. (2016 [1989]). Einführung der Herausgeberin. In P. Heimann (Hrsg.), *Gegenübertragung und andere Schriften zur Psychoanalyse. Vorträge und Aufsätze aus den Jahren 1942–1980* (S. 40–58). Stuttgart: Klett-Cotta.
Trevarthen, C. (1998). The concept and foundations of intersubjectivity. In S. Braten (Hrsg.), *Intersubjective Communication and Emotion in Early Ontogeny* (S. 15–46). Cambridge: Cambridge University Press.
Truffaut, F. (1993). *Mr. Hitchcock, wie haben Sie das gemacht?* München: Heyne.
Wilkes, J. (1998). Mitschuldig am Suizid? Bewältigung von Trauer und Schuld durch Johann Wolfgang von Goethe. *PPmP Psychosom. Med. Psychol., 48*, 139–141.
Wollenberg, R. (1889). Ueber psychische Infection. *European archives of psychiatry and clinical neuroscience, XX*, 62–88.

Biografische Notiz

Theo Piegler, Dr. med., ist Facharzt für psychotherapeutische Medizin, niedergelassen in Hamburg. Er ist Mitglied des Stiftungsrates des Bethesda-Krankenhauses und der Stiftung »Der Begleiter« in Hamburg-Bergedorf und publiziert zu psychiatrisch-psychotherapeutischen und gesellschaftsrelevanten Themen sowie zu Film und Psychoanalyse.

Von Ansteckungen erzählen

Kino und Literatur als Spiegel von Infektionskrankheiten

Konrad Heiland

> Wichtig ist vor allem das Zugeständnis, daß das theatralische Spiel wie die Pest eine Raserei ist und das es ansteckend wirkt.
>
> *Antonin Artaud*

Eine Frau telefoniert vom Flughafen aus, unmittelbar vor ihrer Rückreise aus Asien nach Hause zu ihrer Familie, noch ein letztes Mal mit ihrem heimlichen Liebhaber, mit dem sie sich zuvor auf einer Geschäftsreise getroffen hatte. Immer wieder werden dabei ihre Worte von kurzen Hustenanfällen unterbrochen. Wenig später ist sie tot und hat offenbar zahlreiche andere Menschen bereits mit einem unbekannten Erreger angesteckt.

Der Thriller *Contagion* von Steven Soderbergh aus dem Jahr 2011 schildert in eindringlichen Bildern, wie sich eine tödliche Pandemie auszubreiten beginnt. In der Eingangssequenz sehen wir eine brillante Montage kurzer Szenen, die vollkommen ohne Worte auskommt, lediglich unterlegt von pochenden elektronischen Klängen. Hier wird uns eindrücklich vorgeführt, wie perfide Globalisierung und Infektion tatsächlich zusammenwirken können – eine Dynamik der unausweichlichen Zuspitzung. Die Wege sind bereits gebahnt, das Virus hat also freie Fahrt.

> »Für Viren spielen geopolitische Grenzen keine Rolle, insofern erweisen sie sich als Ikonen des globalen Zeitalters. Aber natürlich reisen Viren nicht allein: sie werden mitgebracht, und in der Regel weiß der Träger über seine Botenfunktion nicht Bescheid« (Mayer & Weingart, 2004, S. 223).

Mit diesen treffenden Worten erfasst die Amerikanistin Ruth Mayer in ihrem Buchbeitrag zu dem Sammelband *Virus! Mutationen einer Metapher* nicht nur den Zusammenhang zwischen Globalisierung und Infektion, sondern schafft gleichzeitig auch eine einleuchtende Begründung für die weitverbreitete Verwendung der Virusmetapher in der Gegenwart. Viren bedrohen unsere körperliche Gesundheit, sie dringen aber auch zunächst unbemerkt in unsere Computer ein und zerstören sie dann von innen heraus, sie unterwandern die Systeme und polen sie in fataler Weise um.

Dies ist ein Vorgang, den man durchaus als einen subversiven Akt betrachten könnte, weshalb sich die Virusmetapher gerade in anarchisch gesinnten Kreisen einer gewissen Beliebtheit erfreut. Der einst von der Linken propagierte Marsch durch die Institutionen klingt hier an, wenngleich die '68er eher eine Veränderung zum Positiven, zumindest in ihrem Sinne zum Guten, intendiert hatten und eben nicht die allmähliche Zerstörung sämtlicher Strukturen.

Der Film *Perfect Sense* von David Mackenzie (2011) schildert eine unheimliche Epidemie, bei der die Infizierten nach und nach einen Sinn nach dem anderen verlieren: vom Geruchssinn über den Hörsinn bis hin zum Sehvermögen. Dann wird es tatsächlich auch auf der Leinwand dunkel. Ein unabwendbares, apokalyptisches Drama hat sich vor uns ereignet. Es erscheint wie die düstere Prophezeiung einer cineastischen Kassandra. Der pathetisch-pessimistische Grundton des Films, mit dem weltweite Zerstörungsprozesse angeprangert werden, vor allem im mahnenden Tonfall einer unsichtbaren Erzählerstimme aus dem Off, stieß allerdings auf teilweise heftige Kritik.

»Das Zeitalter der Globalisierung ist das Zeitalter universeller Ansteckung« (Hardt & Negri, 2002, S. 148) konstatierte das Autorenduo Antonio Negri und Michael Hardt bereits 2002 in dem seinerzeit viel diskutierten Werk *Empire. Die neue Weltordnung*, nicht ohne einen gewissen Mut zur pointierten Pauschalisierung. Dieses Buch wurde zeitweilig als Bibel der Globalisierungskritik gefeiert, fand aber auch scharfzüngige Kritiker, die ihm zahlreiche Plattitüden und eine kaum stichhaltige Argumentation vorwarfen. Mittlerweile scheint doch die Zeit ein wenig darüber hinweggeglitten zu sein, und der Text spielt in der öffentlichen Debatte kaum noch eine Rolle. Er wird eher selten zitiert, auch wenn die darin angesprochenen Phänomene durchaus weiter relevant geblieben sind, wie etwa die Verselbstständigung des Kapitals, das sich dem Zugriff der Staaten nach wie vor erfolgreich entzieht – die politischen Einflussmöglichkeiten werden wirksam unterlaufen.

> »Der Prozess der Globalisierung birgt neben seinen positiven Folgen für Wachstum, Beschäftigung, Demokratisierung und Weltoffenheit eine Reihe schwerwiegender Gefahren für den Gesundheitszustand ganzer Bevölkerungsgruppen in sich. In bidirektionalem Austausch zwischen Süden und

> Norden manifestieren sich diese Gefahren in der Ausbreitung von Infektionskrankheiten (vom Süden nach Norden) und in der Ausbreitung chronischer Erkrankungen, die mit der Übernahme des westlichen Lebensstils (Stichwort Coca-Kolonialisierung) und der wirtschaftlich-technischen Modernisierung (vom Norden nach Süden) einhergehen«,

schreibt der deutsche Medizinsoziologe Johannes Siegrist in dem Sammelband *Psychotherapie in Zeiten der Globalisierung* (Strauß & Geyer, 2006, S. 41). Diese Wechselseitigkeit der Infektionskanäle wird allerdings oft übersehen und eine einseitige Darstellung dominiert das Bild in der Öffentlichkeit.

Wie schnell – in Windeseile –, wie leicht – erst unbemerkt – sich Infektionen heutzutage global verbreiten können, das hat uns der erwähnte amerikanische Thriller *Contagion* mit seiner brillanten Exposition beeindruckend vorgeführt.

Bereits 1922 war dem deutschen Filmregisseur Friedrich Wilhelm Murnau in seinem genialen Stummfilm *Nosferatu* eine unvergleichliche Szene gelungen, die vorführt, wie das Böse und Bedrohliche unerkannt und ungesehen auf leisen Sohlen in eine Gesellschaft eindringen kann. Bei der lautlosen Einreise der tödlichen Krankheit mit dem unbesetzten Geisterschiff in den Hafen von Wisborg sind keine Matrosen und auch kein Kapitän an Bord, nur die Ratten, Nosferatu und die Pest. Dann verlässt der fatale Finsterling das Schiff und verschwindet in den nächtlichen, vollkommen menschenleeren Gassen. Es gibt keinen einzigen Zeugen, niemand hat ihn gehört oder gesehen, niemand konnte ihn aufhalten.

Auch die Spanische Grippe kam »wie ein Dieb in der Nacht, brach rasch und heimtückisch aus« (Spinney, 2018, S. 63). So steht es jedenfalls in dem packenden, über weite Strecken sehr leicht lesbaren, informationsgesättigten und herausragend recherchierten Werk *1918. Die Welt im Fieber. Wie die Spanische Grippe die Gesellschaft veränderte*, das die britische Wirtschaftsjournalistin und Romanautorin Laura Spinney verfasst hat. Ebenso verblüffend wie erschreckend ist es, zu erfahren, wie global sich diese verheerende Infektion damals ausgebreitet hat, wie sie auch die weit abgelegenen Plätze, die vermeintlich verborgensten Ecken der Erde heimgesucht hat, bis hin etwa zu dem südpazifischen Inselstaat Vanuatu, wo bei einer Mortalität von 90 Prozent damals fast die gesamte Bevölkerung ausgerottet wurde. »Die Spanische Grippe bedeutete die größte Vernichtungswelle seit dem Schwarzen Tod im Mittelalter, ja vielleicht sogar die größte der Menschheitsgeschichte« (ebd., S. 12), stellt die Autorin fest.

Trotz dieser unfassbaren Dimensionen hat die Spanische Grippe aber merkwürdigerweise kaum direkten Widerhall gefunden, weder in der Literatur noch im Film. Sie hat hier keine sichtbare Spur hinterlassen, als sei sie am Ende fast genauso unbemerkt wieder verschwunden, wie sie auch gekommen war, als sie sich sozusagen durch die Hintertür hineingeschlichen hatte. Gleichwohl verweist Laura Spinney auf mögliche indirekte Auswirkungen der Epidemie, wenn sie schreibt, »dass die Kunst nach der Influenzapandemie nicht mehr dieselbe war. Sie war kein ruhig dahin strömender Fluss mehr. Vielmehr gab es einen Riss, so gewaltsam wie die Teilung des roten Meeres in der Bibel« (ebd., S. 305).

Der folgende Bruch mit der bislang vorherrschenden Romantik, die Entwicklung der streng durchkonzipierten Doktrin der Zwölftonmusik durch Arnold Schönberg, die eruptiven, archaisch und wild wirkenden, fesselnden Rhythmen bei Igor Strawinsky – handelt es sich bei diesen revolutionären Veränderungen in der Musik tatsächlich um künstlerische Antworten auf den pandemischen Schock? Oder wohnt nicht der Weiterentwicklung der Künste auch eine nicht zu vernachlässigende Eigendynamik inne?

Die Parallelität der Jahreszahlen allerdings könnte Spinneys These vielleicht unterstützen, wobei ja zweifellos auch der Erste Weltkrieg als traumatisierende Erfahrung wirksam war. Ganz anders als bei der Spanischen Grippe verhält es sich nun mit Tbc oder Aids.

Aids als Film

Das Auftauchen einer neuen, zunächst äußerst rätselhaften Infektionskrankheit in den 1980er-Jahren war schon sehr irritierend. War diese Art von Krankheiten nicht schon weitestgehend besiegt worden, zumindest in der westlichen Welt? Medizinische Aufklärung, Hygiene und Antibiotika – waren sie nicht die Befreier gewesen, die mehr oder weniger sämtliche Infektionskrankheiten ein für alle Mal verjagt hatten? Offenbar doch nicht. Eine erhebliche Erschütterung des Fortschrittsglaubens ist die Folge, angesichts dieser fatalen Rückkehr der Seuchen. Was soll das nun bedeuten?

Eine Immunschwächekrankheit, das erschien besonders unheimlich, etwas Vergleichbares hatte es so noch nie gegeben. Das Zusammenfallen der Aids-Epidemie mit dem sich ankündigenden Ende des 20. Jahrhunderts verleitete nicht wenige dazu, in dem Krankheitsausbruch ein Menetekel für den drohenden Weltuntergang zu erkennen.

Aids gilt nun auch als die neue Pest, als zeitgenössische, postmoderne Entsprechung zu dieser verheerenden Seuche aus der längst überwunden geglaubten Vergangenheit, aus dem so bezeichneten finsteren Mittelalter.

Les Temoins/Die Zeugen von 2007, ein Film des zumindest in Cineastenkreisen renommierten französischen Regisseurs André Téchiné, schafft es, trotz aller mit dem Ausbruch von Aids zwangsläufig verbundenen Tragik, Momente sommerlicher Leichtigkeit einzufangen, offene Sinnlichkeit in den Begegnungen zu zeigen, dem scheinbar Zufälligen erfreulich viel Raum zu lassen, Glück und Unglück liegen hier stets sehr nah beieinander – und dann ist plötzlich und unversehens Aids aufgetaucht, wie ein zuvor in der Tiefe verborgener großer Fisch aus den Wogen des Meeres. Unprätentiös, geradezu beiläufig erzählt dieser Film seine Geschichte, und doch scheint es, als wollte er tatsächlich die allererste Begegnung mit dieser neuen, tödlichen Krankheit in Frankreich erfassen. Zeuge des Anfangs zu sein, der Geburt von etwas völlig Neuem beizuwohnen, ohne es unnötig zu dramatisieren – darin, glaube ich, besteht das Anliegen dieses berührenden Films, der auf jedwede Effekte gelassen verzichtet.

Etwa zehn Jahre später spielt nun ein anderer französischer Film, *120 BPM*, von dem in Marokko geborenen Filmemacher Robin Campillo, gedreht im Jahre 2016, ein entschieden politischer Film, der die reale französische Aktivistengruppe Act Up Anfang der 1990er-Jahre porträtiert und damit auch eine herbe Enttäuschung über das offensichtliche Desinteresse der damaligen Regierung von Francois Mitterand an der Lage der Aidskranken zum Ausdruck bringt. Wie weit darf man, soll man gehen mit seinen Aktionen? Das berühmte ewige Dilemma, ob der Zweck die Mittel heiligt oder eben nicht, taucht auf, ein offener Schlagabtausch innerhalb der Gruppe entwickelt sich, Authentizität und Direktheit charakterisieren die Darstellung der jungen Schauspieler. Diese agieren sehr überzeugend, wie etwa der Hauptdarsteller Nahuel Pérez Biscayat oder die faszinierende junge Schauspielerin Adèle Haenel, die mittlerweile zu einem vielversprechenden neuen französischen Filmstar avanciert ist.

Eine Überhöhung ins Transzendentale schaffen nun die amerikanischen Filme *Philadelphia* und *Angels in America*, eine Verfilmung des erfolgreichen gleichnamigen Theaterstücks des amerikanischen Schriftstellers und Drehbuchautors Tony Kushner.

»Als Abgrenzung gegen den Integrationsdiskurs und die auf die Medizin beschränkte Definitionsmacht gegenüber Aids entstanden Stücke, die nicht auf Psychologisierung und Identifikation angelegt sind, sondern soziale Widersprüche und Doppelmoral vorführen. Aids wird in diesen Stücken als Metapher für eine kranke Gesellschaft am Rande des Untergangs verwendet« (Schappach, 2012, S. 96),

weiß die Schweizer Theaterwissenschaftlerin Beate Schappach. Sie führt weiter aus: »So zeigt Tony Kushner in seinem 1990 erschienenen Stück ›Angels in America‹ die Verdrängung von Aids und die Ausgrenzung von Homosexuellen in den USA während der Reagan-Ära« (ebd.).

Ausgerechnet in der Geburtsstunde des Neoliberalismus, unter dem wir gegenwärtig immer noch leiden, entfaltet sich in den USA auch die Immunschwächekrankheit. Besonders hart getroffen werden die Tänzer, das Virus zieht eine breite Schneise des Todes in die New Yorker Tanz-Szene, die Bühnen sind infolgedessen vorübergehend verwaist. Prominentestes Opfer wird der bis heute weltberühmte russische Ausnahmekünstler Rudolf Nurejew, der im Februar 1990 in New York stirbt. Einen vergleichbaren Tänzer, der es vermag, die Schwerkraft derart zu überlisten, wie es dem Russen so verblüffend gelungen war, dass uns das Staunen darüber bis heute nicht verlassen hat, hat es seitdem nicht wieder gegeben. Die Lücke ist nicht geschlossen.

Angels in America erlebt immer wieder neue Aufführungen und hat offenbar seine Aktualität bislang nicht verloren. Das Theaterstück »ist als relativ lose Folge von Zweierszenen komponiert, wobei die Figuren untereinander in Beziehung stehen, vergleichbar mit Arthur Schnitzlers ›Reigen‹«, schreibt Schappach. Die Bühnenversion wie der Film erscheinen nicht zuletzt auch dadurch besonders reizvoll, dass hier eine reale politische Ebene, verkörpert durch den ausgesprochen konservativen Anwalt Ray Cohn, mit einer theologischen Fantasie, widergespiegelt in einem Engel, der zu der kranken Hauptfigur spricht, aufs Engste verknüpft wird. Untergang und Erlösung, eine Paarung, die auf Transzendentales verweist und die offenbar zu einem geeigneten Darstellungsmodell bei der Aids-Thematik avanciert ist.

Das gilt auch für den Film *Philadelphia* von Jonathan Demme, der 1993 in die Kinos kam. Im Mittelpunkt der Handlung steht der überaus talentierte, ehrgeizige junge Anwalt Andrew Beckett, dessen Aussichten auf eine erfolgreiche Karriere sehr vielversprechend erscheinen. Allerdings ist er homosexuell und HIV-positiv, was eines Tages leider auch äußerlich sichtbar wird: Die typischen Hautläsionen des sogenannten Kaposi-Sarkoms tauchen bei ihm auf, eine Symptomatik, die relativ eindeutig auf eine Aidserkrankung hinweist. Kurz danach wird er plötzlich entlassen, was Beckett aber nicht akzeptiert. Er zieht vor Gericht.

»Den Hauptteil des Filmes bilden nun die Gerichtsverhandlung und die Argumentation beider Parteien. Zur Debatte steht die Frage, ob Andrew Beckett gekündigt wurde, weil er homosexuell und aidskrank ist, womit der Tatbestand der Diskriminierung erfüllt wäre«, schreibt Beate Schappach (ebd., S. 154).

Die szenische Gestaltung folgt damit weitgehend dem durchaus bewährten Modell des amerikanischen Justizdramas, in dem ein für die Allgemeinheit relevanter gesellschaftlicher Konflikt durch Einzelpersonen verkörpert und exemplarisch vor Gericht verhandelt wird.

Andrew Beckett kämpft um seinen Arbeitsplatz und scheut dabei auch nicht vor besonders drastischen Methoden zurück. Er »entblößt vor den ergriffenen Geschworenen, Juristen und Gästen im Gerichtssaal seine von Läsionen übersäte Brust […]. Diese Szene zitiert den Topos der Ostentatio Vulnerum, das heisst, das Zeigen der Wundmale Christi nach dessen Auferstehung« (ebd.).

»Zeige Deine Wunde!« lautet die berühmte Aufforderung der legendären Kunstikone, des wie ein Schamane auftretenden Performers Joseph Beuys – ein imperatives Motto, eine demonstrative Geste, die später auch sein Bewunderer, der Aktionskünstler, Theater- und Filmemacher Christoph Schlingensief, immer wieder aufgegriffen hat. Vor allem war diese Beschwörungsformel ein Leitgedanke für sein Projekt *Kirche der Angst* (2008), in dem er sich öffentlich mit seinem Sterben auseinandersetzte, mit allen nur denkbaren theatralen Mitteln verzweifelt, aber leider erfolglos, dagegen ankämpfte.

»Als direkter Kommentar zu ›Philadelphia‹ kann der Film ›Blue‹ von Derek Jarman verstanden werden. Der Film verweigert die Darstellung von Aids in semantisch eindeutigen Bildern und einer kohärenten Handlung« (ebd., S. 58). Tatsächlich sehen die Zuschauenden lediglich 79 Minuten lang eine blaue Leinwand. Weiter führt die Autorin aus:

»Die Tonspur besteht aus einer Collage von Jarmans autobiografischen Texten, Gedichten und Literaturzitaten sowie atmosphärischer elektronischer Musik und Einspielungen von alltäglichen Geräuschen. Die Texte werden von den Schauspielern John Quentin, Nigel Terry und Tilda Swinton, mit welchen Jarman in zahlreichen Filmen zusammengearbeitet hatte, gesprochen« (ebd.).

Damit ist dieser Film fast schon ein Requiem, ein endgültiger Abschied: Der erblindete, todkranke Künstler rekapituliert noch ein letztes Mal sein vergangenes Leben und versammelt seine Weggefährten um sich. Einen neuen Film wird es nun nicht mehr geben können. Dennoch gelingt ihm gerade durch seine ästhetische Radikalität ein einmaliges Dokument, das bleibt.

So wie Aids und seine Folgen sich in verschiedenen Facetten dieser Filme widerspiegeln, so finden sich die Spuren der Tuberkulose eher in literarischen Darstellungen.

Schwindsucht als Text

»Mit dem sogenannten Schatten auf meine Lunge war auch wieder ein Schatten auf meine Existenz gefallen. *Grafenhof* war ein Schreckenswort, in ihm herrschten absolut und in völliger Immunität der Primarius und dessen

Assistent und dessen Assistent und die für einen jungen Menschen wie mich entsetzlichen Zustände einer öffentlichen Lungenheilstätte« (Bernhard, 1981, S. 7; Hervorh. i. O.).

Bereits mit diesen ersten Zeilen seines autobiografisch geprägten Kurzromans *Die Kälte. Eine Isolation* wird die immense Sprachgewalt, die enorme rhetorische Gewandtheit des österreichischen Schriftstellers Thomas Bernhard sichtbar. In drastisch verdichteten Szenen schildert er die Misshandlungen, die Unterdrückung, die schrecklichen Zustände in der Lungenheilanstalt Grafenhof. Hier überwintern diktatorische Prinzipien, es herrscht die absolute Befehlsgewalt der Ärzte.

»Assistent und Sekundar waren nichts als Befehlsempfänger eines perfiden Mannes, der die Heilstätte als Strafanstalt betrachtete und auch als Strafanstalt führte« (ebd., S. 21), heißt es in *Die Kälte*. Die Lungenheilanstalt wird offensichtlich von einem überzeugten Nationalsozialisten geführt, der sich vor den ohnehin mehr als halbherzigen Entnazifizierungsbemühungen offenbar im Sanatorium verstecken konnte.

Allein sein unbeugsamer, rebellischer Geist hilft Bernhard dabei, hier zu überleben, und so zieht er denn auch bald ebenso ernüchtert wie lapidar sein Fazit: »Der Kranke muss sein Leiden selbst in die Hand und vor allem in den Kopf nehmen *gegen die Ärzte*, diese Erfahrung habe ich gemacht« (ebd., S. 23).

Bei Thomas Bernhard erscheint das Sanatorium wie ein deprimierendes Gefängnis, ein langer düsterer Schatten aus der Nazi-Diktatur reicht herüber bis in die unmittelbare Nachkriegszeit, in der die dort erlittenen Geschehnisse sich zugetragen haben: »Bernhards Werk ist wie ein düsteres, böses Nachspiel zu Thomas Manns *Zauberberg*, eine armselige, erbarmungslose Gegenwelt zur mondän glänzenden Krankengesellschaft in den Privatsanatorien der Jahrhundertwende«, diagnostiziert die Historikerin Ulrike Moser in ihrem aufschlussreichen Text *Schwindsucht. Eine andere deutsche Gesellschaftsgeschichte* (Moser, 2018, S. 227).

Bei Thomas Mann erleben wir großbürgerliche Eleganz und gepflegte Langeweile bis hin zum eher quälenden *démon ennui*, zuweilen auch sehr angeregte Konversationen über grundsätzliche Fragen von beachtlichem Niveau, die bis in die heutige Zeit hinein durchaus relevant geblieben sind. Der mit der Krankheit verbundene Ausnahmezustand führt hier zu einer exklusiven, elitär gefärbten Luxusexistenz ohne die demütigenden Mühen des Broterwerbs. Die Lungenheilanstalt thront über dem gewöhnlichen

Leben, der Alltagsroutine enthoben. Davon ging für manche der damaligen Zeitgenossen offenbar eine gewisse Verführungskraft aus.

»[Es gibt] Gäste, die im Sanatorium Berghof kuren, ›die eingestandenermaßen überhaupt nicht krank waren und vollkommen freiwillig, unter dem offiziellen Vorwande leichter Angegriffenheit, in Wirklichkeit aber nur zu ihrem Vergnügen und weil die Lebensform der Kranken ihnen zusagte, hier lebten‹«,

zitiert Ulrike Moser aus dem *Zauberberg* von Thomas Mann (ebd., S. 107). Nicht immer ist eindeutig feststellbar, wer tatsächlich krank ist und wer simuliert.

Der Kranke ist sozusagen dem Gesunden überlegen, er erscheint empfindsamer, wesentlich feinsinniger und differenzierter. Dazu passt zweifellos auch das Symptombild der Neurasthenie, man sprach hier von äußerst sensiblen Personen, eingeschränkt durch ihre geringe Belastbarkeit, die ständig zu allen möglichen Störungen des Wohlbefindens neigen – ein vermeintliches Krankheitsbild, das Anfang des 20. Jahrhunderts in den medizinisch-psychiatrischen Lehrbüchern kurz herumgeisterte, aber auch recht schnell wieder daraus verschwand und heute keine Rolle mehr spielt.

Krankheit als Metapher

Wie ein später Wiedergänger dieser Umwertung von Krankheit und Gesundheit wirkt dann in den 60ern und frühen 70er Jahren des 20. Jahrhunderts die Sichtweise der sogenannten Antipsychiatrie, verbunden mit den Namen von David Cooper und Ronald D. Laing; sie spitzten die Revolte gegen den Vietnamkrieg und das amerikanische Establishment derart zu, dass sie in provokativer Absicht diagnostizierten, dass derjenige, der die gesellschaftlichen Umstände nicht ertragen könne und krank werde, gerade deshalb in Wahrheit gesund sei und umgekehrt.

Die neoliberal geprägte westliche Gesellschaft der Gegenwart hingegen fordert und fördert die Anpassung an vorgegebene Normen: Die Blutfettwerte sollten gewisse Grenzen nicht überschreiten, die Raucher werden aus öffentlichen Räumen verbannt, Fitness heißt die Leitlinie, an der wir entlangjoggen sollen, die Numerokratie, die Diktatur der Zahlen, hat uns längst im Griff, Quantität verdrängt Qualität. Krankheit, Abweichung von der Norm, erscheint lediglich als Makel, Schwäche, als schuldhaftes Versagen des Einzelnen. Der slowenische Philosoph und Psychoanalytiker Slavoj Zizek propagiert dagegen *Liebe dein Symptom wie dich selbst* (1991) und erkennt eben gerade in der Abweichung die individuelle Prägnanz, auf die man vielleicht sogar stolz sein könnte. Erst durch die Integration des Andersseins entwickelt sich eine vielschichtigere Persönlichkeit, als es die pure Anpassung an die Norm überhaupt je ermöglichen könnte.

In ihrem sprachlich eleganten, recht assoziativ verfassten Essay räsoniert die englische Schriftstellerin Virginia Woolf »Über das Kranksein«:

> »Bedenkt man, wie allgemein Krankheit ist, wie gewaltig die geistige Veränderung, die sie bringt, wie erstaunlich, wenn das Licht der Gesundheit schwindet, die unentdeckten Länder sind, die sich dann erschließen [...], dann erscheint es wirklich seltsam, dass nicht die Krankheit mit der Liebe und dem Kampf und der Eifersucht zusammen ihren Platz eingenommen hat unter den Hauptthemen der Literatur« (Woolf, 1998, S. 13).

Die auch künstlerisch sehr fortschrittlich, ja avantgardistisch gesinnte Autorin wurde mit ihren im ersten Drittel des 20. Jahrhunderts verfassten Texten zu einer Ikone der Frauenbewegung. Dabei zeichnet sie gleichzeitig eine feinsinnige poetische Wahrnehmung aus, so schreibt sie in einem wunderbaren Abschnitt ihres Essays zu unseren Erfahrungen mit der gesprochenen Sprache:

> »In gesunden Zeiten hat sich die Bedeutung vor den Klang gedrängt. Unsere Intelligenz herrscht über unsere Sinne. In kranken Zeiten aber, wenn die Polizei frei hat, schleichen wir uns geduckt unter irgendein dunkles Gedicht von Mallarme oder Donne, irgendeinen Satz auf Latein oder Griechisch, und die Worte geben ihren Duft frei und verströmen ihr Aroma, und dann, wenn wir schließlich die Bedeutung erfassen, ist sie umso reicher und voller, als sie uns zuerst sinnlich über Gaumen und Nase zugekommen ist gleich irgendeinem seltenen Geruch« (ebd., S. 22).

Dieser Text mutet in seinem Duktus geradezu proustianisch an, und er stellt zweifellos einen erheblichen Zugewinn an ästhetischer Sensibilität im Krankheitsfalle fest. Virginia Woolfs Worte sollte sich unsere von einem doch recht öden, normativen Gesundheitswahn befallene Gesellschaft einmal zu Herzen nehmen. Vielleicht ist die Welt doch sehr viel ambivalenter, als wir es in unserem Bedürfnis nach einfachen Wahrheiten gerne annehmen würden. Es waren auch schon einmal ganz andere Sichtweisen auf diese Thematik *en vogue*, wie die Historikerin Ulrike Moser weiß:

> »Mit der Romantik begann eine Umdeutung und Aufwertung von Krankheit, sie fand als existenzielle Erfahrung ihren Platz im Leben [...]. Krankheit wurde als ein über die Gleichförmigkeit des Lebens erhebender Ausnahmezustand gedeutet. Die Tuberkulose galt als schicksalhafte Krankheit der Genies, der Künstler, der Liebenden und später der Boheme« (Moser, 2018, S. 11f.).

Die Germanistin Vera Pohland verweist in ihrer Hochschulschrift *Das Sanatorium als literarischer Ort* (1984) auf die ambivalente Ausdeutung der eigenen Krankheit bei dem russischen Schriftsteller Fjodor Dostojewski, auf seine »heilig-dämonische Krankheit Epilepsie« (Pohland, 1984, S. 19). Mit diesem ungewöhnlichen Merkmal hat der Autor auch eine seiner berühmtesten Figuren ausgestattet: Fürst Myschkin, die zentrale Gestalt aus dem Roman *Der Idiot* (1889). Auch für Myschkin ist, wie für seinen Schöpfer, die Epilepsie mit großem, nahezu unerträglichem Leid, aber auch mit Euphorie, mit Glücksgefühlen, mit einer Art Erleuchtungserlebnis verbunden. Die Krankheit hebt ihn aus der Masse hervor, sie hat ihn auserwählt, sie hat ihn damit aber auch isoliert.

Die Amerikanerin Susan Sontag, die in den 1960er und 1970er-Jahren in den USA zu einer Art Parade-Intellektueller, auch für Europäer, herangereift ist, hat unter ihren Krankheiten vor allem sehr gelitten, von Ambivalenz ist bei ihr wenig spürbar.

So wählt sie denn für ihre Abhandlung *Krankheit als Metapher*, einen ihrer berühmtesten und bedeutendsten Essays, folgenden prägnanten Einstieg: »Krankheit ist die Nachtseite des Lebens, eine eher lästige Staatsbürgerschaft. Jeder, der geboren wird, besitzt zwei Staatsbürgerschaften, eine im Reich der Gesunden und eine im Reich der Kranken« (Sontag, 1977, S. 9).

In der Absicht, den Charakter einer Erkrankung im Kern zu erfassen, grenzt sie etwa Tuberkulose als »Krankheit der Zeit« von Krebs als »Pathologie des Raumes« ab und macht dies nicht zuletzt auch an sprachlichen Wendungen wie »galoppierende Schwindsucht« oder der Rede vom sich ausdehnenden, wuchernden Krebs – der Raumforderung, wie es in der Medizin häufig heißt – fest.

Sontags eigentliche Stoßrichtung aber verläuft nun doch woanders: So wendet sie sich gegen eine allzu reflexhaft einsetzende psychosomatische

Erklärung, die den ohnehin schwer Leidenden noch einmal verurteilt und so zusätzlich enorm belastet. »Psychologische Krankheitstheorien sind machtvolle Instrumente, um die Schande auf die Kranken abzuwälzen. Patienten, die darüber belehrt werden, dass sie ihre Krankheit unwissentlich selbst verursacht haben, lässt man zugleich fühlen, dass sie sie verdient haben«, (ebd., S. 51) heißt es da durchaus zutreffend.

»[D]ie Botschaft war klar und überfällig«, so kommentiert die renommierte Literaturwissenschaftlerin Ina Hartwig Sontags nach wie vor gültigen, wegweisenden Text:

> »Wer krank ist, soll behandelt werden, möglichst von den besten Medizinern, und sich nicht dämonisieren lassen. Der betroffene Kranke soll gerettet werden, er soll sich retten lassen wollen und er muss dafür seine Scham ablegen. Er muss sich von den Metaphern[1] emanzipieren« (Dieter & Tiedtke, 2017, S. 169).

Es gibt noch einen weiteren Aspekt in Sontags Schrift, der für die Autorin offenbar bedeutsam ist: der Missbrauch des Krankheitsbildes als Metapher in desavouierender, destruktiver, zuweilen gar vernichtender Absicht:

> »Die Beschreibung eines Phänomens als Krebs ist eine Anstiftung zur Gewalt. Die Verwendung des Krebses innerhalb des politischen Diskurses befördert den Fatalismus und rechtfertigt strenge Maßnahmen – wie sie zugleich die weit verbreitete Ansicht bestätigt, dass die Krankheit notwendigerweise tödlich ausgeht. Eine Krankheitsauffassung ist niemals unschuldig« (ebd., S. 71).

Sontag appelliert hier zweifellos an einen bewussten, reflektierten Sprachgebrauch und könnte damit geradezu als prominente Vorläufe-

---

1 Zur Erläuterung: Ein Wort wird aus einem Bedeutungskontext in einen anderen übertragen, es handelt sich bei der Metapher um ein Sprachbild, das unter anderem der Veranschaulichung dienen kann. Metaphern sind ursprünglich ein nahezu unverzichtbares Wesensmerkmal der Poesie und werden im literarischen Kontext nicht selten gefeiert, weil sie, wenn sie gelingen, den Assoziationsraum erweitern und eine bildhafte, resonanzreiche Sprache ermöglichen, die den künstlerischen Wert eines Textes zu erhöhen vermag.

rin der heutzutage so viel gescholtenen Political Correctness angesehen werden. In einem Rückgriff auf das Buch *Homo Hygienicus* (1992) des Medizinhistorikers Alfons Labisch (s. auch sein Beitrag in diesem Sammelband) schreibt die Journalistin und Historikerin Ulrike Moser: »Juden wurden als Weltpest, als Bazillenträger, als Parasiten im Körper anderer Völker bezeichnet. Das Ziel dieser Analogie war, eine Ideologie zu legitimieren« (Moser, 2018, S. 196) – eine absolut vernichtende, rassistische Ideologie, die den Juden die Kollektivschuld an jeglichem Leid übertrug.

Der in den USA lehrenden deutschen Germanistin Nicola Behrmann, die sich bislang vor allem um eine weibliche Genealogie der Avantgarde bemüht hat, gelingt es, Sontags Anliegen auf den Punkt zu bringen, wenn sie in ihrem Essay »Krankheit und Avantgarde«, als Beitrag im Sammelband *Radikales Denken. Zur Aktualität Susan Sontags* veröffentlicht, über die Intention der amerikanischen Intellektuellen schreibt: »Nicht Krebs oder Aids, sondern die richtige Art und Weise, über diese Krankheiten zu sprechen, ist ihr Thema. Der Gegner ist nicht die Krankheit oder die Hermeneutik, sondern die falsche Sinnproduktion durch die Metapher« (Dieter & Tiedtke, 2017, S. 162).

»Wie wir mit Kranken umgehen, wie wir Krankheit betrachten, wie wir sie in Kunst, Film und Literatur darstellen, wird einmal viel über unsere Zeit erzählen« (Moser, 2018, S. 229). Mit diesem Satz beendet Ulrike Moser ihre umfassende, sehr lesenswerte Abhandlung über die Schwindsucht und ihre Gesellschaftsgeschichte.

Tatsächlich finden Epidemien und andere Erkrankungswellen in den Künsten zumeist ihre vielstimmigen Resonanzen. Inwieweit lässt sich die Beziehung zwischen Kunst und Gesellschaft nun aber auch anders herum betrachten: Könnten die Künste uns tatsächlich vor bedrohlichen gesundheitlichen Einbrüchen schützen?

Tragödien als Immunisierung

In seiner Dissertation vertritt der Literaturwissenschaftler Johannes Türk die sicherlich nicht neue, zuweilen jedoch offenbar gerade in letzter Zeit leider in Vergessenheit geratene These, dass die Künste, zumal die Literatur und auch das Theater, eine immunisierende Wirkung zu entfalten vermögen. Als Gewährsmann steht ihm dabei, unter vielen anderen, kein Geringerer als Friedrich Schiller zur Seite; Türk verweist auf dessen Theorie vom Erhabenen und Pathischen, in der

> »die Wirkung der Tragödie als Impfung beschrieben wird. Bedingung für die Immunisierungsleistung der Tragödie ist für Schiller, dass das künstliche Unglück wie das wirkliche erlebt wird – die Fiktion wirkt, zumindest auf der Ebene der Emotionen, wie die Realität« (Türk, 2011, S. 124).

Das Modell der Impfung steht, zu Schillers Lebzeiten und Wirkzeiten als Militärarzt noch medizinische Avantgarde, hier passenderweise Pate, denn ähnlich wie bei einer ärztlichen Immunisierung wird auch bei einer Tragödie mit einer sehr geringen oder unschädlich gemachten Dosis des vermeintlichen Giftes, der Bakterien oder Viren, in diesem Fall des Unglücks, operiert.

Zunächst soll ein emotionaler Schock ausgelöst werden, doch dann wird es uns klar: Wir persönlich sind ja nicht wirklich betroffen von diesem erschütternden Leid, tatsächlich ist auch keine andere Person so schwer geschädigt worden, aber wir haben durchaus einmal selber erleben können, wie es sich anfühlt, in einen derartigen Strudel von Not und Elend hineinzugeraten, obendrein auch noch ohne jegliche Schuld am Geschehen. Der Ausweg in rationalisierende Erklärungen erscheint versperrt, das Schicksal hat in übelster Weise zugeschlagen. So jedenfalls stellte es sich meist in den alten griechischen Theateraufführungen dar: Erst kam die Katharsis, die Reinigung, für die es unerlässlich war, die negativen Gefühle zu durchleben, die Tränen sollten ungehindert fließen, dann, ganz am Schluss, folgte das Satyrspiel, die Rückkehr ins Leben, man konnte wieder lachen und sich an den vielen schönen Dingen erfreuen. »Die Affektregulation der Tragödie gehört zu den Kulturtechniken, die Negativität integrieren und Gesellschaften konfliktfähig machen. Es ist daher kein Zufall, dass Schiller das Pathetische als Impfung beschreibt« (ebd., S. 137) erklärt Türk. An anderer Stelle heißt es dazu: »Die Impfung mit tragischen Ereignissen immunisiert und kultiviert die Katastrophenbereitschaft einer Gesellschaft ebenso, wie die Pockenimpfung auf epidemische Ereignisse vorbereitet« (ebd., S. 116).

Wenn das zutrifft, müssten wir uns dann um die Psychohygiene in unserer Gegenwart nicht größere Sorgen machen? Die Theater leeren sich, die Kinos leiden unter erheblichem Zuschauerschwund, und diese unschöne, beklagenswerte Entwicklung soll nun tatsächlich kompensiert werden vom momentan relativ beachtlichen Erfolg anspruchsvoller, durchaus komplex gestalteter Fernsehserien?

Warum eigentlich nicht?, könnte man einwenden. Solange bewegende, emotional tief berührende Geschichten geschickt erzählt und auch von vielen aufgenommen werden, sollte eine gewisse seelische Impfung weiterhin im Umlauf sein.

Viel kontroverser und radikaler hatte es einst der französische Schauspieler und Theatertheoretiker Antonin Artaud aufgefasst, als er 1933 in der Sorbonne, der renommierten Pariser Universität, einen Vortrag mit dem Titel »Das Theater und die Pest« hielt und mit Schaum vor dem Mund vor dem irritierten Publikum samt Podium auf den Boden gestürzt sein soll, so jedenfalls lautet die kolportierte Legende. Die Philosophin Sybille Krämer schreibt in ihrem Buch *Medium, Bote, Übertragung. Kleine Metaphysik der Medialität* zur Theaterauffassung des exzentrischen Künstlers:

> »Die mit Schwächung und Kontamination negativ konnotierte Ansteckung wurde im 20. Jahrhundert [...] von Antonin Artaud wieder aufgegriffen, der das Theater mit der ansteckenden Wirkung der Pest vergleicht, also durch das Theater eine Krisis im Zuschauer bewirken will. So kann für Artaud das Theater den an seinem Logozentrismus und Individualismus erkrankten abendländischen Menschen heilen, indem es eine Art ›Contra-Infektion‹ auslöst« (Krämer, 2008, S. 155).

Antonin Artaud bleibt letztlich wohl eine tragische Figur, dessen Leben von peinigenden Schmerzen geprägt war, dessen Theaterprojekte zu einem nicht unerheblichen Teil gescheitert sind, der unter seinem Wahnsinn vermutlich ebenso gelitten hat wie unter der fortgesetzten, quälenden Behandlung mit Elektroschocks, der relativ früh in der Irrenanstalt an Krebs verstarb. Seine theoretischen Texte werden bis in die Gegenwart hinein immer wieder zitiert, so erst jüngst, Anfang 2019, von Regie-Berserker Frank Castorf in seinem Marathonprojekt *Galileo Galilei – Das Theater und die Pest*, in dem Brechts Theaterklassiker und Artauds pamphletistische Texte miteinander verquickt werden.

Als Schauspieler konnte Artaud durchaus eine funkelnde, geradezu magisch wirkende Intensität vermitteln, etwa in dem Stummfilm *La Passion de Jeanne D'Arc* des dänischen Regisseurs Carl Theodor Dreyer von 1928, in dem er als aussichtslos verliebter Mönch eine derart brennende Leidenschaft ausstrahlt, dass die Leinwand bereits vor dem Tod der Heldin im Feuer des Scheiterhaufens zu glühen beginnt. Eine Ansteckung, im doppelten Sinne des Wortes – eine Entzündung!

Literatur

Artaud, A. (2012). *Das Theater und sein Double*. Berlin: Matthes & Seitz.
Bernhard, T. (1981). *Die Kälte. Eine Isolation*. Salzburg, Wien: Residenz.
Dieter, A. & Tiedtke, S. (Hrsg.). (2017). *Radikales Denken. Zur Aktualität Susan Sontags*. Zürich: diaphanes.
Dostojewskij, F. (1889). *Der Idiot*. Berlin: Fischer.
Hardt, M. & Negri, A. (2002). *Empire. Die neue Weltordnung*. Frankfurt a. M.: Campus.
Krämer, S. (2008). *Medium, Bote, Übertragung. Kleine Metaphysik der Medialität*. Frankfurt a. M.: Suhrkamp.
Labisch, A. (1992). *Homo Hygienicus. Gesundheit und Medizin in der Neuzeit*. Frankfurt a. M., New York: Campus.
Mann, T. (2002). *Der Zauberberg*. Frankfurt a. M.: Fischer.
Mayer, R. & Weingart, B. (2004). *Virus! Mutationen einer Metapher*. Bielefeld: transcript.
Moser, U. (2018). *Schwindsucht. Eine andere deutsche Gesellschaftsgeschichte*. Berlin: Matthes & Seitz.
Pohland, V. (1984). *Das Sanatorium als literarischer Ort*. Frankfurt a. M., Bern, New York, Nancy: Peter Lang.
Schappach, B. (2012). *Aids in Literatur, Theater und Film. Zur kulturellen Dramaturgie eines Störfalls*. Zürich: Chronos.
Sontag, S. (1977). *Krankheit als Metapher*. Frankfurt a. M.: Fischer Taschenbuch.
Spinney, L. (2018). *1918. Die Welt im Fieber. Wie die Spanische Grippe die Gesellschaft veränderte*. München: Carl Hanser.
Strauß, B. & Geyer M. (2006). *Psychotherapie in Zeiten der Globalisierung*. Göttingen: Vandenhoeck & Ruprecht.
Türk, J. (2011). *Die Immunität der Literatur*. Frankfurt a. M.: Fischer.
Woolf, V. (1998). *Der Augenblick. Essays*. Frankfurt a. M.: Fischer Taschenbuch.
Zizek, S. (1991). *Liebe Dein Symptom wie Dich selbst! Jacques Lacans Psychoanalyse und die Medien*. Berlin: Merve.

Biografische Notiz

Konrad Heiland ist Arzt, ärztlicher Psychotherapeut mit Zusatzqualifikation in Psychoanalyse, klinischer Musiktherapeut, Supervisor, Lehrtherapeut und Dozent an verschiedenen Weiterbildungsinstituten. Darüber hinaus verfasst er als freier Autor essayistische Beiträge für Fachzeitschriften und Bücher, ist freier Mitarbeiter beim Bayerischen Rundfunk und Autor mehrerer Radio-Features.

Ästhetische Lust und Übertragungsprozesse im öffentlichen Raum

Marina Abramović: *The Artist is Present* (2010)

Bernd Heimerl

> »Was will ich von einem Gemälde? Ich will, dass es mich erstaunt, irritiert, verführt, überzeugt ...«
>
> *(zitiert in Freud, L., 2012)*

Der Begriff *psychische Infektion* löst zunächst Assoziationen aus, die sich zumeist mit etwas Pathologischem, einer nicht beabsichtigten Ansteckung und einem Wunsch, sich davor schützen zu wollen, befassen. In *Die Traumdeutung* (1900) schreibt Sigmund Freud über die hysterische Symptombildung unter anderem: »Die anderen haben ihn [den hysterischen Anfall, Anm. d. Verf.] gesehen und nachgemacht: das ist psychische Infektion.« An anderer Stelle heißt es: »Die Identifizierung ist also nicht simple Imitation, sondern Aneignung aufgrund des gleichen ätiologischen Anspruchs; sie drückt ein gleichwie aus und bezieht sich auf ein im Unbewußten verbleibendes Gemeinsames« (Freud, 1900a, S. 155f.).

Freud schreibt in *Neue Folge der Vorlesungen zur Einführung in die Psychoanalyse* (Freud, 1933a [1932], S. 42), dass seelische Vorgänge oder Erregungszustände in einer Person, »sich durch den freien Raum auf eine andere Person übertragen können, ohne die bekannten Wege der Mitteilung durch Worte und Zeichen«.

Innerhalb der psychoanalytischen Theorienbildung herrscht Konsens, dass die affektive Ansteckung eine der ersten intersubjektiven Resonanzen zwischen zwei Subjekten, eine Frühform der Empathie, ist. Diese ursprüngliche präverbale Gefühlsbindung erweist sich als primärprozesshaft, wird in dem Begriff der atmosphärisch vorsprachlichen Ansteckung, der *psychischen Infektion* verdichtet und erweitert den klassischen Übertragungsbegriff. Atmosphärische Ansteckungen findet man in öffentlichen Räumen: im Kinosaal, im Museum, im Theater. In der Performance *The Artist is Present* (2010) der Künstlerin Marina Abramović wird die *psychische Infektion* beziehungsweise die Beobachtung Freuds, dass sich Erregungszustände einer Person *im freien Raum* auf eine andere Person übertragen können, als zentraler Wirkmechanismus eingesetzt.

Performance Art als Konzept

Marina Abramović ist eine 1946 geborene zeitgenössische serbische Performance-Künstlerin. Sie ist zweifelsohne eine der wegweisenden Künstlerinnen unserer Zeit. Ihre Kunst zählt zur *Performance Art* (Goldberg, 2011) in der Weiterentwicklung von Kubismus, Minimalismus und *Conceptual Art*. Die *Performance Art* wendet sich der Performance als ausschließlichem Medium zu, um die Ambiguität der eigenen Kultur künstlerisch zu artikulieren und infolgedessen in einen größeren kulturellen Diskurs eintreten zu können. Die *Performance Art* ist eine Veranstaltung im öffentlichen Raum. Ausdrücklich wird die künstlerische Auslegungspraxis auf Philosophie, Architektur, Politik, Psychoanalyse oder Anthropologie ausgeweitet. In diesem Sinne ist Marina Abramović auch eine *politische* Künstlerin, zu erkennen zum Beispiel an ihrer Performance *Balkan Baroque* (1997), in der Abramović innerhalb mehrerer Tage tausende von Ochsenknochen *säubert*. Mit dieser Performance wollte sie metaphorisch auf die ethnische Säuberung von Menschen aufmerksam machen. Ein anderes Beipiel ist *House with an Ocean View* (2002) als Antwort auf 9/11. Seit den frühen 1970er Jahren hat Marina Abramović die wahrgenommenen Grenzen von Körper und Geist durchdrungen und die komplexe Beziehung zwischen Künstler und Publikum durch Performances erforscht. Die Performance ist für Abramović eine Kunstform, die den Körper benutzt. In vielen Fällen (über-)forderte sie die Teilnehmer und sich selbst emotional, intellektuell und körperlich. Überhaupt spielen die teilnehmenden Zuschauer für Abramović eine zentrale Rolle für die Entfaltung ihrer Performance. Freud schreibt in dem kleinen Text »Psychopathische Personen auf der Bühne« (1905): »Das teilnehmende Zuschauen beim Schau-Spiel leistet dem Erwachsenen dasselbe wie das Spiel beim Kinde, dessen tastende Erwartung, es dem Erwachsenen gleichtun zu können, so befriedigt wird.« Und weiter schreibt er hinsichtlich der Genussbefriedigung beim teilnehmenden Zuschauen: »Man könnte das Drama geradezu durch diese Relation zum Leiden und Unglück charakterisieren« (Freud, 1905, S. 655f.).

Abramovićs Körper ist für sie stets sowohl Subjekt als auch Medium. Die Konzepte, die ihre Arbeiten inspirieren, sind der Schlüssel, ebenso wie die Verwendung ihres eigenen Körpers, um ihre Ideen zu vermitteln. Sie hat schon früh erkannt, dass ihre Kunst nicht im Atelier oder Studio produziert werden kann oder auch nur eine konkrete Form annehmen muss. »Ich habe verstanden, dass [...] ich mit allem Kunst schaffen könnte [...] und das Wichtigste ist das Konzept«, erzählt sie, »und das war der Beginn meiner *Performance Art*. Und als ich zum ersten Mal meinen Körper vor [ein] Publikum stellte, verstand ich: Dies sind meine Medien« (zitiert in Marina Abramović Institute, 2010).

The Artist is Present (MoMa 14.03.–31.05.2010) ist eine Retrospektive des Schaffens von Marina Abramović[1]. Ein Teil ihrer früheren Performances wurde von zuvor geschulten Künstlern und Künstlerinnen für die Dauer der Ausstellung reinszeniert. Parallel sitzt Marina Abramović 90 Tage lang bewegungsarm und ohne Unterbrechung während der Öffnungszeiten des *Museum of Modern Art* (MoMa) den Besuchern[2] direkt gegenüber. Sie nennt diese Performance im Nachhinein auch *Mission Impossible*. Die Performance stellt ein *emergentes* Phänomen dar (Fischer-Lichte, 2017, S. 227): Sie taucht auf, stabilisiert sich für je unterschiedliche Zeitdauer und verschwindet wieder. Einzelne Subjekte – Zuschauer und Künstlerin – sind an ihrer Hervorbringung beteiligt, sie müssen bereit sein, sich bis zu einem gewissen Grade von der Performance bestimmen zu lassen. Für M. A. heißt das, dass die Verlängerung einer Performance über die Erwartungen hinaus unsere Zeitwahrnehmung verändert, eine tiefere Einbindung in die Erfahrung fördert und eine kathartische Wirkung für alle Beteiligten ermöglicht. M. A. geht es weniger darum, die Performance zu verstehen, als darum, sich von ihr *berühren* zu lassen, das heißt, Unsicherheit, Undurchsichtigkeit, Zweifel und Irritation ertragen zu müssen.

Zunächst soll hier eine kurze Beschreibung der Performance *The Artist is Present* erfolgen: M. A. sitzt schweigend an einem Holztisch einem leeren Stuhl gegenüber und wartet, während sich die Besucher abwechselnd auf den leeren Stuhl setzen. Abramović schafft mit dem Sitzen – eine ursprünglich gewöhnliche Alltagshandlung – ein künst-

---

[1] Zu besserer Lesbarkeit wähle ich im fortlaufenden Text die Abkürzung M. A. für Marina Abramović.
[2] Zur besseren Lesbarkeit wähle ich im fortlaufenden Text die männliche Form.

lerisches Werk. Innerhalb dieser geschlossenen Bühne – der künstlerische Raum ist durch Bänder vom Umraum getrennt – findet die Performance statt. Im Laufe von fast drei Monaten, acht Stunden am Tag, trifft M. A. den Blick von über 1.000 Fremden.[3] Die Fürsorge für M. A. und die Sicherheit über die Performance übernehmen mehrere ihrer vertrauten Mitarbeiter. M. A. äußerte, dass sich in der Vorbereitung niemand vorstellen konnte, dass sich jemand Zeit nehmen würde, um sich hinzusetzen und sich einfach nur mit ihr *die Zeit anzusehen*. »Es war eine vollständige Überraschung, [...] dieses enorme Bedürfnis der Menschen, tatsächlich Kontakt zu haben« (Abramović, 2013).

Die Körperlichkeit ist sicherlich das Besondere in den Performances von M. A., so auch in *The Artist is Present*. Diese besondere Umkehrung des Verhältnisses von Darsteller und Rolle, die Hervorhebung und Ausstellung des individuellen Darsteller(körper)s und die Betonung der Verletzlichkeit des Darsteller(körper)s ist für Fischer-Lichte (2017, S. 139) bei M. A. am radikalsten umgesetzt und macht sie damit zu einer einzigartigen Performancekünstlerin. Dem Konzept der Verkörperung kommt im Werk Abramovićs ein hoher explikativer Wert zu, wie etwa in den Performances *Rhythm O* (1974) oder *Lips of Thomas* (1975). Der Transformationsprozess geschieht *leibhaftig* als Selbstgefährdungs- und Selbstverletzungs-Performance am eigenen Körper.

Ich sah M. A. erstmalig 2012 im Theater Basel in der Inszenierung *Life and Death of Marina Abramović* von Robert Wilson neben Willem Dafoe und dem Sänger Antony. Sängerinnen der *Svetlana Spajić Group* aus Belgrad begleiteten die Aufführung mit ihren traditionellen serbischen Liedern und schafften den *kulturellen Rahmen* als eine Form biografischer Klammer. Die Arbeit an der Inszenierung *Life and Death of Marina Abramović* ist nach der Performance *The Artist is Present* entstanden. Inszeniert wurde unter anderem ihre Kindheit und Jugend, ihre Entwicklung als Künstlerin und die von M. A. persönlich erzählte Trennungsgeschichte von Ulay, die sie beide auf der Chinesischen Mauer als Performance durchlebten. Das Schlussbild blieb mir besonders in Erinnerung: Drei Marinas werden in weißen Kleidern in den Himmel gehoben, Engel auf Stelen stehen ihnen zur Seite. Gesang. Ende.

---

3 Die erste Performance dieser Art war *Nightsea Crossing* von 1981 bis 1987 mit ihrem Geliebten Ulay: ein Paar, Mann und Frau, sitzen sich in unterschiedlichen Raum-Konstellationen gegenüber.

Performance Art als Veranstaltung

»Wie stelle ich mir *The Artist is Present* vor? Es soll ein wenig wie *Lost in Translation* aussehen. In der Mitte ein Tisch und zwei Stühle. Ganz schlicht, da ist fast nichts. Nur der Künstler, der da sitzt wie ein Fels. Nur drei Monate. Und Euch ansieht. Drei Monate lang, jeden einzelnen Tag. Wenn Du das drei Monate machst, wird die Performance zum Leben selbst. Jeder kann da sitzen, so lange er will. Ich möchte eine Art von Ruhe inmitten der Hölle kreieren.«

So beschreibt M. A. (2013) ihre ursprüngliche Idee. In der Tat markiert die Aussage *eine Art von Ruhe inmitten der Hölle* zu kreieren, den Kern der Performance, nämlich eine *leidvolle* Spannung im Raum zwischen Besucher und Künstlerin entstehen zu lassen. Sie sitzt alleine, dann kommt das Publikum. Hinter ihr an der Wand befindet sich eine horizontale Strichliste der Tage – wie im Gefängnis. Sie streicht jeden Tag aus. Die Farbe ihres Kleids wechselt von blau zu rot und dann zu weiß. Der lange, dicke geflochtene Haarzopf liegt stets auf der linken Seite. Zwei Monate mit einem Tisch zwischen ihr und dem anderen: »Der Tisch musste da sein bis zu dem Moment, in dem ich ihn nicht mehr brauchte. Ab Mai ohne Tisch« (Abramović, 2013). Neben dieser Performance lässt sich eine Dopplung beschreiben: Es gibt die mitschöpferische Tätigkeit der Zuschauer außerhalb der Performance. Der sogenannte Umraum (Herrmann, 2015 [1931], S. 504) der eigentlichen Performance wird von den Mitarbeitern der Künstlerin betreut. Das Problem des künstlerischen Raumes (Lotman, 2015 [1970], S. 529) mit den Fragen *Wo beginnt der künstlerische Raum* und *Wo endet er?* wird in *The Artist is Present* als ein künstlerisches Merkmal kongenial umgesetzt: Die Performance selbst greift dieses Problem auf. Real endet sie stets mit der Durchsage aus dem Off: »Die Ausstellung ist zu Ende.« M. A. benutzt für *The Artist is Present* unter anderem Begriffe wie *Schmerz*, *Masochismus*, *Sadismus* und *Transformation*. *The Artist is Present* ist eine Veranstaltung. Der Begriff Veranstaltung bezeichnet ein zeitlich begrenztes und geplantes Ereignis mit einem definierten Ziel und einer definierten Programmfolge. Sigmund Freud führte den Begriff der Veranstaltung in seiner Schrift »Ein Kind wird geschlagen. Beitrag zur Kenntnis der Entstehung sexueller Perversionen« (1919e) sicherlich nicht zufällig im Kontext des Masochismus und der autoerotisch sexuellen Schlagefantasie ein. Veranstaltung bedeutet im ursprünglichen Wortsinn »sorgfältiges Herrichten als Handlung«. Damit wird eine zeitlich ausgedehnte, zielgerichtete Aktivität beschrieben.

Diese *Veranstaltungen* lassen sich im Sinne der Theaterwissenschaftlerin Erika Fischer-Lichte als Beispiel *performativer Akte* beschreiben. Performative Akte vollziehen die Handlung, von der sie sprechen, und sie stellen die soziale Wirklichkeit her, von der sie sprechen. Jenseits dieser Akte gibt es keine Identität. Sie sind demnach selbstreferenziell und subjektiv wirklichkeitskonstituierend. Performative Prozesse haben eine transformative Bewegung und einen ritualisierten Kern, das heißt, sie verändern das Subjekt in der ritualisierten Wiederholung. In den sadistisch-masochistischen Veranstaltungen – Schmerzen und Leid, der Zuschauer darf sich nicht bewegen – kompliziert sich diese Transformation, da strenge Ritualisierung und Wiederholbarkeit gleichzeitig mit Unwiederholbarkeit und kleiner Differenz zum Vorhergehenden verschmelzen. Es sind gerade die körperlichen Wiederholungen in *The Artist is Present*, welche diese Transformationen ermöglichen. Die Kuratoren hatten die Befürchtung, dass die Performance zu theatralisch wirken könnte, das heißt inszeniert und manipuliert. Es sollte keine *Täuschung* sein. *Performance Art* sei eine auf Zeit angelegte Kunst, so M. A.:

> »Auf Zeit angelegte Kunst bringt eine Form von Wirklichkeit, die sehr berührend und sehr verletzlich ist. Nach einer Weile kannst Du nichts mehr vormachen, nicht schauspielern, eine Art wahre Natur kommt heraus. Das Publikum wird das erkennen und spüren« (M. A. zitiert in *The Artist is Present*, 2013).

Für M. A. selbst sind Performances immer Selbsterfahrung und Bewusstseinsschärfung für Geist und Körper über die Erfahrung von Schmerz und Leid, Masochismus und Sadismus.

In dem Gespräch mit der Psychoanalytikerin Jeannette Fischer benutzt M. A. die Metapher *Der Schmerz ist eine Tür*, und *The Artist is Present* erinnert Fischer an Themen der Schuld und Buße sowie der Strafe wie auch der Folter. M. A. selbst bezeichnet die Performance als die »Inszenierung einer schmerzvollen Beziehung« (Fischer, 2018, S. 59).

Performance Art als Transformation in Raum und Zeit

Körperlichkeit und Räumlichkeit lassen sich unter der Materialität einer Performance subsumieren, Zeitlichkeit stellt die Bedingung der Möglichkeiten für deren Erscheinen im Raum dar (Fischer-Lichte, 2017, S. 227). M. A. ist dafür bekannt, dass sie bei ihren Performances extreme Schmerzen, Unannehmlichkeiten, Verletzlichkeit und Gefährdung erlebt. Das Erreichen der Grenzen der Verträglichkeit ist für sie eine Möglichkeit, die Stärke von Körper und Geist zu testen und zu entdecken:

> »Ich bin daran interessiert, wie weit man die Energie des menschlichen Körpers schieben kann, wie weit man gehen kann und dann sieht: Das ist eigentlich unsere Energie, fast unbegrenzt. Es geht nicht um den Körper, es geht um den Geist, [der] Sie an die Extreme drängt, die Sie sich niemals vorstellen können« (zitiert in Marina Abramović Institute (2010).

An einigen Stellen des vorliegenden Textes habe ich auf Zeit und Raum in *The Artist is Present* aufmerksam gemacht. Abramović schafft eine gewaltige neue Theatersprache für Zeit und Raum, indem sie die *psychische Infektion* explizit für ihre Performance nutzt. M. A. selbst nennt diesen Raum der *Performance Art* den charismatischen Raum. Es ist ein so umfassendes Thema, dass ich lediglich auf den ästhetischen (Cassirer, 2015 [1931]) und den physiologischen beziehungsweise sinnlichen Raum (Mach, 2007 [1905]) eingehe. Dem Nah und Fern als Raumqualitäten entsprechen unterschiedliche Sehempfindungen. In der *Performance Art* nimmt der Körper die zentrale Funktion des Künstlerischen ein. In *The Artist is Present* sind es der Blick und das Sehen: Dieser Blick ist schmerzhaft und löst heftige Affekte aus. Was geschieht in diesem Zwischenraum zwischen der Künstlerin und dem Besucher? Für Mach ist die *Organempfindung* identisch mit der *Raumempfindung*:

> »Die Organempfindung (Raumempfindung) kann nur auftreten, wenn überhaupt eine Reizung des Elementarorgans [in *The Artist is Present* die Augen, Anm. d. Verf.] platzgreift; sie bleibt jedes Mal dieselbe, wenn dasselbe Organ oder derselbe Organkomplex gereizt, derselbe Zusammenhang der Organe lebendig wird« (ebd., S. 122).

Diese Gleichsetzung von Organ- und Raumempfindung lässt ein Konzeptualisieren in Übertragung und *ästhetischer Lust* – die Lust an der *leidvollen* Spannung im Zwischenraum – zu. Cassirer dagegen untersucht die Frage nach dem *Was ist der (ästhetische) Raum?* Es ist für ihn die Frage nach der Struktur beziehungsweise des Wesens des *theoretischen* Kunstraumes und die Frage nach dem mythischen und ästhetischen Raum. Denn: »Der Raum besitzt nicht eine schlechthin gegebene, ein für allemal feststehende Struktur; sondern er gewinnt diese Struktur erst kraft des allgemeinen Sinnzusammenhangs, innerhalb dessen sein Aufbau sich vollzieht« (Cassirer, 2015 [1931], S. 494). Der ästhetische Raum ist nach Cassirer keineswegs ein bloßes *Nachbilden* der Welt, sondern er »ist ein neues Verhältnis, in das sich der Mensch zur Welt setzt« (ebd., S. 497). Der ästhetische Raum entspricht der künstlerischen Form und besteht wie andere Lebensräume aus »den [...] Kräften des reinen Gefühls und der Phantasie« (ebd., S. 498). In *The Artist is Present* gelingt es M. A., einen ästhetischen Raum zu schaffen, dem die künstlerische Darstellung entspricht, der sich mit ihr verbindet, sie ergänzt, erweitert und ausdehnt.

> »So ist der ästhetische Raum nicht mehr wie der mythische ein Ineinandergreifen und ein Wechselspiel von Kräften, die den Menschen von außen her ergreifen [...] – er ist vielmehr ein Inbegriff möglicher Gestaltungsweisen, in deren jeder sich ein neuer Horizont der Gegenstandswelt aufschließt« (ebd., S. 499).

In diesem Raum entstehen Übertragungen. Ich erinnere an die Aussage Freuds, dass sich Erregungszustände einer Person *im freien Raum* auf eine andere Person übertragen können, und dies jenseits von Worten und konkreten Zeichen. Der museale Raum wird zum Ort einer Narration und zu einem Ort, an dem *psychische Infektion* stattfindet – zu einem interaktiven Kunstwerk. *The Artist is Present* widmet sich dem Verwischen der Grenzen der Kunst, was bei M. A. selbst zu einer Kunst wird. Räumlichkeit ist flüchtig und transitorisch. Der Raum, in dem eine Aufführung stattfindet, ist zum einen ein geometrischer Raum. Als solcher ist er bereits vor der Performance gegeben und hört mit ihrem Ende nicht auf zu bestehen. Mit dem geometrischen Raum ist oft die Assoziation eines Containers verbunden. Zum anderen ist der Raum, in dem eine Performance sich abspielt, als ein performativer aufzufassen. Damit ist das Verhältnis zwischen Künstlerin und Zuschauer gemeint: Der Raum ist instabil. Räumlichkeit einer Performance »entsteht im und durch den performativen Raum, sie wird unter den von ihm gesetzten Bedingungen wahrgenommen« (Fischer-Lichte, 2017, S. 187). Dieser Aneignungsprozess vollzieht sich zwischen Künstlerin und Zuschauer. Die Performativität des Raumes wird laut Fischer-Lichte durch drei Verfahren intensiviert

(ebd., S. 192). In Verbindung mit *The Artist is Present* lassen sich folgende Parallelen finden:
1. Verwendung eines (fast) leeren Raumes
2. Schaffung spezifischer räumlicher Arrangements, welche ungewöhnliche Möglichkeiten zur Aushandlung nutzen, die Beziehungen zwischen Akteuren und Zuschauern eröffnen
3. Verwendung vorgegebener Räume – das MoMA – und sonst anderweitig genutzter Räume
4. *Performance Art* als mimetisches Begehren

Um einen Einblick in Transformationsprozesse im ästhetischen Raum zu ermöglichen, lassen sich die Begriffe Mimesis beziehungsweise mimetisches Begehren in der Konzeptualisierung René Girards als hermeneutische Verstehensgrundlage heranziehen. Für das psychoanalytische Verständnis kann man das Übertragungskonzept in der Freud'schen Konzeptualisierung anwenden. Beide Verstehenszugänge – mimetisches Begehren für die phänomenologische und der Übertragungsbegriff für die affektiv ansteckende Wirkung im ästhetischen Raum – bilden den Rahmen der vorliegenden Analyse.

Zunächst zum hermeneutischen Verstehenszugang: Der griechische Begriff Mimesis verweist auf eine allgemein formulierte Bezugnahme zur Welt und auf ein In-der-Welt-Sein, zu dem das Subjekt eine Beziehung herstellt. In der griechischen Antike wird der Begriff Mimesis zumeist von Platon und Aristoteles aufgegriffen und an verschiedenen Stellen ihrer Werke, vor allem im Bereich der Ästhetik, diskutiert. Mimesis hat die Transformation von ursprünglichen Welten – bei Aristoteles die *natürlichen* Welten – in symbolische Welten zum Gegenstand. Bei Platon bedeutet der Begriff unter anderem Nachahmung und Schaffen von Ähnlichkeit; so ist Platons Verständnis von Mimesis umfassender formuliert als in anderen Theorien. Im Bereich der Ästhetik versteht Platon unter Mimesis hauptsächlich die Fähigkeit zur Hervorbringung von Bildern: Ein Bild ist ein Bindeglied zwischen einer dargestellten und einer darstellenden Welt, wobei sich das Verhältnis beider Welten durch Ähnlichkeit auszeichnet. So vollzieht sich zum Beispiel auch der Erwerb der Sprache mithilfe der mimetischen *Begabung*. In diesem Sinne kann *Performance Art* – verkürzt gesprochen – als Sprache, Text oder Bild konzeptualisiert werden. Diese Theorie der Mimesis weist für die Beschreibung der *Performance Art* M.A.s viele Parallelen auf und schafft einen verstehenden philosophischen und hermeneutischen Rahmen, um die Wirkung im ästhetischen Raum zu beschreiben.

Aktuelle Thesen zur Mimesis werden prominent von René Girard und Paul Ricoeur formuliert und finden ihre Anwendung zumeist im Fachgebiet der Kulturwissenschaften und der qualitativen Forschung.

> »Mimesis ist jenes Vorverständnis dessen, was menschliches Handeln ausmacht, seiner Semantik, seiner Symbolik, seiner Zeitlichkeit. Aus diesem Vor-Verständnis, das Dichtern und ihren Lesern gemeinsam ist, entsteht Fiktion und mit der Fiktion kommt die zweite Form der Mimesis, die textuell und literarisch ist« (Ricoeur, 1981, S. 20).

Girard stellt die *interpersonelle* Mimesis in den Vordergrund seiner Theorie. Diese anthropologische Theorie sieht den Menschen als Teil der Natur. Girard grenzt seine Theorie auf die mimetische Struktur des menschlichen Begehrens ein. Das *mimetische Begehren* erlaubt die Angleichung an den Anderen und das Andere. Für Girard entsteht aus dem mimetischen Bezug zweier Subjekte Begehren, niemand kann sich der Mimesis entziehen. Girards zentrales *Begehren* wurzelt demnach vielmehr in dem Drang, nach dem Wesen der ursprünglichen Natur zu suchen (Girard, 2005, S. 130):

> »Wenn wir sagen, unsere Begierden seien nachahmend oder mimetisch, so bedeutet das, dass sie nicht in ihren Objekten und nicht in uns selbst wurzeln, sondern in einem Dritten, dem Vorbild oder Vermittler, dessen Begehren wir imitieren in der Hoffnung, ihm zu ähneln, in der Hoffnung, mit ihm eins zu werden, zu ›verschmelzen‹« (ebd., S. 130).

An anderer Stelle heißt es: »Unser gemeinsames Begehren stellt also keineswegs Einigkeit zwischen uns her, sondern macht uns zu Rivalen und Feinden« (ebd., S. 131). Die Person beziehungsweise der Körper M. A.s kann in *The Artist is Present* als dieses Dritte interpretiert werden.

Klaus Biesenbach, Direktor der New Yorker Kunsthalle MoMA und Kurator der Performance und der Ausstellung *The Artist is Present*, beschreibt M. A. als eine Künstlerin, die Zeit visualisiert, indem sie ihren Körper in einen Raum mit dem Publikum stellt.

> »Allein durch die Zeitdauer bringt sie die Zeit als ein Gewicht ein, das Gewicht auf den Schultern des Performers. Sie macht dieses Stück ihres Lebens zu einem Wert. Zeit ist nichts Vergängliches, was einfach vorbeirauscht. Stell dir die Zeit als ein großes unbewegliches Objekt vor, in dem Du gefangen bist«,

so Biesenbach im Film *The Artist is Present* (2013) über M. A. An anderer Stelle spricht M. A. von sich »als Objekt, das nicht zu verstecken ist«, und weiter: »Es ist nicht das Sterben, das mir Angst macht, es ist die Zeit, die nicht auszuhalten ist« (Abramović, 2013).

Wie an anderer Stelle im Text zitiert, betont Cassirer (2015 [1931]) dass der ästhetische Raum mehr als ein Nachbilden der Welt ist. Im ästhetischen Raum verändert sich die Position des Subjekts zur objektalen Welt. Dies ist ein Schöpfungs- und Transformationsprozess, das wesentliche Agens der *Performance Art*.

Performance Art als *perverse* ästhetische Lust

Ein Mann kehrt 21 Mal zu Marina zurück, getrieben vom Wunsch nach Wiederholung. Dieser Mann beschrieb das Sitzen mit M. A. als eine transformierende und eine über Präsenz, Atmen und Augenkontakt erlebte Erfahrung. Diese Erfahrung erinnert an die von Freud beschriebene *ästhetische Lust*.

Freud untersucht die ästhetische Lust in *Der Witz und seine Beziehung zum Unbewußten* (1905c) und in dem Text »Der Dichter und das Phantasieren« (1908e). Freud stellt eine Analogie zwischen der *Vorlust* (*Drei Abhandlungen zur Sexualtheorie*, 1905d) und der ästhetischen Form, die er als *Lustprämie* bezeichnet, her. Er schreibt in *Der Dichter und das Phantasieren*: »Ich bin der Meinung, dass alle ästhetische Lust, die uns der Dichter verschafft, den Charakter solcher Vorlust trägt« (S. 179; Hervorh. d. Verf.). Diese Prämie sei in Analogie zur sexuellen Lust die Belohnung der Verführung durch das Kulturprodukt (der Witz, ein Kunstwerk, Poesie etc.). Dies beschreibt die Lust an der Spannung zwischen zwei inneren oder äußeren *Dingen*, die Freud zufolge leidvoll ist und mit psychischem Schmerz und Angst einhergeht. Es sei eine Lust an der *Form*. Nancy (2017, S. 85) beschreibt eindrücklich die Verbindung zwischen der Sexualität und der Kunst im Hinblick auf den Rhythmus-Begriff:

> »Durch Freuds Schriften hinweg stößt man immer wieder auf ein gegenseitiges Verweisen der Rhythmik der Liebkosungen (welche die Auswahl der erogenen Zone bestimmt) und des rhythmischen Modells der Poesie – dessen Tragweite wir unsererseits auf alle künstlerischen Sparten ausweiten müssen.«

M. A. ist in *The Artist is Present* nach der Freud'schen Konzeptualisierung ein Kunstobjekt oder ein Medium, welches um ihrer selbst willen betrachtet wird.

> »Man kann in der Tat sagen, dass die *Kunst* als solche nur erscheint, insofern man sie nicht als das Triebziel auffasst. Doch läuft dies auch darauf hinaus, das Moment der Spannung *(tension)* – und nicht das der Intention! – in der Kunst, ja sogar *als* Kunst, zu privilegieren, sozusagen das Moment der formenden Kraft mehr als das des geformten Werks, und das Moment der begehrenden Lust mehr als das der gestillten Lust. In diesem Sinne [...], dass die Lust (an) der Kunst *pervers* ist« (ebd., S. 87; Hervorh. i. O.).

Keine Intention in der *Performance Art* heißt: keine Täuschung, keine Manipulation, keine theatralische Inszenierung, keine Schauspielerei! Wobei die Performance stets in einem theatralischen Raum stattfindet im Sinne von *Bühnenkunst ist Raumkunst* (Herrmann, 2015 [1931], S. 501).

Performance Art als Übertragung im ästhetischen Raum

Mit dem Begriff der Übertragung hat Freud im Wesentlichen ihre Abhängigkeit von Performativität bereits formal in das Theoriegebäude eingeschrieben. Wie Santner (2018, S. 52) schreibt: »Eine Analyse oder Therapie wird nur dann erfolgreich sein, wenn der Analysand auf einer gewissen Ebene daran glaubt, dass sie es sein wird.«

In diesem Kontext lässt sich das Übertragungsgeschehen als ästhetische Erfahrung verstehen. Innerhalb der Psychoanalyse wird eine Verbindung zwischen der ästhetischen Erfahrung und der wechselvollen Begegnung mit dem Primärobjekt vermutet. Damit sich ästhetische Erfahrung ereignen kann, muss das Subjekt bereit sein, sich einem Gefühl von Depersonalisierung auszusetzen, einem Gefühl von Unwirklichkeit: Das Subjekt muss das Risiko eingehen, die Grenzen zu verlieren, die sein körperliches Selbst sichern. In diesem Sinne kann das Freud'sche Konzept des Unheimlichen (Freud, 1919h), das duale Konzept des *fremdartig Vertrauten* und *verstörend Unvertrauten*, einen Beitrag liefern, um grundlegende Aspekte der ästhetischen Erfahrung zu verstehen (vgl. Kohon, S. 24f.). Eine ästhetische Erfahrung beinhaltet den *ästhetischen Moment* unabhängig von einer Intention (Kohon, 2018, S. 143).

> »In der visuellen Kunst ist der ästhetische Moment jener flüchtige Augenblick, so kurz, dass er beinah zeitlos ist, in dem der Schauende eins ist mit dem Kunstwerk, das er ansieht, oder mit jeglicher Gegebenheit, die der Schauende selbst als Kunst, als Form und Farbe betrachtet. Er hört auf, der zu sein, der er gewöhnlich ist, und das Bild oder das Bauwerk, die Statue, die Landschaft oder die ästhetische Eigenschaft ist nicht länger außerhalb von ihm. Betrachter und Betrachtetes werden zu einer Einheit: Zeit und Raum sind aufgehoben« (Berenson, 1950, S. 93, zitiert nach ebd., S. 143).

Übertragung und Gegenübertragung finden in diesem Moment, zu dieser Zeit und an diesem Ort statt. Dieser Ort ist der bereits erwähnte *freie Raum*, in dem Erregungszustände einer Person auf eine andere Person übertragen werden können und einer *psychischen Infektion* gleichkommen. Die Kunst lässt sich nicht als Erfüllung denken und bleibt damit im Freud'schen Sinn *pervers*. *The Artist is Present* ist (nicht nur) aus diesem Grund beeindruckend, denn die Zuschauer erscheinen verdoppelt: Es gibt den direkt vor M. A. Sitzenden und es gibt das Publikum, welches beide betrachtet. Es ist eine *heimliche* Lust des Publikums und es gibt die *unheimliche* Lust des direkten *Gegenübers*. Einige Zuschauer tun es ihr im Auditorium nach: Sie sitzen sich gegenüber und schauen sich an. Der Übertragungsbegriff ist einer der metapsychologischen und zentralen Begriffe in der Psychoanalyse, theoretisch wie auch behandlungstechnisch. An den Begriff knüpfen sich etliche Annahmen, welche hier nicht alle berücksichtigt werden können. Übertragung als ästhetischer Wirkmechanismus ist mehr als affektive Ansteckung oder ästhetische Atmosphäre. Eine Atmosphäre oder Intuition ist durch vorbewusste Mechanismen gekennzeichnet, die Übertragung zumeist von unbewussten Triebkräften geleitet. Übertragungen weisen einen sehr speziellen Bezug zur Zeit – den der *Regression* und des Konzepts der *Nachträglichkeit* – und zum Raum – dem Raum zwischen zwei Subjekten – auf. Doch welche Aspekte sind für die Übertragung im ästhetischen Raum relevant? Freud schreibt allgemein:

> »Machen wir uns klar, daß jeder Mensch durch das Zusammenwirken von mitgebrachten Anlagen und von Einwirkungen auf ihn während seiner Kinderjahre eine bestimmte Eigenart erworben hat, wie er das Liebesleben ausübt, also welche Liebesbedingungen er stellt, welche Triebe er dabei befriedigt, und welche Ziele er sich setzt. Das ergibt ein Klischee (oder auch mehrere), welches im Laufe des Lebens regelmäßig wiederholt, neu

> abgedruckt wird, insoweit die äußeren Umstände und die Natur der zugänglichen Liebesobjekte es gestatten, welches gewiß auch gegen rezente Eindrücke nicht völlig unveränderlich ist. Unsere Erfahrungen haben nun ergeben, daß von diesen das Liebesleben bestimmenden Regungen nur ein Anteil die volle psychische Entwicklung durchgemacht hat; dieser Anteil ist der Realität zugewendet, steht der bewussten Persönlichkeit zur Verfügung und macht ein Stück von ihr aus. Ein anderer Teil dieser libidinösen Regungen ist in der Entwicklung aufgehalten worden, er ist von der bewußten Persönlichkeit wie von der Realität abgehalten, durfte sich entweder nur in der Phantasie ausbreiten oder ist gänzlich im Unbewußten verblieben, so daß er dem Bewusstsein der Persönlichkeit unbekannt ist. Wessen Liebesbedürftigkeit nun von der Realität nicht restlos befriedigt wird, der muß sich mit libidinösen Erwartungsvorstellungen jeder neu auftretenden Person zuwenden, und es ist durchaus wahrscheinlich, daß beide Portionen seiner Libido, die bewußtseinsfähige wie die unbewußte, an dieser Einstellung Anteil hat.«

Und weiter:

> »Es ist also völlig normal und verständlich, wenn die erwartungsvoll bereitgehaltene Libidobesetzung der teilweise Unbefriedigten sich auch der Person des Arztes zuwendet. Unserer Voraussetzung gemäß, wird sich diese Besetzung an Vorbilder halten, an eines der Klischees anknüpfen, die bei der betreffenden Person vorhanden sind oder, wie wir auch sagen können, sie wird den Arzt in eine der psychischen ›Reihen‹ einfügen, die der Leidende bisher gebildet hat« (Freud, 1912b, S. 365f.).

Diese Aspekte erlauben es, den Übertragungsbegriff auszuweiten und unter regressiven Voraussetzungen Übertragungsprozesse als eine anthropologische Grundausstattung des Subjekts zu denken. Begriffe wie unter anderem Leinwand, Projektionen oder Spiegel verweisen auf die regressive Übertragungsdynamik in der *Performance Art* und damit in der Performance *The Artist is Present*. Körper und Geist verschmelzen und die Transformation geschieht über den Mechanismus der Übertragung in der regressiven Bewegung in Raum und Zeit, der ästhetischen Lust und des mimetischen Begehrens: »In der Performance geht es nur um den Bewusstseinszustand. Es geht um Schmerz und Leid. Es geht nicht mehr um mich. Ich werde zum Spiegel ihres eigenen Ichs« (Abramović, 2013).

Es sind frühe primärprozesshafte Identifizierungsprozesse, welche die besondere Erfahrung und das einzigartige Erleben in *The Artist is Present* – sowohl für M. A. als auch für den Besucher – einem Verstehen zugänglich machen. Noch einmal zurück zum Begriff der Mimesis im Kontext von Übertragung: In Freuds Werk findet sich an keiner Stelle der Begriff Mimesis, seine Ausführungen in *Die Traumdeutung* über die Identifizierung können aber im Sinne der Mimesis gedacht werden: »Die Identifizierung ist also nicht simple Imitation, sondern Aneignung aufgrund des gleichen ätiologischen Anspruches; sie drückt ein ›gleichwie‹ aus und bezieht sich auf ein im Unbewußten verbleibendes Gemeinsames« (Freud, 1900a, S. 155ff.). Nach Freud ist die Identifizierung nicht einfach ein seelischer Ansteckungsprozess, sondern geht mit einem *Anähnelungsprozess* einher. Der *Anähnelungsprozess* lässt an die Mimesis und das mimetische Begehren denken. Freud weist darauf hin, dass die Identifizierung nicht unbedingt das ganze Objekt betrifft, sondern einen »*einzigen Zug*« dieses Objekts. (Freud, 1921, S. 117; Hervorh. d. Verf.). Die Aneignung einer bestimmten Eigenschaft ist ein unbewusst ablaufender mimetischer Vorgang. Sowohl Freud als auch Girard beschreiben in ihren Arbeiten die mimetischen Angleichungsphänomene in der Masse.

Girard untersucht mimetische Ansteckungsphänomene innerhalb einer Gruppe, so kann die doppelte Zuschauerposition erhellend beschrieben werden. Sowohl der direkte Besucher als auch der Zuschauer erleben einen Transformationsprozess im ästhetischen Raum. Dieser Transformationsprozess wird durch die und mit der Übertragung ermöglicht.

Die Ausstellung ist zu Ende

Die Performance *The Artist is Present* ermöglicht dem Zuschauer, sich auf einen liminalen Zustand einzulassen, auf einen Zustand, in den ihn seine Wahrnehmung versetzt hat (Fischer-Lichte, 2017, S. 349). M. A. stellt ihren Körper zur Verfügung, um die Grenzen zwischen Subjekt und Objekt zu verwischen oder gar aufzuheben, dies ist manchmal dem Übertragungsgeschehen in psychoanalytischen Behandlungen (zum Beispiel der *projektiven Identifizierung*) ähnlich. Schwellenerfahrungen sind leid- und gewaltvoll: »Gleichwohl ist es hier die ästhetische Erfahrung, das heißt die Erfahrung der Schwelle als solche, welche die nicht ästhetischen Schwellenerfahrungen organisiert und gegebenenfalls integriert« (ebd.).

Während meiner Auseinandersetzung mit *The Artist is Present* entstanden im Verlauf des Schreibens dieses Textes viele neue Ideen, welche den Rahmen sprengen würden. Fragen wie: Lässt sich *The Artist is Present* auch als Tagtraum lesen? Mit den Mechanismen der Verschiebung, Entstellung und Verdichtung? Lässt sich diese Performance mit dem Doppelgängermotiv beschreiben? Das Unheimliche in der Kunst speist sich aus dem Doppelgängermotiv (Rank, 1925): den Vertauschungen, der Verkennung, den Teilungen, der Ich-Verdopplung und der Ich-Teilung sowie der Ich-Vertauschung und der Ich-Spaltung.

Ich zitiere ein letztes Mal Erika Fischer-Lichte: »Eine Ästhetik des Performativen zielt auf diese Kunst der Grenzüberschreitungen … Vielmehr geht es ihr um die Überwindung starrer Gegensätze, um ihre Überführung in dynamische Differenzierungen« (S. 356f.). Das ist (auch) Psychoanalyse.

Literatur

Abramović, M. (2013). *The Artist Is Present* [Film]. NFP Marketing & Distribution GmbH.
Abramović, M. & Kaplan, J. (2016). *Durch Mauern gehen. Autobiografie*. München: Luchterhand.
Berenson, B. (1950). *Aesthetik und Geschichte der Bildenden Kunst*. Freiburg: Atlantis Verlag.
Cassirer, E. (2015 [1931]): Mythischer, ästhetischer und theoretischer Raum. In J. Dünne & S. Günzel (Hrsg.), *Raumtheorie-Grundlagentexte aus Philosophie und Kulturwissenschaften* (S. 485–500). Frankfurt a. M.: Suhrkamp.
Fischer, J. (2018). *Psychoanalytikerin trifft Marina Abramović*. Zürich: Scheidegger & Spiess.
Fischer-Lichte, E. (2017). *Ästhetik des Performativen* (10. Aufl.). Frankfurt a. M.: Suhrkamp.
Freud, L. (2012): Broschüre zur Ausstellung *Lucien Freud Portraits* an der National Portrait Gallery. London (9. Februar–27.Mai 2012).
Freud, S. (1900a). *Die Traumdeutung. GW II/III*.
Freud, S. (1905c). *Der Witz und seine Beziehung zum Unbewußten. GW VI*.
Freud, S. (1905d). *Drei Abhandlungen zur Sexualtheorie*. GW V, 27, 33–145.
Freud, S. (1908e). Der Dichter und das Phantasieren. *GW VII*, 223.
Freud, S. (1912b). Zur Dynamik der Übertragung. *GW VIII*, 364–374.
Freud, S. (1915c). Triebe und Triebschicksale. *GW X*, 210–232.
Freud, S. (1919h). Das Unheimliche. *GW XII*, 229–268.
Freud, S. (1919e). Ein Kind wird geschlagen. Beitrag zur Kenntnis der Entstehung sexueller Perversionen. GW XII, 197–226.
Freud, S. (1921c). *Massenpsychologie und Ich-Analyse*. GW XIII, 71–161.
Freud, S. (1933a). *Neue Folge der Vorlesungen zur Einführung in die Psychoanalyse. GW XV*.
Freud, S. (1942a [1905–06]). Psychopathische Personen auf der Bühne. GW *Nachtragsband*, 655–661.

Gebauer, G. & Wulf, C. (1992). *Mimesis: Kultur, Kunst, Gesellschaft*. Reinbek: Rowohlt.
Girard, R. (2005). *Die verkannte Stimme des Realen. Eine Theorie archaischer und moderner Mythen*. München: Hanser.
Girard, R. (2012). *Figuren des Begehrens. Das Selbst und der Andere in der fiktionalen Realität*. Münster: Literatur Verlag.
Goldberg, R. (2011). *Performance Art – From Futurism to the Present* (3. Aufl.). London: Thames & Hudson.
Herrmann, M. (2015 [1931]). Das theatralische Raumerlebnis. In J. Dünne & S. Günzel (Hrsg.), *Raumtheorie-Grundlagentexte aus Philosophie und Kulturwissenschaften* (S. 501–514). Frankfurt a. M.: Suhrkamp.
Janhsen, A. (2012). Marina Abramović. In *Neue Kunst als Katalysator* (S. 49–57). Berlin: Reimer Verlag.
Kohon, G. (2018). *Reflexionen über die ästhetische Erfahrung. Psychoanalyse und das Unheimliche*. Wien: Mandelbaum Verlag.
Lotman, J. (2015 [1970]). Künstlerischer Raum, Sujet und Figur. In J. Dünne & S. Günzel (Hrsg.), *Raumtheorie –Grundlagentexte aus Philosophie und Kulturwissenschaften* (S. 529–543). Frankfurt a. M.: Suhrkamp.
Mach, E. (2007 [1905]). Erkenntnis und Irrtum. Der physiologische Raum im Gegensatz zum metrischen. In U. Heuner (Hrsg.), *Klassische Texte zum Raum* (S. 115–130). Berlin: Parodos Verlag.
Marina Abramović Institute (MAI) (2010). Marina Abramović *Frühe Jahre*, http://www.mai-hudson.org/about-mai/ (20.03.2020).
Marina Abramović Institute (MAI) (2010). *Rhythm 0*, 1974. http://www.mai-hudson.org/about-mai/ (20.03.2020).
Nancy, J. L. (2017). *Ausdehnung der Seele*. Zürich, Berlin: diaphanes.
Rank, O. (2013 [1925]). *Der Doppelgänger: eine psychoanalytische Studie* (Nachdruck der Originalausgabe). Bremen: Access Verlag.
Ricoer, P. (1981): Mimesis and Representation. *Annals of Scholarship, 2*, 15–32.
Santner, E. L. (2018). *Gesetz und Paranoia. Freud, Schreber und die Passionen der Psychoanalyse*. Berlin: August Verlag.

Biografische Notiz

Bernd Heimerl, Dr. rer. nat., Dipl.-Psych., ist Psychoanalytiker und Gruppenanalytiker. Er ist als Dozent, Supervisor und Lehranalytiker am Berliner Institut für Psychotherapie und Psychoanalyse e. V. (BIPP) und am Institut für Psychoanalyse und Psychotherapie Magdeburg e. V. (IPM) tätig und Vorsitzender des DPG-Instituts am BIPP. Sein Forschungsinteresse gilt der Interdisziplinarität in der Psychoanalyse (Rezeption der Psychoanalyse in Philosophie, Literatur, Theater und Film), Geschlechterkonstruktionen in der Psychotherapie sowie der Darstellungspraxis und Wissensvermittlung in der Psychoanalyse.

Mahler, Meme, Melodien oder: Wer nicht hören will, kriegt Viren

Eine Improvisation über die Wirkungsweise musikalischer »Erreger«

Uli Schauerte

In der Vierten Symphonie von Gustav Mahler geht es kindlich zu. Nicht nur die Schlittenschellen und die Rokokowendungen, auch nicht nur der Kinderhimmel mit Brot backenden Englein im Sopransolo des Finalsatzes schaffen diese Anmutungen; es sind zum Teil kleine Elemente der Melodik von umso größerer Wirkung, wie sie besonders in den langsamen Themen auffallen. Ich meine den Effekt, den ein fallender Ganztonschritt an exponierter Stelle in einer Melodie herbeizaubern kann. Im Folgenden bezeichne ich ihn durchgängig als Vorhalt, weil er durch seine harmonische Umgebung stets als ein solcher ausgewiesen ist. Ein Hauptmerkmal des sogenannten Vorhalts ist, dass er meist einen dissonanten Akkord in einen weniger dissonanten oder einen konsonanten verwandelt (»auflöst«). Bestimmt geht es nicht nur mir so: Er klingt warmherzig, besänftigend und verzagt zugleich. Seine Wirkung ist die des mitfühlenden Trostes, wie man ihn Kindern spendet. Mir ist dieses Ausdrucksmittel zuerst im Seitenthema des ersten Satzes aufgefallen:

Das Thema ist allerdings auch so nah verwandt mit dem Wiegenlied *Weißt du wie viel Sternlein stehen*, dass sich die Assoziation schon dadurch einstellt.

Ein flüchtiger Querverweis auf das Brahms'sche Wiegenlied bietet sich an; dort befindet sich der Vorhalt bei »mit Ro-sen be-*dacht*«.

Im dritten Satz (»Ruhevoll«) gibt es dann eine Episode, die in der Wärme des Espressivo geradezu badet und zugleich aufzeigt, wie das Ausdrucksmittel durch abwechslungsreiche Harmonik davor bewahrt wird, zur leeren Floskel zu verblassen, denn natürlich ist es nur der großen Auswahl der möglichen Begleitakkorde im vielfältig abschattierten Wechsel von Spannung und Lösung, Dissonanz und Konsonanz zu verdanken, dass sich damit etwas sagen lässt. Ohne seinen harmonischen Kontext ist jeder Vorhalt nur ein totes Stück Tonleiter. Die insistierend immer dichter gedrängten Vorhalte im folgenden Notenbeispiel verdanken ihre Eindringlichkeit unter anderem der scharfen Dissonanz der beiden großen Septimen bei (b) und (f), die durch den Schritt vom fis zum e in milde Sexten verwandelt werden. Insofern ist der Singular »das« Ausdrucksmittel etwas irreführend.

Emphatische und empathische Vorhalte sind nicht Mahlers Spezialität, finden sich bei ihm aber doch sehr häufig, und wer Beispiele sucht, hat die Qual der Wahl. Im resignierten Schlussteil des zweiten der *Lieder eines fahrenden Gesellen* zum Beispiel besteht die traurigste Stelle »Mir *nim-mer nim-mer blü-hen kann*« ganz daraus.

Dass ich aber wie bei den anderen Notenbeispielen dieses Beitrags zwei der bewegendsten Momente aus der Orchesterpartitur der Vierten nicht als solche mitteile, sondern nur eine Art Klavierauszug angefertigt und auch nichts als die nackten Töne notiert habe, ist im Grunde sträflich. Zum Vergleich habe ich einmal nur den Part der ersten Violinen aus der letztzitierten Passage mit allen Nuancen abgeschrieben:

Die Dynamik (*pp*), ihr An- und Abschwellen (< und >), die Atemzeichen, die aussehen wie Kommata und auch gut damit zu vergleichen sind, die Legatobögen, dann die Portamento-Strichlein für das mahlertypische expressive »Schleifen« (nicht von ungefähr genau bei den Vorhalten!) und nicht zuletzt die verbalen Angaben, darunter »sul D«, damit die Töne nicht auf der höheren A- oder E-, sondern der wärmer klingenden D-Saite gespielt werden: All dies deutet darauf hin, dass es allein mit Tönen und Akkorden, dem »Was«, nicht getan ist. Erst das haarklein nuancierte »Wie« haucht ihnen, wenn dann noch die Ausführenden samt Dirigent es verstehen, die Seele ein. Natürlich soll das nicht die Bedeutung der melodischen und harmonischen Details relativieren, auf die ich im Weiteren das Gewicht lege. Aber auch darum ist es umso wichtiger, dass sich die herzzerreißende Expressivität von Mahlers Musik und die Tonsprache seiner Epoche wahrlich nicht darin erschöpft, was alles durch zwei Tönchen in wechselnder Harmonisierung hervorgerufen werden kann. Genauso wichtig ist, dass weder der Ganztonvorhalt allgemein noch die Steigerung seines Ausdrucks, etwa durch große Septimen, als Gestaltungsmittel der großen Kunst vorbehalten wäre. Er ist Allgemeingut, Teil einer kollektiven DNA. Gerade der scharf-dissonante Tredezimenakkord (auch als »Chopin-Akkord«, unter Jazzmusikern als »Dreizehner« bekannt) ist ein gern genutztes Intensivierungsmittel. Er ist auch keine Hexerei, sondern bei Licht besehen nichts anderes als das untere Ende einer absteigenden Durtonleiter, etwa als Durchgang über dem Dominantseptakkord.

In der Sphäre der Volks- und Trivialmusik, so mein Eindruck, findet sich der Ganztonvorhalt überall, namentlich in den Liedern von Fern- und Heimweh begegnet er sogar so häufig, dass sich bestimmt eine stattliche Liste allein mit solchen Stellen bestreiten ließe, in denen das Wort »wieder« mit dem tröstenden Ganztonvorhalt vertont wird:

»Nach der Hei-mat möcht' ich *wie-der*«
»Junge, komm bald *wie-der*, bald *wie-der* nach Haus«
»So woll'n wir uns dann *wie-der*-seh'n / Vor der La-*ter-ne* woll'n wir steh'n«

Wie kommt es, dass überhaupt rein musikalische Gestaltungselemente einen bestimmten Gefühlsgehalt ausdrücken oder zumindest verstärken können? Vor dem Ansinnen, die wichtigsten Aspekte dieses musikästhetischen »Menschheitsthemas« in einem groben Überblick auch nur zu streifen, muss eigentlich jeder, der nicht Adorno heißt, kleinlaut zurückweichen. Aber es hilft ja nichts. Von Strauss ist die Witzelei überliefert, ein guter Musiker müsse auch eine Speisekarte komponieren können (vgl. Adorno, 2003b, S. 572). Immerhin, ließe sich einschränkend sagen, könnte er sie ja *vertonen*, also »Vokalmusik« daraus machen. Die Aufgabe der Sprache, die Semantik, übernähme in dem Fall der Text der Menükarte. Der Komponist mag sie zwar in ein hochexpressives Kunstwerk verwandeln, *schreiben* könnte er sie nicht. Sollte Strauss mehr an rein instrumentale Programmusik nach Art der eigenen symphonischen Dichtungen wie den Eulenspiegel oder die Alpensinfonie gedacht haben: Auch in dem Fall könnten die Töne nicht sagen, was es zu essen gibt. *Also sprach Zarathustra* muss man immer noch bei Nietzsche nachlesen, es reicht nicht, Strauss zu hören, um zu wissen, was drinsteht. Mir fällt ein, dass nicht nur das Wort »Komposition« auf lateinisch »componere« zurückgeht, sondern unter anderem auch die »Komponente«: Eine Oper oder ein Liederzyklus *ist* nicht, sondern *hat* Musik, auch wenn diese oft das Wesentliche beisteuert und den Text zur Nebensache macht. In der alten Frage nach dem Primat – Text versus Musik – herrscht, so mein Eindruck, nur selten Dissens, eher schon milde Ignoranz. Wer sich mit Bergs *Wozzeck* befasst, vergisst oft Büchners *Woyzeck* – und umgekehrt.

Musik ist ungegenständlich und begriffslos, auch wenn sie zu Recht als sprachähnlich gilt. Gerade die gründlichsten Wahrheitssucher wie Schönberg oder Adorno werden nicht müde zu unterstreichen, sie sei eine Sprache, die zudem manches »sagen« könne, wozu die wirkliche nicht in der Lage ist. Und doch bleibt es dabei: Musik kann man nicht beim Wort nehmen, denn ihr fehlen nun mal die Worte. Darum gibt es überhaupt so viel Vokalmusik. Was ihr *nicht* fehlt, ist zum Beispiel der Gegensatz von Konsonanz und Dissonanz und die Rangabstufung von Dur und Moll. Wenn aber die *Winterreise* und die *Lieder eines fahrenden Ge-*

sellen keinen Text hätten, ließen sich die Dur-Moll-Kontraste zwar auch vage als Stimmungsschwankungen empfinden, aber wir wüssten nicht, wo der Schuh drückt. Dass Moll traurig und Dissonanzen gespannt und auflösungsbedürftig wirken, hat zum Teil physikalische, sozusagen »natürliche« Gründe, ohne hier auf Obertöne, Schwingungsverhältnisse, kurz die Physik des Tones eingehen zu wollen. Damit ließe sich auch bei Weitem nicht klären, was genau in einem Menschen vorgeht, dass Musik auf ihn so oder so oder anders wirkt.

Am Brunnen vor dem Tore unterm *Lindenbaum* im gleichnamigen Schubertlied oder unter dem »auf der Straße« in *Die zwei blauen Augen*, dem letzten der Mahler'schen *Lieder eines fahrenden Gesellen*, wäre für beide Wanderer am Ende alles in schönster Harmonie (Dur), die Welt wieder in Ordnung; sie fänden, wie bei Schubert so bei Mahler, Ruhe dort. Wäre, fänden: Der eine ist »manche Stunde entfernt von jenem Ort«, und die Zweige des geliebten Lindenbaums rauschen gleichsam im Irrealis (»als riefen sie«, »du fändest«). Dem anderen hilft ein Nickerchen unter der blühenden Linde, um zu vergessen, »wie das Leben thut« und zu träumen, es sei »Alles, Alles wieder gut«. Gilt wenigstens musikalisch »Ende Dur, alles Dur«? Bei Schubert ja, aber auch bei Mahler flüstern die f-Moll-Tupfer des Orchesters am Schluss von *Die zwei blauen Augen* so leise *(ppp)* als wollten sie den Träumenden, der genug Aufs (Dur) und Abs (Moll) hinter sich hat, nicht desillusionierend wecken. Töne sagen mitunter mehr oder anderes als der Text, könnten das aber nicht ohne ihn. Schubert, der nichts dagegen hatte, den Strophen eines Gedichtes nach Volkslied- oder Schlagermanier dieselbe Musik zu verpassen, wenn der Text es denn zuließ, hätte es absurd gefunden, dieses rüde Verfahren auf Müllers *Lindenbaum* anzuwenden. Die Beschreibung des Sehnsuchtsortes als »locus amoenus« (ungetrübtes E-Dur), dann die Selbstüberwindung, die es kostet, in tiefer Nacht an ihm vorbeiwandern zu müssen (Moll, schwerfällig »stapfende« Achteltriolen in der Begleitung), dann die Unbilden der winterlichen Natur, die dem Rastlosen in Gestalt heftigster Stürme zu schaffen machen (Chromatik, »zerzauste« Melodie, »aufgewühlte« Beethoven'sche Gebärden im Klavierpart), und schließlich der innere Friede des mit etwas Distanz zur Ruhe Gekommenen (alles wieder E-Dur) – dies alles ist ein solches Wechselbad der Gefühle und Situationen, dass Schubert dem Gefühlsausdruck und dem tonmalerisch Narrativen zuliebe sogar den symmetrischen Strophenbau opfert, denn für die Wiederholung des letzten Vierzeilers gäbe es ohne diese der Semantik geschuldeten Eingriffe und Verschiebungen keinen Grund.

Buchstäblich »melodramatischer« Höhe- und zugleich seelischer Tiefpunkt des *Lindenbaum* sowie schärfster Kontrast zum ganzen Rest ist die fünfte Strophe: Stürme, metaphorisch als aufgewühltes Inneres, aber auch ganz handfest metereologisch, setzen dem Wanderer zu: »Die kalten Winde« pusten ihm den Hut vom Kopf (man beachte die sogenannte »Katabasis«: den jähen Oktavsprung abwärts bei dem Wort »Kop-fe«).

Vor allem aber kommt hier in der Klavierbegleitung eine Art Leitmotiv aus wogend tremolierenden Sexten zur Geltung, das sonst nur als rein instrumentales Vor-, Zwischen- und Nachspiel die melancholische Erinnerung an die im Winde rauschenden Zweige als Traumbild zu illustrieren scheint. Die wogenden Sextparallelen (übrigens gleich im allerersten Takt des Liedes, auf Drei, auch den Ganztonvorhalt enthaltend) sind zugleich Tonmalerei und Gefühlsausdruck. In einer Wagneroper hätte man sie vermutlich »Sturm-« oder »Windmotiv« getauft. Wortlos machen sie im süßlichen E-Dur des Vor- und Nachspiels das sanfte Rauschen der Zweige als Symbol einer emotionalen Gelöstheit hörbar, wie sie der Wanderer nur nahe *bei* oder aber mit genügendem Abstand *von* dem geliebten Ort finden kann. Nur beiläufig, im kurzen Zwischenspiel des Klaviers noch vor den traurigen Strophen, die dann auch mit Worten von »tiefer Nacht« und »Dunkel« erzählen, werden sie einmal nach e-*Moll* gewendet. Dann aber in Strophe fünf, und nur dort, greifen sie dramatisch und *chrom*atisch (gleichsam mit »Windstärke zwölf«) auch als Begleitung, also simultan mit dem Text, ins reale Geschehen ein: Durch mehrfache Rückung von dominantischem H-Dur nach C-Dur und wieder retour, kombiniert mit der nun alle Töne, die es gibt, berührenden Wellenbewegung der tremolierenden Sexten, entfesseln diese einen musikalischen »Wirbelsturm«, der dem echten, den sie darstellen sollen, an Ungemütlichkeit nicht nachsteht. Festzuhalten bleibt, dass die virtuosen Klaviertremoli innerhalb wie außerhalb der textierten Abschnitte eine Funktion als Überbringer unmissverständlicher Botschaften und Träger konkret benennbarer Gefühls- und Bedeutungsinhalte erfüllen. Wie aber wäre es wohl um das Sprachvermögen und die emotionale Wirkung dieser Klavierpassagen bestellt, wenn der *Lindenbaum* gar keinen Text hätte? Die Antwort auf die Frage, was sie dann noch zu bedeuten hätten, lautet – »absolut« rein gar nichts!

Die Etüde No. 16 aus Carl Czernys *Schule der Geläufigkeit* op. 299 besteht vollständig aus Klavierpatterns, die unserem »Windmotiv« aufs Haar gleichen. Bei Czerny haben sie objektiv keinen anderen »Sinn« als den einer Finger- und Lockerungsübung für Pianisten, die damit ihre rechte Hand trainieren. Die meisten musikalischen Elemente bedeuten »absolut«, das heißt kontext*un*abhängig nichts. *In* einem Kontext jedoch können sie eine suggestive Kraft und eine Intensität des Gefühlsausdrucks entfachen, dass die Sprache einpacken könnte, wenn ihre Dienste als Lieferant von Kon-Texten nicht dann doch wieder gebraucht würden.

An geeigneten Objekten lässt sich der Beweis durch ein brutales Experiment, eine Art Gegenprobe, erbringen: Jedes Gedicht aus metrisch gleichgebauten Strophen, das glaubhaft mit dem Anspruch vertont wurde, dem unterschiedlichen Sinn- und Ausdrucksgehalt der einzelnen Strophen gerecht zu werden, sollte dem, der Ohren hat zu hören, zu einiger Verwirrung und Irritation gereichen, wenn die musikalischen Abschnitte einmal mutwillig vertauscht oder (was fast aufs gleiche hinausläuft) vereinheitlicht würden. Das Ergebnis klingt sinnwidrig, unlogisch, paradox. Dass Komponisten spätestens seit Strawinsky auch mit großem Esprit konterkarieren, gleichsam den Hut nach oben fliegen lassen (Brechts V-Effekte sind nicht fern), steht auf einem anderen Blatt – oder auch nicht: Es gibt keine *un*natürliche Musik, weil es keine *na*türliche gibt. Musik ist nicht Natur, denn sie wächst nicht auf Bäumen. Dass grundlegende musikalische Gesetzmäßigkeiten aus *phys*ikalischen herleitbar sind, steht außer Frage; ob nun der Durdreiklang, das Konsonanzempfinden oder die Zwölfzahl der Töne – im Grunde lassen sich sämtliche Hierarchien, auf denen das traditionelle tonale System beruht, physikalisch erklären. Aber darf das ein Kriterium sein? Taugt etwa die Zentralperspektive als Argument gegen Picasso? Bestürzender Ahistorismus spricht meines Erachtens aus den Dogmen der Hindemith'schen Tonsatzlehre, wenn es dort etwa heißt:

> »Die Töne 1–6 der Obertonreihe [...] zeigen uns den ausgebreiteten Durdreiklang, für den geschulten wie für den einfältigsten Geist gleichermaßen

eine der großartigsten Naturerscheinungen; einfach und überwältigend wie der Regen, das Eis, der Wind. So lange es eine Musik gibt, wird sie immer von diesem reinsten und natürlichsten aller Klänge ausgehen und in ihm sich auflösen müssen« (Hindemith, 1940, S. 39).

Musikalische Hermeneutik, inhaltsbezogene Reflexion über Musik also, ist darum der Exegese von Texten nicht nur ebenbürtig, sondern im Zweifel noch ernster zu nehmen als diese, weil Worte dafür gemacht sind, für sich selber zu sprechen, Töne jedoch durch ihre auch als purer Sinnesreiz konsumierbare Schönheit vergessen lassen, dass sie auch etwas zu sagen haben. Aber es lohnt sich, sie zu befragen. Darum ist ein Unterfangen wie die Suche nach Sturm und Wind in der Musik des *Lindenbaum* weder »eitel Haschen nach Wind« (Prediger 1,14) noch »heiße Luft«. Es sollte nicht allzu sehr ernüchtern, falls es für die emotionale Wirkung der Musik und ihre *Ein*wirkung auf den Hörer letztlich keine andere und befriedigendere als die auf den ersten Blick herzlich nichtssagende Erklärung geben sollte, sie sei halt irgendwie »kulturell« erlernt, geprägt, überkommen oder vererbt.

In einer mehr als tausend Jahre währenden Entwicklung von der Einstimmigkeit zu immer komplexerer Mehrstimmigkeit sind die Hörer den Komponisten, wenngleich mit zeitlichem Rückstand, gefolgt und haben gelernt, wie besonders in der Vokalmusik bestimmte Inhalte und Stimmungen mit bewährten Mitteln Nachdruck erhielten, um dann auch beim Hören von Instrumentalmusik von diesem »Wissen« zu profitieren. Wenn sie denn geneigt waren. Dass sowohl die Idee und Idealisierung einer »absoluten«, autonomen Instrumentalmusik, gipfelnd in dem berühmten Motto »Der wirkliche Inhalt der Musik sind tönend bewegte Formen« (Hanslick, 1865, S. 45), als auch die Spaltung des Musikbetriebs in die zwei Sphären E und U und die Auflösungserscheinungen der Tonalität ins selbe – das 19. – Jahrhundert fallen, ist kein Zufall. Die hohe Musik, nicht erst Wagners Tristan, hat sich den neuen Ufern so rasant genähert, dass der Vorsprung der Avant- vor der Arrièregarde immer schwerer aufzuholen war, sodass sich ein Teil von Letzterer in Gestalt der »leichten Muse« als eigene, mit dem Kontinent nur noch lose verbundene Hemisphäre abspaltete. Der Skandal, dass die U-Musik, einst »Subkultur« (Eggebrecht, 1967, S. 1007), inzwischen nach den Mechanismen von Angebot und Nachfrage die E-Musik immer weiter zurückdrängt und marginalisiert, sei mit Entsetzen vermerkt, aber wo nicht »glücklich«, so doch gut beraten »ist, wer vergißt, was doch nicht zu ändern ist« (Strauß, 1968, S. 164f.).

Das Wort »hören«, ein transitives Verb, lässt offen, ob damit a) der aktive, »verstehende« Mitvollzug gemeint ist, also ein Hin-, An- oder Zuhören, oder vielleicht doch eher b) das passive entspannende Abschalten (!) bis hin zum teilnahmslosen bloßen Beschalltwerden oder c) irgend etwas dazwischen. Niemand sagt, er habe gelesen, wenn er ins Buch oder auf die Stromrechnung nur *geblickt* hat. Aber mit dem Wort »hören« bleibt die deutsche Sprache weit unter ihren Möglichkeiten, zwischen wirklichem »écouter« oder »to listen« und bloßem »entendre« oder »to hear« zu unterscheiden. Trotzdem gibt es, aufgrund der vermeintlichen Ewigkeitsgarantie und instinktiv spürbaren Logik des wie gottgegeben vorherrschenden und omnipräsenten tonalen Idioms, ein rudimentäres Musikverständnis, ein Minimum vergleichbar demjenigen, das es jedem, der eine Muttersprache hat, und sei er Analphabet, ermöglicht, sich ohne Radebrechen zu verständigen und das Wichtigste mitzubekommen, weil er einen Grundwortschatz und elementare Grammatikregeln anwenden kann, ohne zu wissen, dass es die überhaupt gibt. Wie Kinder es schaffen, dass ihnen der Erwerb der Sprache zufliegt, mögen die Gehirnforscher wissen, ich kann davor nur niederknien. Ein anderer Vergleich wäre vielleicht unsere Fähigkeit, auf Anhieb hörend zu erkennen, ob jemand russisch oder portugiesisch spricht, und ob er flucht oder Freundliches sagt, aber nicht, *was* er sagt.

Wenn ich das richtig weiß, geht es um solche Fragen auch im Kern der sogenannten Mem-Theorie, die kulturell Gelerntes wie das Resultat der Evolution einer Spezies sieht. Ein »Mem« ist darin ein Pendant zum Gen der Biologie. Ich habe die »Meme«, eine Wortschöpfung des britischen Evolutionsbiologen Richard Dawkins, in die Überschrift dieser kleinen Studie aufgenommen, obwohl das Wort als solches im Verlauf des Textes dann fast nirgends mehr zu finden ist. Das will erklärt sein:

Die umstrittene Memetik à la Dawkins beschreibt die sogenannte kulturelle Evolution als einen darwinistischen Konkurrenzkampf dinghafter Gedankenpartikel, eben besagter Meme. Diese gleichen in ihrer Wirkungsweise als kulturelle Erbträger den Genen. Gleich DNA-Molekülen erzeugen diese »Viren des Geistes« als »Replikatoren« Kopien ihrer selbst und »vermehren« sich dann qua Imitation von Hirn zu Hirn. Der menschliche Geist, der Mensch selbst wird in diesem problematischen Weltbild zumindest tendenziell vom denkenden und selbstbestimmt handelnden Subjekt zum passiven Wirtstier degradiert. Den aktiven Part übernehmen die Meme, die wie gefährliche Keime und Bazillen das menschliche Hirn besiedeln und in Besitz nehmen. Einer der Vorwürfe, denen diese Lehre ausgesetzt bleibt, ist darum der eines Determinismus, der den Menschen zur beinahe willenlosen Marionette böser Krankheitserreger macht und letztlich aus der Verantwortung für sein Handeln entlässt.

Verwendet man jedoch die Infektionsmetapher, die mir beim Nachdenken über Musik schon gute Dienste getan hat, als ich noch nie etwas von Dawkins oder seinen Memen gehört hatte, nur als das, was sie ist: nämlich eben als eine Metapher, ein Gedankenspiel, so spricht meines Erachtens nichts dagegen, sie zur Veranschaulichung der verschiedensten Prozesse im kulturellen Leben des Menschen heranzuziehen. Im Übrigen macht auch nicht jeder Bazillus den Menschen gleich wehrlos und handlungsunfähig: Ihm bleibt die Wahl im Sinne der im Vorigen getroffenen Unterscheidung zwischen passivem und aktivem Hören. Ich habe den Mem-Begriff auch deshalb nicht verbannt, weil er, von ideologischem Ballast befreit, längst Eingang in die Sprache des Internets gefunden hat, ganz ähnlich, wie sich dort das Wort »viral« eingebürgert hat, wo von der Verbreitung eines Inhalts durch die sozialen Medien die Rede ist. Wenigstens erwähnt sei in diesem Zusammenhang auch die lautliche Nähe von »Influencer« (Meinungsmacher) und »Influenza« (Grippe).

Bei Männergesangsvereinen oder in Japan firmiert Schuberts Lindenbaum in der brachialen Zurichtung (»Bearbeitung«) Friedrich Silchers als »Volkslied«: Was Menschen anfechten muss, um in Scharen das Paradoxon *nicht* zu bemerken, wenn die fünfte Strophe zur Musik der ersten gesungen wird, ähnelt weit mehr einer von ihrem Opfer unbemerkten Infektion durch Viren oder Bakterien als allem, was irgendwie den Namen einer Wahrnehmung oder Hinwendung zu einem Gegenstand im Wachzustand verdiente. Musik ist ideal zum Abschalten, das erklärt überhaupt, dass kein Mensch auf Erden sie missen möchte. Es spricht aber auch nichts dagegen, dem Gehörten hin und wieder wirklich ein offenes Ohr zu leihen. Man hat bei guter Küche eher mehr denn weniger von den Gaumenfreuden, wenn man weiß, was man isst. Im Grunde sagen Wörter wie »Ohrenschmaus« oder »Musikgeschmack« alles. Derselbe kluge Kopf, er sei Schulabbrecher oder Professor, halb- oder hochgebildet, der dennoch wahl-, klag- und teilnahmslos hinnimmt, was morgens aus dem Autoradio über ihn ergeht, wäre pikiert, würde man seine Bettlektüre, sein Forschungsgebiet, sein historisches Interesse oder sein religiöses, philosophisches oder politisches Credo mit einem Teller Nudeln gleichsetzen. Ich glaube, es ist noch keine Verschwörungstheorie, wenn ich meine: Wer nur das passive »Hören«

kennt, erteilt mancher Musik ungewollt die Erlaubnis, nicht so viel anders als den unsichtbaren Mikroben, etwas »mit uns zu machen«, ohne dass wir es überhaupt mitbekommen. Bei einem richtigen Virus ist das immer schade, weil er nun mal kein Balsam, sondern ein Krankheitserreger ist. Ist es passiert, sagen wir, wir hätten uns (wieder angeblich aktiv!) den grippalen Infekt »eingefangen« oder »geholt«, obwohl wir ihn niemals hereingelassen hätten, wenn er sich angekündigt hätte. Bei Musik ist es zumindest manchmal schade *drum*, weil uns, je nachdem was es ist, doch manches entgeht, wodurch das sinnliche Erlebnis durch das geistige ergänzt und vertieft werden könnte, und es sage niemand, dass dadurch der spontane Genuss und die emotionale Ergriffenheit zu kurz kämen, das Erlebnis zerredet oder entzaubert werde. Im Übrigen: Sogar davor kann man sich bei Bedarf hüten, auch darauf bewusst achtgeben! Es kommt nicht darauf an, *ob* man Fragen stellt, sondern höchstens darauf, welche man stellen und welche man lieber ruhen lassen möchte. Vielleicht ist die intuitive Antenne für musikalische Ausdrucksmittel beim Homo sapiens wirklich so etwas wie ein Genom. Sollte ihre Wirkung tatsächlich mit einem Strang innerhalb jener 99 Prozent von unser aller genetischem Code zu tun haben, die wir mit anderen höheren Säugetieren teilen, so soll es recht sein.

Die biologische Metaphorik trägt weiter: Mit den Aussichten, aus zwölf Tönen – erst recht, wenn es in den Grenzen der Tonalität geschieht – etwas Originelles zu komponieren, sieht es von Epoche zu Epoche immer schlechter aus. Es lassen sich Millionen verschiedene Melodien finden, aber keine, die nicht unausweichlich mit einer Unzahl anderer verwandt wäre. Das Problem zeichnete sich schon geraume Zeit vor 1865 ab, als Wagners Tristan ihm als Krise der Tonalität sein auf Jahre hinaus prominentestes Denkmal setzte, und noch geraumere Zeit vor den Jahren zwischen Fin de Siècle und Erstem Weltkrieg, als Schönberg, er vor allem, mit den ersten frei-atonalen Klavierstücken op. 11 den Weg aus der Krise und zu neuen Ufern wagte.

Man stelle sich vor, es gäbe für Musiker eine Software, vergleichbar jener »Inzest-App«, wie sie angeblich den Isländern zur Verfügung steht: Paare, die sich ein Kind wünschen, testen damit im Handumdrehen ihre Haare oder ihre Zahnbürsten, weil sie von vornherein davon ausgehen, auf jeden Fall miteinander verwandt zu sein und nur den Verwandtschafts*grad* nicht zu kennen. Der Hintergrund: Alle 340.000 Isländer, so heißt es, sind die Nachfahren eines einzigen kleinen Grüppchens von Wikingern. Der Vergleich mag drastisch erscheinen, passt aber wie ich finde ganz gut, weil er an die Schwierigkeit erinnert, Gewissheit darüber zu erlangen, wie abgenutzt oder unverbraucht unsere musikalischen Einfälle sind. Wie viel ist tatsächlich *er*funden und was alles ist *ge*funden? Der Komponist, der gerne wüsste, ob die Verwandtschaft seiner Geschöpfe mit Existentem eher weitläufig ist oder ob er zum Plagiator malgré lui wurde, hat kaum die Möglichkeit, das sicher herauszufinden. Immerhin ist derlei schon heute nicht mehr die reine Science-Fiction. YouTube hat, so sagt man, 100 Millionen Dollar für das sogenannte Content-ID-System investiert, eine Art automatische Suchmaschine, die tatsächlich wie eine genetische Datenbank rund um die Uhr und den Erdball im Internet nach übereinstimmenden Mustern im Bild- und eben auch Audiomaterial der hochgeladenen Videos sucht. Ich weiß zufällig, wovon ich rede, denn bei meiner Musik hat die Warnanlage schon zigmal angeschlagen – so geschehen etwa bei der Orchesterversion meiner *Zweihnachtsmusik*, in der ich nach Quodlibetmanier lauter Bekanntestes ohne Copyrightschutz als Zitat verwende. Eines davon *(Oh du fröhliche!)* wurde mir als Urheberrechtsverstoß angelastet, der sich nur durch eine explizite Richtigstellung aus der Welt schaffen ließ.

Bis dato war es möglich, mit wenigen Mausklicks und einem kleinen Fundus geeigneter Textbausteine etliche solcher fälschlich und teils von dubiosen Agenturen erhobenen Beschwerden en passant abzuschütteln. Nicht ohne Grund sehen die Kritiker der anstehenden EU-Urheberrechtsreform in dem fehleranfälligen Content-ID-System jedoch einen Vorgeschmack auf den drohenden Einsatz von Uploadfiltern, die eben nicht mehr, wie bisher, nur bereits Hochgeladenes abgleichen, sondern beim geringsten Zweifel – in dubio *contra* reum – schon den Hochladevorgang selbst präventiv unterbinden sollen.

Was sich nicht nur im Netz, sondern im Gehirn und in den unergründlichen Tiefen unserer kollektiven DNA angesammelt hat, kann kein Mensch kontrollieren. Darum haben wir Ohrwürmer und Déjà-entendus, denn wir haben keinen Überblick, was drin ist, und werden manchmal überrascht, was dann unverhofft zum Vorschein kommt. Das kann peinigend und pein*lich* sein wie die Erinnerung an einen infantilen Witz oder was immer wir, banal oder nicht, längst verschüttet, vergessen oder zumindest verdrängt hatten. Ich glaube, der Typus des eher aktiven, der Musik als einem Gegenstand zugewandten Hörers hat da mehr zu leiden als der ungleich verbreitetere, dem Musik zuvörderst als reines Mittel der Entspannung, Zerstreuung und zum Abschalten dient. Der ist im Vorteil, denn was man gar nicht recht anhört, daran hört man sich auch nicht so schnell leid. Geduldig erträgt er jede Monotonie, jedes noch so armselige Pendeln zwischen Tonika und Dominante, spürt nicht den Verschleiß, der übrigens nicht nur den immer gleichen Produkten der Schlagerindustrie, sondern auch manchem Klassikhighlight zusetzt. Für den, der es gewohnt ist, bei Musik seine Ohren auf Empfang zu stellen, sind solche Ohrwürmer eine Qual. Er atmet auf bei der nächsten Gelegenheit, etwas komplexere Musik zu hören oder, wenn er Musiker ist, sie zu spielen; solche, die er vielleicht selbst einst mehrmals hören musste, um sie aufzufassen, sich einprägen und auf Anhieb wiedererkennen zu können. Vielleicht ist das sogar die mögliche Antwort auf eine Frage, die mit Sicherheit nicht nur ich mir stelle: Wie bringt man es fertig, von jetzt auf gleich einen Schalter in sich umzulegen und ein Orchesterstück von Webern oder Stockhausen als befreiende Labsal zu erleben, nachdem man noch kurz zuvor ganz hin und weg (!) von den Wohltaten des Parsifalvorspiels oder eines Adagios von Brahms war? Eine Erfahrung – und sei es nur meine – ist, dass Ohrwürmer unterschiedlich hartnäckig, dass aber auch gottlob Antitoxine in mehreren Stärken erhältlich sind. Bei starken Beschwerden hilft die komplexe Polyphonie der Kunst der Fuge oder, wie gesagt, hilft die Wiener Schule oder die serielle Musik der 1950er und 1960er Jahre.

Zum Glück gibt es nicht nur den lästigen Ohrwurm, sondern auch Antiviren von hohen Meriten, die Suggestivkraft einer Musik von hohem ästhetischem Wert, der man sich gerne aussetzt, und die sich auch nicht nur auf der Etage Wagners oder Mahlers erleben lässt. Und so schlimm einem die Banalität nicht nur des Bösen, einem der Zielpunkte dieses Essays, sondern auch diejenige des Banalen selbst in Form von Ohrwürmern zusetzen mag: Die Grenze zwischen Gut und Schlecht verläuft woanders als die zwischen Gut und Böse.

Dass mich persönlich das Rätsel Mahler, dem das Böse so fern ist wie das Schlechte, mehr verfolgt als andere, liegt daran, dass ich ab 2016 volle zwei Jahre damit zubrachte, zu seinem Gesamtwerk für Stimme und Orchester mit meinen »Wiener Symphonikern« (Samples der renommierten Vienna Symphonic Library) ein über vierstündiges Repertoire konzertfähiger Orchesterplaybacks herzustellen. Der unbescheidene Anspruch, jedes Detail der Partitur so lange und so oft unters Mikroskop zu legen und nicht zu ruhen, bis alles täuschend echt an den Klang leibhaftiger Philharmoniker und Symphoniker von Rang heranreicht, machte es geradezu unvermeidlich, das Ausdrucksvermögen und das »Redende« dieser Musik gleich mit zu erforschen.

Das Verblüffende war, dass sie weiter zu »sprechen« schien, nachdem sie doch eigentlich keine Stimme mehr hatte, weil ich ja den Vokalpart und mit ihm den Text als Überbringer der Botschaft gerade herausoperiert hatte. Der Ertrag meiner Bemühungen, den genetischen Code der edlen Erreger zu knacken, ist immerhin üppig genug, um wieder ein Beispiel aus vielen herausgreifen zu müssen. Generell schien mir: Es gibt in dieser Musik, mehr als in anderer – allenfalls Wagners Leitmotivtechnik in Teilen vergleichbar – eine Art Tunnelsystem mit unterirdischen Gängen, nicht unsichtbar wie Viren, aber man muss sie finden. Es sind Gänge innerhalb eines Werks, aber auch solche von Werk zu Werk, von Komponist zu Komponist, von Musik zu Musik. Um das Bild der isländischen Inzestsoftware noch einmal aufzugreifen: Auch die Verwandtschaft hat ein Wörtchen mitzureden. Vielleicht trifft es der Begriff Metamusik. So wie der Instrumentalpart der im vorigen gestreiften Kunstlieder den genaueren Grund für den Kummer der liebeskranken Wandergesellen nur zusammen mit dem Text konkret benennt, so kann auch eine Musik die andere zum Sprechen bringen, denn erst »durch zweier Zeugen Mund, wird allewegs die Wahrheit kund« (Goethe, 1982, S. 398).

Das Wunderhornlied *Des Antonius von Padua Fischpredigt* wirkt auch bei flüchtigerem Hören humorig oder satirisch. Die Geschichte: »Antonius zur Predigt die Kirche find't ledig. Er geht zu den Flüssen und predigt den Fischen.« Die kommen in Scharen, lassen sich von den salbungsvollen Worten erbauen und schwimmen dann so sündig und »gemein« wieder ihres Wegs, wie sie herangeschwommen waren.

Die refrainartige Stelle erinnert stark an einen Ländler aus der Vierten Symphonie des frommen Katholiken Anton (!) Bruckner, der seine Neunte treuherzig »dem lieben Gott« widmete. Er klingt zweimal an und wird dabei musikalisch verschieden beantwortet: Beim ersten Mal »landläufig« mit Dur-Tonika und Dominante, beim zweiten Mal wird bei identischer Gesangsmelodie der Tonvorrat der Begleitung ausgetauscht; statt der Dominante erscheint Des-Dur, die benutzte Skala hat nun zwei übermäßige Sekunden, des-e und as-h – und sie hat viele Namen. Auf jiddisch heißt sie »Freygisch« (nicht ganz dasselbe wie Phrygisch), auch »Zigeuner-Dur« oder »arabische Skala«. Letzte Zweifel behebt das anschließende Zwischenspiel mit seinen charakteristischen Klarinettenfiguren. Die sollen laut Vortragsangabe »mit Humor«, später dann, an einer partiell abweichenden Parallelstelle (nach »Kein Predigt niemalen den Stockfisch so g'fallen«) von Oboenakzenten leise und doch durchdringend unterstützt, gar »mit Parodie« gespielt werden. Was wird »parodiert«?

Der Ländler (so etwas wie das bäuerliche Pendant zum urbaneren Walzer) liefert das bestimmende christkatholisch provinzielle Kolorit, die Anklänge an Harmonik und Stil des Klezmer aber sind Grüße aus der Welt des osteuropäischen Schtetl.

Mahler lässt so die Musik – notabene sie, *nicht* die Textworte! – abwechselnd österreichisch und jiddisch »sprechen« und sagt so mit Tönen, was er in Worten einmal so ausgedrückt hat: »Ich bin dreifach heimatlos: als Böhme unter den Österreichern, als Österreicher unter den Deutschen und als Jude in der ganzen Welt« (Mahler-Werfel, 1978, S. 137).

»Wir genießen die himmlischen Freuden, d'rum tun wir das Irdische meiden« (Mahler, 1966, S. 152f.), singt der Sopran im eingangs erwähnten Finale seiner *IV. Symphonie*, später dann: »Kein Musik ist ja nicht auf Erden, die unsrer verglichen kann werden« (ebd., S. 185). Das stimmt, aber wir müssen vergleichen, drum tun wir das Irdische *nicht* meiden, und, wenn es sein muss, auch nicht das Unterirdische. »Böse Menschen haben keine Lieder«? Humbug, sie klauen sie sogar und machen mitunter die unschuldigsten Déjà-entendus den inhumansten Zwecken dienstbar. Das Küchenliedchen *Wenn du mich liebst*, das der Komponist Peter Cornelius (1824–1874) im Sommer 1865 in einem Brief an seine Braut mitteilte, ist solch ein unschuldiges Kidnappingopfer. So, wie man ein anderes großes Menschheitsrätsel, dass nämlich sogar KZ-Kommandanten fürsorgliche, ja sentimentale Familienväter waren, einfach hinnehmen muss, so auch, dass sich jener SA-Sturmführer namens Horst Wessel von der anrührenden Unschuld und Treuherzigkeit solcher Lieder infizieren ließ, der dann mit einem dieser kitschigen Ohrwürmer im Hinterkopf den Text des berüchtigten, später nach ihm benannten SA-Kampfliedes *Die Fahne hoch* schrieb. Anfang 1930 traf den 22-Jährigen die Kugel eines KPD-Mannes, sodass er selbst alsbald Märtyrer- und sein Lied Hymnenstatus erlangte. Die Diskussion, ob ihm dabei nun konkret dieses herzige Lied, ein gewisses »Königsberglied« oder aber keines von beiden, sondern eine dritte, vierte, fünfte »Urmelodie« Pate stand, finde ich so belanglos wie fruchtlos.

Wenn du mich liebst, kann mich der Tod mich schrek-ken, denn A-mor seh' ich nur am Him mels raum. Denn dei ne Lieb' kann mich vom Tod er wek ken, liebst du mich nicht, war al les nur ein Traum!

Wer eine kennt, kennt gleich ein Dutzend. Die Kenntnis des Umstands, dass der SA-Mann nur den Text, nicht aber die Melodie schrieb, sondern allenfalls Vorschläge dazu machte, hätte manche Frage klären können, noch bevor ich sie mir gestellt habe. Aber es ist schon merkwürdig, dass diese Nazi-Hymne bei aller Niedertracht der Intention und des Textes so seltsam »menschelnd« klingt, eher sanft als martialisch. Warum kommt ausgerechnet so etwas an den tröstenden Vorhalt?

Da Ohrwürmer und Viren kommen und gehen, wie sie wollen, hat es eine Zeit gebraucht, bis ich das viel spannendere Rätsel lösen konnte, nämlich, warum mir ein bis heute beliebtes Karnevalslied aus den 1950ern – *So ein Tag, so wunderschön wie heute* – immer jene spezielle, doppelt unangenehme Form des Déjà-entendus bescherte, bei dem eine Melodie nicht alleine angeweht kommt, sondern zugleich als »Überträger« fungiert, indem durch einen Ohrwurm noch ein zweiter zum Greifen (oder Summen) nah ist. Er liegt auf der Zunge, aber man kommt partout nicht drauf! Auch hier gab es also, wenn kein Tunnel*system*, so doch mindestens einen unterirdischen Gang zu etwas anderem. Als dann doch der Groschen gefallen, das Virus mit Namen *Horst-Wessel-Lied* bestimmt war, habe ich die zwei Melodien übereinandergelegt. Dies ist der Laborbefund: Das Ergebnis der »Zellfusion« ist das Musterbeispiel eines Quodlibets!

In einem solchen müssen mehrere Melodien, die ursprünglich nichts miteinander zu tun haben, so übereinandergelegt werden (können), dass sie einen schulmäßigen oder nach den Kriterien der traditionellen Harmonielehre zumindest halbwegs sauberen mehrstimmigen Satz ergeben. Um passende Paare zu finden – denn *erfinden* kann man sie nicht – braucht es Intuition, ohne sie schreibt sich kein Stück wie meine *Zweihnachtsmusik*. Aber es braucht auch ein Quentchen Glück, und das war mir bei diesem DNA-Abgleich der Töne hold. Was für ein Befund! Ich mag das »bildgebende« Verfahren der Genmetaphorik überstrapaziert haben, hier muss es noch einmal sein: Diese Lieder haben nicht einfach nur ein paar gemeinsame Gene. Sie sind Geschwister, und läge nicht die Nazizeit zwischen ihrer Geburt, sie wären wie Zwillinge, die, nach der Geburt getrennt, nichts voneinander wussten, bis dann zufällig in einer Genbibliothek jemand stutzig wurde. Ein Wort zur Harmonik: Die Vorhalte bei (a), (e), (f) und (j) habe ich mit dem Tredezimen-Akkord harmonisiert, der sich aber, wie eingangs erläutert, durch das Zusammentreffen der unteren Tonleiterstufen mit dem Dominantseptakkord fast automatisch ergibt. Apropos (j): Man beachte das Textwort (»wieder«). Dass scharfe Dissonanzen in populärer Musik gang und gäbe sind, scheinen auch die Vorhalte (c) und (h) zu belegen. Die große Septime entsteht wieder wie von selbst durch das Zusammentreffen einer alltäglichen Melodiewendung mit einem ebensolchen Akkord, diesmal auf der Subdominante.

Als wäre der Gentest nicht selbst bereits ein Volltreffer: Die Melodie von *So ein Tag* stammt von jenem Lotar Olias (1913–1990), der, NSDAP-Mitglied seit 1932 und Urheber von Kreationen wie dem *Amtswaltermarsch* – Textprobe: »Gott segne unser'n Führer und das Werk seiner Tat, daß er uns allzeit schütze vor Juda und Verrat« (Prieberg, 2005, S. 5019) – nach einem kürzeren Karriereknick um 1945 sein Comeback unter anderem als Schöpfer von Freddy-Quinn-Schlagern wie *Junge komm bald wieder* erlebte. Dass die Ähnlichkeit zufällig und Olias sich ihrer nicht bewusst gewesen sein könnte, halte ich für kaum vorstellbar. Wer zur Melodie von *So ein Tag* eine zweite Stimme zu schreiben hätte und erstens das Horst-Wessel-Lied nicht kennt sowie zweitens nach den allergängigsten Rezepten verfährt, das heißt viele Terz- und Sextparallelen unterbringt, dürfte unweigerlich bei einer Melodie landen, die stark an *Die Fahne hoch* erinnert. Allemal käme das Resultat diesem unwissentlich »dekodierten Original« näher als der Melodie von Olias. Das »Verschlüsselungsverfahren«, mit dem Olias das »Original kodiert« hat, besteht darin, dass er erstens die besonders exponierten Melodieteile eine Sexte höher setzte und zweitens den Marschrhythmus in einen Schunkelwalzer verwandelte (den ich hier übrigens nur zu Demonstrationszwecken einmal nicht im Dreivierteltakt notiert habe).

Für wenig wahrscheinlich halte ich, dass den aus voller Brust und tiefster Seele »Sooo ein Tag« schmetternden Angehörigen der Wehrmachtsgeneration in den Bierzelten der Nachkriegszeit bewusst war, warum sich gerade zu dieser vermeintlichen Saisonneuheit des Jahres 1952 so besonders beseligt schunkeln ließ. Dass man dem Lied eben gerade *nicht* an der Nasenspitze ansehen sollte, dass es in Wahrheit der genmanipulierte Ableger einer ganz anderen, altvertrauten, aber durch den Alliierten Kontrollrat mit einem Bann belegten und dadurch umso sehnlicher vermissten Melodie sein könnte, das war, wenn ich mit meiner These richtig liege, der Zweck der Übung. Sie dürften die Wirkung subkutan gespürt haben. Wie man weiß: Was direkt »unter die Haut« geht, unbemerkt wie ein Infektionsprozess, wirkt umso intensiver.

Buchstäblich unter die *Gänse*haut geht (oder ging zumindest mir) denn auch das Ergebnis einer weiteren mikrobiologischen Laboruntersuchung, der ich das Genmaterial der im Quodlibet fusionierten Zellen unterzog. Ich habe die beiden Lieder nämlich damals noch einmal kombiniert, nur diesmal nicht Töne beziehungsweise Noten schreibend in einem Quodlibet, sondern rein technisch mit einer handelsüblichen DAW (Digital

Audio Workstation, vulgo Sequenzersoftware) zwei Tonspuren beziehungsweise Stereokanäle mit historischem Audiomaterial in einer Collage oder Montage übereinanderschichtend.

Vor zehn Jahren waren im Internet zu beiden Liedern einschlägige Tondokumente zugänglich. Für die Tonspur mit der Karnevalshymne fand und findet sich eine Aufnahme, gesungen von jenem Ernst Neger, der seit den 1950ern als »singender Dachdecker« neben Juwelen wie *Humpa Tätera* oder *Rucki Zucki* auch *So ein Tag* berühmt machte. Auch ein Horst-Wessel-Lied stand als O-Ton der Nazizeit (mit typischem Tschingderassabum, Fanfaren und ruppig soldatischem Männergesang) zur Verfügung.

Auf diese Weise sollte mit präexistenten, in sich nicht mehr post factum manipulierbaren Tondokumenten noch einmal besonders eindrucksvoll bewiesen werden, was mit dem schriftlich skizzierten Quodlibet im Prinzip bereits bewiesen war. Lediglich Tempi und Tonarten mussten minimal austariert (gemittelt) werden, was kein Problem war, da beide Aufnahmen bereits ein fast identisches Zeitmaß (im Mittel ca. 60 M. M.) und als Tonarten As-Dur und B-Dur mitbrachten. Zur Mitte (A-Dur) war es also jeweils nur ein Halbtonschritt, sodass keinerlei Verzerrungen auftreten konnten. Ich übertreibe nicht, wenn ich die Wirkung dieser *Collage über die Unfähigkeit zu trauern* (so der Arbeitstitel der kleinen »Komposition«) gespenstisch nenne. Nur zu gerne würde ich die Erfahrung dieses kaum beschreibbaren Grusel-Effektes mit einer breiteren Öffentlichkeit teilen, scheue aber aus mehreren Gründen davor zurück, das Erlebte an die große Glocke zu hängen. Ich bin weder neugierig auf mögliche juristische Implikationen noch erpicht auf Applaus von der rechten, also *un*rechten Seite.

Zwischen dem Mainz (und dem Deutschland), wie es heute singt und lacht, und dem, wie es in den 1950ern sang und lachte, liegen sicher Welten. Darüber, wie viele oder wenige Schuldige damals die Festsäle füllten, gibt auch der enorme Erfolg von *So ein Tag* keine verlässliche Auskunft. Aber bei den Glücksgefühlen, die das Lied bescherte, dürfte es sich bei vielen um die Freude über ein »Wiederseh'n« gehandelt haben. Ein schöneres Geschenk hätte Lotar Olias seinen Landsleuten nicht machen können: Durch die enge Verwandtschaft mit dem verbotenen Horst-Wessel-Lied, dem viele als Symbol des untergegangenen zwölfjährigen Reiches (mit den Verbrechen eines tausendjährigen) immer noch nachtrauerten, schuf das Karnevalslied einen perfekten Ersatz. Zudem hat Olias offenbar bei der Anwendung seiner »Verschlüsselungsmethode« (Sext- und Terzparallelen) darauf geachtet, dass auch der wohlige Effekt des Ganztonvorhaltes erhalten bleibt. Vor allem aber war die Verwandtschaft dann doch wiederum gut genug getarnt, um, unbemerkt wie eine Ansteckung durch Viren oder Bakterien, gar nicht registriert zu werden. Auf diese Weise gab Olias seinen Zeitgenossen die Wonnen der sehnlichst vermissten Nazihymne zurück, aber so, dass sie nicht den Hauch eines schlechten Gewissens bekamen, wenn sie sich diesen Wonnen hingaben, weil ihnen die Zusammenhänge verborgen blieben. Eine Infektion beziehungsweise ihre Wirkung geht unter die Haut, ohne das Bewusstsein auch nur zu streifen.

Wer weiß, wäre das Original nicht verboten worden, vielleicht wäre der Ersatz gar nicht in der Welt. Und wenn doch – er wäre vermutlich nicht gar so heiß und innig geliebt worden. Überdies dürfte die Ansteckungsgefahr mit den Jahren kontinuierlich zurückgegangen sein.

Das Virus grassiert nicht mehr, lebt aber immerhin gelegentlich wieder auf. Ich will nicht sagen, dass gleich die Pest zurückgekehrt war oder die »panische« Grippe hätte ausgerufen werden müssen, als 1989 die Menschen auf der Berliner Mauer vor Freude über deren Fall den Refrain von *So ein Tag* anstimmten. Trotzdem möchte ich zum Schluss dann doch nicht verhehlen, dass dies ein parteiisches Plädoyer für die Wachsamkeit ist – natürlich ganz generell, aber eben nicht zuletzt für einen wachen Umgang mit Musik, die nämlich sehr wohl eine Menge zu sagen hat, oft mehr und anderes als Worte. Aber dazu muss man die Ohren und alles zwischen ihnen Liegende auf Empfang stellen. Musik tönt nicht nur, sie kann auch reden, aber das tut sie oft nicht ungefragt. Bewusstes Hören stärkt die Immunabwehr. Musik ist ein inkommensurables Paralleluniversum, schon dadurch erinnert sie an die verrückte Welt der Mikroorganismen. Trotzdem gelten viele Allgemeinplätze, wie für alles Menschenwerk, auch für sie:

Ignoranz wird bedrohlich, wenn sie es geschehen lässt, dass aus nicht erkannten latenten Gefahren Infektionskrankheiten und diese dann chronisch und epidemisch werden, bis irgendwann vielleicht doch zu befürchten steht, dass sie »nie vergeh'n«.

Glossar

Achteltriole: Mit der Notenschrift lassen sich die Dauern der Töne in Relation zueinander fixieren. Das Verfahren basiert auf der Halbierung langer Notenwerte: Ein Viertel dauert so lange wie zwei Achtel oder vier Sechzehntel. Nicht vorgesehen ist in diesem System zum Beispiel die Dreiteilung. Abhilfe schafft die sogenannte Triole: Noten, die wie Achtel aussehen, werden mit einer schräggestellten 3 versehen, die sie als Triolenachtel, im Grunde also »Zwölftelnoten« ausweist.

1 Viertel = 2 Achtel = 3 Triolenachtel = 4 Sechzehntel

Chopin-Akkord: So wird der unter anderem von Frédéric Chopin geschätzte →Tredezimenakkord bezeichnet.

Chromatische Skala, Chromatik: Im Gegensatz zu den → diatonischen, das heißt ungleichstufigen Skalen besteht die chromatische Skala aus lauter Halbtonschritten und enthält somit alle zwölf Töne unseres Tonsystems.

Diatonik, diatonische Skalen: Ungleichstufigkeit: Die meist siebenstufigen Leitern der → tonalen Musik bestehen in der Regel aus fünf Ganz- und zwei Halbtonschritten. Besser als die Notenschrift mit ihren fünf Linien veranschaulicht eine Klaviatur durch die Anordnung von weißen und schwarzen Tasten die Ungleichstufigkeit: Sind zwei Tasten unmittelbar benachbart wie bei den weißen e-f und h-c, bilden sie einen Halbtonschritt. Zwischen allen anderen liegt noch eine Taste (ein Ton); sie bilden somit Ganztonschritte. Ein Gegenteil der D. ist die → Chromatik.

Dissonanz: Als dissonant (misstönend, angespannt, nach Auflösung strebend) gilt ein → Intervall, wenn es, lapidar gesagt, nicht zu den → Konsonanzen zählt. Kleine Sekunde und große Septime gelten als »scharfe«, große Sekunde und kleine Septime als »milde« Dissonanz. Dem sogenannten Tritonus (übermäßige Quarte, verminderte Quinte) ist die charakteristische Spannung des → Dominantseptakkordes zuzuschreiben.

Dominante, Dominantseptakkord: → Tonika, Subdominante, Dominante.

Dreizehner: → Tredezimenakkord.

Dur und Moll: Der Dur-Dreiklang aus großer und kleiner Terz, zum Beispiel c-e-g (C-Dur), ist mit dem Schwingungsverhältnis 4:5:6 Teil der → Obertonreihe und rangiert im hierarchischen System der → Tonalität an oberster Stelle unter allen Klängen. Die Besonderheit, bei drei verschiedenen Tönen keine einzige → Dissonanz zu enthalten, teilt er nur mit dem Moll-Dreiklang, bei dem aber die Lage der Terzen vertauscht ist (unten die kleine, oben die große). Moll gilt daher als nicht gleichermaßen »naturgegeben« und wird als weich (lat. mollis), getrübt oder gar *betrübt* empfunden. Bezeichnenderweise wird in Moll fast nie der leitereigene Moll-Dreiklang als → Dominante verwendet, sondern die Dur-Variante. So entstand das »harmonische Moll«: Beispiel a-moll »harmonisch«: Tonika a-moll, Subdominante d-moll, Dominante E-Dur beziehungsweise E7. Zu Dur und Moll als Tonleitern siehe auch → Diatonik und → Phrygisch.

Espressivo: Der Begriff bedeutet Beseeltheit, vom Gefühl bestimmte Wirkung, ausdrucksvolle Gestaltung in der Musik.

Freygisch, »Zigeuner-Dur«: → Phrygisch.

Intervall: Damit wird der Abstand zwischen zwei Tonhöhen bezeichnet. Die lat. Ordnungszahlen »Prime«, »Sekunde«, »Terz« etc. benennen nur die Anzahl der beteiligten → diatonischen Stufen, weshalb es »große« und »kleine« Sekunden, Terzen, Sexten und Septimen sowie »reine« und »übermäßige« Quarten sowie »reine« und »verminderte« Quinten gibt. Die Prime und die ersten Intervalle der → Obertonreihe Oktave, Quinte und Quarte heißen »rein«, weil sie nur in unveränderter Größe zu den → Konsonanzen zählen; übermäßige Quarte und verminderte Quinte (wegen identischer Größe beide auch »Tritonus« genannt) sind hingegen → Dissonanzen.

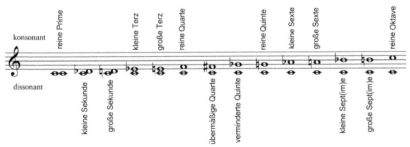

Konsonanz: Als konsonant (wohlklingend, in sich ruhend, spannungsfrei) gelten in der → tonalen Musik die → Intervalle mit einem einfachen Schwingungsverhälthnis (→ Obertonreihe); es sind dies Prime 1:1, Oktave 1:2, Quinte 2:3, Quarte 3:4, große Terz 4:5, kleine Terz 5:6, große Sexte 3:5 und kleine Sexte 5:8. Gegensatz: → Dissonanz.

Legato: ital. = gebunden. Eine Passage soll so gespielt oder gesungen werden, dass die Töne nahtlos ineinander übergehen. Gegenteil: staccato.

Obertonreihe, Obertöne: Ein Ton ist in Wahrheit ein Klang, bestehend aus einer Grundschwingung und deren ganzzahligen Vielfachen. So schwingt beim tiefsten Ton eines Cellos (C ≈ 64 Hz) die leere C-Saite nicht nur in ihrer vollen Länge, sondern gleichzeitig vollführen beide Hälften der Saite eine Schwingung von zweimal 64, also 128 Hz (wieder ein c), ihre Drittel eine von dreimal 64, also 192 Hz (ein g) usw. Die ersten sechs Töne der Obertonreihe enthalten die Töne eines → Dur-Dreiklangs und ergeben ausnahmslos → Konsonanzen.

Parallelen: Parallelen entstehen, wenn sich zwei Stimmen eines mehrstimmigen Satzes im gleichen Abstand (→ Intervall) und in gleicher Richtung (aufwärts/abwärts) bewegen.

Portamento: So heißt das stufenlose Hinübergleiten (Schleifen) von einer Tonhöhe zur anderen.

Phrygisch, Kirchentonarten, »Freygisch«: Die phrygische Tonleiter ist eine der nach griechischen Landschaften benannten mittelalterlichen »Kirchentonarten« oder »Modi«, die durch ihre je eigene → diatonische Abfolge der Ganz- und Halbtonschritte definiert und unterscheidbar sind. Mit der Erschließung des zwölftönigen Tonvorrats seit der

Renaissance (→ Chromatik) wurde es möglich, die Stufenfolge etwa der phrygischen Skala e-f-g-a-h-c-d-e auf jeden der zwölf Töne zu transponieren; die Grafik zeigt zum Beispiel (zweite Skala von unten) C-phrygisch: c-des-es-f-g-as-b-c.

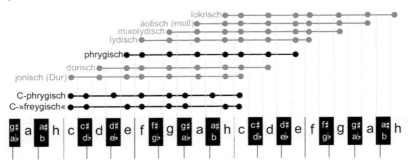

In der von Mahler in »Des Antonius von Padua Fischpredigt« einbezogenen »freygischen« Skala werden aus den großen Sekunden (→ Intervall) des-es und as-b von C-phrygisch die → übermäßigen des-e und as-h und schaffen so das Klezmer-Kolorit. Dieselbe Skala ließe sich aber auch ganz einfach aus der jonischen (dem späteren → Dur) herleiten, indem man in C-jonisch beziehungsweise C-Dur aus dem d ein des und aus dem a ein as macht; so lässt sich vermutlich auch das unter Umständen nicht ganz unproblematische Synonym »Zigeuner-Dur« erklären.

Quodlibet: lat. quod libet = was beliebt. Ein Quodlibet ist eine Kombination mehrerer unabhängig voneinander entstandener Melodien, die nach (m)einer strengen Definition (a) vollständig und (b) gleichzeitig erklingen und dabei (c) einen nach traditionellen Kriterien stimmigen Tonsatz ergeben sollten. Da sich Letzteres, zumal bei längeren Melodien, nicht erzwingen lässt, sprechen manche auch von einem Quodlibet, wenn die Bedingungen (a) und/oder (b) nicht erfüllt sind.

Subdominante: → Tonika, Subdominante, Dominante.

Tonalität: So bezeichnet man im weitesten Sinn die Hierarchie der Töne und Klänge in der traditionellen Musik, im engeren deren Bezogenheit auf einen Zentralton oder -klang, die → Tonika. In Korrelation mit den hierarchischen Beziehungen zwischen Tönen oder Tonleiterstufen und dem

Grad der Verwandtschaft zwischen Tonarten steht unter anderem auch der Rangunterunterschied von → Dur und Moll und derjenige von → Konsonanz und Dissonanz.

Tonika, Subdominante, Dominante: Dies sind die Hauptdreiklänge einer Tonart auf den Tonleiterstufen I, IV und V. In Dur sind dies sämtlich → Dur-Dreiklänge. Beispiel C-Dur:
(a) I. Stufe (Tonika) C-Dur
(b) IV. Stufe (Subdominante) F-Dur
(c) V. Stufe (Dominante) G-Dur
(d) Dominantseptakkord: dem G-Dur-Dreiklang g-h-d wird noch der Ton f hinzugefügt; er hat nun zwei → Dissonanzen: die Sept(ime) g-f und den nach Auflösung in die Terz der C-Dur-Tonika c-e-g strebenden Tritonus h-f
(e) zeigt die mögliche Auflösung eines fünfstimmigen Dominantseptakkords (g d g h f) in die C-Dur-Tonika (c c g c e). Siehe auch → Tonalität, → Diatonik

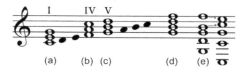

Tredezimenakkord »Dreizehner«, *G13:* lat. tredecimus = »der dreizehnte«. Bei Akkordbezeichnungen dieser Art geben die Zahlen an, welche Tonstufe über dem Grundton eines Dreiklangs diesem hinzugefügt werden. Zahlen größer als acht deuten darauf hin, dass der Akkord noch einen weiteren, nicht explizit mitgenannten Zusatzton, meist die Septime (→ Intervalle) enthält und der namengebende (hier die 13) in einer höheren Lage als der nichtgenannte plaziert werden soll. So wird auch vermieden, dass zum Beispiel ein G13 mit einem G6 verwechselt wird, denn beide fügen dem G-Dur-Dreiklang ein e hinzu.

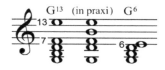

In Gestalt der kleinen Septime g-f und der großen f-e enthält der G13 eine milde und eine scharfe → Dissonanz. Verwendet man ihn als → Vorhalt (im

Beispiel des G13 wäre das ein Schritt vom e zum d) wird aus dem scharf dissonanten Fünfklang ein mild dissonanter Klang mit nurmehr vier verschieden(namig)en Tönen (g-h-d-f), das heißt der → Dominantseptakkord. Siehe auch → Dur und Moll.

Übermäßige Sekunde: Diese entsteht, wenn der untere Ton einer großen Sekunde (→ Intervall) durch ein b erniedrigt oder der obere durch ein # erhöht wird. Letzteres geschieht unter anderem im sogenannten »harmonischen Moll«: Wird etwa in a-moll (→ Dur und Moll) als → Dominante E-Dur statt e-moll (das heißt gis statt g) verwendet, wird auch in der Melodie nicht g-f, sondern gis-f erscheinen. Siehe auch →Phrygisch.

Vorhalt: Als Vorhalt wird ein Melodieschritt bezeichnet, durch den eine → Dissonanz in eine → Konsonanz oder einen graduell weniger dissonanten Klang aufgelöst wird.

Literatur

Adorno, T.W. (1975). *Einleitung in die Musiksoziologie. Zwölf theoretische Vorlesungen.* Frankfurt a. M.: Suhrkamp.
Adorno, T.W. (1978). *Mahler. Eine musikalische Physiognomik.* Frankfurt a. M.: Suhrkamp.
Adorno, T.W. (2003a). Fragment über Musik und Sprache. In ders., *Gesammelte Schriften. Band 16: Musikalische Schriften I–III* (S. 251–256). Frankfurt a. M.: Suhrkamp.
Adorno, T.W. (2003b). Richard Strauss. Zum hundertsten Geburtstag: 11. Juni 1964. In ders., *Gesammelte Schriften. Band 16: Musikalische Schriften I–III* (S. 565–606). Frankfurt a. M.: Suhrkamp.
Blaukopf, Kurt (1980). *Gustav Mahler oder Der Zeitgenosse der Zukunft.* München: dtv.
Czerny, C. (o. J.). *Schule der Geläufigkeit. op. 299.* Herausgegeben von Adolf Ruthardt. Frankfurt a. M., London, New York: C. F. Peters.
Dawkins, R. (1978). *Das egoistische Gen.* Berlin, Heidelberg, New York: Springer.
Die Bibel. Die ganze Heilige Schrift des alten und neuen Testaments. Mit den Kupferstichen von Matthaeus Merian (1964). O. O.: Daumüller.
Eggebrecht, H. H. (Hrsg.). (1967). Unterhaltungsmusik. In *Riemann Musiklexikon* (S. 1007f.). Mainz: B. Schott's Söhne.
Goethe, J. W. (1982). *Faust. Der Tragödie erster und zweiter Teil. Urfaust.* Herausgegeben und kommentiert von Erich Trunz. München: C. H. Beck.
Hanslick, E. (1865). *Vom Musikalisch-Schönen. Ein Beitrag zur Revision der Ästhetik der Tonkunst.* Leipzig: Rudolph Weigel.
Hindemith, P. (1940). *Unterweisung im Tonsatz. Band I: Theoretischer Teil.* Mainz: B. Schott's Söhne.
Mahler-Werfel, A. (1978). *Erinnerungen an Gustav Mahler. Gustav Mahler, Briefe an Alma Mahler.* Herausgegeben von Donald Mitchell. Frankfurt a. M., Berlin, Wien: Ullstein.

Mahler, G. (1952). *14 Lieder aus Des Knaben Wunderhorn für tiefe Stimme und Klavier*. London: Universal Edition Ltd.

Mahler, G. (1966). *Symphony No. 4*. London, Zürich, Mainz, New York: Edition Eulenburg Ltd.

Mahler, G. (1990). *Songs of a wayfarer and Kindertotenlieder in Full Score*. New York: Dover Publications.

Mahler, G. (2001 [1905]). *Des Knaben Wunderhorn* . Mineola: Dover Publications.

Moghaddari, S. (2011). Hast du Meme? Oder haben Meme dich? *Gen-ethischer Dienst*, (206). https://www.gen-ethisches-netzwerk.de/hast-du-meme-oder-haben-meme-dich (15.11.2019).

Olias, L. (2007) & Neger, E. (Gesang). *So ein Tag, so wunderschön wie heute* [Video]. https://www.youtube.com/watch?v=KsKvAxrAAto (22.01.2019).

Prieberg, F. K. (2005). *Handbuch Deutsche Musiker 1933–1945*. CD-ROM, Auprés des Zombry.

Schauerte, U. (2016). *Zweihnachtsmusik oder Die Kunst des Quodlibets*. Orchesterfassung. https://www.uli-schauerte.de/kompositionen/zweihnachtsmusik-oder-die-kunst-des-quodlibets/ (22.06.2020).

Schauerte, U. (2014). *Collage über die Unfähigkeit zu trauern*. https://www.uli-schauerte.de/kompositionen/collage-über-die-unfähigkeit-zu-trauern/ (22.06.2020).

Schönberg, A. & Vojtěch, I. (Hrsg.). (1976) *Aufsätze zur Musik*. Frankfurt a. M.: Fischer.

Schönberg, A. & Vojtěch, I. (Hrsg.). (1992). *Stil und Gedanke*. Frankfurt a. M.: Fischer.

Schubert, F. (o. J.) Der Lindenbaum. In *Gesänge für eine Singstimme mit Klavierbegleitung. Band I. Ausgabe für hohe Stimme* (S. 67–70) Frankfurt a. M.-London-New York: Edition Peters.

Strauß, J. (1968). *Die Fledermaus. Komische Operette in drei Akten*. Text von Carl Haffner und Richard Genée. Originalfassung. Herausgegeben von Hans Swarowsky. Leipzig: Edition Peters.

Volksliederarchiv. https://www.volksliederarchiv.de/wenn-du-mich-liebst-kann-mich-der-tod-nicht-schrecken/ (13.06.2020).

Biografische Notiz

Uli Schauerte ist Musiker (Komponist, Pianist, Arrangeur) Musikwissenschaftler und Philologe. Seine Musik vereint Tradition und Moderne, knüpft zum Teil mit einem eigenen Zwölftonsystem an die Wiener Schule an. Die Nähe zu deren Wegbereitern und Protagonisten zeigt sich auch in seinem Filmessay *Ragtime statt Wagner – Wagnis statt Ragtime*, einer eigenen Drucklegung der Klavierwerke Schönbergs, vor allem aber in der Schaffung virtueller Orchesterplaybacks: Hier ragt aus der Vielzahl der Komponisten und Œuvres neben einer Einspielung von Werken Zemlinskys diejenige sämtlicher orchestrierten Vokalwerke Mahlers heraus, der auch im Beitrag zu diesem Buch von zentraler Bedeutung ist.

Infektion durch Filmmusik

Phänomene der auditiven Penetration im Science-Fiction-Film

Willem Strank

Kann Musik infizieren? Als Metapher gebraucht, ist es insbesondere im angloamerikanischen Sprachgebrauch üblich, von infektiöser Musik zu sprechen[1] – gemeint ist dabei im Gegensatz zu einer medizinischen Infektion jedoch kein negatives Phänomen, sondern die Möglichkeit des Mitgerissenwerdens. Auch im deutschen Sprachraum ist es nicht unüblich, von einer »ansteckenden Persönlichkeit« oder »Laune« zu sprechen. Während der lateinische Stamm von infectious beziehungsweise Infektion von inficere (in etwa: beflecken) herzuleiten ist, bezog sich das deutsche Verb »anstecken« ursprünglich jedoch auf das Anstecken eines Feuers (mittelhochdeutsch: ansticken). Während im einen Fall also die positive Konnotation auf eine negative (anstecken durch Krankheitserreger) ausgedehnt wurde, ist im anderen Fall eine positive Umdeutung bezogen auf Musik (infectious) erkennbar.

Im medizinisch-biologischen Sinne führt »das Zusammentreffen aus Exposition (gegenüber dem infektiösen Agens) und Disposition (des Wirtes) zur Infektion, welche darüber hinaus nicht gleichbedeutend mit Krankheit ist« (Mielke, 2004, S. 14; Hervorhebungen getilgt). Eine Infektion liegt demnach vor,

> »wenn ein zur Infektion befähigter (pathogener) Mikroorganismus [...] in einen empfänglichen Wirt
> ➢ eingedrungen [ist],
> ➢ sich in ihm vermehrt oder angesiedelt und
> ➢ Schädigungs- oder
> ➢ Abwehrreaktionen hervorgerufen hat« (ebd.).

---

[1] Zum Beispiel »Infectious Song«: (Diawara, 1998, S. 95); »Infectious Music« (Campbell, 2013, S. 382).

Von der Infektion zu unterscheiden ist überdies die Kontamination, bei der »der Mikroorganismus weder die Körperoberfläche durchdringt noch Abwehrreaktionen hervorruft«. Es soll im Folgenden versucht werden, diesen organischen Vorgang im Sinne eines medialen Phänomens zu systematisieren und anhand der daraus gewonnenen Metapher die Begegnung des Eigenen mit dem Fremden in der Filmmusik des Science-Fiction-Films beispielhaft zu erläutern.

Durch das für die musikalische Infektion notwendige Eindringen des Klanges in die Ohrmuschel ist eine genauere Unterscheidung zwischen Infektion und Kontamination auf dieser Ebene für die hier verfolgten Zwecke zunächst irrelevant. Interessanter wäre es, zwischen denjenigen Fällen zu unterscheiden, die zu einer Schädigungs- oder Abwehrreaktion führen, und denjenigen, die es bei der Vermehrung und Ansiedelung belassen. Die getroffene Auswahl an Science-Fiction-Soundtracks ist keinesfalls umfassend oder für ein auf das gesamte Genre bezogenes Ergebnis stichhaltig. Es handelt sich gewissermaßen um eine filmmusikalische Gewebeprobe, um Erkenntnisse über mögliche musikalische Inszenierungen beziehungsweise Funktionsweisen von Kontakt und Überwältigung zu gewinnen.

Im umgangssprachlichen Sinne wäre einer musikalischen Infektion wohl der sogenannte Ohrwurm am nächsten. Der empfängliche Wirt erfährt die Ansiedelung einer eingängigen Melodie in seinen Gehirnwindungen, was durch die negative Konnotation des Phänomens zumindest häufig eine Ablehnung (Abwehrreaktion) zur Folge hat. Die audiovisuelle Darstellung von Ohrwürmern ist zumeist eine komische. In der fünften Episode der zweiten Staffel von *Seinfeld* (USA 1991; »The Jacket«) geistert der Song *Master of the House* aus *Les Miserables* nacheinander durch die Köpfe zweier Protagonisten. George Costanza (gespielt von Jason Alexander), eine der Hauptfiguren der Serie, singt den Themenkopf des Songs erst im Freundeskreis und später gegenüber Alton Benes (Lawrence Tierney), dem Vater einer weiteren Hauptfigur (Elaine Benes [Julia Louis-Dreyfus]), der als intellektuelle Autorität gilt, da er das wohlbeleumundete Buch *Revolutionary Road* verfasst hat. Während *Master of the House* weniger George als vielmehr sein Umfeld um den Verstand zu bringen droht, fungiert der »ansteckende« Song aus dem Munde des hochkulturell beflissenen Autors am Ende als Kontrapunkt, als Transgression über kulturelle Bildungsgüter verhandelter Klassengrenzen. Auch die potenziell destruktive Wirkung von Ohrwürmern wird angesprochen, indem Jerry Seinfeld (Jerry Seinfeld), freilich nicht ganz unironisch, George darauf hinweist, dass Robert

Schumann an einer immer und immer wieder in seinem Kopf erklingenden Note verrückt geworden sei.

Eine weniger komische Funktion nimmt ein Ohrwurm im vierten Abschnitt des Episodenfilms *Night On Earth* (USA 1991, Regie: Jim Jarmusch) ein. Roberto Benigni spielt den Taxifahrer Gino, der einen Priester (Paolo Bonacelli) aufsammelt und ihn durch seinen extravaganten Fahrstil und immer unchristlichere Anekdoten über sein sündenbehaftetes Sexualleben einen tödlichen Herzinfarkt erleiden lässt. Gino drapiert den toten Priester auf einer Bank und löst damit potenziell die sich anschließende Whodunit-Erzählung aus, die der Film jedoch ausspart. Dazu passend ist der Ohrwurm, den Gino die gesamte Taxifahrt über vor sich hinbrummt, der *Marche funèbre d'une marionette* von Charles Gounod (1872). In seiner orchestrierten Fassung (1879) wurde dieser unter anderem als Titelthema der TV-Serie *Alfred Hitchcock Presents* (1955–1962) berühmt. Der Ohrwurm dient damit als *Foreshadowing* für die makabre Begebenheit, während der Todesfall selbst wie eine Vorgeschichte anmutet, die in der Serie aus Gründen der Spannungserzeugung[2] ausgespart würde.

Während die ersten beiden Beispiele Abwehrreaktionen in der Umwelt des Infizierten hervorgerufen haben *(Seinfeld)* beziehungsweise sich als schädigend für dessen Umwelt herausstellten *(Night On Earth)*, steht der Ohrwurm, von dem Stan Grayson (Kevin McCarthy), der Protagonist des Film noirs *Nightmare* (USA 1956, Regie: Maxwell Shane), geplagt wird, symptomatisch für eine Amnesiestörung. Die Suche nach dem entsprechenden Musikstück führt Grayson an die Quelle seiner Infektion zurück und füllt schließlich seine Wissenslücke (vgl. Strank, 2016 für eine genauere Analyse der Filmmusik von *Nightmare*). Die infektiöse Musik ist im eigentlichen Sinne schädlich für Grayson – sie begleitet seine Hypnose, unter der er einen Mord zu begehen gezwungen ist – und ihre Verbannung korrespondiert mit seiner Genesung.

Bevor es um sogenannte extradiegetische Musik gehen soll, möchte ich als finales Beispiel der anfänglichen Auslotung des Feldes eine Folge der Serie *Star Trek* aus den 1960er Jahren anführen: »Operation – Annihilate!« (USA 1967; Staffel 1, Folge 29) erzählt im ersten Staffelfinale

---

2 Auch wenn Hitchcock entsprechend seiner berühmten Interviewaussagen die *Suspense* der *Surprise* vorzog, greift die Serie durchaus häufiger auf das Element der Spannungserzeugung durch Wissensrückstände der Zuschauerinnen und Zuschauer zurück.

die Geschichte einer amöbenartigen Kreatur, die einen von Menschen kolonisierten Planeten in den Wahnsinn getrieben hat. Als sich ein ausgewählter Landungstrupp *(landing party)* an die Oberfläche beamt, begegnen ihnen aggressive Menschen, die sich für ihre gewalttätigen Angriffe entschuldigen. Offenbar sind sie infiziert von einem Fremdkörper, der ihnen den freien Willen nimmt und sie zu (auto-)destruktivem Handeln zwingt. Der Landungstrupp dringt in eine Art Nest dieser Wesen vor, die wie fliegende Quallen anmuten und laut Mr. Spock (Leonard Nimoy) »not life as we know or understand it« darstellen. Ebenjener Mr. Spock wird von einem der Wesen am Rücken penetriert und dadurch mit dem gefährlichen Fremdkörper infiziert, der sich prompt in seinem gesamten Nervensystem ausbreitet. Aufgrund seiner Willensstärke kann Spock den Aggressor jedoch in Schach halten und bei einem weiteren Ausflug an die Planetenoberfläche eine der Kreaturen einfangen, was wesentlich zum Durchbruch beim Überwinden und Zerstören der Wesen beiträgt. Die Musik der Episode wurde von Alexander Courage komponiert und ihr Thema passt idealtypisch zur Leitfrage dieser Untersuchung. Film- oder Fernsehmusik muss jedoch nicht zwangsläufig ihre Konzeption der Narrative anpassen; im Falle von *Star Trek* wurde der Soundtrack häufig in mehreren Episoden wiederverwendet. Das von Pizzicatostreichern vorgetragene Ostinato nach der Landung (07:42) etwa findet sich unter anderem bereits einige Folgen zuvor in einer gänzlich unvergleichbaren Situation (»This Side of Paradise«, Staffel 1, Episode 24, 5:10)[3]. Die erst unbekannte und später bekannte Bedrohung in »Operation – Annihilate!« wird durch vibrierende und dynamisch stark variierende Blechbläserklänge eingeführt, die bei dem ersten Kontakt mit den Kreaturen – möglicherweise lautmalerisch – (17:26) Spocks zweiter Begegnung mit den Kreaturen (31:14) ähnelt. Der infizierte Spock im Kampf mit den fremdartigen Wesen jedoch wird musikalisch nicht in Bezug dazu gesetzt (25:15), ebenso wenig des Vulkaniers Moment der Schwäche, in dem es den Kreaturen kurzzeitig gelingt, ihm ihren Willen aufzuzwingen (21:45). Es gibt weitere musikalische Korrespondenzen in der Folge, die an dieser Stelle jedoch nicht

---

3 Eine Gemeinsamkeit mag sein, dass in beiden Fällen der Landungstrupp die Ermittlungen aufnimmt, jedoch ist kein spezifischer Bezug auf das jeweilige Narrative der Episode erkennbar. Außerdem wäre dann ein Musikeinsatz nach Kirks jeweiliger Ansprache (»Let's find out what's happening; »Let's go get some answers«) vergleichbarer.

interessieren sollen. Der Wirt und der infizierte Wirtskörper werden musikalisch nicht in Bezug zueinander gesetzt.[4]

Die Suche nach dem Thema »Infektion und Filmmusik« muss also nicht zwangsläufig über die Schnittstelle der Film- oder Serienhandlung operieren. Etliche Erzählungen von Infektion und Kontamination (vgl. auch *Contagion*, USA 2011, Regie: Steven Soderbergh, Musik: Cliff Martinez) positionieren die Musik nicht als zusätzliche Zeichenebene, die den Effekt der Infektion metaphorisch koinszeniert. Im Gegenteil dazu lassen sich jedoch manche Beispiele der Musik im Science-Fiction-Film als Erzählungen einer Synthese des Fremden mit dem Eigenen lesen und somit auf die eingangs eingeführte Infektionsmetapher beziehen.

Schläft ein Lied in allen Dingen – Infektion und Ausbreitung

Lange bevor sich die Aliens in Steven Spielbergs *Close Encounters of the Third Kind* (USA 1977, Musik: John Williams)[5] den Menschen vis-à-vis offenbaren, finden sich in der erzählten Welt allerorten Hinweise auf ihre Präsenz. Neben subjektiven Begegnungen mit dem Fremden und naturwissenschaftlich nachweisbaren Anomalien ist dies insbesondere die Tonfolge g' – a' – f' – f – c', die ausgewählte Menschen als Ohrwurm verfolgt. Begleitet wird dieses musikalische Signal von der subliminalen Idee eines Berges, der den Treffpunkt mit den Aliens markiert. Obgleich sich Scharen von dergestalt »Infizierten« zur unheimlichen Begegnung der dritten Art aufmachen, kommen nur die Hauptfiguren Jillian Guiler (Melinda Dillon) und Roy Neary (Richard Dreyfuss) dort an. Als einzige Zivilistinnen in der Sperrzone werden sie Zeuginnen der Begegnung mit den Aliens.

Die Tonfolge hat jedoch mehrere Dimensionen im Film. Die Programmierung ausgewählter Menschen, deren Familienmitglieder im Laufe der

---

4 Die Szenen mit dem infizierten Mr. Spock werden zudem verschieden vertont. Überdies erfahren die infizierten Menschen von Deneva eine andere Untermalung: Bereits das erste Beispiel, das in die Problemsituation einführt, ehe der Landungstrupp überhaupt die Ermittlungen beginnt, inszeniert einen Einwohner von Deneva, der, um seinen freien Willen wiederzuerlangen, einen ikarusartigen Suizid in Kauf nimmt und sein Raumschiff direkt in die Sonne seines Planetensystems lenkt. Sein Ausruf »I'm free«, kurz bevor er verglüht, gibt der Crew einen ersten Hinweis auf die Schwachstelle der Kreaturen.

5 Für stärker auf den Bezug auf John Williams' Gesamtschaffen fokussierte Analysen vgl. Audissino (2017, S. 191–222), Moormann (2010, S. 231–255) sowie Lerner (2004).

vergangenen Jahrzehnte von den Aliens entführt worden waren und am Ende des Films in einer nicht weiter erläuterten »Nichts-für-Ungut«-Geste am Treffpunkt freigelassen werden, trägt zunächst auch selbstreflexive Züge. Die synthetische Zusammensetzung von Bild und Ton, die zum Entschlüsseln der Botschaft notwendig ist, verweist nämlich zugleich auf das Erleben beziehungsweise Verstehen des Films. Zudem wird Musik als transkulturelle Sprache eingeführt. Zunächst hat sie auf der Erde Allgemeingültigkeit, da sie zum Beispiel im indischen Dharmsala von etlichen Hindus skandiert wird (36:15). Dass die indische Musiktradition mit den abendländischen zwölf Tönen jedoch nicht uneingeschränkt kompatibel ist, spielt in der westlichen Sicht des Films jedoch keine Rolle. Überdies entschlüsseln die Wissenschaftlerinnen die Tonfolge als Chiffre für »H-E-L-L-O«, also eine Begrüßung.[6]

Das universelle Grußwort kulminiert in der berühmten Begegnungssequenz, in der Aliens und Wissenschaftlerinnen über mehrere Minuten hinweg über Musik kommunizieren, sodass die sprachliche Komponente derselben hier nochmals betont wird. Dies greift natürlich populärkulturelle Klischees von Musik als »Sprache des Herzens« ebenso auf wie das romantische Konzept, auf das es vermutlich zurückgeht. Schon Wilhelm Heinrich Wackenroder und Ludwig Tieck beschrieben die Musik als höchste der Künste (vgl. Margotton, 2003, S. 409) und Joseph von Eichendorffs programmatisches Gedicht *Wünschelrute* (1835) deklariert, dass »ein Lied in allen Dingen« schläft und die Welt zu singen anhebe, sofern man nur das Zauberwort treffe. Natürlich bezieht sich Eichendorff hierbei auf die Dichtung als diejenige, die mit dem Treffen des Zauber*wortes* die Welt zum Klingen zu bringen vermag, jedoch ist sowohl der vorbewusste Zustand der »schlafenden« Musik, ihre Ubiquität (»in allen Dingen«) und die Verknüpfung der zum Zauber befähigten Dichtkunst (»Zauberwort«) mit ebenjener Musik programmatisch für Darstellungen des Weltgebäudes von Nietzsches Zarathustra über Tolkien bis hin zu populärwissenschaftlichen Deutung der Superstringtheorie (vgl. Greene, 2000).[7]

Dass die Aliens in *Close Encounters of the Third Kind* nicht nur das Unterbewusstsein ausgewählter Menschen penetrieren, sondern gleichsam die

---

6 Wie die fünf Töne auf Hindi funktionieren würden, zumal dort die L-Dopplung durch das oktavierte f wegfallen würde, bleibt ein weiteres postkoloniales Mysterium.

7 Insbesondere auch im esoterischen Bereich, vgl. Joachim-Ernst Berendts Kulturgeschichte der klingenden Welt in *Nada Brahma. Die Welt ist Klang* (1983).

Welt zum Klingen bringen, wird nicht nur durch den Rahmen der filmischen Welt, die extradiegetische Musik, deutlich gemacht, die das »Hello«-Motiv immer wieder verarbeitet. Ebenso wird das diegetische Sounddesign stark in den Fokus gerückt: klirrende Kronleuchter, irrlichternde Instrumente und Abspielgeräte, die von selbst spielen, Haushaltsgeräte, die sich selbstständig machen – die Geräusche des Alltags gehen mit der unwillkürlichen Musik eine Symbiose ein, sodass tatsächlich im Wortsinne die ganze Welt zu klingen anhebt. Bisweilen löst sich daraus ebenjenes »Hello«-Motiv und wird innerhalb der erzählten Welt vernehmbar: als abgewandelter Hörton eines schnurlosen Telefons (51:39) oder als vom Hochleistungsradar des Militärs abgefangene Radiosignale (43:22) etwa.

Treffen die Aliens das Zauberwort (»Hello«), hebt die Erde an zu singen; die gesamte Welt wird von ihrem Klang infiziert – jedoch sind zwei Dinge daran bemerkenswert: Die Aliens lösen etwas aus, was ohnehin vorliegt. Sie *bringen* die Welt zum Klingen, fügen aber zunächst nichts Neues hinzu. Und zweitens verfolgt der Film seine eigene Poetologie, die Eichendorffs Idee, die Dichtung als Auslöser des weltumspannenden Wohlklangs zu inszenieren, auf den Film überträgt. Nicht nur die Musik deutet auf die Ankunft der Außerirdischen hin, auch ihre ständige Korrelation mit Licht. Beides kulminiert in der ersten geplanten Begegnung, die eine Kommunikation aus Musik und Licht, aus dem Auditiven und dem Visuellen, zur Grundlage nimmt. Der Film als audiovisuelle Kunst trifft, metaphorisch gesprochen, das Zauberwort und ermöglicht damit die Erfahrbarkeit des Wunderbaren.

Das ebenfalls zutiefst romantische Spiegelmotiv (vgl. Schmitz-Emans, 2003, S. 99–143), dass einerseits die Musik im Gewebe der Welt verankert ist und andererseits in der Begegnung mit dem Fremden das Eigene sichtbar wird, findet sich auch in *Contact* (USA 1997, Regie: Robert Zemeckis, Musik: Alan Silvestri) wieder. Auch hier signalisieren verschlüsselte Radiosignale die Ankunft einer außerirdischen Präsenz, die Baupläne für ein Raumschiff übermittelt, das eine erste Begegnung zwischen Menschen und Außerirdischen ermöglichen soll. Die Wissenschaftlerin Ellie Arroway (Jodie Foster) hat ein besonderes Interesse an einer solchen Begegnung und wird über mehrere Umwege für die Mission ausgewählt. Am Ende der Erzählung bleibt unklar, ob die von Ellie erlebte Begegnung tatsächlich oder nur in ihrem Unterbewusstsein stattgefunden hat – man schenkt ihr keinen Glauben, da aus einer Außensicht das Raumschiff niemals abgehoben ist. Ellie jedoch hat nach eigener Überzeugung eine menschenunmögliche Reise hinter sich gebracht und Lichtjahre entfernt den ersten persönlichen Kontakt mit einem außerirdischen Wesen hergestellt.

Ellies Vorgeschichte motiviert nach üblichem Hollywoodmodell (die sogenannte »Backstory Wound«) ihren Forscherinnendrang: Da sie ihre Mutter in frühen Kindertagen verloren hat, zeigt sie schon früh Interesse am Fremden und Jenseitigen, in der vagen Hoffnung, sie dort wiederzufinden. Folgerichtig erscheint ihr das Alien in Gestalt ihres Vaters und die Begegnung findet an einem Strand statt, der mit einem Bild, das Ellie in ihrer Kindheit gemalt hat, große Ähnlichkeit besitzt. Die Elemente der Begegnung könnten also durchaus Elemente ihres Unterbewusstseins sein, sodass die Unklarheit über den Status des Kontakts fortbesteht. Die Musik bekräftigt hierbei die Scharnierstellung, die Ellies Reise für die Handlung – und die Psyche der Figur – einnimmt.

Einerseits befindet sich Ellie in einer Art unsichtbarem Kokon, als sie am Strand dem Alien begegnet. Sie hat keine Bewegungsfreiheit, sondern stößt bald an die unsichtbaren Grenzen, wenn sie ihre Hand ausstreckt. Berührt sie das Gewebe, hebt es an zu klingen (1:56:35). Ellie berührt es dreimal hintereinander, dann weitere drei Male. Dieselbe Tonfolge erklingt, um eine Oktave nach unten versetzt: ein Ganzton zwischen den ersten beiden Tönen, gefolgt von einem Halbtonschritt. Der durch einen möglicherweise extradiegetischen Synthesizer ergänzte Orgelpunkt steht auf der großen Terz unterhalb des ersten Tons, sodass vier Töne der Abfolge (as) – c – d – es hörbar sind – ein As-Dur-Akkord mit Durchgangsnote; allerdings handelt es sich dabei um den Tritonus, der als Quarterhöhung fungiert (des → d) und eine bitonale Ambivalenz in Richtung c-moll erzeugt. Signifikanter ist jedoch der innerfilmische Bezug: Die Tonfolge verweist auf das Klavierthema, das seit ihrer Kindheit mit Ellie verknüpft ist und mit den vier Tönen c''' – des''' – es''' – as''' anfängt und durch c'' – des'' – es'' – as'' fortgesetzt wird. Neben dem Bezug auf die obere und die untere Oktave fällt auf, dass die leichte Abwandlung genau den ambivalenten Ton des/d betrifft. In Ellies »eigener« Welt, auf der Erde, finden wir ein reines As-Dur-Thema vor, das in vergleichbaren Drei- beziehungsweise Viertonmotiven weitersequenziert wird, beim »Kontakt« jedoch wird ein fremdartiges Element der Verunsicherung eingespeist. Dieses ist erneut doppelbödig: Signalisiert es Fremde oder signalisiert es Uneigentlichkeit? Ist Ellies Thema »falsch« wiedergegeben, da sie sich in einem anderen Raum befindet oder weil sich die Sequenz nur in ihrem Inneren abspielt? Die Lösung wird noch weiter verkompliziert, wenn man sich Ellies gesamtes

Thema ansieht. Nach dem Beginn in As-Dur führt eine absteigende Basslinie (As – G – F – Es – Des) mit komplementären Sequenzbögen nach Des-Dur, wo schließlich ebenjene Tonfolge aus dem Weltraum erklingt, nur um eine Quinte nach unten versetzt: (des') – f' – g' – as'. Anfang und Ende werden hier miteinander verschränkt, indem die Tonart des Themenkopfes mit der Melodieführung des Schlusspunktes kombiniert wird. Ellie ist im Moment der Begegnung mit dem Alien des natürlichen Zeitverlaufs entbunden, was die Variante des Motivs erklären könnte – es dient weder der Verifizierung noch der Falsifizierung der Begegnung.

Ebenso wie bei *Close Encounters of the Third Kind* wird in *Contact* eine Verbindung zwischen dem Klang des »Weltgewebes« und der menschlichen Psyche hergestellt. Die Verknüpfung des »Fremden« mit dem Unterbewusstsein der Protagonistin sorgt für eine doppelte Ausdeutungsmöglichkeit der Expedition. Ihr Forscherinnendrang, der ihre Persönlichkeit aufgrund ihres Verlustes schon früh »infiziert« hat, treibt sie bis hinaus ins Weltall – dort findet sie jedoch nur sich selbst. Auf eine gewisse Weise ist das aber genau, was sie wollte, denn die kindliche Ellie hat ihren Forscherinnendrang aus dem Wunsch heraus entwickelt, eines Tages in unerforschten Gefilden ihre Mutter wiederzusehen.

Trance und Kontamination

Kaum eine Filmmusik ist so ausgiebig analysiert und interpretiert worden wie die präexistente Musik, die Stanley Kubrick für seinen Film *2001: A Space Odyssey* (USA/UK 1968) ausgewählt hat. Es soll daher nur kurz auf einen Aspekt eingegangen werden, der im Kontext von Infektion und Filmmusik interessant sein mag. Es wurde oben die Information ausgespart, wie die beiden Zivilistinnen, die in *Close Encounters of the Third Kind* an der Begegnung mit den Aliens teilnehmen, mit der um sie herum erklingenden Musik umgehen. Tatsächlich verfällt insbesondere Jillian in eine Art der Extase – das Schauspiel aus Musik und Licht lässt sie in einen tranceähnlichen Zustand der Begeisterung verfallen und sie ist gebannt und überwältigt.

Auch das überwältigende Potenzial der Musik ist ein Topos, der in der Romantik Gegenstand der poetologischen Diskussion war. Die höhere Schönheit der Musik wird häufig »als Gewalt erlebt und beschrieben« (Margotton, 2003, S. 409), was von Jean-Charles Margotton in einem ähnlichen Zusammenhang gesehen wird wie die Ambivalenz der Romantikerinnen gegenüber Kunst und Natur aufgrund ihrer Erhabenheit einerseits und ihrer Seltsamkeit beziehungsweise Unheimlichkeit andererseits (ebd.). Der eingangs erwähnte musikkritische Topos der »Infectious Music« zahlt ebenfalls auf diesen Umstand ein: Meist sind es Rhythmen, die als ansteckend begriffen werden, da sie unwillkürliche Tanzbewegungen auslösen und damit dem »Wirt« die Kontrolle über seinen Körper entziehen. Ebensolches geschieht im Zustand der Trance: Die immerwährende Wiederholung sorgt für die Überwindung des Zustands des Bewussten, wodurch auch hier eine Verbindung zwischen dem Eindringen der »infektiösen« Musik und dem dafür offengelegten Unterbewussten indirekt aufscheint. *2001: A Space Odyssey* folgt in seiner Nietzsche verpflichteten Argumentation auch dem Gedanken der Überwältigung. Einerseits nimmt der Film immer wieder, wie es im Science-Fiction-Film freilich nicht unüblich ist, Perspektiven einer *Disembodied Camera* ein, indem *Points of View* aus dem Weltall auf den Menschen inszeniert werden, die aus einer menschlichen Perspektive zumindest innerhalb der erzählten Welt nicht eingenommen werden könnten. Ein distinktes Beispiel mit musikalischer Verknüpfung stellt die berühmte Andocksequenz dar, in der Johann Straussens *An der schönen blauen Donau* den zirkulären »Tanz« der Weltraumobjekte zu einem Walzer stilisiert. Aus der menschlichen Perspektive jedoch, und das ist vielleicht die zentrale Nahtstelle der Sequenz, wird gar nicht getanzt: Die wenigen *Point-of-View*-Shots, die das Andockmanöver aus dem Blickwinkel des Raumschiffpiloten zeigen, enttarnen die zirkuläre Bewegung als Außenperspektive und somit als relative Variation. Von innen wird die Andockbewegung als lineare Geradeausbewegung gesehen, den Tanz kann uns nur eine entkörperlichte Instanz präsentieren, die in der erzählten Welt keine Entsprechung besitzt.

Neben der Erhabenheit des entkörperlichten Blicks, der ein sehr spezifisches, ästhetisiertes Bild vom unbelebten Weltraum entwirft, ist in *2001: A Space Odyssey* ebenfalls der konkrete äußere Einfluss zentral, der den Mensch von seinen Anfängen an begleitet hat. Das »DAWN OF MAN« überschriebene erste Kapitel des Films widmet sich der Menschwerdung, einer eigensinnigen Variante des biblischen Erkenntnisgewinns, getriggert durch das Zusammenspiel der Himmelskörper – das spezifische, metaphorische »Licht der Aufklärung« – einerseits und die durch Musik von György Ligeti repräsentierte fremde Erhabenheit des Monolithen andererseits. Hier ist es ein unbekannter Mechanismus, der den Monolithen in unbekannten Intervallen »zum Singen« bringt – die Vielstimmigkeit von Ligetis *Requiem* (hier: das Kyrie daraus) sorgt bei den Menschenaffen und später bei den Astronautinnen für eine tranceartige Ergebenheit dem Objekt gegenüber. Der Film suggeriert, dass der Mensch jeweils verändert aus der Erfahrung hervorgeht und durch die »Kontamination« mit dem unheimlich erscheinenden »Erhabenen« überhaupt erst zum Menschen geworden ist. Möglicherweise ist die musikalische Trance somit ein Weg, den Moment der »Kontamination« zu zerdehnen und als signifikant zu markieren – die unsichtbare Veränderung wird hörbar gemacht, was wiederum die Reaktionen der Protagonistinnen legitimiert. Das temporäre Erreichen des Vorbewussten und Undarstellbaren hat eine Zustandsveränderung zur Folge: Die Musik hat den »Wirt« kontaminiert.

Eine politische Lesart auf Trancezustände als Mittel der Kollektiverfahrung bietet der afrofuturistische Film *Space Is The Place* (USA 1974, Regie: John Coney, Musik: Sun Ra) an. *Space Is The Place*[8] fungiert als eine Art Vehikel von Sun Ras politischem Manifest und seiner musikalischen Ästhetik gleichermaßen, wobei beide untrennbar miteinander verknüpft werden. Wenn Sun Ra in dem Film als überzeitliches, außerirdisches Wesen zur Erde hinabsteigt, tut er dies, um die Afroamerikaner aus ihrem Zustand der gesellschaftlichen Unterdrückung zu befreien. Musik fungiert als Medium der Transition, durch das sie in eine interstellare Utopie entschwinden können. Die Musik selbst bezieht sich auf afroamerikanische Traditionen der Gospel- und Bluesmusik einerseits – hörbar im Call and Response des liturgischen Antiphons und den Klageliedtopoi der Songtexte – und auf die befreiende Dekonstruktion von Struktur im Free Jazz andererseits. Als ethnische Konstante wird explizit nicht Afrika referenziert, sondern das Alte Ägypten, dessen semiotisches Potenzial die Idee des Exotischen aufrechterhält, ohne die Utopie Sun Ras' räumlich auf der Erde der Gegenwart verortbar zu machen. Die Musikstücke zielen zum Teil auf Repetition und Eruption sowie auf eine allmähliche dynamische Steigerung bis hin zum Klimax, wie sie im tranceorientierten Free Jazz der 1960er und 1970er Jahre nicht unüblich waren.[9] Auch hier steht das Erreichen der Trance für das Erreichen einer weiteren Bewusstseinsebene, die mit der gesellschaftlichen Freiheit assoziiert wird. Sun Ra verspricht, dass die »Exposition« (das Ausgesetztsein) mit seiner Musik zu einer positiv konno-

---

8 Für einige Gedankenanstöße hierzu danke ich Bernd Hoffmann.
9 Das paradigmatische Beispiel ist wohl Pharoah Sanders' *Karma* (1969).

tierten »Kontamination« führt, die über den Zustand der Kollektivität – und damit Gleichheit – zu einem Zustand der gesellschaftlichen Freiheit führt. Musik ist nicht nur das Medium für den räumlichen Transport, sondern ebenfalls die Conditio sine qua non für das Erreichen dieser neuen, utopischen Bewusstseinsebene.

Die infizierte Welt

Ein seltener Ableger des Katastrophenfilms beschäftigt sich mit der Frage, was passieren würde, wenn die Welt sich plötzlich und unter ungeklärten Umständen vollständig verändern würde. In der Stephen-King-Verfilmung *The Mist* (USA 2007, Regie: Frank Darabont) senkt sich ein undurchsichtiger Nebel über eine US-amerikanische Kleinstadt und zwingt die Bewohnerinnen, sich in einem Supermarkt zu verschanzen, um nicht von einem der im Nebel unerkennbaren Monster getötet zu werden. Die alten Hierarchien werden bald abgeschafft und eine neue Gesellschaftsordnung beginnt sich in der räumlichen Isolation des Supermarktes zu formieren. Die Ursache des Nebels spielt keine so große Rolle wie der Umgang damit.[10] Ähnlich verhält es sich bei der José-Saramago-Verfilmung *Blindness* (BR/KAN/JP 2008, Regie: Fernando Meirelles), in der plötzlich nahezu alle Bewohner einer Stadt erblinden. Auch hier steht nicht die Ursache der unerwarteten Epidemie im Fokus, sondern vielmehr die gesellschaftlichen Konsequenzen der Prämisse. Im Bereich der Science-Fiction wäre das Beispiel *Annihilation*[11] (USA 2018, Regie: Alex Garland; Musik: Ben Salisbury & Geoff Barrow) zu nennen, in dem der Einschlag eines kleinen Meteoriten dafür sorgt, dass ein »Schimmer« in einigen Gebieten der Erde entsteht.

Annihilation beginnt mit einer Einführung in die Rahmenhandlung. Die Wissenschaftlerin Lena (Natalie Portman) befindet sich in Quarantäne, nachdem sie längere Zeit in der vom Schimmer bedeckten sogenannten »Area X« verschollen war. Ihre Motive für die Expedition werden ebenso infrage gestellt wie ihr unwahrscheinliches Überleben. Auf der Tonebene werden bereits die zentralen Oppositionen eingeführt. Bereits im paratextuellen Produktionslogo von Skydance Media erklingt eine flä-

---

10 Der Supermarkt als Rückzugsort spielt dabei natürlich auf George A. Romeros kapitalismuskritischen Zombiefilm *Night Of The Living Dead* (USA 1968) an.
11 Für den Hinweis auf diesen Film danke ich Luka Peltzer und Brandon Tress Masforroll.

chige elektronische Musik ohne klaren Tonkörper, die eine janusköpfige Doppelaffinität zu Sounddesign und Filmmusik gleichermaßen aufweist. Diese leitet über in die Untermalung der expositorischen Befragungssequenz, die direkt an die paratextuellen Begleitklänge anschließt. Einer der ersten diegetischen Töne ist ein ungewolltes Feedbackpfeifen – ein Störgeräusch, das bereits die Durchdringung intakter Systeme durch eine (auditive) Störung vorwegnimmt, die im Film wie in seinem Musikkonzept eine zentrale Rolle spielen wird. Die Situation der Quarantäne ist sofort anhand der Schutzkleidung des Befragenden sowie der räumlichen Isolation der Befragten erschließbar – die Eingrenzung des infektiösen »Schimmers« korrespondiert mit der anfänglichen Beschränkung der Tonspur auf dessen Klangmotiv: die elektronischen Flächenklänge.[12] Dem nichtmenschlichen »Eindringling« wird am Ende der Anfangsszene ein menschliches Pendant gegenübergestellt: ein Gitarrenpicking (02:05), das sich durch klar definierte Tonkörper, eine identifizierbare abendländische Harmoniefolge und ein rhythmisch schlicht strukturiertes Ostinato von den Klangflächen absetzt. Zudem handelt es sich um natürliche Klangerzeugung – um dies zu unterstreichen, ist die Gitarre besonders »warm« abgenommen worden. Die Klangflächen verstummen jedoch nicht, sondern begleiten in einer hierarchisch gleichwertigen auditiven Position die Bilder des Vorspanns, der zugleich die Vorgeschichte erzählt, wie der »Schimmer« in die menschliche Welt eindrang. Ein Meteor kreist zunächst um die Erde, bewegt sich parallel zum Himmelskörper, wie die Musiksphären parallel zueinander liegen, schlägt dann in einen Leuchtturm ein und sorgt damit für einen Kontakt der Systeme, eine »Infektion« des Eigenen mit dem Fremden. Dass es sich um einen Leuchtturm handelt, macht eine weitere Mehrfachkodierung sichtbar – das menschlich erzeugte Orientierungslicht wird durch das Aufblitzen des »Schimmers« im Moment des Meteoriteneinschlags ersetzt.[13] Die Systeme sind – auch das wird noch wichtig sein – auf den ersten Blick beziehungsweise aus der Ferne nicht voneinander zu

---

12 Auch diese Leitdifferenz wurde bereits von Luka Peltzer und Brandon Tress Masforroll festgestellt. Da ihnen in dieser Hinsicht nicht zu widersprechen ist, basiert auch meine Analyse auf derselben Grundannahme.
13 Gleichzeitig wird jedoch auch die Abweichung markiert, indem der Einschlag nicht im eigentlichen Lichtkörper erfolgt, sondern am Fuß des Leuchtturms. Dort tritt in der Folge auch das vom »Schimmer« erzeugte fremde Licht aus. Später, als der »Schimmer« Zeit zur Assimilation gehabt hat, leuchtet das unwirkliche Licht jedoch an der »richtigen« Stelle (1:24:40).

unterscheiden. Der diegetische Klang ist indessen unhörbar – Gitarrenmusik und elektronische Flächen beanspruchen das auditive Primat der Sequenz und blenden alles andere aus. Das musikalische Konzept wird in den Vordergrund gerückt und die Semantisierung seiner oppositionellen Klangsphären damit betont.

Die Konnotation der Gitarren- beziehungsweise Folkmusik mit dem Menschlichen wird im Verlauf des Films verifiziert und bestärkt, indem ein präexistenter Song einerseits die popkulturelle Verortung der entsprechenden Musik ermöglicht, sowie andererseits die menschliche(n) Stimme(n) als Klangkörper ergänzt. In Verbindung mit Lena erklingt mehrmals *Helplessly Hoping* (1969) von Crosby, Stills & Nash, dessen Text als Kommentar auf die psychische Disposition der Protagonistin verstanden werden kann, die den tragischen Verlust ihres Ehemanns Kane (Oscar Isaac) nicht verwinden kann. Der Song begleitet eine Erinnerungsmontage, gerahmt von der weinenden Lena in der Jetztzeit, die dem Schlafzimmer einen neuen Anstrich verpasst, statt das von einem Kollegen an sie herangetragene gesellschaftliche Angebot eines Barbecues anzunehmen. Die Trauerverarbeitung nimmt jedoch eine überraschende Wendung, da Kane im Haus auftaucht und offensichtlich noch am Leben ist. Begleitet wird das Wiedersehen von dem Refrain »They are one person / They are two alone / They are three together«, der jedoch abbricht, ehe der vierte Vers »They are fo(u)r each other« erklingen kann. Der erste Vers korrespondiert mit der inszenierten Umarmung, deren Lichtsetzung die Grenzen zwischen den Eheleuten verschleiert, während der zweite Vers sowohl die vergangenen zwölf Monate als auch die gleichzeitige gegenwärtige Entfremdung durch Kanes Passivität beim Wiedersehen[14] referenziert. Dass der Schwerpunkt auf den dritten Vers gelegt wird, bevor die Musik abrupt abbricht und ein Umschnitt erfolgt, deutet jedoch bereits darauf hin, dass ein Drittes hinzugekommen ist: der »Schimmer«, der von nun an zwischen ihnen beziehungsweise unter ihnen sein wird. Repräsentativ für die Synthese, das »Dritte«, die Verbindung zwischen Eigenem und Fremdem, wird in der folgenden Szene, einem aufarbeitenden Gespräch von Lena und Kane in der Küche, eine weitere Musikart eingeführt: eine den Klangflächen ähnelnde, sehr langsame, sehr repeti-

---

14 Dies wird durch weitere Shots noch weiter verdeutlicht, unter anderem dadurch, dass das erste Mal, dass Lena und Kane wieder ihre Hände halten, durch ein Wasserglas hindurch gefilmt und somit optisch verzerrt wird.

tive, wenig an Entwicklung oder harmonischer Bindung orientierte Tonführung, die menschliche Stimmen mit elektronischen Klängen mischt. Kane ist bereits »infiziert«, weshalb ihm jenes vermittelnde Motiv zugeordnet wird, das den Zustand der abgeschlossenen Erkrankung – des Ausbruchs – kommuniziert.[15]

Der »Schimmer« wird jedoch nicht ausschließlich mit »fremdartiger« Dissonanz assoziiert. Als eine weitere Expedition, der auch Lena angehört, die wie einen regenbogenfarbenen Wasserfall aus Schleim anmutende Grenze überschreitet, welche das bereits vom Meteor kontaminierte Areal vom (noch) menschlichen Außen trennt, erklingen elektronische Klänge, die in einem deutlich tieferen Register angesiedelt sind und sich allmählich zu Quinten und Quarten sortieren. Die daraus resultierenden, in Naturintervalle aufgespaltenen Oktaven lassen den »Schimmer« nunmehr als Naturphänomen erscheinen, wodurch möglicherweise eine kompatible Klangwelt als Angriffspunkt für den fremden »Virus« suggeriert wird – ein Interface, das zwischen den Klangwelten vermittelt, ohne dafür die zuvor eingeführte Ästhetik der Kontamination (Gleichzeitigkeit der Klangsphären des »Menschlichen« und des »Fremden«[16]) und Infektion (Klangflächen des »Fremden« mit menschlichen Stimmen) heranzuziehen.

Je näher die Expedition dem Leuchtturm kommt, desto stärker werden die Klangflächen um metallisch klingendes Sounddesign und dazu passende Percussion ergänzt (44:30). Als die Soldatinnen eine Kamera entdecken, die Material der vorherigen Expedition enthält, wird die Klangfarbe der menschlichen Stimmen, Marker für Kontamination beziehungsweise Hybridisierung, dominant aufgegriffen – man sieht Kane, der einem Kameraden den Bauch aufschneidet, um seine Eingeweide zu untersuchen.

---

15 Viele der Musikeinsätze sind nicht eindeutig als derartige Amalgamierungen identifizierbar und nur durch sehr genaues Hinhören kann zwischen den rein elektronischen Klängen und den mit Stimmen angereicherten Klangflächen differenziert werden, was die inhaltliche Ambivalenz formal bekräftigt.

16 In Erzählsituationen innerhalb des »Schimmers« erklingt die Gitarrenmusik in jener »kontaminierten« Form. Die damit signalisierte »Hybridisierung« zeigt sich auch in den Mutationen, die innerhalb des »Schimmers« entstanden sind, wie beispielsweise dem Alligator-/Hai-Hybrid, der die Expedition attackiert. Vgl. hierzu die Stelle (00:38), als in der Erinnerung außerhalb des »Schimmers« zunächst nur die Gitarre erklingt – als die Situation als interne Fokalisierung erkennbar wird, indem die sich erinnernde Lena innerhalb des »Schimmers« gezeigt wird, erklingen auch die elektronischen Klänge.

An deren Stelle ist eine Art lebendiger Wurm getreten: die erste menschliche Artenhybridisierung.

Zu Beginn des Films hält Lena ein Seminar zum Thema Zellteilung, in dem sie stark vergrößerte Krebstumorzellen an die Tafel projiziert, um die Dringlichkeit, ein Mittel gegen die sich extrem rasch verbreitenden Fremdkörper zu finden, zu unterstreichen. Was der »Schimmer« damit zu tun hat, wird im Folgenden deutlicher, da anfangs die Lesart als »infektiöses« Fremdes eingeführt wird, zunehmend jedoch das Thema der Zellteilung auch hier relevant wird. In einem Dorf stellt eine der Soldatinnen (Tessa Thompson) die Vermutung auf, dass der »Schimmer« prismenartig verschiedene DNA-Strukturen miteinander verbindet. Ein weiteres Video von Kane, das die Gruppe im Leuchtturm findet, zeigt allerdings seinen Selbstmord, in dessen Folge er durch einen nahezu exakten Doppelgänger ersetzt wird. Der »Schimmer« sorgt somit selbst für eine Art »Zellteilung«, indem er aus einem Organismus heraus durch Teilung ein Abbild von diesem hervorbringen kann. Die multiplen Auswirkungen des »Schimmers« zeigen sich auch dadurch, dass seine verschiedenen Folgen nun auch musikalisch »prismenartig« aneinandergereiht werden. Lena entdeckt im Wald erst weiße Hirsch-Strauch-Hybride (Gitarren/Klangflächenmusik), dann die Leiche einer verschleppten Kollegin (Stimmenmotiv). Bei einer Selbstuntersuchung werden die beiden Eigenschaften des »Schimmers« schließlich zusammengeführt: Er infiziert im Moment der Zellteilung die menschlichen Zellen mit sich selbst, wodurch die Zellhybride nach und nach den Körper infiltrieren.

Man kann das musikalische Konzept von *Annihilation* somit als Pendant zu den verschiedenen Stufen des Prozesses der Infektion und Refragmentierung durch den »Schimmer« verstehen – die Leitdifferenz wird in den Kompositionen zu unterschiedlichen Teilen hörbar. Dies erstreckt sich auch auf das Sounddesign des Films. Als ein Bärhybrid die Soldatinnengruppe angreift, erklingen dessen drohende Schreie als eine Mischung aus Tierlauten und der artikulierenden Stimme Cassies (Tuva Novotny), die offenbar durch den »Schimmer« mit dem Wesen amalgamiert wurde. Die erklingenden Geräusche sind – wie die in ungenauen Oppositionen zwischen Stimme und Geräusch, Akustik und Elektronik in der Filmmusik – nicht mehr entscheidbar menschlich oder tierisch. Als Lena im Leuchtturm der Expeditionsleiterin Dr. Ventress (Jennifer Jason Leigh) begegnet, erklärt diese ihr, dass »es« nun in ihr sei. »Es« sei anders als Menschen und sie wisse nicht, was es wolle, aber es höre nicht auf, bis es sich überall verbreitet habe. Die unaufhörliche Zellteilung fragmentiere den Menschen dabei so sehr, dass sie langfristig der Auslöschung, »Annihilation«, gleichkomme. Als Lena das Wesen konfrontiert, erzeugt es aus einem Tropfen ihres Blutes einen gallertartigen, menschenförmigen Körper. Dieser nähert sich Lena optisch immer mehr an, bis sie ihn schließlich in die Luft sprengt und damit anscheinend den gesamten »Schimmer« aus der Umgebung vertreibt. Lena wird in Quarantäne genommen und die Binnenhandlung mündet in die Rahmenhandlung vom Beginn des Films. Die Musik während der Konfrontation simuliert noch vage Blasinstrumente – und später Streicher – ist aber nicht nur in ihrer Erzeugung elektronisch, sondern von Interferenzeffekten, Verzerrungen und Störungen geprägt. Das Feedbackgeräusch vom Anfang wird dadurch zeichenhaft aufgegriffen, der Schimmer erneut als infektiöser Eindringling markiert, der keine eigene Klanglichkeit hat, sondern parasitenartig das, was er an Materie vorfindet, transformiert und kontaminiert. Das Imitieren der Form befähigt den »Schimmer« nicht, den »Inhalt«, das heißt das komplexe Bewusstsein des Menschen nachzubilden. Ebenso ist alle Musik des Films mit Ausnahme des eingesetzten Songs letztlich ziel-, entwicklungs- und variationslos. Die auditive Ambivalenz sorgt für Stagnation durch Parallelität oder durch Kontamination – die Musik verbleibt in der elementaren, punktuell (stufen- und nicht entwicklungsorientiert) fungierenden Sphäre von Sounddesign.

Am Ende von *Annihilation* bleiben Lena und Kanes Doppelgänger infiziert – im finalen Shot verweilt der »Schimmer« in ihren Augen; die Zerstörung des Virus außerhalb ihrer Körper hat nicht zur Reinigung der Wirtskörper geführt, wenngleich sich »Kanes« Zustand nach der Zerstörung des »Schimmers« merklich gebessert hat. Der Film lässt folglich offen, ob Lena und Kanes Doppelgänger weiterhin ansteckend sind, da der »Schimmer« in ihnen weiterlebt. Die rein elektronischen Klänge während der finalen Sekunden sowie im Abspann legen dies jedoch nahe. Sicher ist: Die Infektion hat ihre Identität infrage gestellt und potenziell zerstört.[17]

In einer Stichprobe ohne Anspruch auf verallgemeinerbare Ergebnisse kann ein Fazit nur Bezug auf die dargestellten Möglichkeiten, nicht aber auf die gängige Praxis des Gegenstandes nehmen. Das Thema der Infektion muss nicht notwendigerweise dazu führen, dass die musikalische

---

17 Der eindeutige Bezug auf Krebs, den der Film am Anfang eröffnet, ermöglicht ebenfalls eine Deutung, die eine Korrelation von Krebs und »Schimmer« näher betrachtet. Sie wurde aufgrund des spezifischen Interesses dieses Artikels hier ausgespart.

Konzeption sich einer analogen Struktur verschreibt und beispielsweise verschiedene Klangsphären miteinander amalgamiert. Als Metapher verstanden, kann jedoch die Idee der »Infektion« als eine (Inter-)Penetration des Eigenen durch das Fremde interpretiert werden, wie sie in einer Vielzahl von Science-Fiction-Filmen eine wesentliche Rolle einnimmt. Ob das Fremde oder Unbekannte dabei ein Außerirdisches, ein menschliches Unterbewusstes oder eine Vermischung von beidem darstellt, spielt für die Hypothese keine wesentliche Rolle. In den gewählten Beispielen bezieht die Musik sich auf gewachsene kulturphilosophische Ideen über sich selbst *(Close Encounters of the Third Kind, Contact)* oder repräsentiert metaphorisch das Motiv des Infektors *(2001: A Space Odyssey, Annihilation)*. Der musikhistorische Kontext kann dabei zentral für die Deutungsmöglichkeiten sein *(Annihilation, Space Is The Place, 2001: A Space Odyssey)*, aber auch die Merkmalssemantik der Einzelaspekte der Musik (besonders der Instrumentierung; alle Beispiele) ist ausschlaggebend für das Verständnis der Musikkonzepte. Es wäre interessant, die Untersuchung – möglicherweise nicht unter dem Aspekt der »Infektion« per se, aber in der Frage, inwiefern ein »Eigenes« und ein »Fremdes« musikalisch konzipiert sind und wie der Kontakt, die Synthese beziehungsweise die (Inter-)Penetration dieser Oppositionen jeweils ausgeführt wird – auf den Science-Fiction-Film im Allgemeinen und Hybridisierungen mit dem Horrorfilm im Speziellen auszuweiten, um weiterführende Aussagen über auditive Aspekte der Analyse dieser Genres treffen zu können.

Literatur

Audissino, E. (2017). *Film/Music Analysis: A Film Studies Approach*. London: Palgrave Macmillan.
Berendt, J.-E. (1983). *Nada Brahma – die Welt ist Klang*. Frankfurt a. M.: Insel.
Campbell, M. (2013). *Popular Music in America. The Beat Goes On.* (4. Aufl.). Boston: Schirmer.
Diawara, M. (1998). *In Search of Africa*. Cambridge, London: Harvard University Press.
Greene, B. (2000). *Das elegante Universum: Superstrings, verborgene Dimensionen und die Suche nach der Weltformel*. München: Siedler.
Lerner, N. (2004). Nostalgia, Masculinist Discourse and Authoritarianism in John Williams' Scores for *Star Wars* and *Close Encounters of the Third Kind*. In P. Hayward (Hrsg.), *Off the Planet. Music, Sound and Science Fiction Cinema* (S. 96–108). East-leigh: John Libbey.
Margotton, J.-C. (2003). Die Gewalt der Heiligen Cäcilia. Das Bild der Musik bei Wackenroder, Hoffmann und Kleist. In A. Hohmeyer, J. S. Rühl & I. Wintermeyer (Hrsg.), *Spurensuche in Sprach- und Geschichtslandschaften. Festschrift für Ernst Erich Metzner* (S. 409–420). Münster: Lit.

Mielke, M. (2004). Pathogenese und Diagnostik von Infektionen. In N. Suttorp, M. Mielke, W. Kiehl & B. Stück (Hrsg.), *Infektionskrankheiten: verstehen, erkennen, behandeln* (S. 14–36). Stuttgart, New York: Thieme.
Moormann, P. (2010). *Spielberg-Variationen. Die Filmmusik von John Williams*. Baden-Baden: Nomos.
Schmitz-Emans, M. (2003). *Seetiefen und Seelentiefen. Literarische Spiegelungen innerer und äußerer Fremde*. Würzburg: Königshausen & Neumann.
Strank, W. (2016). Jazz und die Hörbarkeit des Unterbewussten in den Film Noirs *Private Hell 36* und *Nightmare*. In K. Heiland (Hrsg.), *Kontrollierter Kontrollverlust. Jazz und Psychoanalyse* (S. 297–312). Gießen: Psychosozial-Verlag.

Biografische Notiz
Willem Strank, Dr., ist Film- und Medienwissenschaftler und arbeitet derzeit als Wissenschaftlicher Mitarbeiter und Habilitand an der Christian-Albrechts-Universität zu Kiel. Er ist Gründungsmitglied und Vorsitzender der Kieler Gesellschaft zur Filmmusikforschung, Mitherausgeber der *Kieler Beiträge zur Filmmusikforschung* sowie der Buchreihe *Film Musik* und (Mit-)Veranstalter etlicher nationaler und internationaler Symposien. Wenn er nicht gerade akademisch arbeitet, tritt er als Stummfilmpianist und Jazzmusiker auf.

Theater der Ansteckung

Gedanken und Erfahrungen eines Schauspielers und Kabarettisten
Ein Interview mit Sebastian Rüger

Konrad Heiland

Sebastian Rüger, Jahrgang 1967, studierte von 1989 bis 1993 Schauspiel an der Folkwang Hochschule in Essen. Diese Hochschule, die unter anderem auch Tänzer, Komponisten, klassische- und Jazzmusiker unter einem Dach vereinte, kam der Vielseitigkeit seiner künstlerischen Interessen entgegen, denn schon von Kindesbeinen an erfand er Hörspiele, zeichnete und spielte Schlagzeug. Nach erfolgreich abgeschlossenem Schauspielstudium beschritt er für ein paar Jahre die Schauspielerlaufbahn an deutschen Theatern mit Stationen in Essen, Düsseldorf, Osnabrück und schließlich am Staatstheater Karlsruhe. Auf der Suche nach mehr Entfaltungsmöglichkeiten zog er nach Köln, um eigene Ideen umzusetzen und sich Film und Fernsehen zuzuwenden. In Köln traf er auf Frank Smiligies, einen Freund und Schauspielkollegen aus der Essener Studienzeit, mit dem er fortan gemeinsam nach neuen, eigenen theatralen Ausdrucksformen forschte. Im Jahr 2000 gründeten die beiden zusammen das Duo »Ulan & Bator« und entwickelten eine minimalistische und gleichzeitig genreübergreifende Form von Kabarett-Comedy-Theater, die sich einfachen Zuschreibungen widersetzt. 2009 brachten das Passauer Scharfrichterbeil und darauf der Deutschen Kleinkunstpreise und der Deutsche Kabarettpreis den Durchbruch für das Duo, das im Laufe der Jahre noch viele weitere Auszeichnungen erhielt. Eine der ältesten und einflussreichsten Kabarettbühnen Deutschlands – die Münchner Lach & Schieß-Gesellschaft – wird auf sie aufmerksam. Rüger und Smilgies werden die Initiatoren des neuen Lach & Schieß-Ensembles, das sie neben ihren Auftritten mit Ulan & Bator mit dem Musiker und Kabarettisten Norbert Bürger sowie den Schauspielerinnen Caroline Ebner und später Claudia Jacobacci bis 2020 betreiben. Ulan & Bator treten weiterhin auf und werden im März 2021 ihren 20. Geburtstag feiern. Ein Ende ist nicht abzusehen. Sebastian Rüger arbeitet bei Drucklegung dieses Buches außerdem an seinem ersten Soloprogramm.

Sebastian Rüger (Foto: Andreas Reiter)

Konrad Heiland: Herr Rüger, was sagt Ihnen als Schauspieler und Kabarettist der Begriff Infektion, vorausgesetzt dass man ihn nun, wie im Kontext dieses Buches überwiegend geschehen, eher von der psychischen Seite her auffasst?

Sebastian Rüger: Als Schauspieler und Kabarettist fällt mir sofort eine, zunächst vielleicht überraschende, sprachliche Ähnlichkeit auf: »Sich identifizieren« klingt dem »Infizieren« verwandt, und so ähnlich fühlt sich beides tatsächlich auch an, wenn man sich eine Rolle aneignet. Sie breitet sich in einem aus und soll einen so sehr »durchinfizieren«, dass nicht nur das schauspielerische, sondern auch das persönliche »Ich« davon möglichst »kontaminiert« wird.

Im mittlerweile legendären Method-Acting nimmt die Rollenarbeit extreme Formen an. Method-Acting beruht auf der ins Exzessive getriebenen Idee, dass der Schauspieler so in der Rolle aufgeht, dass sein eigentliches Ich dahinter verschwindet, wobei das sogenannte emotionale Gedächtnis durchaus auch auf eigene prägende Erlebnisse zurückgreift und sie in den Dienst der Rolle stellt. Die Kamera liebt diese Art von Schauspiel, das Publikum liebt auch die Geschichten dahinter – wie die um Daniel Day-Lewis, der für *Mein linker Fuß* (1989) als behinderter Künstler den Rollstuhl gar nicht mehr verließ, oder auch die Geschichte von Dustin Hoffman, dessen Ehefrau Wochen nach den Dreharbeiten zu *Rain Man* (1988) – in dem Hoffmann einen Autisten spielte – in einem Interview sagte: »Langsam kommt er wieder zu sich, sein Gang wird wieder der alte.«

Das betrifft zunächst einmal die Arbeit des Schauspielers, wobei die von Ihnen erwähnte und so deutlich herausgestellte Methode, die Vorgehensweise des legendären, einst für Hollywood außerordentlich erfolgreich tätigen Schauspielcoaches Lee Strasberg, nach wie vor sehr überzeugend klingt: Durch die persönliche Erinnerung an in der Vergangenheit tiefer, intensiver erlebte Gefühle, etwa an Trauer oder Wut, diese Emotionen jetzt wieder hervorzuholen und für die aktuelle Darstellung einer Figur im Hier und Jetzt fruchtbar werden zu lassen. Fallen Ihnen nun Filme ein, in denen Infektionen auch inhaltlich maßgeblich sind und für den Plot sogar eine tragende, zentrale Rolle spielen?

In *Lord of the Flies* (1963), von der Theaterikone Peter Brook nach dem gleichnamigen Buch des späteren Literaturnobelpreisträgers William Golding (1954) gedreht, verschlägt es eine Gruppe von Kindern auf eine entlegene Insel. Sie stürzen dort im Krieg mit einem Evakuierungsflugzeug ab. Daraufhin müssen sich die Kinder im Überlebenskampf selbst organisieren und teilen sich in Gruppen auf, die zwischen Jägern und Nichtjägern unterscheiden. Das Setting wirkt wie ein Versuchslabor, die Entscheidung für Schwarzweiß und nicht für Farbe verleiht dem Spielfilm einen quasi dokumentarischen Anstrich. Es handelt sich um eine dystopische Parabel auf gesellschaftliche und religiöse Entwicklungen. Die Situation eskaliert und sehr bald gibt es dort Ausgestoßene und sogar auch Tote. Die Jungen sind aus der Zivilisation »herausgefallen« und müssen sich in der Wildnis durchschlagen. Es bilden sich Gruppen und Anführer, sie sind in einen Urzustand regrediert, in dem zivilisatorische und demokratische Regeln nicht mehr wirksam sind. Aberglauben, Irrationalität und Verführbarkeit treten auf den Plan, so werden die Kinder vom Glauben an ein Monster »infiziert«. Diese Infektion sorgt für Angst und macht die Kinder manipulierbar durch die Anführer, die zwar die Identität des Monsters auch nicht kennen, aber diese »Infektion mit Angst« bewusst oder unbewusst für sich zu nutzen wissen. Das Monster – so stellt sich im Film heraus – ist in Wahrheit nur ein toter Fallschirmspringer, der im Baum hängt und dessen sich im Wind manchmal aufblähender Fallschirm aus der Ferne angsteinflößend wirkt. Die Infizierung mit dieser Angst steigert sich bis zur Hysterie, die in der kollektiven Ermordung eines Jungen gipfelt, der auf tragische Weise mit dem angeblichen Monster verwechselt wird.

Der kluge, dicke Junge, ein etwas tollpatschiger Brillenträger, der zunächst von allen anderen gehänselt und verspottet wird, wird zu einem in höchstem Maße gefährdeten Außenseiter. Durch diese Darstellung öffnet sich der Film nicht zuletzt auch gegenüber dem Thema Mobbing. Die deutliche Abweichung von der Norm befördert nicht selten eine brutale oder gar gewaltsame Ausgrenzung. Handelt es sich bei diesem Phänomen im Grunde nicht auch um eine Art infektiösen Prozess, der sich immer weiter aufschaukeln kann?

Es ließe sich da durchaus eine Parallele ziehen, die Mobbing als infektiösen Prozess betrachtet – eindrucksvoll thematisiert etwa in *Full Metal Jacket* (1987) von Stanley Kubrick, einem Antikriegsfilm in zwei Akten. Die erste Hälfte zeigt die wohl härteste Darstellung militärischen Drills in der Filmgeschichte. Die zweite Hälfte spielt in Vietnam während des Krieges. Vincent D'Onofrio, der mit angefutterten 35 Kilo bis heute den Guiness-Rekord für die größte Gewichtszunahme eines Schauspielers hält – nicht etwa Robert de Niro in *Raging Bull* (1980) mit seinen immerhin schon sehr beeindruckenden 30 Kilo – verkörpert hier den überaus korpulenten Soldaten »Private Paula«. Dieser wird zunächst nur von seinem sadistischen Ausbilder terrorisiert. Doch als das gesamte Corps in Sippenhaft genommen wird, sobald Private Paula Übungen nicht schafft, fangen sie alle an, ihn zu hassen. Er wird isoliert, gehänselt, misshandelt, bis er selber so mit Hass angefüllt ist, dass er am Ende erst den Ausbilder und dann sich selbst umbringt. Eine Infizierung, die zurückschlägt!

Können Sie auch von eigenen, privaten Erlebnissen mit dem Thema Mobbing erzählen?

Als Jugendlicher an der Schule erlebte ich selbst, wie man von einer falschen Sache infiziert sein und dadurch tatsächlich zum Mobbenden werden kann. Ich beteiligte mich an einem vermeintlichen Scherz, indem unsere Clique einen eindeutig dafür nicht geeigneten Underdog zum Kandidaten bei der nächsten Schülersprecherwahl erkor. Leider ließ er sich in seinem Bedürfnis nach Anerkennung auch noch allzu bereitwillig überzeugen. Für uns war es lediglich ein Spaß – rückblickend allerdings ein ziemlich grausamer. Aus einer vermeintlich witzigen Idee entwickelte sich eine fatale Eigendynamik, über deren Konsequenz ich nicht nachgedacht hatte – bis zu dem Moment der Wahl in der Schulaula. Als der arme Kerl schließlich vor der versammelten Schülerschaft stand, völlig überfordert eine Rede hielt, vor Aufregung keuchte und sich vor allen der Lächerlichkeit preisgab, wurde mir schlagartig der Ernst dieser Angelegenheit klar. Ich hyperventilierte und fiel über die Unfassbarkeit unserer Tat fast in Ohnmacht, es war ein echter Schock. Was machte das mit ihm? Wenn ihm da oben etwas passieren würde, es wäre unsere Schuld gewesen! Ich wurde, zumindest in dieser Hinsicht, in diesem Moment schlagartig erwachsen. Seitdem weiß ich, wie es sich anfühlen kann, von einer wirklich schlechten Idee infiziert zu sein. Es plagt mich bis heute, dass mir das passiert ist und lässt mich sehr empfindlich reagieren, wenn ich es bei anderen erlebe.

Auch während der professionellen Probenarbeit kann und soll nicht selten eine spezielle, fruchtbare Atmosphäre entstehen, die auf ganz andere Weise infektiöse Prozesse begünstigt, ein durchaus beabsichtigter Effekt, der die Intensität des Zusammenwirkens, des Zusammenspiels steigert, die Interaktionen der Schauspieler miteinander weiter verdichtet.

Ich erinnere mich da an diverse Momente im Rahmen meiner Schauspiel-Ausbildung und in Theaterworkshops. Lernbegierige Schauspieler treffen in einem Raum aufeinander, da kann eine einzigartige Stimmung entstehen. Wenn sie sich auf ein bestimmtes Thema einlassen – sei es in der Körperarbeit, der Arbeit an der Stimme oder den Übungen zur Rollenfindung – und sich alle im Rahmen ihrer Möglichkeiten öffnen und zeigen, ist das meist ein beeindruckender Prozess. Alle befeuern sich gegenseitig. Die intensive Konzentration jedes einzelnen Teilnehmers schafft eine atmosphärische Übertragung, die den gesamten Raum auflädt. Das ist für alle Zusehenden sogar dann inspirierend und lehrreich, wenn ein Teilnehmer an seiner Aufgabe scheitert.

Noch vor meiner Zeit an der Schauspielschule nahm ich an einem Workshop teil, der in der Toskana stattfand. Es galt, in einen archaischen Zustand zurückzufinden, in eine Art Urkörperlichkeit jenseits von Sprache. Jeder von uns erhielt den Auftrag, diesen Zustand zunächst in sich selbst zu finden; wir wurden hinausgeschickt, in die Natur, um von dort etwas mitzubringen. So lief jeder auf die Wiese, in den Wald und fand den Neandertaler oder Ureinwohner oder was auch immer in sich. Als ich mit ein paar Ästen zurückkam, waren alle anderen bereits in einem »archaischen« Zustand, und dann passierte etwas für mich Unvergessliches: Aus heiterem Himmel kristallisierten sich spontan verschiedene Rollen heraus. Die dynamische Aufladung mit der Thematik ließ – ohne Regisseur! – eine völlig verblüffende Theaterszene entstehen, ohne dass ein einziges Wort der Anweisung gesprochen wurde: ein archaisches Hochzeitsritual, gefeiert wie von einem urtümlichen Stamm, mit Eltern, die sich über die Vermählung freuten und gleichzeitig wehmütig klagten, Initiationsriten, Musik, einem Schamanen und so weiter. Ich, als der Jüngste, wurde mit einer Frau aus der Gruppe verheiratet. Es passierte einfach. Weil alle von diesem Zustand und der Lust am Spiel infiziert und erfüllt waren.

Welche aufschlussreichen, nachvollziehbaren Parallelen aus der Bühnen- oder Filmwelt fallen Ihnen noch ein? Sicher sind dazu einige Geschichten im Umlauf und Ihnen wahrscheinlich auch bereits persönlich zu Ohren gekommen.

Es gibt sehr viele Anekdoten aus der Filmwelt, die hier durchaus passen: Die Nichttrennung von schauspielerischer Arbeit und Privatem, das Verwischen der Grenzen, soll bei den Dreharbeiten zum vielfach gelobten Holocaustdrama *Schindlers Liste* von Steven Spielberg (1993) zu beträchtlichen Spannungen am Set geführt haben. Die Schauspieler der Nazis wirkten in den Drehpausen durch ihre Uniformen auf die Darsteller der Juden weiterhin derart beängstigend, dass ihre schlichte Präsenz ein grundlegendes Gefühl von Einschüchterung, Bedrohung und Minderwertigkeit erzeugte. Niemand konnte sich dieser Infektion entziehen, obwohl allen bewusst war, dass es sich nur um Schauspieler handelte. Diese Irritation mag angesichts der sonst gewohnten Professionalität Hollywoods durchaus erstaunen, ist bei der aufgeladenen Thematik aber andererseits auch kein Wunder.

Ich selbst habe es in der Arbeit an dem Theaterstück *Ghetto* (1984) von Joshua Sobol am Essener Schauspiel erlebt, dass ein Kollege die Infizierung mit der bedrückenden Thematik nicht mehr ertrug. Wir spielten als vorangeschrittene Schauspielstudenten dieses Stück, das die Situation im Wilnaer Judenghetto während des Zweiten Weltkriegs abbildet. Wir waren nun unter anderem als jüdische Schmuggler besetzt, die im Verlauf des Dramas erwischt und dann schließlich auch gehängt werden. Die Auseinandersetzung mit dieser bedrückenden Thematik hat dem Schauspieler so zugesetzt, dass er kaum noch schlief oder so von Albträumen geplagt war, dass ihm nichts anderes übrig blieb, als sich zu schützen und aus dem Stück auszusteigen.

Das greift ein klassisches Thema auf: Die Identifikation von Schauspielern mit ihren Rollen über die jeweiligen Aufführungen und Dreharbeiten hinaus. Die Rollen wirken dann nicht selten noch mehr oder weniger lange nach, infizieren das Privatleben und unterminieren manchmal sogar die Gesundheit. Können Sie sich an eine Produktion erinnern, bei der Sie etwas Ähnliches erlebt haben?

Tango heißt ein Theaterstück von Slawomir Mrozek, das bereits Mitte der 1960er Jahre geschrieben wurde und die 68er-Revolution gleichsam vorwegnimmt. Es geht der Frage nach, was passiert, wenn eine überspitzt anarchische Gesellschaft irgendwann Normalität geworden ist und die nächste Generation heranreift.

Die Kinder schauen ihre Eltern an und wenden sich mit Grausen ab, so oder ähnlich hat es einmal der Philosoph Peter Sloterdijk in seinem Buch über Die schrecklichen Kinder der Neuzeit *(2014) als wesentliches, geradezu charakteristisches Merkmal der Moderne auf den Punkt zu bringen versucht. Der harte Bruch zwischen den Generationen hatte, vor allem im 20. Jahrhundert, die Traditionspflege und das geistige Erbe als prägende Begriffe früherer Epochen ersetzt.*

Ja, und das genau hat das Stück bereits vorweggenommen, als 68 erst noch bevorstand. Es spielt in einem Haus mit mehreren Generationen. Die Alten sind die Anarchisten, es herrschen keine Regeln mehr. Die Großmutter qualmt wie ein Schlot, spielt Karten und ist froh über die Freiheit, die der Generationenwechsel mit sich bringt – dafür bleibt in all dem Chaos ihr späterer Tod aber unbemerkt. Der schlampig gewordene Vater macht nur noch Kunst im Schlafanzug, die Mutter treibt es mit dem halbseidenen Hausfreund, der opportunistische Onkel lauert darauf, aus jedweder Situation Profit zu schlagen, und in all dem versucht der Jüngste, Artur, die Hauptfigur des Stückes, verzweifelt, Ordnung in das Chaos zu bringen. Er spielt sich immer mehr zum Diktator auf und heiratet seine Cousine aus purem Konservativismus, allein aus dem Grund, wieder für verbindliche Rituale und Regeln zu sorgen.

Diesen Artur hatte nun ich zu spielen, und wie bei der Arbeit an *Ghetto* gab es auch hier eine schräge Dynamik im Ensemble, die von außen betrachtet sehr komisch gewirkt haben muss. Die Infektion oder Identifikation mit den Rollen ging so weit, dass mich die anderen – ihrerseits infiziert mit der ihren Rollen angemessenen Nachlässigkeit – auch privat als Spießer hänselten. Ich reagierte darauf empfindlicher als sonst, weil ich im Privaten selber eher zum Chaos neige. Eine Infektion mit Spießigkeit? Das nun doch bitte nicht!

Es gehört eben zum Berufsbild des Schauspielers, sich mit seinen Rollen zu infizieren, in ihnen aufzugehen, wie es immer wieder so schön verräterisch heißt. Gibt es unter Schauspielern nicht umsonst den ironischen, zweifellos eher etwas läppisch klingenden Spruch »Augen auf bei der Berufswahl!«?

Ja, aber da wollen wir auch mal die Kirche im Dorf lassen. Der Spruch bezieht sich nun weniger auf diese manchmal mystifizierte Kunst, sondern zumeist ganz profan auf die finanzielle Herausforderung – die meisten Schauspieler leben nämlich prekär und müssen sich nicht selten als Kellner, Taxifahrer oder Messehostess verdingen.

Doch zurück zum Thema: Ja, es gibt sogar auch eine Infizierung, die über das Persönliche, Zwischenmenschliche hinauszugehen scheint, bis hin ins Metaphysische, und fast an einen Fluch grenzen kann, wie die Erfahrung bei den Dreharbeiten zu dem Vietnam-Kriegs-Epos *Apokalypse Now* (1979) von Francis Ford Coppola zeigt.

Der Film handelt von einem wahnsinnig gewordenen Colonel, der im Dschungel von Kambodscha sein eigenes Reich aufgebaut hat und von der amerikanischen Regierung als unkontrollierbar zum Abschuss freigegeben wird. Es wirkte zunehmend so, als spiegele sich im chaotischen Ablauf dieser Dreharbeiten auch der Inhalt des Films wider. Das steigerte sich letztlich sogar bis hin zu dem drohenden Scheitern des Filmprojekts. Man könnte fast eine Parallele zum gescheiterten Vietnamkrieg erkennen – wobei man aber anmerken sollte, dass der Film am Ende erfolgreicher dasteht als die USA in Vietnam. Dieser Krieg markiert für die Amerikaner nicht zuletzt ein moralisches und militärisches Desaster, einen Einschnitt, von dem sie sich bis heute nie wieder so richtig erholt haben.

Apocalypse Now stand unter keinem guten Stern: Stürme zerstörten die Filmsets mehrere Male, der grade mal 36-jährige Martin Sheen in der Hauptrolle erlitt einen Herzinfarkt, Coppolas Ehe zerbrach während der Dreharbeiten, der Film verschlang das Vielfache seines Budgets und ruinierte so fast das Film-Studio.

Eleanor Coppola hat sich ja danach wieder mit ihrem Mann versöhnt. Mit ihrem wie ein Protokoll zu den Dreharbeiten verfassten Text Vielleicht bin ich zu nah *(1980) hat sie einen beeindruckenden Bericht dieser dramatischen, extrem herausfordernden, ja, immer wieder überfordernden Umstände veröffentlicht. Mehrfach stand ja die gesamte Unternehmung aus den verschiedensten Gründen kurz vor dem endgültigen Scheitern. Man kann es nach der Lektüre dieses Drehtagebuchs kaum glauben, dass dieser Film letztlich doch noch in den Kinos landete.*

Ja, sie schreibt unter anderem, dass sie zu viel Zeit und Geld gehabt hätten und im Dschungel langsam, aber sicher wahnsinnig geworden seien.

Manchmal hat man den Eindruck, als seien die Nachwehen um *Apocalypse Now* immer noch an kein Ende gekommen, denn bis vor Kurzem, bis ins Jahr 2019, kamen immer noch neue Schnittfassungen auf den Markt.

Könnte man sagen, dass sich die Aufmerksamkeit in letzter Zeit verschoben hat, vom Kino weg hin zu anderen medialen Formaten, zu anderen Ausstrahlungsmöglichkeiten, die nicht zuletzt auch die Art des Medienkonsums wesentlich mit verändert haben?

Mit den Nullerjahren entwickelte sich weltweit und nicht zuletzt auch in der deutschen Kulturszene ein regelrechter Serienkult, sozusagen eine fortschreitende Infektion. Es gab natürlich vorher schon *Dallas* (1981) oder *Denver Clan* (1983), jedoch begann mit den *Sopranos* im Jahr 2000 eine neue Form von Serien, die sich andere Erzählformen, Brüche mit Konventionen und gewagtere Themen zutraute. Tony Soprano etwa, Mafiaboss und Familienvater, leidet unter Panikattacken und benötigt regelmäßige psychotherapeutische Behandlung, die er jedoch schamhaft verschweigt. Ein übergewichtiger, psychisch belasteter Mann mit pubertierenden Kindern und einer an Einsamkeit leidenden Ehefrau – ein krasser Bruch mit der Konvention des coolen Gangsterimages, das bis dahin in Filmen eher üblich war.

Seitdem hat die Entwicklung der Serien die visuelle Erzählform regelrecht revolutioniert. Identifizierte man sich früher über die Bücher, die man las, oder die Musik, die man hörte, definiert man sich heute nicht zuletzt anhand der Serien, die man schaut. Aus dem Nimbus seichter Vorabendunterhaltung ist ein ernst zu nehmendes Genre geworden.

Im Unterschied zu früher werden nun differenziertere Charaktere geschaffen, die sich im Laufe der Zeit sogar verändern dürfen, es werden gesellschaftliche Tabus und auch politisch brisante Themen aufgegriffen. Während ein Spielfilm zeitlich begrenzt ist, sind in längeren Serien vielschichtigere, widersprüchlichere Charaktere und komplexere Geschichten möglich, und das ist fesselnd: Je mehr Details es gibt, desto tiefer taucht man ein – eine Parallelwelt tut sich auf.

Eine Serie wie *Bloodline*, von 2015 bis 2017 ausgestrahlt, entfaltet ein derart spannendes, aber auch komplex erzähltes, tiefgehendes Familiendrama, dass man sofort zustimmen würde, wenn jemand behaupten würde, *Bloodline* sei ein in die Gegenwart verlegter Thomas Mann, Dostojewski oder Shakespeare. Diese Serie ist ein durch dramaturgisch geschickt gesetzte Rückblenden extrem packend erzählter Krimi und stellt gleichzeitig die Verquickung von Schuld, Sühne und Verdrängung so überzeugend dar, dass eine Zeitung in Deutschland, die *Welt*, 2017 nicht umsonst titelte: »Weltliteratur im Fernsehformat« – und das bei einer kleinen, vergleichsweise unbeachteten Serie.

Andere, weit umfangreichere Serien wie *Game of Thrones* (acht Staffeln, ab 2011) oder *Breaking Bad* (fünf Staffeln, ab 2009) haben es sogar geschafft, die ganze westliche Welt zu infizieren.

Das alles betrifft Fernsehen im weitesten Sinne, gerade in seinen erst unlängst neu entdeckten und doch bereits recht ausgiebig genutzten Möglichkeiten. Finden sich irgendwie vergleichbare Phänomene, wenn auch in durchaus anderer Gestalt, nun tatsächlich im Internet?

Ja, »Slenderman« zum Beispiel, im Grunde eine Weiterführung des Urban Myths, des urbanen Schauermärchens.

Geschichten wie die von der todbringenden *Spinne in der Yucca-Palme*[1] oder dem Pudel in der Mikrowelle geben das Muster vor. Sie beruhen jedoch auf einer wahren oder als wahr zu denkenden Begebenheit. »Slenderman« hingegen ist eine rein erfundene, paranormale Figur: Eine hagere, gesichtslose Gestalt mit überlangen Extremitäten in schwarzem Anzug, die ihre Opfer zu Tode hetzt, aufspießt oder verschwinden lässt. Erfunden wurde sie von einem Mann namens Eric Knudsen im Jahr 2009 für einen Internet-Fotowettbewerb, bei dem es galt, paranormale Wesen in reale Bilder einzubauen. Sein Beitrag wurde »Kult« und ging nach und nach »viral«, wie es gegenwärtig in der digitalen Welt des World Wide Web genannt wird.

Man kann auf YouTube kopfschüttelnd sogenannte »Prank«-Videos bewundern, in denen erwachsene Menschen schreiend davonrennen, wenn jemand im »Slenderman«-Kostüm um die Ecke biegt, um ihnen einen Streich zu spielen.

Sehr erschreckend allerdings klingt der Fall einer Dreizehnjährigen, die in einer »Slenderman«-Maske auf ihre Mutter eingestochen hat, offenbar weil das Mädchen von der Figur regelrecht besessen war.

Endgültig fassungslos reagiert man dann angesichts des Mordversuches zweier Mädchen an ihrer Klassenkameradin: Sie stachen 19 Mal auf ihr Opfer ein – angeblich, um »Slenderman« zu gefallen.

---

[1] So lautet der Titel eines Buches über urbane Märchen von Rolf Wilhelm Brednich (2016, München: C. H. Beck).

Die viel gerühmte Geschwindigkeit des Internets hat auch ihre Schattenseiten. Von der harmlosen Erfindung einer Kunstfigur für einen Internet-Fotowettbewerb bis zum real gewordenen Horror vergingen ungefähr fünf Jahre: eine beachtliche »Inkubationszeit«!

Als weiteres, überaus unheimliches Phänomen ist Ende 2016 die sogenannte »Blue Whale Challenge« aufgetaucht. Die Teilnehmer, meist leicht beeinflussbare Teenager, werden von einem Spielleiter dazu gebracht, an fünfzig aufeinanderfolgenden Tagen höchst merkwürdige, immer drastischer werdende Aufgaben mit sehr unterschiedlichen Herausforderungen zu erfüllen, an deren Ende – unvorstellbar – der Suizid stehen soll. Woher der Name des Spiels kommt, ist nicht ganz klar, angeblich schwimmen manche Blauwale in suizidaler Absicht an den Strand. Dieser Mythos hat bei der »Blue Whale Challenge« offenbar Pate gestanden, zumindest gilt es als Erkennungsmerkmal dieses seltsamen Rituals, sich einen Blauwal in die Haut einzuritzen. Auf jeden Fall handelte es sich am Anfang um einen sogenannten »Hoax«, eine sensationsheischende Falschmeldung. Mittlerweile herrscht allerdings Unklarheit darüber, ob es nicht doch junge Menschen gibt, die durch diese Challenge zu Schaden gekommen sein könnten. Tatsächlich war eine Zeit lang sogar von Todesfällen die Rede.

Wir haben von geradezu kultigen, überall angepriesenen Fernsehserien gesprochen und auch von eigenartigen, mehr als befremdlich anmutenden Phänomenen im Internet, deren Wahrheitsgehalt seltsam in der Schwebe bleibt. Wie sieht es denn nun eigentlich mit dem Radio, mit dem Rundfunk, sozusagen dem Vorgängermedium aus?

Vor dem Hintergrund der Verbreitung und Wirkung des »Slenderman« oder auch des »Blue-Whale-Challenge«-Phänomens aus der jüngsten Vergangenheit erscheint die Massenpanik, die von der berühmten *War-of-the-Worlds*-Radiofassung von Orson Welles nach dem gleichnamigen Roman von H. G. Wells ausgelöst wurde, schon fast wie eine Petitesse. Sie kam wie eine authentische Radioübertragung eines Angriffs von Außerirdischen über den Sender.

So wie Goethes literarische Figur Werther eine reale Selbstmordserie zur Folge hatte und man deshalb seit den 1970er-Jahren in der Sozialpsychologie auch vom »Werther-Effekt« spricht, galt das Hörspiel *Der Krieg der Welten* (1938) lange Zeit als der Sündenfall, in dem der Rundfunk zumindest in den USA seine Unschuld verlor: Eine als reine Unterhaltung gedachte Ausstrahlung wirkte so infektiös, dass sie tatsächlich Panik auslöste.

Zur selben Zeit hypnotisierte ja die Stimme des Diktators Adolf Hitler, die mit ihrem markig-gepressten, damals für viele offenbar suggestiv wirkenden Tonfall aus dem sogenannten Volksempfänger drang, die deutsche Bevölkerung. Der Rundfunk wurde zu einem manipulativ wirksamen Medium, das Massenhysterie entscheidend beförderte. Die körperlose Stimme, diese bislang völlig ungewohnte, ortlose Stimme, wie sie nun seit Kurzem zunächst durch das Telefon und später auch aus dem Radio ertönte, wirkte wie ein unheimliches, ungreifbares Machtinstrument; Zeitzeugen wie der renommierte Kulturphilosoph Walter Benjamin haben dies ja eindrucksvoll beschrieben.

Ja, und das entwickelt dann eine besondere Eigendynamik. In dem Zusammenhang ist interessant, dass die Panik über die *War-of-the-Worlds-*Sendung dann tatsächlich wohl gar nicht so groß war, wie behauptet. Die Legende über eine gesamte in Aufruhr geratene Ostküste hält sich jedoch hartnäckig. Möglicherweise wird die Erzählung über die Infizierung von der Legendenbildung reinfiziert und wird dadurch größer als das eigentliche Ereignis.

Sie haben ja bereits darauf verwiesen, dass Sie mittlerweile in erster Linie als Kabarettist arbeiten. Welche spezifischen, gerade dem Kabarett als Ausdrucksform geschuldeten Erfahrungen sind Ihnen da nun besonders präsent geblieben?

Seit vielen Jahren bin ich mehr in der sogenannten Kleinkunst zu Hause. Und dort bin ich nicht nur Darsteller, sondern auch Autor eigener Texte, sei es mit meinem Duo Ulan & Bator oder als ein Viertel des Ensembles der Münchner Lach & Schieß-Gesellschaft. Auf der Suche nach Themen und Pointen ist es immer spannend zu beobachten, wer in der Branche welches Thema wie angeht und wie manche Themen einfach in der Luft liegen und manchmal bestimmte Pointen geradezu so angegangen werden müssen. Nicht selten kommen mehrere Kollegen auf dieselbe Idee, auf denselben Witz, einfach, weil man von derselben Art, die Welt zu betrachten, infiziert ist, die das Kabarettistenhandwerk bei aller Individualität doch mit sich bringt. Interessant und überhaupt nicht lustig wurde es aber, als wir im Lach-und-Schieß-Programm *Exitenzen* vor der Bundestagswahl 2017 eine Nummer über die AfD entwickelten. Zu dem Zeitpunkt hatte diese Partei lediglich ihr Wahlprogramm vorgestellt. Im Bereich »Kultur« formulierten sie eine Neuregelung, die es vorsah, dass Inszenierungen am Theater gefälligst der Identifikation mit Deutschland zu dienen hätten. Sie wollten, dass alle Künstler und kulturell Tätigen mit nationalistischem Denken infiziert werden. Wir parodierten dementsprechend eine Probe an einem modernen Theaterstück, die von einem AfD-Politiker unterbrochen wird. Er teilt den Theaterleuten mit, dass jetzt ein neuer, eisiger Wind weht, und beobachtet die Proben weiter. In dem entgegenkommenden Gehorsam des Regisseurs, der um seine berufliche Zukunft fürchtet, verwandelt sich das Stück plötzlich in eine sinnlose, braune Nazifarce, die der AfD-Politiker am Ende goutiert und lächelnd beklatscht. Soweit die Parodie. Dann kam die Wahl: Die AfD wurde in den Bundestag und in mehrere Landesparlamente gewählt.

Das gesellschaftliche Klima hat sich ja in letzter Zeit deutlich verändert, was sich nicht zuletzt auch auf das kulturelle Leben auswirkt. Die bisherige Offenheit ist bei einigen gesellschaftlichen Gruppen und Politikern arg in Verruf geraten und soll, jedenfalls nach dem Willen dieser entschieden rückwärtsgewandten Kulturpolitiker, am besten so bald wie möglich wieder von der Bildfläche und insbesondere auch von der angeblich oder tatsächlich links und multikulturell dominierten Theaterbühne verschwinden. Es ist tatsächlich eine Art Kulturkampf, der da mittlerweile vielerorts vonstattengeht.

Was seitdem in einigen Kulturbetrieben abläuft, wo die AfD in der Landesregierung mitregiert, ist beängstigend: Da soll nicht nur in den Spielplan eingegriffen werden, da werden Nachweise über die ethnische Herkunft von Tänzern im Ballett oder Sängern in der Oper eingefordert. Mit häufigen parlamentarischen Anfragen, in denen sie zwar meistens unterliegt, streut die Partei dennoch Sand ins Getriebe der bisherigen Kulturpolitik. Subventionen sollen infrage gestellt und möglichst unterbunden werden, wenn die zu fördernden Produktionen dem Weltbild der AfD nicht entsprechen. Diese Entwicklung übersteigt bei Weitem, was wir in dem Programm *Exitenzen* 2017 prophezeiten – im Nachhinein ein geradezu unheimliches Gefühl, wenn die eigentlich als Übersteigerung gedachte Satire von der Wirklichkeit noch überholt wird.

Sie haben ja auch eine ganz eigene Form entwickelt: eine gelungene, sehr eigenwillige Mischung aus Kabarett-, Comedy- und Theaterelementen, die zweifellos zu Recht 2011 mit dem Deutschen Kleinkunstpreis prämiert worden ist.

Ulan & Bator, das mit meinem alten Freund und Kollegen Frank Smilgies entwickelte Hauptsteckenpferd und Herzblutprojekt, betreiben wir seit nun 19 Jahren. Es ist eine sehr eigene Art von Bühnenkunst, die auf komische und gleichzeitig ernste Art auf der Basis freier Assoziation und geprobten Theaterhandwerks zwischen Theater, Kabarett, Comedy, Gesang und Dada hin- und her springt. Ulan Bator ist ja die Hauptstadt der Mongolei – wir aber treten nun als das Duo Ulan & Bator auf. Und weder gibt es einen Bezug zu der Stadt oder zur mongolischen Kultur, noch ist überhaupt geklärt, wer Ulan und wer Bator ist. Die Namen fallen den ganzen Abend über kein einziges Mal, sie sind auch nicht weiter wichtig. Äußerlich sind wir identisch: beide uniformiert mit normalen grauen Anzügen, weißen Hemden, schwarzen Krawatten, schwarzen Schuhen. Der einzige Bruch in diesem uniformen, spießigen Gesamtbild ist unser Markenzeichen: zwei unterschiedlich bunte Kinderstrickmützen mit Bommel obendrauf. Sobald wir die Mützen aufziehen, erfasst – infiziert – uns unsere sehr eigene Bühnenanarchie. Wir beginnen mit einem absurden, lautmalerischen Dada-Gedicht, wechseln abrupt in einen kabarettistischen Sketch, dann in ein Lied, dann in eine Comedy-Szene, in eine Pantomime, einen Tanz, wieder eine Szene – immer weiter, durch alle möglichen Genres und Ebenen von Humor, albern, ernst, politisch, banal, komisch, skurril. All das tun wir, ohne etwas zu erklären, auf eine Art und Weise, die die meisten erst einmal überfordert, die wir aber über die Jahre so verfeinert haben, dass sie nach und nach hoffentlich alle mitnimmt. Wir präsentieren im Grunde offen und spielerisch eine Art lustigen Wahnsinn, der von den Mützen zu kommen scheint.

Manchmal, am Ende, wenn wir die Mützen wieder abgenommen haben und der Applaus von mehr Menschen kommt, als man zur Pause noch gedacht hat, sieht man in lachende Gesichter, die eine bittende Geste machen: Wir sollen ihnen die Mütze überreichen. Eine Geste, die besagt: »Das will ich auch!« Damit sie auch so infiziert werden. Dabei ist das doch schon längst passiert.

Ulan & Bator (Foto: Enrico Meyer)

Biografische Notiz
Konrad Heiland ist Arzt, ärztlicher Psychotherapeut mit Zusatzqualifikation in Psychoanalyse, klinischer Musiktherapeut, Supervisor, Lehrtherapeut und Dozent an verschiedenen Weiterbildungsinstituten. Darüber hinaus verfasst er als freier Autor essayistische Beiträge für Fachzeitschriften und Bücher, ist freier Mitarbeiter beim Bayerischen Rundfunk und Autor mehrerer Radio-Features.

Digitale Scheißflut

Über Ansteckungsphänomene im Web

Hannes König

Beim Begriff »Shitstorm« habe ich zuallererst die Ströme aus Scheiße vor Augen, wie sie in *Das große Fressen* von der verstopften Toilette heraus auf Marcello und seine drei Kollegen herniederregnen. Regisseur Marco Ferreri versammelt die vier in einer Pariser Nobelvilla, zum »gastronomischem Seminar«, wie es heißt. Tatsächlich kommt man zusammen, um so lange zu essen, bis man an Überfettung stirbt. Irene Bogyi und Ela Hornung-Ichikawa (2016) haben dahinter die Unfähigkeit der Anti-Helden enttarnt, sich mit der Vergänglichkeit der Dinge abzufinden. Woraus sich eine reaktive Sehnsucht nach maßloser Oralität ergebe, die perfiderweise gerade den Tod herbeiführen soll. Zwar wird das titelgebende Essen recht schön drapiert: So ist das Haus mit allem gefüllt, was die französische Sterneküche an Genüsslichkeiten zur Verfügung stellt – doch ist die hingebungsvolle Selbstzerstörung der Seminarteilnehmer alles andere als genussvoll mit anzusehen. In der für Bernhard Strauß (2019) typischen Manier eines Skandalfilms wird hier das Ekelhafte nicht bloß zum Zwecke sensationsgieriger Provokation ästhetisiert: Beabsichtigt ist eine Kritik an der Genusssucht selbst. Angeklagt wird ein Hedonismus, der die Grenzen des Anständigen und Gesunden nicht nur *ausreizt*, sondern komplett *ad absurdum* führt. Dass schließlich inmitten des Fressgelages das Klo explodiert und einem die Exkremente um die Ohren fliegen, ist symptomatisch: Opfer vom »Sturm der Scheiße« – oder wie man in Neudeutsch sagt vom »Shitstorm« – wird, wer sich unsittlich verhalten hat. Deswegen ist der filmische Scheißsturm auch gleichzeitig fäkale *Sintflut:* eine moralische Strafe für die Völlerei. Man hat sich sündig gemacht: Als Ergebnis versinkt man im eigenen Unrat.

Hinter dem klangvollendeten Begriff »Shitstorm« verbirgt sich allerdings kein filmisches Sujet. Gemeint ist ein Phänomen aus dem Internet, welches dort im Wesentlichen die vorwurfsvolle Ahndung von moralischen Verfehlungen oder sonst wie skandalösem Verhalten der beschuldigten Missetäter mit rachsüchtiger Verfolgung bezeichnet. Wird in der Webpräsenz von Firmen oder Institutionen, Prominenten oder Privatleuten, politischen Akteuren oder Selbstdarstellern ein fragwürdiges Statement entdeckt, so kann es passieren, dass sich die Online-Community scharenweise auf digitalen Wegen versammelt und lauthals mit brüskierter Bestürzung reagiert. Es kann passieren, dass sich daraus eine ziemlich unheilvolle Stimmung der Entrüstung zusammenbraut, die sich als tosendes Digitalgewitter entlädt. Dann werden die Angeklagten mit tausenden abfälligen Kommentaren, Anschuldigungen und Beschimpfungen bombardiert und gehen in einer stinkenden Sturmflut unter, so wie wir sie bei Marcello und seinen Kollegen in der analogen Welt der filmischen Diegese als bildhafte Metapher beobachten können.

Den Beitrag zum Entrüstungssturm versteht man dabei durchaus als couragierten Akt der moralischen Anklage: So wurde 2010 gegen Nestlé gewettert, als aufflog, dass für die Herstellung verschiedener Produkte des Konzerns die Lebensräume von indonesischen Orang-Utans vernichtet werden (Steinke, 2014). So stellte man die Initiatoren der 2012er Europameisterschaft an den medialen Pranger, weil durchsickerte, dass von der austragenden Ukraine die brutale Tötung von Straßenhunden in Auftrag gegeben worden war, um das Stadtbild zu bereinigen (Busch, 2011). Genauso echauffierte man sich 2012 über ein Projekt der Schufa, bei dem Facebook angezapft werden sollte, um aus den Profilen Informationen über die Kreditwürdigkeit der Nutzer abzuleiten (Kuch, 2012). Weil der Shitstorm nicht selten gravierende Konsequenzen für die Beschuldigten nach sich zieht, liest man häufig von der »Macht der Community«, einer proklamierten Stärke der Netzwelt, wo sich jede Userin und jeder User mühelos gegen die Ungerechtigkeiten der Gesellschaft erheben und einen Beitrag zur Durchringung von Gerechtigkeit leisten könne.

Nur wird dabei häufig allzu leichtfertig übersehen, dass sich der Shitstorm fernab von moralischer Integrität auch gerne dort entlädt, wo kein Tabu gebrochen wird oder gar kein Regelverstoß zu ahnden ist. Natascha Kampusch etwa wurde Zielscheibe für einen Shitstorm sondergleichen, als sie sich in den Jahren nach ihrer Befreiung 2006 mehrmals öffentlich zu ihrer jahrelangen Gefangenschaft im Keller von Wolfgang Priklopil äußerte. Im Sturmgewitter erntete sie massenhaft Kritik für ihre vermeintliche Selbstdarstellung, die direkt in die allgemein geteilte Empfehlung mündete, sie solle doch am besten wieder in den schäbigen Keller zurück, aus dem sie jüngst hervorgekrochen wäre, nur um dort mit dem Moderator zu schlafen, der sie interviewte (Quatember, 2017). Aus unerfindlichen Gründen entzündete sich 2014 ein ähnlich geschmackloser Shitstorm gegen die Schauspielerin Anne Hathaway, die sich moralisch nicht weniger zu Schulden kommen ließ, als »blöde Zähne« und ein »längliches Gesicht« zu haben (Wilemsen, 2013).

Diese zwei Beispiele zeigen: Nicht nur die *sturmartige Verbreitung* gibt dem Phänomen seinen Namen. Es sind auch die ungeheuerliche *Häme* und die geschmacklose *Fäkalsprache*, welche die titelgebende Scheiße in den Shitstorm bringen. Deshalb wird das Phänomen auch gemeinhin mit dem wenig schmeichelhaften Begriff der »Netzhetze« übersetzt, »digitale Lynchjustiz« nennen es andere. Dieter Nuhr (2015) sprach vom »digitalen Scheiterhaufen«. In einschlägigen Veröffentlichungen zum Thema wird dahingehend immer wieder auf die »Hetzmasse« von Elias Canetti (1960) verwiesen, in der sich der Mob zusammenrauft, um im Blutrausch zu metzeln. Die inszenierte Entrüstung gibt eine Destruktivität preis, die sich bequem aus dem Hinterzimmer der digitalen Anonymität heraus entladen kann. Einst hatte Wilhelm Reich (1973) derlei Vorgehen als bezeichnendes Charakteristikum für die Rache des »kleinen Mannes« attestiert. Und deswegen habe ich beim Wort »Shitstorm« neben den *Strömen aus Scheiße* auch gleich unweigerlich die Affen vor Augen, wie sie in manchen Videos auf diversen Internetplattformen beim Werfen von Kot zu beobachten sind.

Fäkale Sprachver(w)irrungen

»Shitstorm« ist der offizielle Super-Anglizismus des Jahres 2011. Und als solches ein Kuriosum allein der *deutschen* Sprache. Im Englischen gibt es den Begriff nicht. Deswegen können wir uns die Irritation unter dem internationalen Publikum vorstellen, als Bundeskanzlerin Angela Merkel bei der Eröffnungsrede zum 2018er Digitalgipfel in Nürnberg darüber sinnierte, wie stark doch der »Shitstorm« ausgefallen war, nachdem sie einige Jahre zuvor ihren unglücklichen Kommentar über das »Neuland Internet« abgegeben hatte. Manche empörten sich über die Fäkalsprache der Kanzlerin (John, 2018). Andere sahen die Rüpelhaftigkeit der ohnehin »analen« Sprachgepflogenheiten der Deutschen lediglich von höchster Stelle aus bestätigt (Oltermann, 2018). Peter Littger (2018) hat sich mit den augenscheinlichen Sprachverwirrungen auseinandergesetzt und geschlussfolgert, dass man im Englischen nicht mit »Scheiße« flucht, »Shit« gelte dort nämlich gemeinhin als unschickliche Pöbelei. Stattdessen sei ein »Fuck« weithin kultivierter. Während wir im Deutschen bekanntlich eher selten per »Fickerei« oder »verfickt« schimpfen, uns jedoch ein »Scheiße« leichter von den Lippen geht (abgesehen davon, dass meine Generation inzwischen üblicherweise ausgiebig auf das eingebürgerte »Fuck« zurückgreift). Deshalb könne der »Shitstorm« trotz seiner englischsprachigen Verkleidung nichts anderes sein, als ein *deutscher* Neologismus.

Es war Sascha Lobo (2013), der den Terminus zwar nicht aus der Taufe hob, durch den die Bezeichnung allerdings in den allgemeinen deutschen Sprachgebrauch eingeführt wurde, nachdem er im Jahr 2011 einen nachhaltig wirksamen Vortrag bei der Berliner Onlinemedien-Messe »re:publica« hielt und dafür den vormals recht unbekannten Szenebegriff in die Überschrift »How to survive a shitstorm« setzte, die er anscheinend aus stilistischen Gründen (und wohl mit allerlei Verwirrungspotenzial) auf *Englisch* formulierte. Er definierte den Shitstorm erstmalig als jenen Prozess, bei dem »in einem kurzen Zeitraum eine subjektiv große Anzahl von kritischen Äußerungen getätigt wird, von denen sich zumindest ein Teil vom ursprünglichen Thema ablöst und stattdessen aggressiv, beleidigend, bedrohend oder anders attackierend geführt wird.«

Im englischen Sprachraum wird das Phänomen ausschließlich als »Flamewar« diskutiert (Steinke, 2014). Was sich natürlich als genauso bedeutungsschwanger entpuppt: Anscheinend sollen die *Flammen des Hasses* suggeriert werden, die wie bei der Apokalypse gegen die Sündigen peitschen. Vielleicht soll auch eine Zerstörungskraft angedeutet sein, die wir vom *Napalm* kennen, ist doch der »Flammenkrieg« ausgerechnet der *Militärsprache* entlehnt. Mir persönlich gefällt die Idee, wonach die Bezeichnung auf das *Brennen der Finger* verweist, die nämlich beim eiligen Schreiben der beleidigenden Entrüstungskommentare fast qualmend über Tastatur und Smartphone wetzen.

Wie auch immer, ihren Ausgangspunkt finden Flammenkrieg oder Shitstorm häufig in einem wahrgenommenen *Skandal*, der in vielen Fällen sogar durchaus nachvollziehbar ist, wie etwa bei den eingangs geschilderten Fällen von Nestlé, der Europameisterschaft in der Ukraine oder dem Schufa-Facebook-Projekt, in denen sich berechtigter Unmut nicht nur unter Kapitalismusgegnern, Tier- und Datenschützern regte. Als Starkoch Jamie Oliver während eines BBC-Interviews freizügig darüber berichtete, wie gerne er seiner frühpubertären Tochter zur Bestrafung für unflätiges Verhalten heimlich die schärfste Chili der Welt ins Essen mischt (Brown, 2014), brach eine öffentliche Aufregung los, die wir ebenfalls sehr gut verstehen können. Viel mehr noch: Protest ist an dieser Stelle sogar unbedingt notwendig! Allerdings gewinnt das online signalisierte Veto der Netzgemeinde schnell einen bitteren Beigeschmack durch die erschreckende Gewaltsprache, von der die Reaktionen auf dieses unfreiwillige Geständnis in den verschiedenen Social-Media-Kanälen erfüllt sind. Ein Shitstorm ermutigt zur lustvollen Hingabe an die eigene *Zerstörungswut*. Er drängt nicht nach kritischer Auseinandersetzung mit ideologischer Verblendung, weshalb sich die Shitstormer auch schlicht ein Beispiel am Angeklagten nahmen und – quasi einer *Identifikation mit dem Aggressor* folgend – ausgiebig nach *Rache* verlangten: Am Starkoch selbst sollten die grausamsten Foltermethoden getestet werden!

Ausnahmsweise kommt das Gewitter eines Shitstorms mit sprachlicher Raffinesse daher. Das passiert, wenn sich die Scheißstürmer mit humorvollen, zynischen oder satirischen Statements gegenseitig zu übertrumpfen versuchen. Als Nutzerinnen und Nutzer ihren Unmut gegen Pastahersteller Barilla äußerten, der im Jahr 2013 mit Nachdruck versicherte, man werde trotz Gendermainstreaming nach wie vor nicht mit homosexuellen Paaren werben (Valensise, 2013), durfte man beispielsweise den ein oder anderen Kommentar lesen, der sogar mit gekonntem Wortwitz aufwartet: »Dem seine Nudel nehme ich nicht mehr in den Mund« gehört zweifelsfrei zur eloquenteren Sorte. Solcher Eloquenz begegnet man in der sturmwütenden Meute allerdings eher selten. Ebenfalls selten kommt ein Shitstorm ohne verbale sadistische Gewalt daher. Dem Barilla-Chef etwa wünschte man, es möge ihm doch optimalerweise augenblicklich »seine Nudel abfaulen« – und das ist noch eines der harmloseren Beispiele für die ungustiösen Gefilde, in die man sich beim Entrüstungssturm sprachlich verirrt.

Manchmal werden sprachliche Verirrungen selbst zum Thema von Scheißstürmen. Vor allem, wenn die Verirrungen mit der konventionellen Auffassung von Political Correctness brechen. So geschehen, als Magnat Heineken sein jüngstes Light-Bier mit einem Spot bewerben ließ, in dem eine Flasche quer über den Tresen vorbei an einem schwarzen Model und einem schwarzen Musiker geschoben wird, woraufhin der Spruch »Sometimes, lighter is better« erscheint. Was blöderweise als ein »Manchmal ist es eben besser, ›hell‹ (im Sinne von ›weiß‹) zu sein«, aufgefasst wurde (Taylor, 2018). Oder als die Modekette *H&M* Anfang 2018 einen dunkelhäutigen Jungen in einen Pulli mit dem Aufdruck »Coolest Monkey in the Jungle« kleiden ließ: Das schwarze Kind sei »coolster Affe im Dschungel« (Rudgard, 2018). Man mag sich fragen, wie unglücklich das Brainstorming in den Sitzungen der verantwortlichen Marketingabteilungen verlaufen ist, und man mag darüber staunen, dass derlei Ungereimtheiten den unzähligen Beteiligten an Produktion und Veröffentlichung der Werbefilme nicht aufgefallen zu sein scheinen. Man mag sich sogar zu der verschwörungstheoretisch angeleierten Vermutung hinreißen lassen, ob nicht womöglich diese Spots sogar mit konkreter Absicht zur Provokation produziert worden sind, um dadurch mehr Aufmerksamkeit zu generieren. Dass sich zehntausende Menschen in ihrer online geteilten Entrüstung jedoch so unfassbar schnell zu wahren Hasstiraden über die Konzerne animieren ließen, offenbart ein viel grundsätzlicheres Problem: Es entsteht der Verdacht, die Community würde lediglich auf einen Funken warten, der halbwegs ausreichenden Zündstoff für überzeichnete und undifferenzierte Protestwellen hergibt, die sich daraufhin regelmäßig zu buchstäblichen Hetzjagten verselbstständigen dürfen. Woher nimmt der Shitstorm seine ungeheure Ansteckungskraft?

In der englischsprachigen Literatur werden Erklärungen zum »Flaming« vornehmlich bei Cybermobbing und Onlinediskriminierung (Jane, 2015; McGuckin & Corcoran, 2016) verstoffwechselt. Die deutschsprachige Publikationslandschaft bietet hauptsächlich medienwissenschaftliche beziehungsweise medienpädagogische Auseinandersetzungen zum Thema »Hass im Netz«, wo der »Shitstorm« zumindest als schillerndes Beispiel angeführt wird (Haarkötter, 2016). An der Psychologie ist das Phänomen größtenteils vorbeigegangen (Roberts et al., 2016). Psychoanalytische Überlegungen fehlen fast vollständig. In diesem Beitrag möchte ich grundsätzliche psychoanalytische Anmerkungen zur Ansteckungskraft der Entrüstungsstürme mit soziologischen Perspektiven verbinden, um Windstärke und Niederschlag des Scheißgewitters auf diese Weise etwas besser greifbar zu machen.

Die Infiltration der Öffentlichkeit durch den privaten Raum

Ein Shitstorm mag im *Internet* wüten, Medium seiner Ansteckungskraft ist jedoch streng genommen der »öffentliche Raum« als solcher. Weil demokratisches Bewusstsein nur dort zustande kommt, wo gemeinsam gestritten wird, gilt dieser »öffentliche Raum« gemeinhin als konstituierendes Element einer jeden bürgerlich-demokratischen Gesellschaft. Deswegen hat er seinen rudimentären Ursprung auch ausgerechnet in der *Agora*, dem *Marktplatz* der griechischen Antike. Mit der Teilhabe am Gemeinwesen der Polis als historischem Vorbild wurde der öffentliche Raum spätestens seit der Aufklärung als »politischer Raum« verstanden. Und der geht weit über das Wirken und Agieren von allein *politischen Akteuren* im engeren Sinne hinaus. Für Jürgen Habermas (1962) ist der öffentliche Raum das »Netzwerk«, das der »Kommunikation von Meinungen« zur Verfügung steht. Folglich besteht er aus allem, was dem freien, gemeinsam geteilten Meinungsaustausch über die Bedingungen unseres Zusammenlebens zugänglich sein sollte. Wir können die Beschaffenheit des politischen Raums am besten mit Verweis auf Michel Foucault (1972) als *Raum des Diskurses* begreifen: Alle entscheidenden und prägenden, formenden und hemmenden, bereichernden wie auch lähmenden Rahmenbedingungen für unser Zusammenleben hängen entscheidend davon ab, was im öffentlichen Raum eingebracht und dort gefordert, problematisiert, kritisiert, diskutiert, erkämpft, beschlossen, reformiert und revidiert wird. Alle Fragen der Gemeinschaft sind davon betroffen: Wohlstand, Gesundheit, Umweltschutz, Sicherheit, Frieden und Freiheit, die Möglichkeiten persönlicher Entfaltung, Lustgewinn und Generativität. Auch der Shitstorm ist Teil des Diskurses. Wäre er tatsächlich ein *Gewitter*, der öffentliche Raum wäre sein Äther, durch den er sich fortpflanzt.

Nachhaltiges und lustvolles Zusammenleben erfordert einen mit Leben erfüllten, diskursiven öffentlichen Raum. Seit den 1990er Jahren wird allerdings zunehmende Politikverdrossenheit beklagt, was faktisch den Rückzug vieler Menschen aus dem öffentlichen Raum bedeutet und nicht selten mit einer Verweigerung der politischen Teilnahme einhergeht. So regten sich zu jener Zeit vor etwa zwanzig Jahren, als mit dem Internet die digitale Revolution in sämtliche Lebensbereiche Einzug zu halten begann, gerade auch jene Stimmen, die sich durch den Cyberspace eine *Renaissance des Politischen* erhofften. Weil Gesellschaft in der systemtheoretischen Argumentation von Niklas Luhmann (1975) durch *kommunikative Strukturen* etabliert wird, begründet die globale Vernetzung durch das Internet automatisch eine allumfassende »Weltgesellschaft«. Marktplatz dieser Weltgesellschaft ist für Miriam Meckel (1998) eine *mediale Weltöffentlichkeit* im Sinne eines nunmehr global vernetzten öffentlichen Raums. Deshalb sprach Albert Gore 1994 vom »neuen athenischen Zeitalter« (Bühl,

1997) und Howard Rheingold (1994) benutzte die Metapher vom Cyberspace als »elektrischer Agora«. Nur ist letztlich die Politikverdrossenheit geblieben und das Potenzial zur Vitalisierung von politischer Teilhabe ist in eine fast paranoide Angst vor der Gefahr gekippt, die von einem öffentlichen Raum ausgeht, der durch technische Errungenschaften plötzlich zu »übermächtig« werden könnte. In einem zu übermächtigen öffentlichen Raum bewegen sich Bürgerinnen und Bürger als »gläserne Menschen«: Sie werden überwacht, kontrolliert und manipuliert. Die Allgegenwärtigkeit und Unumgänglichkeit von Digitalisierung, Internet und permanenter Onlinedatenverarbeitung würden es heute bereits unmöglich machen, sich unverfolgt und überhaupt *frei* in der Öffentlichkeit zu bewegen. Kritikerinnen und Kritiker warnten davor, dass diese Unfreiheit auch in den *privaten Raum* übergreift. Der private Raum ist *Gegenstück* zum öffentlichen Raum und das in genuin *dialektischem* Sinne: Abseits der öffentlichen Bühne bietet das Private Platz für unsere unverfälschten intimen Wünsche und Bedürfnisse. Nicht *politischer Diskurs*, sondern *emotionaler Austausch* wird hier verhandelt. Er ist Hort unserer *Individualität*. Ein mit Leben erfüllter privater Raum ist nicht bloß emanzipiertes *Gegengewicht* zum Raum der Öffentlichkeit, sondern notwendige *Voraussetzung* für die Lebendigkeit eines reichhaltigen Diskurses.

Seit durch die neuen technischen Errungenschaften sämtliche Lebensbereiche transparenter werden, fürchtet man ein Aufweichen der Privatsphäre. Angesichts der Dominanz und Omnipräsenz von sozialen Medien mag einen die Frage beschleichen, ob es so etwas wie »echte« Privatsphäre überhaupt noch geben kann. Peter Schaar (2007), der langjährige Bundesbeauftragte für Datenschutz und Informationsfreiheit, warnt in seinem gleichnamigen Buch deshalb vor dem faktischen *Ende der Privatsphäre*.

Slavoj Zizek, philosophisches Star-Unikat der populären Netzkultur, hat diese Angst als groben Trugschluss enttarnt (Freund, 2012). Wir laufen nicht Gefahr, dass die private Sphäre verschwindet – es ist der *öffentliche Raum*, um den wir uns Sorgen machen müssen! Der öffentliche Raum wird heute überschwemmt von einer Privatheit, die dort streng genommen nichts verloren hat. Wir können erahnen, worauf sich Zizek bezieht: Bereitwillig werden im Internet Lebensinhalte öffentlich ausgetauscht, die vor gar nicht allzu langer Zeit noch schützenswerte Privatangelegenheit waren. Auf Instagram wird das persönliche Leben zur Collage für die global verstreuten Follower; intime Erfahrungen werden nicht mehr in Tagebücher geschrieben und unter der Matratze versteckt, sondern in

Videologs besprochen und mit einer undifferenzierten Masse an Zuseherinnen und Zusehern geteilt; Gedanken werden nicht mehr persönlich ausgetauscht, sondern per Twitter in den Kosmos gerufen. Seit ein paar Jahren erfreuen sich bestimmte Communitys immer größerer Beliebtheit, die sich allein zu dem Zweck geformt haben, ausgewählten Influencern dabei zuzuschauen, wie sie Bestellware für den alltäglichen Bedarf auspacken, bestimmte Spiele zocken oder einschlägige Filme anschauen, um dabei ihre emotionale Spontanreaktion einem neugierigen Publikum zur Verfügung zu stellen. Für Zizek sind diese Formen der Selbstdarstellung *kein* pervertierter Exhibitionismus, wie man ihn etwa klassisch beim Klischee vom mittelalten Mann vermutet, der in einem Park den Trenchcoat lüftet und den erschrockenen Ahnungslosen sein Gemächt präsentiert. Exhibitionismus setzt nämlich ein rudimentäres Gewahrsein darüber voraus, dass man *etwas Intimes in der Öffentlichkeit zur Schau stellt, was dort nicht hingehört*. So ein Gewahrsein fehlt im Internet. Heute ist es zum gängigen Usus einer ganzen Generation geworden, sich mit einer Selbstverständlichkeit von vermeintlicher Privatheit durch die Sphären des Internets zu bewegen, die ein Gespür für den tatsächlich *öffentlichen* Charakter des Mediums fast vollständig vermissen lässt.

Mediale Identität

Wir können die Infiltration des Öffentlichen durch das Private als eine spezifische Form der inszenierten Kommunikations- und Beziehungsgestaltung begreifen, die sich nicht nur soziologisch verorten, sondern darüber hinaus psychodynamisch verstehen lässt. Es war der Soziologe Charles Cooley (1902), der so prägnant von der »Spiegelbildidentität« sprach und damit die wichtige Vorstellung auf den Punkt brachte, dass unser Selbstsein unausweichliches Ergebnis von *zwischenmenschlicher Bedingtheit* ist: Die anderen dienen uns als *Spiegel* und nur durch diesen Spiegel hindurch können wir unsere Identität entfalten. Die französischen Existenzialisten haben das später aufgegriffen: Sie erklärten die Lebendigkeit eines spiegelnden Gegenübers zur Bedingung für die Lebendigkeit von eigener Individualität. Dachte man früher noch, das Kind sei dem Beziehungsangebot der Eltern passiv ausgeliefert, kam es in der psychoanalytischen Entwicklungspsychologie zu einem fundamentalen Perspektivenwechsel durch die Betonung des *zweiseitigen* Geschehens, das hier zwischen dem

Kind und seinen wichtigen frühen Bezugspersonen im Gange ist: Nicht nur treten die Eltern an das Kind mit ihren eigenen Bedürfnissen, Erwartungen und Vorstellungen heran – aus dem konstitutionellen Bedürfnis nach spiegelnder Bezogenheit heraus gestaltet auch *das Kind* aktiv die Beziehung zu den Eltern. Das Angebot an authentischer Bezogenheit, das von den Eltern zur Verfügung gestellt wird, bietet auf diese Weise eine Matrix für einschneidende Erfahrungen, die vom Kind durch Identifikationsprozesse in das Selbst aufgenommen und dort zu Bausteinen für das Selbstgefühl wie auch insgesamt zu den Grundlagen der Persönlichkeit werden. Mit fundamental strukturbildenden und identitätsstiftenden Auswirkungen: Die lustvolle Spiegelung von narzisstischen Fantasien wird beim Kind zum Grundstein einer stabilen Selbststruktur, die als Voraussetzung für die gesunde Fähigkeit zur Regulation von Selbstwert, Ansprüchen und Idealen sowie der Orientierung an reifen Vorbildern dient (Kohut, 1966). Die wiederholten Erfahrungen von kongruenter und markierter Spiegelung emotionaler Zustände werden im Rahmen von authentischen Mentalisierungsprozessen zur Grundlage für den Zugang zu einem differenzierten Emotionshaushalt mit der Fähigkeit, nicht nur die *eigenen* Affekte und Zustände zu regulieren, sondern auch emotionale und motivationale Zustände *in der Beziehung zu anderen* wahrzunehmen, zu regulieren und dazu Bezug zu nehmen (Fonagy et al., 2018). Die früh gespiegelten Rollenbilder werden zur Bühne für die Erprobung von Autonomie und Individualität in der Auseinandersetzung mit den Werten und Normen, Vorstellungen und Erwartungen von Eltern, Gesellschaft und Kultur (Bohleber, 1999). Diese Fähigkeiten können sich nur entfalten, wenn die primären Bezugspersonen eine kontinuierliche, kontingente Beziehung mit hinreichend sinnlicher Zuwendung ermöglichen, und zwar auf unterschiedlichen Kanälen von Kommunikation und Wahrnehmung: von der expliziten Sprache mit ihrer individuellen Resonanz über interaktive Mimik und Gestik und gegenseitig geteilte Aufmerksamkeit bis hin zum multimodalen Austausch von Gefühlszuständen sowie letztlich auch zur Begegnung von unbewussten Selbstanteilen bei all diesen Prozessen.

Wenn Digitalisierung und Technologisierung seit Jahren zunehmend Einzug in sämtliche Lebensbereiche finden, dann ist davon natürlich auch die frühkindliche Entwicklungsatmosphäre betroffen. Reinhard Plassmann (2013, S. 35) beschreibt, wie technische Geräte allmählich die so essenzielle Bezogenheit in der Beziehung der Kinder zu ihren Eltern (z)ersetzen können. Diese »virtuellen Objekte«, wie er sie nennt, sind beispielsweise programmiertes Spielzeug oder Tablets, die zur Unterhaltung und als Lernhilfe den Babys, Kleinkindern und Kindern gegeben werden. Sie können den Anschein von Bezogenheit und Spiegelung erwecken: So können Kinder von einem ausdrucksstarken Avatar beim Spielen unmittelbares Feedback erhalten, dabei zu allerlei Freude animiert werden und die Bedeutung sämtlicher Affekte lernen. Sie können mit einem geduldigen Sprachassistenten ihren Wortschatz erweitern und Gesprächsverläufe einüben. Kinder können mit unheimlich plastisch wirkenden Figuren interagieren, die inzwischen sogar mimisch den gefilmten Gesichtsausdrücken der Kinder entsprechend reagieren. Allein authentische Erfahrungen von spiegelnder Bezogenheit in einer sinnlichen, kontingenten Beziehung können die Kinder gerade *nicht* erleben, trotz Lebendigkeit in der Animation und Ausgeklügeltheit in der Programmierung. Denn es fehlt schlichtweg die »echte« Beziehung mit ihren vielfältigen psychischen, körperlichen, emotionalen und letztlich gerade auch unbewussten Aspekten in Begegnung und Resonanz. In einem technisierten frühkindlichen Entwicklungsumfeld wird für Michael Ermann (2003, S. 187) die »personale Bezogenheit« durch »mediale Bezogenheit« ausgetauscht. Die Bezogenheit zu den virtuellen Objekten ist *einseitig*. Und als solche fällt sie zwangsläufig *frustrierend* aus. Da sich nur lebendig in uns anfühlen kann, was an lebendigen Erfahrungen in einer »lebendigen« frühen Bezogenheit angeregt worden ist, werden im beständigen Kontakt mit virtuellen Objekten auch der Erlebnisschatz der eigenen Person und die Bezogenheit zu wichtigen anderen »virtuell«. Die Leere und Frustration, die sich hinter der virtuellen Bezogenheit verbergen, werden dadurch fatalerweise identifikatorisch zum Kern eines ausgehöhlten Identitätserlebens übernommen, das Ermann »mediale Identität« nennt:

> »Wenn diese Kommunikationserfahrung zum zentralen Bestandteil der Beziehungsgestaltung wird, ein Bestandteil des Selbstverständlichen in der Beziehung zum Selbst und zur Welt, dann entsteht mediale Identität. Sie ist mit der bewussten und v. a. unbewussten Akzeptanz einer Kommunikationsform verbunden, welche die soziale Befriedigung und Bestätigung der Bedürfnisse [...] verwehrt und die sozialen Bedürfnisse selbst enttäuscht. Es ist die Anpassung an eine Objektbeziehung, in der Begehren zwar geweckt, aber nicht gesehen und beantwortet wird« (ebd., S. 185f.).

Wir können das weitere Schicksal von Kindern erahnen, die in einer so dominierten Entwicklungsumgebung aufwachsen: Weil in letzter Zeit der verstärkte Einsatz von virtuellen Objekten sogar im Schulunterricht diskutiert wird und umgesetzt werden soll und ohnehin seit längerem die Peergroup-Erfahrungen der Jugendlichen durch sie quasi »gefiltert« und »gerahmt« werden, können die schon in der frühen Kindheit erworbenen Mängel im Identitätserleben nicht durch die prinzipiell möglichen, ein Stück weit korrigierenden kontingenten Beziehungserfahrungen des Jugendalters ausgeglichen werden. Stattdessen erhärtet sich ein inneres Modell, das aufgrund seiner Verwurzelung in der Charakterstruktur zur Schablone für die weitere Begegnung mit sich und der Welt wird. Mit der medialen Identität im Hintergrund entsteht das implizite Bedürfnis, sich ebenso ausgehöhlte Beziehungsmodalitäten zu suchen, die den frustrierenden Erfahrungen aus Kindertagen entsprechen.

Sich auf den verschiedenen Social-Media-Kanälen zu begegnen, kann Hilfe sein, um von der Leere und Entfremdung im Identitätserleben zu flüchten. Gleichzeitig drängt sich das Internet als Medium für die Wiederholung dieser »unechten« (weil »virtuellen«) Beziehungserfahrungen förmlich auf. Die öffentliche Präsentation von Privatheit ist *Maskerade*, eine *Show*. Das kann von der Last befreien, man selbst sein zu *müssen*, weil man nicht man selbst sein *kann*. Die Inszenierung erzeugt zwar in manchen Fällen große Aufmerksamkeit und bisweilen erstaunlich weitreichende Resonanz in der Community. Nur vermag dieses Feedback – in Form von Kommentaren, Likes, Retweets oder bewundernden Messages – aufgrund seines virtuellen Charakters gerade keine *echte* Befriedigung von erhoffter Bezogenheit, keine *tiefgreifende* Kompensation für die Mängel im Identitätserleben, keinen *nachhaltigen* Ausgleich für die früh festgeschriebene Enttäuschung von sinnlicher Lebendigkeit im Selbst herzustellen.

Daraus kann ein suchtartiger Sog entstehen, sich vornehmlich online zu bewegen. Dabei verkümmert die analoge Beziehungswelt noch stärker. Von ihr wird die libidinöse Besetzung abgezogen und auf die digitale Welt geworfen, wobei der virtuelle Charakter des Online-Beziehungsangebots plausibel macht, warum diese Besetzung, mit Freud (1914c) gesprochen, natürlich eine *narzisstische* ist. Auch von Ermann (2003, S. 187) wird diese »narzisstische Konfiguration« diagnostiziert und auf diejenigen bezogen, »die in ihrer Eigenart nicht genügend gesehen und erkannt und in ihrem Bedürfnis nach Spiegelung nicht ausreichend beantwortet worden sind« – und die nun »in der medialen Kommunikation eine Bestätigung« zu finden versuchen. Nur finden die Betrofenen online gerade nicht die ersehnte Erfüllung, stattdessen lediglich bekannte Enttäuschung. Auf diese

Weise wird die früh internalisierte Erfahrung von frustrierter Bezogenheit mit virtuellen Objekten beständig neu inszeniert.

Haters gonna hate

Die Begegnung von Menschen auf den Social-Media-Kanälen ist von einem tief sitzenden Dilemma gekennzeichnet: Es lockt der Wunsch nach befriedigender Resonanz bei gleichzeitiger Erwartung von Enttäuschung. Wenn online das Angebot von präsentierter Privatheit auf die Nachfrage von Zuschauerinnen und Zuschauern trifft, so wird neben der *virtuellen* Bezogenheit an der Oberfläche gleichzeitig *unbewusst* gerade die *enttäuschte* Bezogenheit aus der frustrierenden Identitätsentwicklung gemeinsam durchgespielt. Oder anders formuliert: Begegnen wir Menschen im Internet, die dort ihre inszenierte Privatheit zur Schau stellen, dann können wir sie atmosphärisch als virtuelle Objekte wahrnehmen, die unbewusst an den Schmerz anknüpfen, der in unserem Identitätserleben verborgen liegt. Um nicht in bewussten Kontakt mit dem Schmerz zu kommen, können Betroffene mit *Verleugnung* reagieren. Sie passen sich dann – wie einst in Bezug auf die enttäuschenden Eltern – an das doppelbödige Beziehungsangebot an, zum Beispiel in Form von identifikatorischer Bewunderung für die Darstellung. Der Schmerz kann allerdings auch durch die Mobilisierung von *aggressiven Impulsen* unterdrückt werden. So wie bei Arno Gruen (2000) *Fremdenhass* stets *projizierter Selbsthass* ist, fühlt es sich wohl besser an, die Selbstdarsteller zu verachten und ihre präsentierte Privatheit zu entwerten, als den symbolisierten Schmerz zu spüren oder mit den Brüchen im eigenen Identitätserleben konfrontiert zu werden oder an der eigenen Bedürftigkeit zu verzweifeln.

Es gibt Reaktionen auf die Präsentation von Privatheit im Netz, die von einer solchen abwehrbedingten Verachtung, Missgunst und Entwertung gekennzeichnet sind. Deren einziges Ziel scheint die Degradierung und Verunglimpfung von öffentlich geteilten Videos, Fotos, Tweets oder sonstigen Einträgen anderer Userinnen und User zu sein. Diese Reaktionen werden »Hasskommentare« oder »Hasspostings« (vom englischen »Hate Speech«) genannt und gelten inzwischen als eigenes, rapide um sich greifendes Phänomen der Internetgeneration. Hasskommentare sind Kampfplatz für beleidigende Kraftausdrücke, vulgäre Schimpfwörter, diskriminierende Verallgemeinerungen und rassistische Deklassierung, durchgehend auf dem schäbigsten Niveau, das die Sprache herzugeben vermag. Dabei werden einzelne Userinnen und User ohne abstrahierbaren Zusammenhang zur ursprünglichen Veröffentlichung oft wahllos irgendeiner sich gerade impulsiv anbietenden Minderheit zugerechnet und über diese Zuordnung mit einem Bombardement an Beleidigungen zugemüllt. In den Kommentaren wird die »Vergasung« von »Gutmenschen« genauso gefordert wie die »Deportation« vom »Flüchtlingsgesindel«, Mitglieder der LGBTQ*-Community werden als »entartet« degradiert und deren zwangsweise Sterilisation vorgeschlagen, selbstbewusste Frauen gehören als »Emanzen« vergewaltigt, weil sie in der Logik mancher *Hater* (so nennt man diejenigen Menschen, die Hasskommentare schreiben) schlicht zu »untervögelt« sind. Man beruft sich bei Hasskommentaren gerne auf die »freie Meinungsäußerung« und prangert die »Gehirnwäsche« durch das Zensur-Werkzeug der *Political Correctness* an, nur um im Anschluss altbackene Verschwörungstheorien aufzuwärmen, beliebig mit Tatsachen umzugehen oder populistische Feindbildkonstellationen zu bedienen – und das inzwischen sogar häufig unter Verzicht auf anonymisierte Profile.

Wohl gerade wegen der primitiven Inhalte, ihrer standardmäßig unterirdischen Grammatik und den vielen peinlichen Fehlern in der Rechtschreibung sind Hasskommentare mittlerweile zum Gegenstand satirischer Auseinandersetzung geworden. So ist es durchaus üblich, hasserfüllte Kommentare öffentlich vorzulesen und so deren Absurdität zu entlarven. Eine bestimmte Zeit lang war es populär, die eigenen Videos, Blogbeiträge, Twitternachrichten oder sonstige Selbstdarstellungen mit dem Spruch »Haters gonna hate« abzuschließen. Die Bedeutung des Spruchs greift im Englischen etwas stimmiger als in der Übersetzung: Dem Slogan zufolge findet jemand, der von Hass erfüllt ist, immer einen Grund, um seine Verachtung loszuwerden, weswegen die (bereits erwartete) Entwertung der persönlichen Veröffentlichung belanglos ist und einen gar nicht wirklich treffen kann. Genau betrachtet entspringt die im Hassposting entflammte Degradierung natürlich bei aller inhaltlicher Borniertheit und niveaulosen Stilistik keiner *Beliebigkeit*. In einem Vortrag für den 2014er »Kommunikationskongress« verweist Philosoph und Autor Roger Willemsen auf Sigmund Freud höchstpersönlich und meint, hinter den entwertenden Kommentaren entpuppe sich allein die ungefilterte Abfuhr von *primitiver Unlust* (Zebothsen, 2014). Ich kann dieser Einschätzung einiges abgewinnen und zustimmend ergänzen, dass die Unlustphänomene im Internet wahrlich ansteckende Hochkonjunktur haben. Angesichts der verkümmerten Beziehungsformen des virtuellen Zusammenkommens kann das auch gar nicht anders sein. Nur lässt sich der Verweis auf die primitive Unlust etwas ausdifferenzieren: Ich würde sagen, Quelle der Hasskommentare ist wohl ein tief sitzendes Gefühl des *Ressentiments*, das untrennbar mit dem Schlachtfeld der Hasspostings verbunden zu sein scheint und mit Sicherheit deren virulente Verbreitungskraft mitverantwortet.

Ressentiment im Web

Erstmalig wurde das Ressentiment wohl von Montaigne (1580) beschrieben. In seiner Schrift *Feigheit ist die Mutter der Grausamkeit* verzichtet der im Kampf Siegreiche auf die Tötung des Unterlegenen, der dadurch zwar verschont bleibt, fortan jedoch mit der Schande seiner Niederlage leben muss. Die andauernde Schmach begünstigt Fantasien der Rache. Nur kann die blöderweise aufgrund der eigenen Unterlegenheit nicht umgesetzt werden, weshalb sich eine chronische Haltung der Minderwertigkeit bei gleichzeitiger Blockade von progressiven Handlungsmöglichkeiten zur Herstellung von ersehnter Wiedergutmachung ins Erleben einbrennt. Psychoanalytikerinnen und Psychoanalytiker haben dieser poetischen Grundlage folgend die Bedeutung defizitärer narzisstischer Entwicklung herausgearbeitet: Wer von Ressentiment erfüllt ist, der fühlt sich insgeheim ziemlich minderwertig, kompensiert die eigene Unterlegenheit aber durch allerlei Inszenierungen expansiver Allmacht. Uns fällt es sicher nicht schwer, solche narzisstischen Deformationen ausgerechnet auf den Social-Media-Kanälen des Internets zu detektieren.

Für Léon Wurmser (2008, S. 963) stehen (1.) *gravierende Erfahrungen von Beschämung und Demütigung* im Zentrum des Ressentiments: das verzweifelte Gefühl, »im innersten Wesen verraten worden zu sein«. Der bereits erwähnte Arno Gruen (1984) hat diesem Verrat ein ganzes Buch gewidmet: Den titelgebenden *Verrat am Selbst* würden wir zwar ständig *selbst reproduzieren*, weil wir es seit Kindertagen gewohnt seien, unser Bedürfnis nach authentischem Selbstsein und nach spiegelnder Bezogenheit in intimen Beziehungen zu anderen zu verleugnen, ursprünglich *verschuldet* hätten ihn jedoch die *Eltern*, die einst unsere Anpassung an ihr defizitäres, vielleicht durch virtuelle Objekte fragmentiertes Beziehungsangebot erwartet oder implizit *gefordert* hatten. Wurmser meint, aus dem unbewusst verankerten Verrat könne rasch (2.) ein reaktiver *Wunsch nach Vergeltung* erwachsen. Der ist allerdings typischerweise blockiert und muss deswegen zwangsläufig unbefriedigt bleiben. Bereits Friedrich Nietzsche (1878) hatte so argumentiert: In *Menschliches, Allzumenschliches* schreibt er von der gehemmten Rache des chronisch Unterlegenen, die als Selbstvergiftung ihren Schaden im Inneren verströmt. Um nicht am Gift der aufgestauten Destruktivität zugrunde zu gehen, empfiehlt sich deren temporäre Entladung: Sie äußert sich (3.) in der *sadistischen Freude*, die dann empfunden werden kann, wenn anderen jene Beschämung oder Demütigung zugefügt wird, als dessen Opfer man sich selbst insgeheim erlebt. Wenn die Betroffenen den Selbstdarstellern im Internet die Anerkennung verwehren und deren Erzeugnisse per Hasskommentar degradieren, nehmen sie auf diese Weise unbewusst Rache an den Eltern, die ihnen früher selbige Anerkennung verwehrten. Interessanterweise spricht Wurmser (2008, S. 963) von der »Seelenblindheit«: Die aus dem Ressentiment genährte Erniedrigung betreffe stets das »Nichterkennen der Individualität« des Gegenübers. Das Nichterkennen ist als Verkennen ein Ergebnis der tatsächlichen Überforderung mit der *eigenen* Individualität.

In Joyce McDougalls (2001 [1978]) *Plädoyer für eine gewisse Anormalität* führt zivilisiertes Zusammenleben unausweichlich zur paranoiden Angst, nicht »normal« zu sein, das heißt, von der Norm abzuweichen und dafür aus der Gesellschaft verstoßen zu werden. Um das nicht zu riskieren, versuchen wir im Normalfall, den Anforderungen der Gesellschaft um jeden Preis gerecht zu werden. Das funktioniert per Anpassung an die gesellschaftliche Wirklichkeit, was unsere Individualität beschneidet: Als Angepasste dürfen wir uns unbemerkt in der Gesellschaft bewegen, sind aber zu vereinheitlichten Kopien eines toten Durchschnitts geworden. McDougall nennt das »Normopathie« und meint, wo Anpassung herrsche, entstehe automatisch Neurose. Schon Erich Fromm (1953) hatte angemerkt, dass wir niemals »normal« und gleichzeitig »gesund« sein können. Der Fähigkeit beraubt, eigene Individualität als wertvolle Abweichung von anderen und damit als immanentes Zeichen von innerer Lebendigkeit zu integrieren, flüchten wir in den Mainstream, der uns zur Pathologie verdammt. Dazu passt, dass der Soziologe Daniel Bell (1975) die Quelle des Ressentiments nicht etwa in unausweichlicher Armut einzelner Bevölkerungsschichten sieht, die in ihrem sozioökonomischen Status unterlegen sind und ein abgehängtes Dasein fristen. Quelle des Ressentiments ist für ihn die faktische *Ungleichheit* des Lebensstils in einer Gesellschaft, die fadenscheinigerweise faktische Gleichheit proklamiert. Weil für Bell demokratische Entwicklung »normatives Gleichgewicht« zwischen den Menschen bedeutet, würden wir mit zunehmender Zivilisierung eine besondere Sensibilität für die tatsächlich vorhandenen Abweichungen zwischen uns entwickeln. Für diese Sensibilität gibt es sogar einen fachlichen Terminus: das »Tocqueville-Paradoxon«, benannt nach dem französischen Schreiber Alexis de Tocqueville, der sich mit den großen gesellschaftlichen Umbrüchen beschäftigte, die die USA und Frankreich zu modernen Demokratien werden ließen. Er schlussfolgerte dramatische Auswirkungen für das Selbstverständnis des Menschen, die er auf eine beunruhigende Formel herunterbrach: *Je mehr frustrierende soziale Ungleichheiten bekämpft werden, desto frustrierter ist am Ende die Bevölkerung.* Um diese Formel zu verstehen, ruft er in Erinnerung, dass die sozialen Unterschiede vor der französischen Revolution als *naturgegeben* und deswegen für wenig veränderlich befunden worden seien. Die Revolution veränderte die Spielregeln: Nach dem Untergang des Absolutismus nehmen zwar die sozialen Ungleichheiten ab, allerdings steigt dafür die persönliche Verantwortlichkeit. Weil soziale Unterschiede nunmehr »menschengemacht« sind und deshalb auch verändert werden können, stehen wir plötzlich unter dem Druck, das Bestmögliche aus uns selbst herauszuholen. Das kann sich bis zum Zwang der Selbstoptimierung hochschaukeln. Die Wurzeln für diesen Zwang verlagert Hans-Joachim Maaz (2017) direkt in ein frühkindliches Entwicklungsumfeld, das narzisstische Pathologien bei den Kindern provoziert. Bereits dort lernen wir nämlich in unterschiedlichem Maß, dass wir gerade *nicht* so sein dürfen, wie wir wirklich sind, sondern uns stattdessen an die Eltern anzupassen haben, die uns nicht als Entwicklungsförderer zur Seite stehen, sondern die ihre eigenen Vorstellungen und Erwartungen auf uns abwälzen. Eine ganze junge Generation scheint heute davon getrieben zu sein, sich selbst optimieren zu müssen und dabei der verblendeten Vorstellung nachzujagen, alles werden zu können, was auch immer die früh fixierten Größenvorstellungen einst zur Kompensation von frustrierenden Beziehungserfahrungen mit wenig auf die tatsächlichen Stärken und Schwächen bezogenen Elternobjekten in Aussicht gestellt hatten.

Die öffentliche Präsentation von Privatheit klingt als Strategie verheißungsvoll, um die persönliche Optimiertheit zu inszenieren. Sie ist gleichzeitig Wettbewerb um die bestmögliche Anpassung an einen narzisstisch deformierten Mainstream der Selbstdarstellung. Und als solcher ist sie Kampfplatz für die Rache, die im Internet von denjenigen verübt werden kann, die sich in diesem Wettbewerb im Montaigne'schen Sinne besiegt und doch nicht getötet fühlen. Hasspostings zeigen: Ich beschäme jemanden für die *eigene* Scham, die sich aus meiner *eigenen* latenten Minderwertigkeit speist. Ich verbreite Hass im Internet, weil ich von der Gesellschaft zu *Selbsthass* verdammt bin. Vielleicht ist das eine ganz neue Ausgestaltung des schon von Freud (1930a) beschriebenen »Unbehagens«, mit dem wir in der Kultur zwangsläufig konfrontiert sind.

Die Internetmasse

Wer Hasskommentare schreibt, wird in der Internet-Community schnell als »Troll« beschimpft. Offensichtlich ist es möglich, die ungezügelte Abreaktion von hasserfülltem Ressentiment als primitive Form der Affektregulation zu erkennen und entsprechend zu beanstanden. Beim Shitstorm ist das anders: Wer mit der Scheiße wirft, fühlt sich moralisch überlegen Und erkennt deshalb nicht die Gewalt, die in den meisten Fällen augenblicklich zu resonieren beginnt, hat sich die digitale Moralkeule erst in Schwingung versetzt. Allzu leichtfertig wird übersehen, dass sich ein Shitstorm aus demselben *Ressentiment* speist, wie es die Hasskommentare tun. Genau genommen *verdankt* ein Shitstorm seine Sturmkraft vornehmlich der sich verselbstständigenden Flut an Hasskommentaren.

Diesen Zusammenhang macht Jon Ronson (2015) in seinem Buch über die *Shitgewitter* deutlich: Darin erklärt er den Fall von Justine Sacco, einer im Netz verfolgten PR-Agentin, zum prototypischen Sittenbild für die gefährliche Selbstgefälligkeit, mit der beim Fäkalsturm gehetzt wird. Besagte Frau Sacco postete beim Boarding ihres Flugzeugs einen Tweet, der wohl sarkastisch gemeint war, tatsächlich jedoch den schweren Anschein von pietätlosem Rassismus erweckt oder zumindest bodenlose Dummheit bezeugt: »Going to Africa. Hope I don't get AIDS. Just kidding. I'm white!« Sie fliege jetzt nach Afrika und hoffe, kein Aids zu bekommen – wobei sie sich um die Ansteckung eigentlich keine ernsthaften Sorgen zu machen brauche, Sie sei ja *weiß*. Beim Verlassen des Flugzeugs hatte sich bereits ein Entrüstungssturm erhoben, der sie nicht nur zur digitalen Unperson beförderte, sondern obendrein ihren Job kostete und verhinderte, dass sie danach jemals wieder in der Branche Fuß fassen konnte. Bei aller Dummheit oder allem infrage kommenden Rassismus: Für Ronson demaskiert die Reaktion der Öffentlichkeit auf Saccos Tweet die mustergültige Funktion des *Prangers*, wie wir ihn aus dem Mittelalter kennen und wie er mit dem Shitstorm für die Internetgeneration nunmehr salonfähig geworden ist. Der Shitstorm bezweckt nicht diskursive Auseinandersetzung – er zielt auf öffentliche Demütigung. Und die wird lustvoll zelebriert: Unter dem Deckmantel des moralischen Protests solidarisieren sich die Shitstormer gegen eine Frau, die offenkundig mit ihrem fehlenden Mitgefühl die Aids-Betroffenen in Afrika verhöhnte, verlieren dabei jedoch selbst jedwedes Mitgefühl für die Beschuldigte, die nicht mehr nur bloß *angeklagt*, sondern gleich ganz in *Scham* versinken und *vernichtet* werden soll. Tausende Menschen fielen über Sacco her, überhäuften sie mit Morddrohungen, überfluteten vor allem diejenigen Fotos ihres Instagram-Accounts mit bedrohlichen Beleidungen, auf denen sie zusammen mit ihren Kindern zu sehen war. Das hinterlässt einen genauso bitteren Beigeschmack wie die Berge an ungeöffneten Nudelpackungen, die während des Shitstorms gegen den homophoben Barilla-Konzern im Zeichen der Anklage aufgrund von vermeintlicher moralischer Überlegenheit einfach weggeworfen wurden.

Man versteht plötzlich, warum der spanische Philosoph und Essayist José Ortega y Gasset (1929) in seinem *Aufstand der Massen* davon schrieb, eine große Ansammlung von Menschen könne nur in *einer* Weise selbstständig handeln: kritiklos und ideologisch verblendet – wenn sie nämlich *lyncht*. Nicht weniger pessimistisch hatte es der Begründer der Massenpsychologie, Gustave LeBon (1895, S. 38) formuliert: Allein durch die Mitgliedschaft in der Masse steige der Mensch »mehrere Stufen von der Leiter der Kultur hinab«. Derlei Gruppenskepsis ist keine Erfindung des politisch turbulenten 20. Jahrhunderts: Schon Platon hatte in seiner *Politeia* darüber nachgedacht, dass die Entscheidungen des Kollektivs grundsätzlich das Potenzial beherbergen, prinzipiell unvernünftig auszufallen. Vergleichbare Vorbehalte finden sich quer durch die Psychologie, Philosophie und Soziologie, etwa beim psychodynamisch ausgerichteten Kriminologen Paul Reiwald (1946) und seinem *Geist der Masse*, beim eingangs erwähnten Elias Canetti (1960) in *Masse und Macht* oder bei Serge Moscovicis (1986) *Zeitalter der Massen*.

Dass auch Userinnen und User im *Internet* zur »psychologischen Masse« werden können, trat erstmalig im Jahr 2003 ins Licht der öffentlichen Wahrnehmung. Wie Lorenz Steinke (2014) in seinen Ausführungen zur »Internetmasse« zusammenfasst, war es damals üblich geworden, sich online haufenweise zu Happenings in der analogen Welt zu verabreden. Man nannte sich »Flashmob«: Um die gemeinschaftsstiftende Macht der sozialen Netzwerke zu signalisieren, setzte man sich medienwirksam in Szene und traf sich zu grotesken Unternehmungen wie Grillereien auf öffentlichen Plätzen, Kissenschlachten in Kaufhäusern, Tanzaktionen in Fußgängerzonen oder Ladenbesichtigungen mit hunderten von Menschen. Diese Veranstaltungen wurden durch den viel zu regen Ansturm von Teilnehmerinnen und Teilnehmern regelrecht *gesprengt*. Als Konzerne auf den Plan kamen, die Flashmob-Bewegung werbetechnisch zu instrumentalisieren, indem solche Aktionen selbst organisiert, gefilmt und als kultige Videos im Rahmen von »viralem Marketing« (das heißt sich selbstständig verbreitender Werbung im Internet) um sich griffen, verebbte der Boom (Bär, 2012). Dafür erstarkte die Shitstorm-Bewegung: War der Flashmob noch der Versuch, die Macht der Community *analog* zur Schau zu stellen, so versichert sich diese ihrer fantasierten Allmacht beim *fäkalen Sturmgewitter* nur mehr auf *digitalen* Wegen. Dabei zeigen gerade diese digitalen Wege, dass das Internet sogar eine wesentlich plausiblere Plattform für massenpsychologische Phänomene ist, als es etwa klassischerweise anhand von Demonstrationen, Hooligans oder autoritären Bewegungen beschrieben wird – da im Internet die zentralen massengenerierenden Charakteristika von »Unstrukturiertheit« der Zusammenkunft und »Impulsivität« im enthemmten Handeln noch besser greifen.

Sigmund Freud (1921c) hat das impulsive und destruktive Verhalten von Menschen in Massen mit der Wirkung einer mächtigen *Regression* erklärt. Durch die Regression kehren die Mitglieder atmosphärisch in eine Beziehungsmodalität vor der Konsolidierung von reifer Identität zurück, weshalb auch Erlebnisqualitäten aus der vorödipalen Zeit dominieren: Praktisch verschmelzen sie zu einer Gruppe von *Kindern*, deren Über-Ich auf eine Führerfigur verschoben wird, der man sich bereitwillig unterwirft, um sich als Gegenleistung dem nahezu konsequenzfreien Rausch der Gefühle hingeben zu können. Dadurch würden wir in der Masse unsere Fähigkeit zum vernünftigen Denken verlieren, weshalb es automatisch zur schnellen Gefühlsansteckung käme und impulsiv die ganze Destruktivität hervortritt, die wir hinter unserer alltäglichen Fassade an Zivilisiertheit verstecken würden.

Beim Shitstorm ist es nicht selten ein einflussreicher »Influencer«, der die Funktion des Führers übernimmt und die Entfesselung der triebhaften Aggression anleitet: ein YouTube-Promi, ein Blogger oder sonst jemand, der in der Szene eine breite Anhängerschaft (»Follower«) hat. Dieser lässt irgendwo Dampf über einen empfundenen Missstand ab und wird somit zum »Rant«, zum eigentlichen Anstoß für die Lawine der Entrüstung.

Warum sich die Lawine daraufhin jedoch überhaupt in Gang setzt, kann mit Verweis auf Freuds *Massenpsychologie* als Ergebnis der Entladung von destruktiver Aggression erklärt werden, die ihre Quelle in einem individuellen Über-Ich hat, das sich aufgrund von fragmentiertem Identitätserleben, mangelnder Spiegelung und Bezogenheit in den frühkindlichen Beziehungen sowie insgesamt einem narzisstisch deformierenden Entwicklungsumfeld hauptsächlich aus *aggressiven* Anteilen zusammensetzt (so quasi als Ergebnis einer Introjektion der verräterischen frühen Objektbeziehungen). So ein archaisches Über-Ich feuert ständig zerstörerische Impulse gegen unser Selbst, weshalb wir uns eigentlich ständig schlecht, insuffizient, heuchlerisch und scheinheilig fühlen müssten. Beim Scheißgewitter darf das Über-Ich über das Kollektiv vom Selbst entkoppelt werden. Die Selbstgefälligkeit in der vermeintlich integren Anklage dient dabei als Rationalisierung für die Abfuhr der primitiven Aggression aus dem archaischen Über-Ich, das für kurze Zeit nicht mehr gegen das eigene Selbst zu feuern braucht, sondern kathartische Abreaktion in der Verhöhnung und Vernichtung anderer finden darf.

Natürlich ist ein Grund für die hohe Ansteckung von Gewalt im Netz der fehlende *unmittelbare* Kontakt zu einem menschlichen Gegenüber. Das erleichtert die Aushebelung von instinkthaft in uns verwurzelten Empathieprozessen und begünstigt Spaltung und Radikalisierung. Das Internet *entindividualisiert:* Einzelne Personen, Organisationen oder Vereine mögen mit ihren Videos, Tweets, Podcasts oder Statements individuell in Erscheinung treten – der Cyberspace erlaubt jedoch der Community, sie in den Qualitäten von *virtuellen Objekten* wahrzunehmen, die sich aufgrund ihres imaginären Charakters wesentlich besser als Projektionsobjekte eignen, über die Ressentiment, Selbsthass und all das Verachtenswerte an der eigenen brüchigen Identität symbolisiert und bekämpft werden können.

Ausgehebelter Diskurs

Das Internet ist zur Verlängerung des Wohnzimmers geworden. Dadurch macht der öffentliche Raum einer Aufladung mit privaten Inhalten Platz, die Richard Sennett (2002) von der »Privatisierung der Öffentlichkeit« sprechen lässt, welche er letztlich als »Tyrannei der Intimität« begreift. Denn nicht nur *schrumpft* dadurch der öffentliche Raum: Es krepiert auch der *Diskurs*. Das Problem ist nach Sennet nicht so sehr die Selbstverständlichkeit, mit der in der Öffentlichkeit intime Privatsachen verhandelt werden. Die eigentliche Gefahr besteht darin, dass die Dominanz von öffentlich verhandelter Privatheit das nachhaltige Interesse, die neugierige Bereitschaft und das Drängen im Verantwortungsgefühl für *nachhaltige* politische Teilhabe untergräbt. Der Shitstorm ist Symptom dieses Schwunds: Häufig wird das impulsive Kundtun von Entrüstung fälschlicherweise als Statement betrachtet, mit dem man sich gegen moralische Verfehlungen wendet, deshalb öffentlich Empörung signalisiert und im Protest letztlich einen *moralisch befriedigenden* Akt bewerkstelligt. So als sei mit der Hetze Teilnahme an der Meinungsbildung getan und damit hinreichender Beitrag zum Diskurs geleistet. Die rohe Sprachgewalt und das schäbige Sprachvermögen in den Entrüstungsstürmen verleiteten Autorinnen und Autoren dazu, Flaming, Shitstorm und Cybermobbing als Sprachrohr vornehmlich von eher *bildungsfremden* Bevölkerungsschichten zu deklarieren, die *reifere* Wege des Diskurses eben nicht zusammenbrächten (Stegbauer, 2018). Das mag plausibel erscheinen: Das Werfen mit Scheiße macht kein Verfassen von Leserbriefen mehr notwendig, das ein Sortieren der eigenen Gedanken und deren einigermaßen korrekte Formulierung erfordert, um die einzelnen Ebenen der redaktionellen Filterung erfolgreich zu durchlaufen. Das Internet bietet unmittelbaren Zugang zu Plattformen, auf denen die eigene Meinung veräußert werden kann – und natürlich ist diese technisch übersetzte Unmittelbarkeit eine notwendige Voraussetzung für die Ansteckungskraft von jeglicher Gewalt im Netz. Bestimmte technische Eigenheiten des Internets tragen ihr Übriges bei, um Borniertheit, Abschottung und aufgeheizte Stimmungen zu fördern. Eine Eigenheit verbirgt sich hinter dem Begriff der »Echokammer«: Wenn das Internet tatsächlich, wie eingangs beschrieben, ein digitaler Marktplatz ist, auf dem Millionen von Menschen zusammenkommen, dann erscheint nichts plausibler, als dass sich Nutzerinnen und Nutzer mit ähnlichen Interessen, ähnlichen Werten und ähnlichen politischen Überzeugungen in Foren, Blogs und Freundeslisten zu Gruppen zusammenfinden. Das ist keine Besonderheit der Online-Community, sondern spätestens seit den Experimenten von Henri Tajfel (Tajfel et al., 1971) gängiger Bestandteil von Konzepten zur Bildung von Gruppen überhaupt, die gewissermaßen Stabilität über möglichst hohe interne Homogenität der Mitglieder bei bestmöglicher Unterscheidung zu Nichtmitgliedern gewinnen. Die Homogenität in der Ingroup verführt zur radikalen Abschottung gegenüber Interessen, Werten und Vorstellungen derjenigen Personen, die *nicht* Teil der Gruppe sind. Auf diese Weise bilden sich im Internet geschlossene (Sub-)Räume, in denen Meinungen nicht mehr *kritisch in Austausch gebracht*, sondern quasi *einseitig positiv verstärkt* werden. In so einer »Echokammer« kann nämlich nur an Meinung »zurückschallen«, was ohnehin selbst »hineingerufen« wird. Deshalb sind Echokammern als Nährboden für Radikalisierung beschrieben worden. Aus demselben Grund bezeichnet Christian Stegbauer (2018, S. 67) die Echokammern als »Batterien«, »die für eine genügend große Ladung sorgen, damit es zu Ausbrüchen von Shitstorms kommen kann«.

Das zweite Phänomen, das in diesem Zusammenhang häufig genannt wird, ist die »Filterblase«: Da es für die Betreiberinnen und Betreiber von sozialen Netzwerken gewinnbringend ist, dass Nutzerinnen und Nutzer möglichst viel Zeit auf ihren Plattformen verbringen (was in der Logik des Marketings die Wahrscheinlichkeit steigert, auf dort platzierte Werbung aufmerksam zu werden und deren Verlinkungen zu folgen), stellen ausgeklügelte Algorithmen sicher, dass wir auf besagten Plattformen vornehmlich mit denjenigen Informationen versorgt werden, die am ehesten unseren eigenen Interessen, Überzeugungen und Werten entsprechen, sodass wir hauptsächlich diejenigen Veröffentlichungen angezeigt bekommen, die von Gleichgesinnten stammen. Das mag den Wohlfühlfaktor steigern, der uns im sozialen Netzwerk hält – es führt allerdings ebenfalls zur Beschallung mit der eigenen Borniertheit, während wir gegensätzliche Informationen zur Relativierung unseres Standpunkts nicht automatisch erhalten, sondern selbstständig recherchieren müssen.

Echokammer und Filterblase lassen ein plastisches Bild davon entstehen, über welche technischen Wege die regressive Verschmelzung von Userinnen und Usern zu tobenden »Internetmassen« vermittelt wird. Michael Ermann (2003) vermutet, durch derlei technische Raffinesse würden Social-Media-Kanäle weniger zum verlängerten Wohnzimmer als zur magischen *Verlängerung des Selbst* – und zwar in den Qualitäten von *Selbstobjekten* mit der Funktion, unsere brüchige psychische Struktur zu stabilisieren. Dieser Idee folgend, *können* Social-Media-Kanäle gar nicht mehr als öffentliche Sphäre wahrgenommen oder als Ort der politischen Auseinandersetzung genutzt werden. Denn relativierende Meinungen sind plötzlich atmosphärischer *Angriff* auf die eigene Privatheit und damit *Gefahr* für das fragile Gleichgewicht in der inneren Struktur.

Angriff provoziert weitere Abschottung. Wahrscheinlich ist zu Recht darauf hingewiesen worden (Stegbauer, 2018), dass die hohe Ansteckungskraft von Shitstorm und Hate Speech mit dem zunehmenden Populismus in den öffentlichen Debatten verknüpft zu sein scheint.

Literatur

Bär, S. (2012). Flashmob Marketing – Inszenierte Blitz-Events als Instrumente der emotionalen Markenkommunikation. In C. Zanger (Hrsg.), *Erfolg mit nachhaltigen Eventkonzepten. Markenkommunikation und Beziehungsmarketing* (S. 55–83). Wiesbaden: Gabler.
Bell, D. (1975). *Die nachindustrielle Gesellschaft*. Frankfurt a. M.: Campus.
Bohleber, W. (1999). Psychoanalyse, Adoleszenz und das Problem der Identität. *Psyche, 6*, 507–529.
Bogyi, I. & Hornung-Ichikawa, E. (2016). »Du stirbst nicht, wenn du nicht isst.« Zur tödlichen Dimension des Genießens im Film *Das große Fressen*. In E. Skale, S. Schlüter & U. Kadi (Hrsg.), *Lust. Verschlingen. Alles. Oralität und ihre theoretischen, klinischen und kulturellen Manifestationen* (S. 244–252). Wien: Mandelbaum.
Brown, A. (2014). Jamie Oliver's recipe for discipline is surprisingly cruel. https://www.telegraph.co.uk/foodanddrink/11236195/Jamie-Olivers-recipe-for-discipline-is-surprisingly-cruel.html (26.01.2019).
Bühl, A. (1997). *Die virtuelle Gesellschaft*. Wiesbaden: Westdeutscher Verlag.
Busch, U. (2011). Tierschützer zetteln auf Facebook Shitstorm gegen EM-Sponsoren an. https://www.wuv.de/digital/tierschuetzer_zetteln_auf_facebook_shitstorm_gegen_em_sponsoren_an (26.01.2019).
Canetti, E. (1960). *Masse und Macht*. Frankfurt a. M.: Fischer.
Cooley, C. (1902). *Human Nature and the Social Order*. Scotts Valley: CreateSpace.
Ermann, M. (2003). Über mediale Identifizierung. *Forum der Psychoanalyse, 19*, 181–192.
Freund, M. (2012). Slavoj Zizek: Das Internet als Kampfplatz. https://derstandard.at/1348284192381/Slavoj-Zizek-Das-Internet-als-Kampfplatz (27.01.2019).
Fonagy, P., Gergely, G., Jurist, E. & Target, M. (2018). *Affektregulierung, Mentalisierung und die Entwicklung des Selbst*. Stuttgart: Klett-Cotta.
Freud, S. (1914c). Zur Einführung des Narzissmus. *GW X*, 137–170.
Freud, S. (1921c). *Massenpsychologie und Ich-Analyse. GW XIII*, 73–163.
Freud, S. (1930a). *Das Unbehagen in der Kultur. GW XIV*, 421–507.
Foucault, M. (1972). *Die Ordnung des Diskurses*. Frankfurt a. M.: Fischer.
Fromm, E. (1953). *Die Pathologie der Normalität des heutigen Menschen*. Berlin: Ullstein.
Gruen, A. (2000). *Der Fremde in uns*. Stuttgart: Klett-Cotta.
Gruen, A. (1984). *Der Verrat am Selbst*. München: dtv.
Haarkötter, H. (Hrsg.). (2016). *Shitstorms und andere Nettigkeiten. Über die Grenzen der Kommunikation in Social Media*. Baden-Baden: Nomos.
Habermas, J. (1962). *Strukturwandel der Öffentlichkeit*. Frankfurt a. M.: Suhrkamp.
Jane, E. (2015). Flaming? What flaming? The pitfalls and potentials of researching online hostility. *Ethics and Information Technology, 17*, 65–87.
John, T. (2018). Angela Merkel said »shitstorm«, but it's not as bad as you think. https://edition.cnn.com/2018/12/06/europe/angela-merkel-shitstorm-scli-intl-grm/index.html (26.01.2019).

Kohut, H. (1966). Formen und Umformungen des Narzissmus. *Psyche, 8*, 561–587.
Kuch, A. (2012). Schnüffelei abgesagt: Schufa-Forschungsprojekt ist gestoppt. https://www.teltarif.de/schufa-facebook-projekt-hasso-plattner-institut/news/47011.html. (26.01.2019).
LeBon, G. (1895). *Psychologie der Massen*. Hamburg: Nikol.
Littger, P. (2018). »Der denglische Patient«. Holy Shitstorm! https://www.n-tv.de/leben/Holy-Shitstorm-article20760417.html (26.01.2019).
Lobo, S. (2013). Ich habe das alles nicht gewollt. http://www.spiegel.de/netzwelt/web/sascha-lobo-ueber-die-entstehung-des-begriffs-shitstorm-a-884199.html (26.01.2019).
Luhmann, N. (1975). *Soziologische Aufklärung*. Wiesbaden: VS.
Maaz, H.-J. (2017). *Das falsche Leben. Ursachen und folgen unserer normopathischen Gesellschaft*. München: CH Beck.
McDougall, C. (2001 [1978]). *Plädoyer für eine gewisse Abnormalität*. Gießen: Psychosozial-Verlag.
McGuckin, C. & Corcoran, L. (Hrsg.). (2016). *Bullying and cyberbullying. Prevalence, psychological impacts and intervention strategies*. New Jersey: Nova Publishers.
Meckel, M. (1998). Kommunikative Identität und Weltöffentlichkeit. Theoretische Überlegungen zur Rolle der Medien im Globalisierungsprozeß. *Publizistik, 4*, 362–375.
Montaigne, M. de (1580). *Essais*. Frankfurt a. M.: Eichborn.
Moscovici, S. (1986). *Zeitalter der Massen*. Frankfurt a. M.: Fischer.
Nietzsche, F. (1878). *Menschliches, Allzumenschliches*. Köln: Anaconda.
Nuhr, D. (2015). Wir leben im digitalen Zeitalter. https://www.faz.net/aktuell/feuilleton/medien/dieter-nuhr-ueber-shitstorms-digitales-mittelalter-13706268.html (26.01.2019).
Oltermann, P. (2018). A shitstorm in a dictionary. https://www.theguardian.com/commentisfree/2013/jul/03/shitstorm-german-dictionary-angela-merkel (26.01.2019).
Ortega y Gasset, J. (1929). *Der Aufstand der Massen*. München: DVA.
Plassmann, R. (2013). Seelische Entwicklung in virtuellen Welten. *Forum der Psychoanalyse, 29*, 27–41.
Quatember, K. (2017) »Untervögelt«, »fett« und »Scheiß Emanzen«. https://fireredfriederike.com/2017/untervoegelt-fett-und-scheiss-emanzen/ (27.01.2019).
Reich, W. (1973). *Rede an den kleinen Mann*. Frankfurt a. M.: Fischer.
Reiwald, P. (1946). *Vom Geist der Masse*. Zürich: Pan.
Rheingold, H. (1994). *The Virtual Community*. New York: Perennial.
Roberts, F., Oksanen, A. & Räsänen, P. (2016). *Viktimisierung junger Menschen im Internet. Leitfaden für Pädagogen und Psychologen*. Wiesbaden: Springer.
Ronson, J. (2015). *In Shitgewittern*. Stuttgart: Klett-Cotta.
Rudgard, O. (2018). H&M apologises for image of black child wearing »coolest monkey in the jungle« hoodie. https://www.telegraph.co.uk/news/2018/01/09/hm-apologises-image-black-child-wearing-coolest-monkey-jungle/ (26.01.2019).
Schaar, P. (2007). *Das Ende der Privatsphäre*. München: Bertelsmann.
Sennett, R. (2002). *Respekt im Zeitalter der Ungleichheit*. Berlin: Berliner Taschenbuch.
Stegbauer, C. (2018). *Shitstorms. Der Zusammenprall digitaler Kulturen*. Berlin: Springer.
Steinke, L. (2014). *Bedienungsanleitung für den Shitstorm*. Berlin: Springer.
Strauß, B. (2019). Eine Ode an die tödliche Gier. In H. König & T. Piegler (Hrsg.), *Skandalfilm? Filmskandal!* Berlin: Springer.

Tajfel, H., Billig, M., Bundy, R. & Flament, C. (1971). Social categorization and intergroup behaviour. *European Journal of Social Psychology, 1*(2), 149–178.
Taylor, K. (2018). Critics are slamming this »racist« Heineken beer ad that declares »lighter is better«. https://www.businessinsider.de/heineken-racist-light-beer-ad-slammed-2018-3?r=US&IR=T (26.01.2019).
Valensise, L. (2013). »Wo es Homophobie gibt, gibt es Barilla«. https://www.welt.de/vermischtes/article120442794/Wo-es-Homophobie-gibt-gibt-es-Barilla.html (27.1.2019).
Wilemsen, R. (2013). Es wird Frühling. https://www.zeit.de/2013/13/Willemsen-Jahreszeiten-Fruehling (26.01.2019).
Wurmser, L. (2008). Scham, Rache, Ressentiment und Verzeihung. *Psyche, 9*, 962–989.
Zebothsen, H. (2014). Roger Willemsen und die Kunst des Streitens. https://www.pressesprecher.com/nachrichten/roger-willemsen-und-die-kunst-des-streitens-3525 (26.01.2019).

Biografische Notiz
Hannes König, Dr., Dipl.-Psych., ist Psychoanalytiker und befindet sich aktuell in psychoanalytischer Weiterbildung nach IPV-Richtlinien am Berliner Psychoanalytischen Institut (BPI). Als Dozent ist er an verschiedenen Universitäten in Österreich und Deutschland tätig. Seine Publikationen liegen zumeist an den Schnittstellen von Psychoanalyse, Film, Kunst- und Kulturtheorie.

To selfie or not to selfie

Selfies als Selbsttechnologie des frühen 21. Jahrhunderts

Christa Möhring

> In jüngster Zeit ist das Fotografieren ein ebenso weiterverbreiteter Zeitvertreib geworden wie Sex oder Tanzen – was bedeutet, dass die Fotografie, wie jede Form von Massenkunst, von den meisten Leuten nicht als Kunst betrieben wird. Sie ist vornehmlich ein gesellschaftlicher Ritus, ein Abwehrmittel gegen Ängste und ein Instrument der Macht.
> *Susan Sontag (2006)*

> Danke für den Kommentar, das gefällt mir.
> Like mich am Arsch, dadadi dadada.
> Kannst mich gerne dran liken.
> *Deichkind (2015)*

Als Susan Sontags Essayband *On Photography* 1977 erschien (deutsch: *Über Fotografie*, erschienen 1978), lag das Aufkommen von sozialen Netzwerken und Smartphones noch in weiter Ferne. Heute hingegen werden Leben in einem nie gekannten Ausmaß dokumentiert und über die Kanäle sozialer Netzwerke unabhängig von Zeit und Raum mit anderen geteilt. Die prominenteste Gattung der so geteilten Bilder ist fraglos das Selfie – ein Phänomen, das sich im letzten Jahrzehnt quasi pandemisch über den gesamten Erdball verbreitet hat und von dem Journalisten Jörgen Camrath als »hochgradig ansteckende Krankheit«, ja als »Seuche« bezeichnet wurde, die »aus bislang noch unbekannten Gründen ausschließlich von Menschen übertragen« werde (Camrath, 2014). In Veröffentlichungen über *Die Selfie-Gesellschaft* (Rottenfußer, 2015) oder eine *#Generation Selfie* (Cohrs & Oer, 2016) wird es gar zum Synonym unserer derzeitigen gesellschaftlichen Verfasstheit beziehungsweise zum Kennzeichen einer ganzen Generation hypostasiert.

Mit dem Aufkommen der Smartphones und sozialen Netzwerke ist nicht nur die Produktion und Verbreitung von Bildern einfacher und unmittelbarer geworden. Auch in Hinsicht auf ihre Rezeption haben sich neue Praktiken des Umgangs entwickelt: Im Unterschied zum klassischen fotografischen Selbstportrait werden Selfies in der Regel mit einem Smartphone oder Tablet aufgenommen und anschließend in sozialen Netzwerken oder Nachrichtendiensten gepostet, wo sie angeklickt, kommentiert und geliked werden können. Dabei liegt ihre Besonderheit gerade darin, dass sie so obsessiv erstellt, geteilt und kommentiert werden. Das Phänomen Selfie, wie es hier betrachtet wird, bezieht sich insofern nicht allein auf das Bild selbst, sondern umschreibt eine soziale Praxis, die sich auf eine Interaktion zwischen Usern bezieht, die in dieser Reichweite und Form erst durch das Web 2.0 möglich wurde und insbesondere von sogenannten *Digital Natives* praktiziert wird, die überwiegend noch in der Phase der (Spät-)Adoleszenz sind. Die sich (nicht nur) um die Selfies rankende Kommentarkultur im Netz nahm die Hamburger Formation Deichkind in ihrem Musikvideo zu *Like mich am Arsch* 2015 ironisch aufs Korn: »Folgen, posten, hiden, hosten – ich muss ins Netz, bin am verdursten.« Veröffentlicht wurde der Clip zunächst exklusiv auf Facebook – und wurde dort selbst millionenfach aufgerufen und tausendfach geliked.

Die rasante Verbreitung dieser Praxis hat einmal mehr einen kulturkritischen Diskurs entfacht, der die Auswirkungen dieser technologischen Neuerungen als Zeichen des Verfalls deutet. Immer wieder zirkulieren in den Medien Begriffe wie *Social Media Disorder* oder *Selfiesucht*, die im Karneval der medialen Aufmacher plakative Überschriften evozieren: »Psychologen bestätigen: Selfies zu machen ist eine Geisteskrankheit« (*Männersache*, 2018); »Eine aktuelle Studie hat herausgefunden, dass Menschen, die viel Zeit mit Social Media verbringen, Stück für Stück zu Narzissten werden« (*FitForFun*, 2018). In Fernsehdokumentationen und Umfragen sprechen »Betroffene« selbst unbefangen von einer »Sucht«, die sie in der Regel allerdings für unproblematisch halten (IKW-Jugendstudie, 2019, S. 7). Im Gegenzug verleiten Forschungen zur emotionalen Ansteckung zu ebenso schrillen medialen Meldungen: »Bewiesen: Selfies machen glücklich!« (BigFM, 2016).

Die Kritik an der Praxis der Selfies hat zahlreiche historische Vorläufer. Neue Technologien riefen immer auch Ängste und kulturkritische Stimmen hervor. Die Erfindung des Buchdrucks vor bald 600 Jahren beschwor Sorgen herauf, die plötzlich leichter verfügbaren Bücher könnten die Massen verdummen, zu allgemeinem Sittenverfall oder revolutionären Umtrieben führen. Vor rund 200 Jahren prophezeiten Kritiker angesichts der ersten Eisenbahnen, ihr Qualm werde Fahrgäste und Vieh vergiften und das rasende Tempo zu Gehirnverwirrung führen. Nicht zuletzt erinnern die Narzissmusvorwürfe, die sich insbesondere gegen weibliche Selfieproduzentinnen richten, an die Kritik Baudelaires an den Anfängen der Portraitfotografie im Jahr 1859: »Von diesem Moment an war es das einzige Bestreben dieser unsauberen Gesellschaft, wie ein einziger Narziß ihr triviales Bild auf der Metallplatte zu betrachten« (Baudelaire, 1980, S. 110). Im Laufe der Jahre sind solche Ängste und Sorgen jeweils verflogen.

Was also hat es mit dem Phänomen auf sich – lässt es sich mit Sontag als »ein gesellschaftlicher Ritus, ein Abwehrmittel gegen Ängste und ein Instrument der Macht« beschreiben? Anders gefragt: Was genau wird da gemacht, und wie lässt sich das verstehen? Haben Selfies gar eine philosophische Dimension? Inwiefern lässt sich die Selfiepraxis in Hinsicht auf die Handelnden als eine Technik der Identitätskonstruktion beziehungsweise des »Selfbrandings« beschreiben? Und inwieweit lässt sie sich im Kontext der gegenwärtigen gesellschaftlichen Bedingungen als eine Selbsttechnologie im Sinne des *unternehmerischen Selbst* und damit als Teil der Gouvernementalität der Gegenwart begreifen? Wenn, wie hier postuliert wird, das mediale Umfeld, in dem sich die Selfiepraxis in den letzten Jahren entfaltet und durchgesetzt hat, den gegenwärtigen gesellschaftlichen Bedingungen und deren Leitbild entspricht und dieses weiter befördert, kann das einen Erklärungsansatz für den immensen Erfolg dieser Plattformen und die rasante Verbreitung dieser sozialen Praxis bieten. Das wiederum kann einen unaufgeregten Blick auf mögliche Weisen des Umgangs mit oder des Widerstands gegen die Feedbackschleife der Selfiepraxis eröffnen.

Aufkommen und Verbreitung

Der Begriff *Selfie* lässt sich im Internet erstmals für das Jahr 2002 nachweisen. Die zunehmende Verbreitung des Phänomens verdankt sich jedoch dem Aufkommen von Handys mit Kamerafunktion seit 2003 und der Entstehung sozialer Netzwerke wie Facebook im Jahr 2004. Einen immensen Schub erfuhr die Verbreitung von Selfies im Oktober 2010 durch die Einführung von Instagram mit seinen vielfältigen Filtern und simplen Teilfunktionen, sodass das Oxford English Dictionary das Wort *Selfie* im Oktober 2013 zum Wort des Jahres kürte. In den darauffolgenden Jahren entwickelten sich Selfies zu einer *Lingua franca* (Gerling et al., 2018, S. 21), die inzwischen weltweit von Menschen aller sozialen und Altersklassen praktiziert wird. Ökonomisch lässt sich diese Erfolgsgeschichte daran ablesen, dass die Plattform Instagram nur anderthalb Jahre nach ihrer Einführung 2012 für eine Milliarde Dollar von Facebook gekauft wurde und ihr Eigenwert im Juni 2018 von Bloomberg auf 100 Milliarden Dollar geschätzt wurde (Lewanczik, 2018).

Menschen jeglichen Alters und insbesondere Prominente lassen sich mit oder ohne andere ablichten und haben eigene Social Media Accounts. Letztere haben in der Regel eine weit überdurchschnittliche Reichweite, entsprechend spielen in deren Selfiepraxis auch andere Motive eine Rolle, nämlich neben der Selbstvermarktung auch Werbung für Dritte. So war das mit über 3,2 Millionen Retweets am häufigsten auf Twitter geteilte Oscarselfie mit Ellen DeGeneres, Brad Pitt, Julia Roberts, Meryl Streep und anderen Stars aus dem Jahr 2014 ein mit über 18 Millionen US-Dollar bezahltes Product-Placement von Samsung (Holland, 2014). Mit 5,6 Millionen Likes Rekordhalter auf Instagram war lange Zeit ein Foto von Selena Gomez mit einer Flasche Coca-Cola, für die sie als Markenbotschafterin fungierte (Connor, 2016).

Unabhängig von den hohen Reichweiten der Social-Media-Aktivitäten von Prominenten (die sich in erster Linie an jüngere Generationen wenden) werden die digitalen Medien von den sogenannten *Digital Natives* aber ungleich ausgiebiger genutzt und Selfies intensiver praktiziert als von älteren Generationen. Allein auf Instagram teilen weltweit 800 Millionen monatlich und 500 Millionen täglich aktive Nutzer jeden Tag 95 Millionen Posts (Stand Juni 2016) und vergeben 3,5 Milliarden Likes – und 90 Prozent dieser Nutzer sind jünger als 35 Jahre (Smith, 2019). Zugleich ist Instagram inzwischen die meistbenutzte Plattform unter deutschen Jugendlichen und jungen Erwachsenen (ARD/ZDF-Onlinestudie, 2017/2018; Leichsenring, 2018). Das Konfliktpotential dieser medialen Trennung der Generationen offenbart sich insbesondere dann, wenn Fragen der Netzpolitik zur Disposition stehen – wie derzeit in den Diskussionen um die EU-Urheberrechtsreform. Während sich die Selfiepraxis und soziale Plattformen den älteren Generationen überwiegend als eher seltsame Phänomene darstellen, die vor allem unnötig Zeit und Aufmerksamkeit kosten, sind sie für Jugendliche und junge Erwachsene selbstverständlicher Bestandteil des Alltags. Analog dazu stellen die einen eher das Urheberrecht der Kulturschaffenden in den Mittelpunkt, während die mehrheitlich jugendlichen

Reformgegner in erster Linie das freie Internet in Gefahr sehen – und damit paradoxerweise die Interessen der dominanten kommerziellen Plattformen befördern (vgl. Lanier, 2019).

Die von deutschen Jugendlichen und jungen Erwachsenen meistgenutzte Plattform ist inzwischen Instagram (ARD/ZDF-Onlinestudie, 2017/2018; Leichsenring, 2018). Von den 98 Prozent der 14- bis 18-Jährigen, die ein Smartphone besitzen, beschreiben sich 42 Prozent als ständig, weitere 51 Prozent als »häufig am Smartphone aktiv« (elbdudler Jugendstudie, 2018). In deren Leben verschwimmen *Online-* und *Offline-*Realitäten zunehmend, und Selfies sind selbstverständliches Mittel der digitalen Selbstinszenierung und Bestandteil einer Identitätskonstruktion geworden, die auf das Feedback der anderen abzielt und sich somit sowohl an das eigene Ich als auch an die Online-Community richtet.

> »Jugendliche posten, kommentieren, liken und teilen. Sie inszenieren, kaschieren und optimieren. [...] Vor allem Facebook, Instagram und WhatsApp gehören zu den Kommunikationsinstrumenten, mit denen sich junge Menschen jederzeit und überall präsentieren. Wer online nicht sichtbar ist, wird nicht wahrgenommen und verpasst alles. Dabei sind Selfies der Maßstab für Sichtbarkeit und Likes die soziale Währung« (Schulz, 2015, S. 2).

Die digitalen Räume, die von kulturellen Einflüssen ebenso wie von ökonomischen Interessen geprägt sind, präsentieren sich zunehmend als ein »Schlachtfeld der Aufmerksamkeitsökonomie« (Jovic im Interview mit APA Science, 2018): Um die Angst des Nichtwahrgenommenwerdens zu bannen, geht von den sozialen Medien ein hoher institutioneller und normativer Druck auf die Beteiligten aus, fortwährend Selfies zu produzieren, zu posten und zu liken.

Making of

Die geposteten Selfies entstehen mehrheitlich nicht als dokumentarische Momentaufnahme quasi nebenher, sondern werden aufwendig inszeniert und optimiert, bevor sie mit anderen geteilt werden. Eine bezeichnenderweise vom Industrieverband Körperpflege und Waschmittel in Auftrag gegebene tiefenpsychologisch-repräsentative Studie unter jungen Menschen zwischen 14 und 21 Jahren ging 2018 der Frage nach, welche Bedeutung

Selfies für Jugendliche heute haben (IKW- Jugendstudie, 2018). Dabei gaben 85 Prozent der Befragten an, Selfies zu machen, 40 Prozent davon ein oder mehrmals täglich. Von den 15 Prozent, die angaben, keine Selfies zu machen, erklärten 87 Prozent, dass sie auf ihren Fotos auch selbst zu sehen seien, diese aber nicht als Selfies betrachten würden. Lediglich knapp zwei Prozent der Befragten verneinten also, Fotos zu machen oder zu posten, auf denen sie selbst zu sehen seien.

Den Aussagen der Befragten zufolge sollen Selfies einerseits einen individuellen Stil ausdrücken, in Hinsicht auf Hintergrund, Posing, Make-up und Filter aber auch zeigen, dass sie wissen, was gerade angesagt ist: Die Hälfte aller Befragten glaubte gut zu erkennen, ob ein Selfie zeitgemäß ist oder eher »voll 2015«. Mit einem Selfie könne man sich so darstellen, wie man idealerweise sein wolle. Das erfordert einiges an Zeitaufwand. 40 Prozent der befragten Mädchen gaben an, für ein Selfie mindestens 30 Minuten zu benötigen, 15 Prozent eine Stunde oder mehr. Die Mehrheit von ihnen erklärte, sich vor einem Selfie zu schminken und zu stylen, um »ganz natürlich« und authentisch auszusehen. Gepostet wird nicht das erstbeste Bild, sondern ein sorgfältig ausgesuchtes: 45 Prozent der Mädchen und 22 Prozent der Jungen erklärten, mehr als 50 Selfies zu machen, bevor eins gepostet wird. Bei 18 Prozent der Mädchen und 16 Prozent der Jungen waren es mehr als 100.

Aber auch das ausgewählte Bild wird oft erst noch bearbeitet und gefiltert, um dem Ideal der natürlichen Schönheit näher zu kommen. Noch nie war es so leicht, an seinem »Ich« zu arbeiten: Diverse Apps ermöglichen es, mit wenigen Wischern die Haut glatter, die Augen strahlender und den Körper schlanker zu machen. Das Implementieren solcher Bearbeitungstools war bei Instagram dem Unternehmensgründer Kevin Systrom zufolge von Anfang an Teil des Konzepts: »Wenn du die Leute dazu bringen willst, Bilder zu machen, solltest du es ihnen ermöglichen, darauf gut auszusehen. Wenn sie nicht gut aussehen, werden sie keine Bilder machen« (Amend, 2013). Wie das am besten geht, welche Inszenierung und welcher Look gerade angesagt ist, verraten tausende Anleitungen im Internet. Die ungefilterte und ungeschminkte Natürlichkeit schneidet dabei zunehmend schlecht ab: Jeder vierte Befragte gab an, er würde aktuell eine Schönheits-OP machen, wenn er das Geld dafür hätte.

Dass die Selfies, die auf Instagram hochgeladen werden, inszeniert und optimiert werden, wird von den Usern allgemein angenommen, akzeptiert, selbst praktiziert – und auch erwartet. Das schließt die Erwartung oder den Anspruch an *Authentizität* aber nicht aus. Selfies, die einer bestimmten *natürlichen* Ästhetik entsprechend gut inszeniert sind, werden für sowohl besser und authentischer gehalten als *zu* offensichtlich inszenierte wie auch als *zu* natürliche (Schnappschüsse). Folgt man dem Kultur- und Medienwissenschaftler Felix Stalder, der den Remix als zentrale Methode des zeitgenössischen Kulturschaffens versteht, ist dies kein Widerspruch: Der Begriff der Authentizität, der dieser »Remix-Kultur« angemessen sei, sei »konsequent in die Gegenwart gedreht.« Er sei nicht auf das individuelle Subjekt (das authentische Leben) bezogen, sondern »auf kollektive Verhältnisse, Netzwerke und Situationen«, die aktiv und bewusst (re-)produziert würden: »Es geht also nicht um die Errettung, sondern um die Schaffung von Authentizität. Diese ist damit nicht essentialistisch, sondern perfomativ zu verstehen« (Stalder, 2012, S. 62).

Ob Selfies im hier verstandenen Sinne (als Praxis, die das erhoffte Feedback der anderen schon miteinschließt) als »ein Moment der Selbsterkenntnis« und eine Form der Suche nach sich selbst verstanden werden können, wie Katrin Tiidenberg (2018) meint, erscheint fraglich. Im Selfie tut ein Mensch ihr zufolge, was nur Menschen können: »Er tritt aus sich heraus, reflektiert sein eigenes Dasein und bleibt doch ganz er selbst« (zit. n. Hürter, 2018, S. 55). Als ein Nachdenken über sich selbst aber lässt sich das Abgleichen des Selfies mit dem idealen und zeitgemäßen Selbst, wie es gestellt, bearbeitet und im Netz präsentiert werden soll, um möglichst viele Likes zu erhalten, nur schwer beschreiben. Einer Studie des IKW zufolge ist es vielmehr »die größte Sorge der Jugendlichen, über sich selbst ins Nachdenken zu geraten«. Auf Instagram könne man sich vom Alltag ablenken und die Auseinandersetzung mit sich selbst und der Welt vermeiden (IKW-Jugendstudie, 2019, S. 4, 8).

Lohn

Nachdem in die Produktion eines Selfies viel Zeit und teilweise auch Geld investiert wurde, erhoffen sich die Produzierenden eine entsprechende Entlohnung ihrer Mühen. Ziel des geposteten Selfies ist es, sich selbst im Internet optimal zu inszenieren und möglichst viele Likes zu erhalten. Das gilt sicher nicht für alle Menschen, die Selfies posten, wohl aber für die überwiegende Mehrheit der Generation der Befragten: 34 Prozent gaben an, dass ihnen Likes in den sozialen Netzwerken viel bedeuten, und 47 Prozent, dass sie sich besser fühlen, wenn sie mehr Likes bekommen. Damit korrespondiert der hohe Anteil an Befragten, die »Berühmtwerden« als explizites Lebensziel ansahen, der mit 30 Prozent mehr als doppelt so hoch lag wie zehn Jahre zuvor. In den andernorts erhobenen Berufswünschen der Jugendlichen und jungen Erwachsenen spiegelt sich das allerdings nicht wieder (Appinio Study, 2017; Grünert & Kaufmann, 2019), sodass die Befragten mit »Berühmtwerden« vermutlich das Erreichen einer möglichst großen Followerschaft meinten, ohne diese zwingend in eine berufliche Tätigkeit als Influencer überführen zu wollen. Bei anderen sahen die Jugendlichen den selbst gehegten Wunsch nach Bestätigung hingegen eher kritisch: 65 Prozent der Befragten sahen die Anzahl geposteter Selfies als Indikator für übersteigerte Selbstliebe, und 75 Prozent kritisierten den starken Wunsch nach Anerkennung durch andere.

Der Wunsch nach Anerkennung und Zugehörigkeit ist ein allgemeinmenschliches Bedürfnis, das sich zu jeder Zeit und in verschiedenen Ländern in jeweils anderen Formen ausdrückt (zu kulturell unterschiedlichen Ausprägungen der Selfiepraxis vgl. Souza et al., 2015). In der Adoleszenz, wenn man sich selbst zu erforschen beginnt und sich eine eigene Identität aufbaut, wird er jedoch besonders bedeutsam. Als »beziehungs- und identitätsstiftende Technologien« (Virneburg, 2017) bieten die sozialen Medien einen Raum, sich selbst auszuprobieren und darzustellen. Insofern ist es wenig verwunderlich, dass die neuen technischen Möglichkeiten, Selfies online zu teilen und sich gegenseitig zu liken, die Facebook seit 2004 und insbesondere Instagram seit 2010 eröffneten, bei dieser Altersgruppe auf besondere Resonanz stießen. Dies umso mehr, als es sich dabei um eine Generation handelt, die in einer digitalen Welt aufgewachsen ist und für die der Umgang mit digitalen Medien selbstverständliche Alltagspraxis ist. Für diese Altersgruppe fungiert das Handy »als eine Art Nabelschnur zwischen der Peergroup, die dafür sorgt, dass Gemeinschaftlichkeit auch bei räumlicher Distanz aufrecht erhalten werden kann« (Gerling et al., 2018, S. 31). Wie sich deren Verhalten in den Sozialen Medien im Zuge ihres Älterwerdens (Berufseinstieg, Familiengründung) verändern wird, bleibt abzuwarten. Hierzu liegen bislang keine Studien vor.

Korrelationen mit Narzissmus

Die Intensität, mit der viele, insbesondere junge Menschen soziale Medien nutzen, Selfies posten, liken und um Likes bangen, lässt immer wieder die

Frage nach den psychischen Ursachen und Auswirkungen dieser Praktiken aufkommen. Im Vordergrund steht dabei oft die Befürchtung, dass Selfies und die Kultur der Sozialen Medien Ausdruck einer narzisstischen Gesellschaft sein beziehungsweise Menschen zu Narzissten »machen« könnten (*FitForFun*, 2018).

Die Annahme einer Zunahme narzisstischer Eigenschaften und Verhaltensweisen in den westlichen Gesellschaften ist nicht neu. Bereits 1979 diagnostizierte der US-amerikanische Historiker Christopher Lasch ein *Zeitalter des Narzissmus*, in dem Selbstverwirklichung wichtiger werde als die Übernahme gesellschaftlicher Verantwortung. Die gesellschaftlichen Entwicklungen seit der Nachkriegszeit hätten einen narzisstischen Persönlichkeitstyp befördert, was die Gesellschaft nachhaltig verändert und zu einer Zunahme narzisstischer Störungen geführt habe. Der Soziologe Richard Sennett sah 1977 in seiner Abhandlung über *Verfall und Ende des öffentlichen Lebens* im Narzissmus gar die »protestantische Ethik von heute« (Sennett, 1995, S. 418). 2012 schließlich erstellte der Psychoanalytiker Hans-Joachim Maaz ein – durchaus Angriffsfläche bietendes – Psychogramm unserer *narzisstischen Gesellschaft*, die er als Ausdruck der narzisstischen Störungen einer Mehrheit der Bevölkerung aufgrund mangelnder Bestätigung in der frühkindlichen Entwicklung betrachtete. Die »Ansteckung« und Verbreitung der narzisstischen Störung lasse sich »ähnlich der Pest im Mittelalter kaum noch beherrschen« (Maaz, 2014, S. 17). Die »Abwehr der narzisstischen Verletzungen« werde zur »Basis gesellschaftlicher Strukturen«, die wiederum die Menschen »entsprechend ihrer Abwehrnotwendigkeiten« prägen und stabilisieren würden (ebd., S. 51f.).

Dabei wandte Maaz psychoanalytische Erkenntnisse und Konzepte unbefangen auf gesellschaftliche, politische und historische Entwicklungen an und hatte anders als die eher pessimistisch getönten Arbeiten von Lasch und Sennett auch die »Vision einer demokratischen Revolution« vor Augen: Da Politik »narzissmuspflichtig« sei und Pro und Contra »immer nur teilweise das Recht auf ihrer Seite« hätten (ebd., S. 213), erteilte er dem politischen Wettbewerb eine ebenso entschiedene wie naive Absage: Anstelle der Berufspolitiker sollten »Experten, Wissenschaftler, Philosophen, Therapeuten, Theologen, Künstler, Handwerker und Arbeiter, Eltern und Lehrer gemeinsam Ergebnisse erarbeiten, die nicht mehr in Konkurrenz, sondern im Konsens entstehen« (ebd., S. 212). Mit seiner Wendung gegen narzissmusverdächtige kontroverse Auseinandersetzungen und »Konkurrenz um Macht« (ebd., S. 213) entspricht Maaz in verblüffender Weise dem Harmoniebedürfnis der Jugendlichen, die diese eben in der »schönen, positiven« Welt auf Instagram als der harmonischsten Plattform im Netz finden (IKW-Jugendstudie, 2019, S. 3f.)

Wie sich die Persönlichkeitsprofile von Menschen in Hinsicht auf narzisstische Persönlichkeitsstrukturen im Laufe der Jahrzehnte verändern, ist in zahlreichen testpsychologischen Verlaufsuntersuchungen seit den 1970er Jahren zu erfassen versucht worden (vgl. Csef, 2015). Die Korrelation zwischen Narzissmus und speziell der Häufigkeit des Postens von Selfies wurden unter anderem von Sorokowski et al. (2015) und Weiser (2015) untersucht. Dabei stellte Sorokowski fest, dass ein solcher Zusammenhang eher bei Männern als bei Frauen gegeben sei, während Weiser einen signifikanten und altersunabhängigen Zusammenhang zwischen der Frequenz des Selfie Postens und bestimmten Facetten des Narzissmus (Leadership/Authority und Grandiose Exhibitionism, nicht aber Entitlement/Exploitativeness) feststellte.

Gilliland et al. (2018) untersuchten korrelative Zusammenhänge zwischen psychologischen Faktoren, Charaktereigenschaften und dem Körperbild von Personen mit hoher Selfiefrequenz. Sie wiesen nicht nur eine signifikante positive Korrelation zwischen emotionaler Labilität und Eitelkeit und der Bearbeitungszeit von Selfies nach, sondern auch, dass Menschen, die viel Zeit in die Bearbeitung ihrer Selfies investieren, mehr soziale Ängste hinsichtlich ihrer körperlichen Erscheinung und ein negativeres Körperbild haben – nicht nur im Vergleich zu Personen, die wenig Zeit mit der Bearbeitung von Selfies verbringen, sondern auch in Relation zu Menschen, die keine Selfies posten. Personen, die keine Selfies posten, machen sich der Studie zufolge weniger Gedanken um ihr körperliches Erscheinungsbild als solche, die regelmäßig Selfies posten.

Die genannten Studien untersuchten nicht, ob die aufgezeigten Korrelationen eher als Ursachen oder als Wirkung des Postens von Selfies zu verstehen sind. In einer Metaanalyse von 57 Studien demonstrierten Gnambs und Appel (2018) ebenfalls einen leichten bis moderaten Zusammenhang zwischen »großspurigen« und »grandiosen« Narzissten und Aktivitäten in den sozialen Medien. Ob die sozialen Medien narzisstische Tendenzen eher fördern oder narzisstisch veranlagte Menschen diese Plattformen eher nutzen, beantwortete auch diese Studie nicht. Die Forscher vermuteten allerdings, der Zusammenhang zwischen Narzissmus und dem Nutzerverhalten in sozialen Medien könne dem Muster einer sich selbst verstärkenden Spirale folgen: »Individual dispositions guide media-related behavior and engaging with the media in turn reinforces the dispositions« (ebd., S. 25).

Mit anderen Worten: Die Selfiepraxis in den sozialen Medien bietet Menschen, die (etwa infolge eines frühkindlichen Liebesmangels) an einem narzisstischen Defizit leiden, eine (scheinbare) Möglichkeit, diesen seelischen Mangel zu kompensieren (durch Likes aufzufüllen). Insofern können diese in der Tat als Spiegelapparate im Sinne der Lacan'schen Theorie des Spiegelstadiums werden: Das Spiegelstadium beschreibt Lacan (1973) als eine entwicklungspsychologische Phase im sechsten bis 18. Lebensmonat, in der sich der Säugling, »noch eingetaucht [...] in motorische Ohnmacht und Abhängigkeit von Pflege« mit seinem Spiegelbild »jubilatorisch« identifiziere (Lacan, 1973, S. 64). Bislang von fragmentarischen Leibeserfahrungen geprägt, identifiziere er sich mit der im Spiegelbild auftauchenden einheitlichen, idealen und vollständigen Repräsentation seiner selbst und entwickle eine libidinöse Beziehung zu ihr. Diese vermittle ihm sowohl ein Bild (Ideal-Ich) von sich selbst als auch die Wahrnehmung, dass er seinen Körper beherrsche. Wenngleich in einem späteren Lebensalter praktiziert, scheinen Selfies in ähnlicher Weise mit Identitätsbildung und dem Vergnügen einherzugehen, die im Spiegel/Selfie abgebildete Person perfekter und passender zu gestalten, darzustellen und zu sehen, als man sich in seinem Leben und Körper selbst wahrnimmt. Im Anschluss an Lacan kann die Selfiepraxis insofern als andauernder Versuch verstanden werden, sich im Spiegel der Selfieposts selbst immer wieder neu und besser darzustellen und zu identifizieren.

Wenngleich in der Forschung also gewisse Korrelationen zwischen narzisstischen Strukturen und Selfiepraxis festgestellt wurden und man diese auch theoretisch interpretieren kann, belegen wissenschaftliche Studien aber weder die Annahme, dass das Netz Narzissten heranzüchte, noch dass das zahlreiche Posten von Selfies auf eine narzisstische Störung oder Struktur schließen lasse. Appel erklärte dazu in einem Interview, dieser Zusammenhang sei sehr klein: Die Social-Media-Nutzung oder der Narzissmus – je nachdem was man mit den Daten erklären wolle – würden ganz überwiegend von anderen Faktoren abhängen (Appel, 2018).

Auswirkungen auf die Gesundheit

Eine Studie der Royal Society for Public Health (2017) richtete den Fokus hingegen explizit auf die positiven und negativen Auswirkungen der sozialen Medien auf die psychische Verfassung junger Menschen. Die Schlussfolgerungen sind drastisch: Soziale Medien seien suchterzeugender als Zigaretten und Alkohol, etwa fünf Prozent der jungen Menschen seien abhängig. Die Plattformen, die es jungen Menschen ermöglichen sollen, miteinander in Kontakt zu kommen, könnten tatsächlich eine Krise der psychischen Gesundheit befeuern. Es bestehe ein Zusammenhang der Nutzung von sozialen Medien mit einer höheren Rate an Angst- und depressiven Störungen (die bei jungen Menschen in den vergangenen 25 Jahren um 70 Prozent zugenommen hätten) sowie Schlafstörungen.

In der Studie bewerteten 1.500 Jugendliche im Alter von 14 bis 24 Jahren, wie sich die fünf meistverbreiteten sozialen Medien (YouTube, Twitter, Facebook, Instagram, Snapchat) in Hinsicht auf 14 Aspekte auf ihre Gesundheit und ihr Wohlbefinden auswirken. In der Gesamtwertung erzielte dabei nur Facebook einen positiven Wert, während das Bildernetzwerk Instagram den schlechtesten Wert erhielt – in der Eigenwertung der Nutzer. Besonders negativ wurde die Wirkung von Instagram auf das Schlafverhalten bewertet – gekoppelt mit der ständigen Angst, etwas zu verpassen (»Fear of Missing Out«). Auch die Auswirkungen auf das eigene Körperbild wurden überwiegend negativ beurteilt. Zudem standen der positiven Bewertung der Wirkung auf Self-Expression und Self-Identity negative Auswirkungen auf die Bereiche Angst, Depressivität und Einsamkeit gegenüber. Vor dem Hintergrund ihrer Erkenntnisse empfahlen die Forscher unter anderem eine »pop-up heavy usage«-Warnung sowie eine Kennzeichnungspflicht für bearbeitete Fotos, was rund 70 Prozent der Befragten befürworteten. Die Studie betonte aber auch die positiven Wirkungen der sozialen Medien auf das Wohlbefinden der Jugendlichen, insbesondere die Möglichkeit, ortsunabhängig emotionale Unterstützung durch Gleichgesinnte zu erlangen. Entscheidend sei insofern eine gute Medienerziehung, um Jugendlichen den Umgang mit den positiven und negativen Aspekten der sozialen Medien zu vermitteln.

Die in dieser Studie beschriebenen negativen Auswirkungen zeigen eine auffällige Ähnlichkeit mit den Ergebnissen der Epidemiologen Wilkinson und Pickett (2009), die den Zusammenhang von Ungleichheit, psychischem Empfinden und Krankheit beschrieben haben. In ihrem Buch *Gleichheit ist Glück* zeigen sie, dass der Kapitalismus – nicht erst seit Entwicklung des neoliberalen Gesellschaftsmodells – mit der Ausbreitung psychischer Erkrankungen und insbesondere von mehr Ängsten einhergehe. Das führen die Autoren darauf zurück, dass in Gesellschaften mit hohen

Einkommensunterschieden die psychosozialen Stressfaktoren größer seien. Unter dem Vorzeichen eines neoliberalen Gesellschaftsmodells würden sich diese Belastungen umso direkter gegen das Individuum selbst wenden, da dieses erfolgreich sein müsse beziehungsweise dem Zwang unterworfen werde, sich (im Sinne einer Selbstoptimierung) durch geeignete Maßnahmen selbst besser verwertbar zu gestalten.

Expliziter bezogen auf das Leitbild des *unternehmerischen Selbst* diagnostizierte Ehrenberg bereits 1998, dass die Orientierung an diesem Leitbild mit spezifischen Kosten einhergehe, insbesondere der wachsenden Zahl von Erschöpfungs- und Depressionsdiagnosen. Ehrenberg spricht dabei vom »Bild des Unternehmenschefs«, das im Laufe der 1980er Jahre »zum allgemeinverbindlichen Modell des Handelns« erhoben worden sei (Ehrenberg, 2015, S. 246): Eine Gesellschaft, deren Verhaltensweisen auf Verantwortung und Initiative gründe und den Bezug zum Konflikt verloren habe, befördere den Erfolg der Depression. Die permanente Arbeit am Selbst und der privaten Selbstperfektionierung überfordere die meisten Menschen und führe zu einer signifikanten Zunahme an depressiven und Abhängigkeitserkrankungen. Mit Blick auf Deutschland hat diese These seitdem nicht an Aktualität eingebüßt. Unter dem »Diktat der eigenverantwortlichen Lebensgestaltung« ist die Zahl der Depressiven weiter angestiegen (Heidbrink, 2012, S. 2016), insbesondere auch bei Kindern und Jugendlichen, sodass im Zusammenhang mit sozialen Medien etwa das Phänomen der *Facebook-Depression* diskutiert wird (Schurgin O'Keefe et al., 2011).

Eine andere Auswirkung des Zwangs zu permanenter Selbstoptimierung macht von Friesen (2002) im Trend nach Keimfreiheit und Sterilität aus, den sie unter anderem in der Abneigung gegen Intimhaare und in den im Fall von Frauen erwünschten quasi vorpubertären haarlosen Kleinmädchenkörpern ausmacht. Dieser Trend lasse sich auch in der bevorzugten Ästhetik bei Instagramselfies erkennen: Schmollmund, bevorzugt Pastelltöne und viel Pink, Aufnahme leicht von oben. Vor dem Hintergrund des ständigen Hochleistungsdrucks drücke sich darin eine unbewusste Angst aus:

> »Lieber zurück in die Phase der kindlichen Körper, ins Kinderzimmer zum lebenslangen Spielen, [...] auch um Risiken zu minimieren, die zum Erwachsenenalter dazugehören. Doch – natürlich, möchte man sagen – gleichfalls auch Angst machen. Doch die will vermieden werden, nicht auf einer erwachsenen, diskursiven Ebene bewältigt werden« (von Friesen, 2018).

Die Infantilisierung der Gesellschaft wurde von den Feuilletons verschiedentlich aufgegriffen und mit der Werbeindustrie und den sozialen Medien in Zusammenhang gebracht (vgl. etwa Reents, 2012). Tatsächlich sind die Posts und zugehörigen Kommentare oft von erstaunlicher Banalität. Dass die immer neuen Selfies und Bilder der gleich zu verzehrenden Mahlzeit für den jeweiligen Freundeskreis inhaltlich von irgendeinem Interesse sind, ist nicht zu vermuten. Von Interesse ist lediglich die Zahl der Rückmeldungen, womit das Posten stark an das Verhalten eines Kleinkindes erinnert, das Aufmerksamkeit von seiner Mutter einfordert – *Schau mal, was ich gerade mache.*

Leben in der Nachzeitigkeit

Eine Folge der Selfiepraxis ist es, dass das direkte Erleben in den Hintergrund tritt. Sontag verstand das Fotografieren als »Mittel zur Beglaubigung von Erfahrung« zugleich auch als »eine Form der Verweigerung von Erfahrung – indem diese auf die Suche nach fotogenen Gegenständen beschränkt wird, indem man Erfahrung in ein Abbild, ein Souvenir verwandelt« (Sontag, 2006, S. 15). Kahneman, der zwischen dem erlebenden und dem erinnernden Selbst unterscheidet, fasste dies dahingehend zusammen, dass die gelebte Gegenwart im Modus der fortwährenden Selbstdokumentation stets schon auf ihre Verwertbarkeit als gute Erinnerung überprüft werde. Die Gegenwart werde so als »antizipierte Erinnerung« erfahren (Kahneman, 2010). In nochmals anderer Wendung diagnostizierte Willemsen in seinem Essay *Wer wir waren* die gegenwärtige Welt aus der Perspektive der »Nachzeitigkeit«. Dabei beschrieb er den Menschen als gehetztes, überhitztes Objekt. Reizüberflutet und ermüdet durch immer neue Nachrichten, Angebote und Kaufanreize renne er sich selbst hinterher, statt im Augenblick zu leben. Erfahrung werde zum Inbegriff dessen, was warten muss: »Auch der Flaneur verschiebt seine Wanderungen ins Netz« (Willemsen, 2016, S. 45).

Tatsächlich schätzten 66 Prozent der in der IKW-Studie Befragten besonders, dass sie erst durch das nachträgliche Betrachten ihres Selfies sehen können, was sie erlebt haben (IKW-Jugendstudie, 2018, S. 5). Daher charakterisiert Soerjoatmodjo (2016) Selfies in einem Artikel mit dem bezeichnenden Titel »I selfie, therefore I exist« als Teil der Identitätsbildung bei Heranwachsenden. Begreift man die sozialen Medien als einen Raum, in dem junge Menschen sich in einer Phase ihrer Identitätsbildung selbst ausprobieren und darstellen können, erscheint dies in gewisser Weise paradox. Sontag zufolge helfen Fotografien dem Menschen, Besitz von einer Umwelt zu ergreifen, in der er sich unsicher fühlt. So habe die Fotografie sich zum Zwillingsbruder der kennzeichnendsten aller modernen Aktivitäten entwickelt: des Tourismus. Auch für Kahneman (2012, S. 479ff.) ist der Urlaub zentrales Beispiel für das Entwerfen von Geschichten und Sammeln von Erinnerungen. Tatsächlich wird gerade der Prozess der spätadoleszenten Passage häufig mit Metaphern der *Reise* oder der *Heldenreise* beziehungsweise im Märchen als langes und schwieriges Gehen beschrieben (Müller-Bülow, 2001, S. 78ff.). Die Reise wird dabei als Metapher für eine Innenweltreise verwendet, während der es zu einer Konfrontation mit den eigenen Sehnsüchten, Begierden und Ängsten kommt, die bestenfalls zu einem tieferen Eigenverstehen und zur Ausbildung eines gefestigten erwachsenen Ichs führt (vgl. Köb, 2005; Metzmacher, 2017). Im Falle der Selfies wird eben diese Auseinandersetzung mit dem Eigenen aber zunächst gerade verweigert und erst ex post durch Betrachten des (zuvor optimierten) Abbildes *erlebt*.

Leben in der Feedbackschleife

Das direkte Erleben tritt auch insofern in den Hintergrund, als in dem Streben nach möglichst vielen Likes die Definitionsmacht über die Wirklichkeit an andere abgegeben wird, deren Feedback erst abzuwarten ist. Sobald sie gepostet werden, werden Selfies der Quantifizierungslogik der Bewertungen im Netz unterworfen: »Selfies sind heute untrennbar verbunden mit Feedbacksystemen [und] Leistungsvergleichen« (Reichert, 2015, S. 93). 44 Prozent der Befragten der IKW-Studie finden, dass das Erlebte erst dann toll war, wenn viele andere es liken: »Bei meinen Urlaubsbildern gab es nur 25 Likes – die anderen hatten über 50 – da waren die Ferien für mich gelaufen« (IKW-Jugendstudie, 2018, S. 5). Das Zusammenspiel von Erstellen, Bearbeiten und Bewerten in der Praxis der Selfies führt insofern zu einer spiralförmigen Dynamik im Handeln aller Beteiligten. Die Bilder werden so gestaltet, dass sie möglichst viele Likes erhalten, und umgekehrt werden Gabebeziehungen mit anderen Nutzern im Sinne von *Likes for Likes* etabliert, um auch in Zukunft Aufmerksamkeit und damit Sichtbarkeit zu erlangen (Reichert, 2018).

Die Verbreitung und Bewertung von Selfies vollzieht sich also in einem Umfeld, das von Konkurrenz geprägt ist und in dem mit diversen Praktiken der Selbstinszenierung und Selbstoptimierung andauernd um Anerkennung gekämpft werden muss. Dieses Phänomen ist weder jugendtypisch noch auf die sozialen Medien beschränkt. Die von zahlreichen Autoren behandelten neuen Formen der Subjektivierung und Vergesellschaftung hat Bröckling (2002) in dem Begriff der Figur des »unternehmerischen Selbst« zusammengeführt und gezeigt, wie der neoliberale Imperativ des »Sei aktiv!« in alle Lebensbereiche eindringe und Wirkung entfalte. Das neue Rollenbild des sich selbst optimierenden Subjekts, das zum Unternehmer oder zur Unternehmerin des eigenen Lebens wird, beziehungsweise der Appell, zum Unternehmer des eigenen Lebens zu werden, sei in vielfältige Technologien des Regierens und Selbst-Regierens eingeschrieben.

> »Er findet sich in veränderten Formen der Betriebsorganisation (Stichwort: Intrapreneurship) ebenso wie in ›neuen Steuerungsmodellen‹ der öffentlichen Verwaltung (Stichwort: Bürger als Kunde), [...] in den Curricula von Schulen und Universitäten (Stichwort: Knowledge-Unternehmer), in Fördermaßnahmen für Arbeitssuchende (Stichwort: lebenslanges Lernen) [...] oder allgegenwärtigen Evaluationen (Stichwort: Qualitätsverbesserung). Diese und viele andere, in die gleiche Richtung zielenden Programme konfrontieren – wie Althussers Polizist – den Einzelnen mit spezifischen Erwartungen, die er zurückzuweisen oder zu erfüllen versuchen, denen er aber niemals ganz genügen kann« (Bröckling, 2002, S. 2).

Selbstoptimierung bezieht sich also nicht auf eine Verwandlung in einen perfekten Menschen, sondern auf einen kontinuierlichen Veränderungsprozess, bei dem sich das Leben als *ewige Baustelle* darstellt (Duttweiler 2016).

In der Praxis der Selfies sind die einzelnen Akteure in der Abhängigkeit der Gabebeziehungen gefangen: In einer permanenten Feedbackschleife müssen sie andauernd Anstrengungen unternehmen, sich optimal darzustellen, um Likes und damit soziale Anerkennung zu erlangen. Das hat tiefgreifende Auswirkungen auf das Selbst- und Weltverhältnis. Wenn Beziehungen, Tätigkeiten, Kleidung und Emotionen sämtlich dahingehend ausgewertet werden, ob sie dem Einzelnen und seinen Likes nutzen oder schaden, findet nichts mehr um seiner selbst willen Beachtung, sondern wird alles ausschließlich auf das Selbst bezogen. »Es erwächst ein kybernetisches Modell des Menschen, das sich durch Rückkopplung, Regulation und Optimierung auszeichnet. [...] Das Subjekt wird nun buchstäblich steuerbar – und nicht zuletzt auch für andere kalkulier-, kontrollier- und verwaltbar« (Duttweiler, 2016).

Dem Prinzip der *Likes for Likes* liegt dabei nicht allein die *soziale* Beziehung der jeweiligen Bewerter zugrunde, sondern auch eine unsichtbare Instanz, die unsere Aufmerksamkeitsökonomie in der unübersehbaren Fülle der Netzwerke steuert: Allen Plattformen liegen kontinuierlich angepasste Algorithmen zugrunde, die berechnen, welche Inhalte für den Nutzer (aus welchen Gründen auch immer) sehenswert sind und daher zuerst angezeigt werden. »Wie diese Resultate zustande gekommen sind, welche Positionen in der Welt damit gestärkt beziehungsweise geschwächt werden, ist im besten Fall nur ansatzweise nachvollziehbar« (Stalder, 2016, S. 202). Einer der wichtigen Faktoren bei Instagram ist dabei *Relationship*, sodass Posts umso wahrscheinlicher vorne angezeigt werden, je öfter man miteinander interagiert. Die Angst, etwas zu verpassen oder das Handy allzulange beiseite zu legen, ohne selber Feedback geben zu können, hat insofern eine durchaus reale Grundlage.

Der unsichtbare Dritte

Die Bezeichnung Web 2.0 legt den Schluss nahe, dass es beim Agieren in sozialen Netzwerken vor allem um die Interaktion zwischen (ehemals nur) Sendern und (ehemals nur) Empfängern gehe. Tatsächlich aber nehmen auch andere Teilnehmer Einfluss auf das Geschehen im Netz, und dies nicht nur über die genannten Algorithmen. Aus diesem Grund kann die Selfiepraxis nicht sinnvoll isoliert betrachtet werden, sondern muss im Zusammenhang mit der strukturellen Logik und Kultur des Feldes gesehen werden, innerhalb derer sie praktiziert wird.

Das Web 2.0 mit den sozialen Medien galt lange als demokratisches Versprechen, sicherte es doch die Schaffung einer partizipatorischen Kultur durch die Austauschbarkeit von Sendern und Empfängern zu. Noch 2012 erklärte Mark Zuckerberg in seinem *Brief an die Investoren*, Facebook sei als soziale Mission gegründet worden, um die Welt offener und vernetzter zu machen. Wenn Menschen mehr miteinander teilten, werde das eine offenere Kultur und ein besseres Verständnis für das Leben und die Sichtweisen anderer mit sich bringen (Zuckerberg, 2012). Die strukturelle Logik dieser Netzwerke entspricht jedoch keineswegs der von Mark Zuckerberg behaupteten »sozialen Mission«: Innerhalb eines virtuellen sozialen Netzwerkes werden die Verbindungen von den Individuen selbst definiert und sind daher zuvörderst auf Geistesverwandte und Freunde ausgerichtet beziehungsweise beruhen, wo es wie bei Instagram nicht um die Begründung sogenannter *Freundschaften*, sondern um *Gefolgschaft* geht, auf der Zuordnung von Vertrauen und Sympathie. Strukturell sind virtuelle soziale Netzwerke insofern gerade nicht darauf ausgerichtet, Menschen mit unterschiedlichen Ansichten miteinander in Austausch zu bringen, sondern vielmehr auf die Herstellung von Kontakten unter Anhängern ähnlicher Interessengruppen oder Geschmacksrichtungen. Eben daran entzünden sich die Diskussionen über die Bildung sogenannter Filterblasen und Echokammern, die durch die Algorithmen der sozialen Netzwerke verstärkt werden (vgl. Schweiger, 2017, S. 88ff.).

Ebenso wie Google sind die sozialen Medien zudem keine herrschaftsfreien Kommunikationsräume, sondern gigantische Werbeagenturen. Als international agierende Konzerne streben sie nach Wachstum und Gewinnmaximierung. Für die Nutzer werden dabei keine Gebühren im herkömmlichen Sinne fällig, sie zahlen vielmehr mit ihren persönlichen Daten und der Zeit, die sie in den Netzwerken verbringen und die es den Betreibern ermöglicht, durch personalisierte Werbung hohe Einnahmen zu erzielen. Instagram etwa verdient sein Geld durch Werbung, die als Post in den Feeds oder zwischen Instagram-Stories eingeblendet wird. Als die am schnellsten wachsende Plattform mit einer besonders jungen Zielgruppe, die offen für Business-Inhalte ist, und einer zehnmal höheren Engagement-Rate als etwa der auf Facebook ist sie für Werbetreibende besonders attraktiv.

Mit der im März 2018 eingeführten Shoppingfunktion können User zudem etwa in einem Video markierte Produkte mit einem Klick auf das Einkaufstaschensymbol genauer ansehen und direkt einkaufen, ohne sich im Onlineshop des jeweiligen Unternehmens erneut anmelden zu müssen. »So erreichen wir unsere Kunden dort, wo sie sich gerade aufhalten, mit inspirierenden und zugleich shopbaren Inhalten« (Linus Glaser, Director Central Europe bei Zalando, zit. n. *Internetworld*, 2018). Ob Instagram für diese Dienstleistung gegenüber den Händlern eine Gebühr erheben wird, ist nicht bekannt. Allerdings ist davon auszugehen, dass die Möglichkeit eines Direktkaufes die Werbeeinnahmen entsprechend ansteigen lässt. Auch die genaue Höhe dieser Einnahmen ist nicht bekannt. Analysten schätzen den Umsatz in 2017 auf rund vier Milliarden US-Dollar (Börner, 2018).

Influencer und die Demand Generation

Da herkömmliche Werbemaßnahmen zunehmend weniger erfolgreich sind als das gezielte Ansprechen durch einflussreiche Einzelpersonen, zielen Marketingmaßnahmen zunehmend auf Zusammenarbeit mit sogenannten Influencern ab. Influencer teilen ihr Privatleben im Netz und bewerben dabei Produkte. Ihr Einfluss leitet sich dabei allein aus der Reichweite ihrer sozialen Netzwerke ab. Insofern vermischen sich im Bereich des Influencer-Marketings die Sphären des Privaten und der kommerziellen Werbung in besonderem Maße. Nutzer, die eine ausreichend große Followerschaft generiert haben, können das ihnen damit entgegengebrachte Vertrauen monetarisieren, indem sie als Micro-Influencer Mode, Kosmetikartikel oder andere Produkte unentgeltlich zur Verfügung gestellt bekommen oder bei entsprechend größerer Gefolgschaft Partnerschaften mit Unternehmen eingehen. Im Gegenzug präsentieren sie die entsprechenden Produkte mehr oder weniger auffällig in ihren Selfies, Blogs und Vlogs. Wie viele (Micro-)Influencer es in Deutschland gibt, ist nicht bekannt. Die wenigsten Influencer können aus ihren Aktivitäten mehr als die gestellten Produkte oder ein Taschengeld erzielen. Diejenigen (wenigen), die es geschafft haben, eine sehr große und gewinnbringende Followerschaft aufzubauen und zu vermarkten, können dagegen teilweise beträchtliche Einnahmen generieren. Das monatliche Einkommen von Bianca Heinicke, einer der erfolgreichsten deutschsprachigen Influencerinnen (Bibis Beauty Palace), wird vom *Manager Magazin* auf rund 110.000 Euro geschätzt, die sich aus Einnahmen durch YouTube, Verdienst mit Affiliate-Links, Einkommen mit Kooperationen und Einkünfte durch eigene Musik zusammensetzen (Hary, 2019).

Wenngleich Werbung inzwischen auch in sozialen Netzwerken kenntlich gemacht werden muss, genießen die Influencer bei ihren – überwiegend jugendlichen – Fans großes Vertrauen, weil sie als authentisch gelten. Scherer zufolge können minderjährige Nutzer sozialer Netzwerke kommerzielle Kommunikation durchaus erkennen und sich mit ihr auseinandersetzen. Gleichwohl werde die Influencerin für minderjährige Follower sehr schnell »zu einem nachahmenswerten Vorbild, einer Art virtueller ›großer Schwester‹« (Scherer, 2019, S. 277). Einer Studie aus dem Jahr 2017 zufolge sind Influencer für die 14 bis 17-Jährigen nach Freunden und Kundenbewertungen die glaubwürdigste Quelle (29 Prozent). 20 Prozent der Befragten hatten schon einmal ein Produkt gekauft, das von einem Influencer beworben wurde. Als Hauptgrund wurde angegeben, sich von ihnen persönlich angesprochen zu fühlen. Die Glaubwürdigkeit von Stars, denen die Jugendlichen auf sozialen Netzwerken folgen und die Produkte bewerben, belief sich dagegen auf lediglich fünf Prozent (ebd., S. 278).

Der Hauptakzent im Influencer-Marketing liegt auf den Bereichen Beauty, Mode und Essen, was der Intention zur Selbstoptimierung für das nächste Selfie ja durchaus entspricht: Wenn Influencerinnen etwa bestimmte Kosmetikartikel in ihren Make-up-Tutorials oder den beliebten »Get Ready With Me«-Episoden vorstellen, wird ihren Followerinnen gleich nahegelegt, welche Produkte sie beim Styling für ihr nächstes Selfies anwenden sollten. So hält die Logik des Netzwerkes nicht nur die Praxis der Selfies als andauernden Prozess der Selbstinszenierung und Selbstoptimierung, sondern diese wiederum auch die Wirtschaft in Gang. Sheryl Sandberg, der Chief Operations Officer von Facebook, erklärte die Neuartigkeit dieser Plattform daher wie folgt: »We're not really demand fulfillment, when you've already figured out what you're going to buy – that's search. We're demand generation, before you know you want something« (Leistert & Röhle, 2011, S. 9).

Selfies als Selbsttechnologie

Die fortschreitende Durchdringung der individuellen und privaten Sphäre des Menschen mit marktwirtschaftlichen Prinzipien ist ein Phänomen, das nicht auf die sozialen Medien oder die Praxis der Selfies beschränkt ist. Diese sind vielmehr Produkte unserer Zeit, die bereits existierende soziale und kulturelle Tendenzen und Ideale reflektieren und in Teilen auch verstärken. Die Bereitschaft zu permanenter Selbstoptimierung und wettbewerbsgerechtem Handeln in allen Lebensbereichen, die sich im Handeln der Beteiligten im Wettlauf um Likes offenbart, entspricht dem generellen Imperativ der Gegenwart, der bereits vor dem Emergieren der sozialen Medien und der Selfies wirksam war.

Auch dass die Befolgung dieses Imperativs mit spezifischen Kosten, insbesondere der Ausbreitung psychischer Erkrankungen wie Ängsten, Erschöpfungs- und Depressionensdiagnosen einhergeht, ist von der Forschung schon vor dem rasanten Aufstieg der sozialen Medien und des Selfiebooms konstatiert worden. Damit werden weder die Erkenntnisse über die negativen Auswirkungen der sozialen Medien auf ihre Nutzer noch die Vorschläge zu deren Minderung in Abrede gestellt: Dass die Erfordernis andauernder Selbstoptimierung im Zuge der Selfiepraxis unter der Maßgabe, immer am Ball zu bleiben, um möglichst nie etwas zu verpassen, psychische und gesundheitliche Folgen mit sich bringt, ist naheliegend und gut belegt. Die sozialen Medien haben diese Phänomene jedoch nicht geschaffen, sondern lassen die Auswirkungen dieses gesellschaftlichen Leitbildes lediglich verstärkt – und zwar bei einer sehr jungen Generation – zum Vorschein kommen. In diesem Sinne kann man die Zunahme depressiver Erkrankungen auch als eine – wenngleich selbstschädigende – Form des Widerstands gegen die Gouvernementalität der Gegenwart begreifen.

Wie gezeigt wurde, ist die Praxis der Selfies nicht ohne den institutionellen Apparat der sozialen Medien des Web 2.0 denkbar, mit dessen Hilfe die Praxis der Selfies und das Selbstverständnis der Nutzer korreliert werden: Dieser Apparat definiert die technischen und medialen Bedingungen der Selfies (die Möglichkeit, Selfies technisch zu optimieren und seine eigenen Bilder permanent mit unzähligen anderen zu teilen, zu vergleichen und zu bewerten) und nimmt zugleich symbolische Zuschreibungen vor (der Wertigkeit von Posts, die die Wahrscheinlichkeit von Likes beeinflussen, sowie die Generierung »relevanter« Werbung, die das Konsumverhalten der Nutzer beeinflusst). In Anerkennung ihrer medialen Bedingtheit lassen sich Selfies daher als moderne Selbsttechnologie beschreiben.

Das Konzept der Selbsttechnologien hat Foucault im Zusammenhang mit seinem Begriff der Gouvernementalität entwickelt, den er in seinen Vorlesungen von 1978 und 1979 entwickelte (Foucault 2004a; 2004b). Er bezeichnet damit einen neuen Typ von Regierung, der seine Machtwirkung weniger durch Zwang erzeugt, sondern durch ein breites Set an Institutionen, Verfahren und Strategien, die auf das Selbstverständnis von Subjekten einwirken. Diese reichen von der Regierung der anderen bis zur Regierung des Selbst – wobei unter Selbsttechniken historisch spezifische Formen zu fassen sind, in denen »das Individuum auf sich selbst einwirkt« (Foucault, 1993, S. 27). Ziel dieser Selbsttechniken, die Foucault aus der »Sorge um sich« herleitet, sei es, seinen Körper und/oder seine Seele

(Denken, Verhalten, Existenzweise) »so zu verändern, daß er einen gewissen Zustand des Glücks, der Reinheit, der Weisheit, der Vollkommenheit oder der Unsterblichkeit erlangt« (ebd., S. 26). Im Anschluss an Foucault hat sich seitdem ein eigener Forschungszweig an *Governmentality Studies* entwickelt, der sich insbesondere mit den gesellschaftlichen Transformationen der heutigen neoliberalen Gesellschaft auseinandersetzt und zu der auch die Arbeit von Bröckling (2002) zu zählen ist.

Die Wirkungen der auf Normalisierung und Optimierung gerichteten Selbsttechniken auf die Vorstellungen von Gesundheit, Schönheit und Sexualität sind von zahlreichen Forschern untersucht worden (vgl. etwa Link, 2006 über Normalismus; Möhring, 2006 zur Lebensreformbewegung des frühen 20. Jahrhunderts). Selbstoptimierende Manipulationen am Körper sind also keineswegs ein neuartiges Phänomen des frühen 21. Jahrhunderts. Anders als etwa Lifestylemagazine, die Fitnessbewegung im 20. Jahrhundert, die allgegenwärtigen Schulungen für Manager jeglicher Einheiten (vom Selbst über die Familie bis zum Weltkonzern) oder Fernsehformate von Castingshows zeichnet sich das Phänomen der Selfies aber durch die ihm inhärente permanente, quasi-instantane Feedbackschleife zwischen den einzelnen Individuen über das Medium der kommerziellen Plattformen aus. So wird die *Arbeit am Selbst* einerseits zu einer 24/7-Aufgabe und ist andererseits ohne die Palette der Schönheits- und Gesundheitsprodukte, die in hohem Maße mit symbolischen Werten aufgeladen sind und über diese Plattformen beworben und vertrieben werden, in dieser Form gar nicht denkbar (Lindemann, 2014).

Die Likes, um die es vermeintlich geht, können diese endlose Feedbackschleife nie beenden. Intensiv erlebt wird nämlich vor allem deren Ausbleiben: Während das Erhalten vieler Likes, die von den Nutzern ja angestrebt werden, diese nicht dauerhaft befriedigt, führt deren Ausbleiben zu erhöhtem Frust bis hin zu Neid auf andere, was eine regelrechte »Neidspirale« auslösen kann, insofern Nutzer auf die Selbstdarstellung anderer mit umso mehr eigener Selbstdarstellung reagieren (Krasnova et al., 2013, S. 12). Die Enttäuschung beziehungsweise Unzufriedenheit ist der Praxis der Selfies insofern strukturell eingeschrieben und kann geradezu als Antriebswelle der fortwährenden Feedbackschleife betrachtet werden: Solange man sich dieser Struktur nicht verschließt, bleibt die selbsttechnische Optimierung beziehungsweise die *Arbeit am Selbst* des Nutzers unabschließbar. Ebenso lange können die Enttäuschung und die *Sorge um sich* ökonomisiert werden, indem sie die Nutzer dazu bringen, stetig weiter Daten zu generieren, die von den Plattformen dazu genutzt werden, Bedürfnisse zu wecken und Konsumgüter zu vermarkten. Optimiert werden durch die Praxis der Selfies letztlich also nicht das *Selbst* der einzelnen Nutzer, sondern deren individuellen Profile und Rankings, die es der algorithmischen Gouvernementalität erlauben, immer besser zu antizipieren, was für den Nutzer relevant sein wird oder werden soll, und so auf dessen Wahrnehmungen und Verhalten zurückzuwirken.

In Hinsicht auf Selfies befinden wir uns zudem insofern in einer Übergangssituation, als der Erfahrungshorizont der jüngeren und der älteren Generation derzeit weit auseinanderklaffen. Das lässt sich auch daran ablesen, dass junge Menschen in Interviews und Dokumentationen in ihren Erläuterungen oft von »unserer« Welt sprechen – in der nicht unberechtigten Annahme, dass ihr älteres Gegenüber ihre Lebenswirklichkeit in weiten Teilen nicht kennen oder gar nachvollziehen kann. Man muss jedoch davon ausgehen, dass die Vermischung von Privatem und Werbung, von Nachrichten und Meinungen in den kaum regulierten und durchschaubaren sozialen Medien die Medienkompetenz weiter Teile der Bevölkerung generationenübergreifend überfordert.

Ausblick

In der Praxis der Selfies geht es um Selbstvergewisserung: Sie belegen, dass ich da bin, und sollen mir zeigen, dass ich gesehen werde. Dabei geht es nicht in erster Linie darum, eine Spur zu hinterlassen (aus Angst vor dem Vergessenwerden und letztlich vor dem Tod), sondern darum, *jetzt* gesehen zu werden. Denn Selfies sind flüchtig. Sie werden gemacht, geteilt, geklickt – und vergessen. Wenn ein Bild nicht relativ umgehend gesehen und geliked wird, hilft es (in der Logik der Selfiepraxis) nicht, dass es als Beweis meiner Existenz bis in alle Ewigkeiten irgendwo im World Wide Web gespeichert bleibt. Das tut es aber trotzdem.

Die persönlichen Daten, die bei jeglichem Nutzerverhalten im Internet erhoben werden, werden heute genutzt, um durch Mikrotargeting personalisierte Werbung oder zielgruppenspezifische politische Kommunikation zu platzieren. Dabei haben US-amerikanische Firmen bei den sozialen Netzwerken, denen Nutzer einen Großteil ihrer persönlichen Daten preisgeben, einen weltweiten Marktanteil von über 90 Prozent. Ohne die dominanten sozialen Medien (Google, Facebook etc.) ist Kommunikation heute nicht mehr denkbar. Sie repräsentieren das Ergebnis einer kapitalistischen Oligopolisierung von öffentlicher Information im Sinne eines Plattformkapitalismus, deren politische, soziale und ökonomische Auswirkungen heute noch gar nicht absehbar sind. Es liegt aber auf der Hand, dass die Strategien der Datenverwertung auf Weisen manipulativ eingesetzt werden können, die die freiheitliche Gesellschaft in ihrem Kern potentiell bedrohen. Auch dagegen richteten sich im Frühjahr 2019 die Widerstände gegen Uploadfilter im Zusammenhang mit der EU-Urheberrechtsreform, da diese eben nicht nur gegen Urheberrechtsverletzungen eingesetzt werden könnten. Seit einiger Zeit werden daher auch in wirtschaftsliberalen Kreisen Sorgen laut, die kaum regulierten großen Vier (Google, Amazon, Facebook und Apple) könnten zunehmend außerhalb der Regeln des Wettbewerbs spielen (Fanta, 2018).

Die Spuren, die man im Netz hinterlässt, haben eben auch kontrollgesellschaftliche Implikationen. Immerhin gibt man über Shoppingportale, Suchmaschinen, die Metadaten jedes Selfies sowie die aktivierte Navigationssoftware eines Smartphones freiwillig einen relativ einfachen Zugriff auf sein Bewegungsprofil und sein gesamtes Verhalten im Netz preis. Während aber drohende Uploadfilter breite und laute Proteste hervorrufen, wird diese umfassende Preisgabe privater Daten relativ unkritisch hingenommen: Die Vorstellung des Privaten erlebt (nicht nur) im Raum der sozialen Medien eine ungeheure Umwertung. Im »Konfettiregen der Bilder, Daten, Affekte«, in dem die Nutzer ihre autobiografische Welt selbst veröffentlichen, gerät die vormals als schützenswertes Gut erachtete Privatsphäre unter Verdacht: »Heimlichkeiten hatte nur noch, wer etwas zu verbergen hat« (Willemsen, 2016, S. 40).

Die Sorge um den Schutz privater Daten, die im Vorfeld der Volkszählung 1987 mit der Erhebung vergleichsweise weniger Daten in der Bundesrepublik massive Proteste hervorrief, scheint heute kaum mehr vorhanden zu sein. Die Möglichkeiten der computergesteuerten Analyse großer Datenmengen im Sinne einer Vermessung des Sozialen werden vielmehr als Versprechen auf Erkenntnis, Fortschritt, besseren Kundendienst und ein leichteres Leben wahrgenommen: Die nicht zuletzt durch den NSA-Skandal angefachte Überwachungs-/Privacydebatte übersieht Simanowksi zufolge das »allgemeine Einverständnis« angesichts der unübersehbaren Fülle der in Echtzeit digital verfügbaren Informationen, die einer Sortierung bedürfen: »Ich will ja, dass Google alles über mich weiß, damit es seinen Kundendienst – von den personalisierten Suchergebnissen über geo-lokale Empfehlungen bis zum Hinweis, was ich als nächstes tun soll – so effektiv wie möglich erfüllen kann« (Simanowski, 2014, S. 14).

Das Zeitalter der Digitalisierung und intelligenten Maschinen stellt insofern nicht nur die Gesellschaft und den freiheitlichen Rechtsstaat vor die Herausforderung, die Chancen der neuen Technologien zu nutzen, ohne ihre Gefahren für die digitale und technische Souveränität zu ignorieren. Der Umgang mit Selfies – wie mit anderen Medienpraktiken – stellt jeden einzelnen Nutzer vor die Qual der Wahl zwischen Freiheit und Bequemlichkeit. Einen Ausweg scheint dem Individuum allein die Möglichkeit zu bieten, sich dem Begehren und der Selbstregierung durch die verinnerlichten Normen und Wertvorstellungen aktiv zu entziehen – ganz im Sinne von Deichkind: »Danke für die Petition, ich bin raus hier. Like mich am Arsch, dadadi dadada. Kannst mich gerne begleiten.«

Literatur

Amend, C. (2013). Der Herr der Filter. *ZEIT online*. https://www.zeit.de/2013/51/instagram-foto-app-kevin-systrom/komplettansicht (28.02.2019).

APA Science (2018). Interview mit Suzana Jovic: Wie essen und trinken: Der Umgang mit digitalen Medien wird bald kein Thema mehr sein. https://science.apa.at/dossier/Wie_essen_und_trinken_Der_Umgang_mit_digitalen_Medien_wird_bald_kein_Thema_mehr_sein/SCI_20180425_SCI78775082641914394 (28.02.2019).

Appel, M. (2018). Macht Social Media uns zum Narziss? Markus Appel im Gespräch mit Katja Bigalke. https://www.deutschlandfunkkultur.de/das-schoenste-ich-macht-social-media-uns-zum-narziss.1264.de.html?dram:article_id=409376 (28.02.2019).

Appinio Study (2017). Berufswunsch – nur 2% der Deutschen wollten mal Krankenpfleger werden. https://www.appinio.com/de/blog/studie-zu-traumberufen-berufswünsche-der-kinder-von-heute (28.02.2019).

ARD/ZDF-Onlinestudie (2017–2018). http://www.ard-zdf-onlinestudie.de/whatsapponlinecommunities/ (28.02.2019).

Baudelaire, C. (1980). Die Fotografie und das moderne Publikum (aus dem Salon von 1859). In W. Kemp (Hrsg.), *Theorie der Fotografie, Band 1* (S. 110–113). München: Schirmer/Mosel.

BigFM (2016). Bewiesen: Selfies machen glücklich! https://www.bigfm.de/buzzhaltestelle/15558/bewiesen-selfies-gluecklich (28.02.2019).

Börner, Y. (2018). Wie verdient Instagram Geld? Alle Infos. https://praxistipps.chip.de/wie-verdient-instagram-geld-alle-infos_98587 (28.02.2019).

Bröckling, U. (2002). Jeder könnte, aber nicht alle können. Konturen des unternehmerischen Selbst. *Mittelweg*, *36*(4), 6–26. https://probebuehneimgaengeviertel.files.wordpress.com/2011/11/jeder-kc3b6nnte-aber-nicht-alle-kc3b6nnen.pdf (28.02.2019).

Camrath, J. (2014). Die Selfie-Seuche. http://joca.me/2014/09/21/selfie-seuche/ (28.02.2019).

Cohrs, C. & Oer, E. (2016). *#Generation Selfie*. München: riva.
Connor, J. (2016). Selena Gomez's Coca-Cola Photo Was the Most Liked Instagram Post of 2016. https://firstwefeast.com/drink/2016/12/selena-gomez-coca-cola-instagram (28.02.2019).
Csef, H. (2015). »Leben wir in einer narzisstischen Gesellschaft?« *IZPP* (2). Themenschwerpunkt »Jugend und Alter«. http://www.izpp.de/fileadmin/user_upload/Ausgabe_2_2015/Csef_IZPP_2_2015.pdf (28.02.2019).
Deichkind (2015). Like mich am Arsch [Video]. https://www.youtube.com/watch?v=OVvHj1FLCn4 (28.02.2019).
Duttweiler, S. (2016). Nicht neu, aber bestmöglich. Alltägliche Selbstoptimierungen in neoliberalen Gesellschaften. *Aus Politik und Zeitgeschichte.* http://www.bpb.de/apuz/233468/nicht-neu-aber-bestmoeglich-alltaegliche-selbstoptimierung-in-neoliberalen-gesellschaften?p=all (28.02.2019).
Ehrenberg, A. (2015). *Das erschöpfte Selbst: Depression und Gesellschaft in der Gegenwart.* Frankfurt a. M.: Campus (franz. Erstausgabe: 1998).
elbdudler Jugendstudie (2018). [Befragungszeitraum 24.11.-01.12.2017]. https://jugendstudie.elbdudler.de/files/elbdudler-jugendstudie-2018.pdf (28.02.2019).
Fanta, A. (2018): Plattformkapitalismus: Selbst die Financial Times ruft schon nach der Hand des Staates. https://netzpolitik.org/2018/plattformkapitalismus-selbst-diefinancial-times-ruft-schon-nach-hand-des-staates/ (28.02.2019).
FitForFun (2018). Neue Studie: So wirken sich Selfies auf den Charakter aus. https://www.fitforfun.de/news/neue-studie-so-wirken-sich-selfies-auf-den-charakter aus-323407.html (28.02.2019).
Foucault, M. (1993). Technologien des Selbst. In Martin, L. H., Gutman, H. & Hutton, P. H. (Hrsg.), *Technologien des Selbst.* Frankfurt a. M.: Fischer, S. 24–62.
Foucault, M. (2004a). *Geschichte der Gouvernementalität I: Sicherheit, Territorium, Bevölkerung. Vorlesung am Collège de France 1977–1978.* Frankfurt a. M.: Suhrkamp.
Foucault, M. (2004b). *Geschichte der Gouvernementalität II: Die Geburt der Biopolitik. Vorlesung am Collège de France 1978–1979.* Frankfurt a. M.: Suhrkamp.
Friesen, A. v. (2018). Sterile Gesellschaft. Die Angst vor der Lebendigkeit. https://www.deutschlandfunkkultur.de/sterile-gesellschaft-die-angst-vor-der-lebendigkeit.1005.de.html?dram:article_id=418858 (28.02.2019).
Gerling, W., Holschbach, S. & Löffler, P. (2018). *Bilder verteilen. Fotografische Praktiken in der digitalen Kultur.* Bielefeld: Transkript.
Gilliland, E., Kiss, M., Morrison, M. & Morrison, T. (2018). Characterological correlates of selfie taking behavior. *Psychology, 9*, S. 1530–1545.
Gnambs, T. & Appel, M. (2018). Narcissism and Social Networking Behavior: A Meta-Analysis. *Journal of Personality, 86*(2), 200–212. https://www.researchgate.net/publication/313452923_Narcissism_and_Social_Networking_Behavior_A_Meta-Analysis (28.02.2019).
Grünert, H. & Kaufmann, S. (2019). Berufswünsche und Zukunftsvorstellungen von Jugendlichen. Ergebnisse aus der wissenschaftlichen Begleitung eines Modellprojekts zur Berufsorientierung. Eine Studie des Stiftung Neue Länder in der Otto Brenner Stiftung Frankfurt a. M. https://www.otto-brenner-stiftung.de/fileadmin/user_data/stiftung/01_Die_Stiftung/04_Stiftung_Neue_Laender/02_Publikationen/SNL_08_Jugend_LR.PDF (28.02.2019).
Hary (2019). Bibis Beauty Palace: Vermögen und Verdienst von Bianca Claßen (Heinicke).

https://www.vermoegenmagazin.de/bibis-beauty-palace-vermoegen-verdienst/ (28.02.2019).

Heidbrink, L. (2012). Depression – die Last der Selbstverantwortung. Die psychischen Folgen der Leistungsgesellschaft. In A. Bellebaum & R. Hettlage (Hrsg.), *Missvergnügen. Zur kulturellen Bedeutung von Betrübnis, Verdruss und schlechter Laune*. Wiesbaden: Springer, S. 205–225.

Holland, M. (2014). »Oscar Selfie«: Samsung zahlte 18 Millionen Dollar und spendet nun. https://www.heise.de/newsticker/meldung/Oscar-Selfie-Samsung-zahlte-18-Millionen-Dollar-und-spendet-nun-2134754.html (28.02.2019).

Hürter, T. (2018). Selphi statt Selfie: Die neue Epidemie des Sich-selbst-Fotografierens hat auch eine philosophische Dimension. Und zwar keine schlechte. In *Hohe Luft kompakt* (Sonderheft 2), 53–55. https://www.hoheluft-magazin.de/wp-content/uploads/2018/11/HL_Kompakt_2018_02-Selfies.pdf (28.02.2019).

Internetworld (2018). Instagram: vom Nischennetzwerk zur relevanten Werbeplattform. https://www.internetworld.de/social-media/instagram/instagram-nischennetzwerk-relevanten-werbeplattform-1572669.html?ganzseitig=1 (28.02.2019).

Kahneman, D. (2010). The riddle of experience vs. memory. *TED2010*. https://www.ted.com/talks/daniel_kahneman_the_riddle_of_experience_vs_memory/transcript#t-57237 (28.02.2019).

Kahneman, D. (2012). *Schnelles Denken, langsames Denken*. München: Siedler (engl. Erstausgabe: 2011).

Köb, S. (2005). *Reisephilosophie. Neue Ziele für Touristen oder Über die Selbstveränderung in alternativen Welten*. Gießen: Focus.

Krasnova, H., Wenninger, H., Widjaja, T. & Buxmann, P. (2013). Envy on Facebook: A hidden Threat to Users' Life Satisfaction? Veröffentlicht auf der elften Conference on Wirtschaftsinformatik, 27.02.–01.03.2013 in Leipzig. https://www.ara.cat/2013/01/28/855594433.pdf?hash=b775840d43f9f93b7a9031449f809c388f342291 (28.02.2019).

Lacan, J. (1973). Das Spiegelstadium als Bildner der Ichfunktion. In ders, *Schriften 1*. Frankfurt a. M.: Turia + Kant.

Lanier, J. (2019, 21. März). Liebesgrüße aus dem Silicon Valley. *Die Zeit*, (13), 41.

Lasch, C. (1982 [1979]). *Das Zeitalter des Narzissmus*. Frankfurt a. M.: dtv.

Leichsenring, H. (2018). 90 Prozent nutzen Social Media – Infografik. Soziale Medien sind fester Bestandteil der Kommunikation. https://www.der-bank-blog.de/social-media-nutzung-deutschland/studien/social_media/33088/ (28.02.2019).

Leistert, O. & Röhle, T. (2011). *Generation Facebook. Über das Leben im Social Net*. Bielefeld: transcript.

Lewanczik, N. (2018). Instagrams geschätzter Eigenwert: 100 Milliarden Dollar. https://onlinemarketing.de/news/instagrams-geschaetzter-wert-100-milliarden-dollar (28.02.2019).

Link, J. (32006). *Versuch über den Normalismus. Wie Normalität produziert wird*. Göttingen: Vandenhoeck & Ruprecht.

Lindemann, U. (2014). Konsum als Selbsttechnologie. Zwischen konsumistischem Möglichkeitssinn und quantifikatorischer Selbstoptimierung. *POP-Zeitschrift*. http://www.pop-zeitschrift.de/2014/01/02/konsum-als-selbsttechnologiezwischen-konsumistischem-moglichkeitssinn-und-quantifikatorischer-selbstoptimierungvon-uwe-lindemann2-1-2014/ (28.02.2019).

IKW-Jugendstudie (2018). Selfies ungeschminkt. Lönnecker & Imdahl rheingold salon im

Auftrag des IKW. https://www.rheingold-salon.de/wp-content/uploads/2018/05/Ergebnisse_Selfies-ungeschminkt.pdf (19.06.2020).

IKW-Jugendstudie (2019). Insta ungeschminkt, Lönnecker & Imdahl rheingold salon im Auftrag des IKW. https://www.ikw-jugendstudie.org/wp-content/uploads/2019/04/19_0402_Storyline_Insta_DE.pdf (22.04.2019).

Maaz, H.-J. (2014). *Die narzisstische Gesellschaft. Ein Psychogramm.* München: Beck (erstmals 2012).

Männersache (2018). Selfitis. Psychologen bestätigen: Selfies zu machen ist eine Geisteskrankheit. https://www.maennersache.de/selfitis-selfies-mentale-krankheit-stoerung-4564.html (28.02.2019).

Metzmacher, U. (2017). Die Kamera und das Fremde. https://fotosinn.de/essays/reise/ (28.02.2019).

Möhring, M. (2006). Die Regierung der Körper. »Gouvernementalität« und »Techniken des Selbst«. *Zeithistorische Forschungen*, (2). https://zeithistorische-forschungen.de/16126041-Moehring-2-2006#pgfId-1035774a (28.02.2019).

Müller-Bülow, B. (2001). *Therapie in der Spätadoleszenz. Eine qualitative Studie über Beratungserfahrungen weiblicher Jugendliche.* Münster: Waxmann.

Reents, E. (2012, 3. November). Die infantile Gesellschaft. Aus Leuten werden Kinder. *FAZ.* https://www.faz.net/aktuell/feuilleton/die-infantile-gesellschaft-aus-leuten-werden-kinder-11947625.html?printPagedArticle=true#pageIndex_0 (28.02.2019).

Reichert, R. (2015). Selfie Culture. Kollektives Bildhandeln 2.0. *POP. Kultur und Kritik*, (7), 86–96. https://www.uni-muenster.de/Ejournals/index.php/pop/article/view/1733/1668 (28.02.2019).

Reichert, R. (2018). Schaut! Mich! An! *MAG, 60.* https://www.opernhaus.ch/spielplan/kalendarium/lincoronazione-di-poppea/ (28.02.2019).

Rottenfußer, R. (2015). Die Selfie-Gesellschaft. https://hinter-den-schlagzeilen.de/die-selfie-gesellschaft (28.02.2019).

Royal Society for Public Health (2017). Status of Mind: Social Media and young people's mental health and wellbeing. https://www.rsph.org.uk/uploads/assets/uploaded/d125b27c-0b62-41c5-a2c0155a8887cd01.pdf (19.06.2020).

Scherer, I. (2019). Rezeption kommerzieller Kommunikation in sozialen Netzwerken durch minderjährige Nutzer. *WRP, 2019,* 277–283. https://online.ruw.de/suche/wrp/Rezep-kommerzi-Kommunik-in-sozia-Netzw-durch-minde-df2482bb605efc5ec794f6b18b825a0e?crefresh=1#textfn_2019-03-2-5 (28.02.2019).

Schulz, I. (2015). »Spieglein, Spiegeln an der Wand …«: Die Bedeutung digitaler Medien im Jugendalter am Beispiel des Umgangs mit Schönheit, Körperlichkeit und Sexualität. *ARCHIV für Wissenschaft und Praxis der sozialen Arbeit*, (2), 22–33. Zit. n. Nora Gaupp, Christian Lüders (2016): »Mach was aus Dir!« Selbstinszenierung und Selbstoptimierung bei Jugendlichen – Freiheit oder Zwang? *ProJugend, 2,* 4–9, https://projugend.jugendschutz.de/wp-content/uploads/2016/07/proJugend_2-2016_Selbstoptimierung_S4-9.pdf (28.02.2019).

Schurgin O'Keeffe, G., Clarke-Pearson, K., Council on Communications and Media (2011). Clinical Report. The Impact of Social Media on Children, Adolescents, and Families. *Pediatrics, 127*(4) 800–804. https://pediatrics.aappublications.org/content/pediatrics/early/2011/03/28/peds.2011-0054.full.pdf (28.02.2019).

Schweiger, W. (2017). *Der (des)informierte Bürger im Netz. Wie soziale Medien die Meinungsbildung verändern.* Wiesbaden: Springer.

Sennett, R. (1995). *Verfall und Ende des öffentlichen Lebens. Die Tyrannei der Intimität.* Frankfurt a. M.: Fischer (engl. Erstausgabe: 1977).
Simanowski, R. (2014). *Data Love.* Berlin: Matthes & Seitz.
Smith, K. (2019). 47 interessante Instagram-Statistiken. https://www.brandwatch.com/de/blog/instagram-statistiken/ (28.02.2019).
Soerjoatmodjo, G. W. L. (2016). I selfie, therefore I exist: A preliminary qualitative Research on Selfie as Part od Identity Formation in Adolescents. *Humaniora,* (7), 139–148, https://www.researchgate.net/publication/308720037_I_Selfie_There fore_I_Exist_A_Preliminary_Qualitative_Research_on_Selfie_as_Part_of_Identity_Formation_in_Adolescents (28.02.2019).
Sontag, S. (2006). *Über Fotografie.* Frankfurt a. M.: Fischer (engl. Erstausgabe: 1970).
Sorokowski, P., Sorokowska, A., Oleszkiewicz, A. Frackowiak, T., Huk, A. & Pisanskki, K. (2015). Selfie posting behaviors are associated with narcissism among men. *Personality and Individual Differences, 85,* 123–127. https://pdfs.semanticscholar.org/edd6/eedab7f1e2d710348ddcd72457d209beef44.pdf (28.02.2019).
Souza, F., Couto de Las Casas, D., Flores Zambaldi, V., Youn, S., Cha, M., Quercia, D. & Almeida, V. A. F. (2015). Dawn of the Selfie Era: The Whos, Wheres, and Hows of Selfies on Instagram. https://arxiv.org/pdf/1510.05700v1.pdf, (28.02.2019).
Stalder, F. (2012). Who's afraid of the remix? Autorschaft ohne Urheberschaft. *Archithese,* (4), 60–62. http://felix.openflows.com/node/235 (28.02.2019).
Stalder, F. (2016). *Kultur der Digitalität.* Frankfurt a. M.: Suhrkamp.
Tiidenberg, K. (2018). *Selfies: Why we love (and hate) them.* Bingley: Emerald Publishing.
Transcript courtesy of Bloomberg Government (2018). Transcript of Mark Zuckerberg's Senate Hearing, 10.04.2018. https://www.washingtonpost.com/news/the-switch/wp/2018/04/10/transcript-of-mark-zuckerbergs-senate-hearing/?noredirect=on&utm_term=.ebe20984708e (28.02.2019).
Virneburg, S. (2017). Was macht Instagram mit uns? https://www.mittelbayerische.de/wissen-nachrichten/was-macht-instagram-mit-uns-21981-art1570232.html (28.02.2019).
Weiser, E. (2015): #Me: Narcissism and its facets as predictors of selfie-posting frequency. *Personality and Individual Differences, 86,* 477–481. https://www.researchgate.net/publication/281890158_Me_Narcissism_and_its_facets_as_predictors_of_self ie-posting_frequency (28.02.2019).
Wilkinson, R. & Pickett, K. (2009). *Gleichheit ist Glück. Warum gerechte Gesellschaften für alle besser sind.* Berlin: Haffmans & Tolkemitt.
Willemsen, R. (2016). *Wer wir waren.* Frankfurt a. M.: Fischer.
Zuckerberg, M. (2012). Letter to Prospective Facebook Investors. https://www.forbes.com/sites/larrymagid/2012/02/01/mark-zuckerbergs-letter-to-prospective-facebook-shareholders/#6a576406969e (28.02.2019).

Biografische Notiz

Christa Möhring, Dr., ist Historikerin. Neben Geschichte studierte sie Musikwissenschaften und Management. Sie interessiert sich vor allem dafür, wie Kommunikation das Gelingen oder Scheitern von Unternehmungen beeinflusst. Schwerpunkte ihrer Tätigkeit als Projekt- und Prozessmanagerin sind unter anderem die Rolle interner Kommunikation in Veränderungsprozessen und die Auseinandersetzung mit agilen Methoden.

Digitale Infekte – Digitale Heilung

Krankheit und Therapie im Zeitalter der Digitalisierung

Uwe Labatzki

> »Wir möchten Google zu deiner dritten Gehirnhälfte machen.«
>
> *Sergey Brin, Google Mitbegründer,*
> *auf einer Veranstaltung am 08.09.2010*

Prolog

Die digitale Revolution verändert die Lebenswelten der Menschen radikal, und wir stehen erst am Anfang dieser Entwicklung. Sie hat auch Auswirkungen auf die Gesundheit von Individuen, Familien und der Gesellschaft. Laut Weltgesundheitsorganisation (WHO) wird exzessives Computer- oder Videospielen demnächst als Krankheit gelten und Aufnahme in den ICD-11 finden. Exzessive Smartphonenutzung soll angeblich zu »Digitaler Demenz« (Manfred Spitzer) führen. Kinder und Jugendliche werden Opfer von Cybermobbing und entwickeln daraufhin psychische Störungen. Menschen, die in der Öffentlichkeit stehen, laufen Gefahr, einem »Shitstorm« in den sozialen Medien zum Opfer zu fallen und daran zu erkranken. Arbeitnehmer leiden durch 24/7-Verfügbarkeit in der Arbeitswelt an Burnout. Familienmitglieder reden nicht mehr miteinander, sondern beschäftigen sich mit ihren Smartphones. Das Sammeln und Analysieren von Metadaten (»Big Data«) bei der Internetnutzung ermöglicht es den dahinterstehenden Firmen, die Menschen in ihrem Konsumverhalten zu beeinflussen. »Googeln« und die intensive Beschäftigung mit sozialen Netzwerken (Facebook, Twitter, Instagram, YouTube) lässt den Nutzer in der individuellen »Blase« einer durch Suchmaschinenalgorithmen konstruierten Welt leben.

Sogar die Demokratie ist in Gefahr: »Fake News« und sogenannte Bots manipulieren die politische Meinung und das Wahlverhalten, rasend schnell verbreitet in den sozialen Netzwerken, vergleichbar mit Seuchen oder Epidemien.

Auf der anderen Seite wird das Internet zunehmend zum nützlichen Medium für Beratung und Therapie (»Telemedizin«). Krankenkassen bieten Selbsthilfeprogramme an, Kliniken Modellversuche für Behandlungskonzepte. Der Deutsche Ärztetag hat im Juli 2018 das Fernbehandlungsverbot gelockert. Es gibt Angebote für Online- und Chatberatung und für Psychotherapie von Beratungsstellen und Therapeuten. Evaluationsstudien belegen die Wirksamkeit dieser neuen Behandlungsformen.

Die digitale Revolution

Ende des 20. Jahrhunderts löste die »digitale Revolution« einen Umbruch aus, der in nahezu alle Lebensbereiche hineinreichte und in seinen Auswirkungen mit der »industriellen Revolution« zu vergleichen ist, die 200 Jahre zuvor die Industriegesellschaft initiierte (vgl. https://de.wikipedia.org/wiki/Digitale_Revolution [11.12.2018]). Beschleunigung des Lebenstempos, Entgrenzung der Lebensräume sowie »Blasenbildung« in der individuellen Wahrnehmung der Wirklichkeit sind Phänomene, die mit der Digitalisierung einhergehen.

Der Internetaktivist Eli Pariser (2012) verwendet den Begriff »Filter- oder Informationsblase« für einen Zustand, in dem ein Internetnutzer von Informationen ausgeschlossen wird, die nicht seinem bisherigen Standpunkt entsprechen – oder umgekehrt nur mit Informationen versorgt wird, die seine bisherigen Ansichten bestätigen. Dies geschieht durch Algorithmen, mit denen Webseiten versuchen, die Wünsche des Benutzers aufgrund seines bisherigen Klick- und Suchverhaltens vorherzusagen (vgl. https://de.wikipedia.org/wiki/Filterblase [11.12.2018]), das er zum Beispiel durch »googeln«, durch die Nutzung sozialer Netzwerke oder durch die selektive Nutzung von Nachrichtenportalen offenbart (vgl. http://www.spiegel.de/netzwelt/web/radikalisierung-im-netz-weltsicht-durch- die-filterbrille-a-1233736.html [11.12.2018]).

Um das Ausmaß der Veränderungen zu verstehen, die die digitale Revolution mit sich bringt, ist es hilfreich, sich den Begriff der »Singularität« vor Augen zu führen: Nach einer exponentiellen Zunahme von Komplexität mündet die Entwicklung in der Aufhebung der Gesetze von Raum-Zeit-Linearität – in der Singularität. In der Futurologie bezeichnet der Begriff den Zeitpunkt, ab dem Maschinen sich mittels künstlicher Intelligenz selbst verbessern können und so den technischen Fortschritt massiv beschleunigen.

Ausgangspunkt für die Theorie der technologischen Singularität ist die These, dass sich Technik und Wissenschaft seit Anbeginn der Menschheit immer rascher weiterentwickeln und viele zahlenmäßige Entwicklungen wie Bevölkerungs-, Wissens-, und Wirtschaftsentwicklung einem raschen exponenziellen Wachstum zu folgen scheinen. Dazu zählt auch die Rechenleistung von Computern: Laut einer Prognose des Intel-Mitbegründers Gordon Moore (»Moore'sches Gesetz«) verdoppelt sich die für 1.000 US-Dollar erhältliche Rechenleistung alle 18 Monate.

Dem rasanten technischen Fortschritt steht anscheinend die konstant bleibende Leistungsfähigkeit des durchschnittlichen menschlichen Geistes gegenüber. Nach diesem Modell ist es nur eine Frage der Zeit, bis die Rechenleistung von Computern die Rechenleistung des menschlichen Gehirns überflügeln wird.

»Künstliche Intelligenz« (KI; englisch AI = Artificial Intelligence) beruht auf Algorithmen, also einer Abfolge einzelner Anweisungen, mit denen Computer Probleme lösen. »Intelligent« im engeren Sinne sind Algorithmen erst dann, wenn sie die Fähigkeit haben, selbstständig zu lernen, und das ist am ehesten bei »maschinellem Lernen« der Fall. Hier werden Daten sowie beschreibende Informationen, die sogenannten Metadaten, in ein Computerprogramm eingegeben, das sie auswertet und auf Basis eines Trainings zu Prognosen für die Zukunft kommt. Der Clou bei der KI ist, dass diese Computerprogramme sich auch selbst weiterentwickeln können (zum Beispiel kann die von Google entwickelte AI-Software allein durch das Hören und Sehen von YouTube-Videos lernen und sich weiterentwickeln: https://www.youtube.com/watch?v=aMwyyQ_8VNs [29.01.2019]).

»Digitale Infekte«

Unter einer »Infektion« versteht man üblicherweise ein Ereignis im Feld der Medizin, eine »Ansteckung durch eingedrungene Krankheitserreger, die eine lokale oder allgemeine Störung des Organismus zur Folge hat« (https://www.google.de/search?client=opera&q=Infektion&sourceid=opera&ie=UTF-8&oe=UTF-8 [18.10.2018]).

Im digitalen Zeitalter aber erfährt der Begriff eine Erweiterung: Computerviren (destruktive Programme) können andere Programme, Daten, Konfigurationen oder Arbeitsprozesse »infizieren« und dadurch Systeme lahmlegen und/oder massive finanzielle Schäden bewirken. Der »Infektionsweg« verläuft über das Internet: Die Malware kopiert sich von einem Speichermedium in ein anderes und verändert von innen heraus das System des »Wirtes«. Der Virus reproduziert sich also selbst und fügt dem Wirt Schaden zu – ganz analog zum biologischen Virus. Während der Begriff Virus in der Medizin in der sächlichen Form verwendet wird, hat sich bei dem Computervirus das männliche Genus eingebürgert. (vgl. https://edoc.hu-berlin.de/handle/18452/7186 [03.11.2018]).

Die übermäßige Beschäftigung mit der digitalen Welt kann aber auch Folgen nach sich ziehen, die unmittelbar im medizinischen und/oder psychosozialen Bereich anzusiedeln sind. Auf der individuellen physischen Ebene sind zum Beispiel Sehstörungen, Schlafstörungen, Haltungsschäden, Unfälle und Adipositas zu nennen, auf der psychischen Ebene Konzentrationsprobleme, Leistungsstörungen, Depressionen, soziale Phobien, Onlinesucht oder pathologischer Medienkonsum. Soziale Folgen können beispielsweise Vereinsamung, Partnerschaftsprobleme, familiäre Probleme sowie Probleme durch Cybermobbing und »Shitstorms« sein. Die Nutzung von Metadaten durch Google und Co. kann das Kaufverhalten des Einzelnen manipulieren oder sogar zu politischer Radikalisierung führen (Stichwort »Fake News«).

Nun ist es sicherlich nicht zielführend, in jeder technischen Innovation gleich unüberschaubare Gefahren für die Menschheit zu wittern. 1835 startete die erste Dampflokomotive mit einer Höchstgeschwindigkeit von 30 km/h auf der sechs Kilometer langen Strecke von Nürnberg nach Fürth. Man befürchtete Lungenentzündungen durch den Fahrtwind und Bewusstlosigkeit durch die überwältigenden Eindrücke der vorbeirasenden Landschaft. Ein Pfarrer aus Schwabach predigte vor der ersten Fahrt sogar: »Die Eisenbahn ist ein Teufelsding, sie kommt aus der Hölle, und jeder, der mit ihr fährt, kommt geradezu in die Hölle hinein« (http://www.nuernberginfos.de/ludwigseisenbahn-nuernberg.html [03.01.2019]).

Heute warnen manche Wissenschaftler dringend vor den unwägbaren Folgen des Medienkonsums. Der Hirnforscher Manfred Spitzer spricht von »digitaler Demenz«, der Informatiker und Gesellschaftskritiker Joseph Weizenbaum erklärt: »Computer für Kinder – das macht Apfelmus aus Gehirnen« (https://www.focus.de/digital/diverses/it-pionier-weizenbaum_aid_94230.html [03.01.2019]).

Tatsächlich aber fährt der anpassungsfähige Mensch heute bei vollem Bewusstsein mit Tempo 300 im ICE und hat auch sonst bisher alle technischen Neuerungen überstanden. Gibt es also keinen Grund zur Panik?

Der technologische Fortschritt muss differenziert beurteilt werden. Einerseits erleichtert er das Leben in mancherlei Hinsicht, andererseits sind durch ihn schon immer auch unerwünschte »Nebenwirkungen« aufgetreten. Bereits vor 45.000 Jahren waren die Wanderbewegungen des Homo sapiens infolge der »kognitiven Revolution« dafür verantwortlich, dass die Megafauna Australiens ausgelöscht wurde – eine klassische Umweltkatastrophe, verursacht durch Menschen. Unzählige Beispiele in der Menschheitsentwicklung belegen die Schattenseiten des Fortschritts. Heute bedroht der menschengemachte Klimawandel den ganzen Planeten, und mit Zivilisationskrankheiten aller Art bezahlt die Menschheit für scheinbare Erleichterungen des Lebens und die zunehmende Reichhaltigkeit der Ernährung (vgl. Spitzer, 2015a).

Phänomene wie »FoMO« (Fear of Missing Out = Angst, etwas zu verpassen), »Nomophobie« (No mobile phone Phobie = Angst, vom Smartphone getrennt zu sein) oder auch soziale Netzwerke produzieren bisher unbekannte Formen von Stress. LED-Bildschirme können Schlafstörungen verursachen. (Spitzer, 2015b). Nutzer sozialer Netzwerke machen unschöne, manchmal verstörende Erfahrungen mit Inhalten, Umgangsformen, Eindringen in ihre Privatsphären, neuartigen sozialen Vergleichen und vielem mehr und geraten auch dadurch unter Stress (Fox & Moreland, 2015).

Beispiele für andere mögliche Folgen eines übermäßig »digitalisierten« Alltags könnten sein:

➤ Das verfügbare eigene Wissen (im Sinne von »Bildung«) nimmt ab zugunsten stets verfügbarer Suchmaschinen, die auf jede Frage eine Antwort bereithalten.
➤ Handynutzung im Straßenverkehr ist immer öfter eine Unfallursache.
➤ Wer ständig am Bildschirm sitzt und sich wenig bewegt, kann Haltungs- und andere körperliche Schäden davontragen.
➤ Familiäre Bindungen können gestört werden, wenn beispielsweise bei gemeinsamen Mahlzeiten die Aufmerksamkeit durch piepende Handys absorbiert wird.

Der umstrittene Bonner Kinder- und Jugendlichenpsychiater Michael Winterhoff (2009, 2017) postuliert eine gesamtgesellschaftliche Bedrohung durch die epidemische Heranzüchtung von kindlichen Tyrannen durch infantile Erwachsene. Für dieses Szenario gibt er der Digitalisierung, hauptsächlich in Form von exzessiver Smartphonenutzung, eine Mitschuld. Durch die damit verbundene Reizüberflutung gelangen die Erwachsenen in einen depressionsähnlichen Zustand, den Winterhoff den »Katastrophenmodus« nennt, der sie noch weniger in die Lage versetzt, als er bei Eltern sowieso schon konstatiert, ihren Kindern ein starkes, orientierendes Vorbild und Gegenüber zu sein. Als Gegenmittel empfiehlt er ausgedehnte Waldspaziergänge.

Regelrechte Horrorvisionen einer Zukunft, in der Menschen gegenseitig sämtliche Interaktionen öffentlich bewerten und in der die so gewonnene, in »Likes« messbare Popularität als neue Währung im realen Leben gilt, werden schon heute in Netflixserien wie *Black Mirror* entworfen. Ähnliches ist bereits Realität: In einem Zug in China beispielsweise warnt das Fahrpersonal davor, sich unangemessen zu verhalten, sonst drohen Abzüge beim »Social Credit«-System (https://twitter.com/twitter/statuses/1056811593177227264 [03.01.2019]).

Eine ganze Reihe anderer krankheitsauslösender Faktoren infolge »digitaler Infekte« muss ebenfalls in den Blick genommen werden. Bekannt ist beispielsweise das »Cybermobbing«: In Chatrooms, sozialen Medien oder Messengerdiensten werden Menschen verleumdet, belästigt oder genötigt; auch der Diebstahl fremder Identitäten gehört dazu, um unter falschem Namen Beleidigungen und »Fake News« in die Welt zu setzen oder um sich illegal zu bereichern (https://de.wikipedia.org/wiki/Cyber-Mobbing [01.11.2018]).

Auch lawinenartige, oft massiv herabsetzende Kritik an Einzelpersonen oder Gruppen, der sogenannte »Shitstorm«, kann bei den Betroffenen physische und psychische Krankheitssymptome auslösen.

Gesellschaftlich relevante Themen können mittels sozialer Netzwerke quasi in Echtzeit diskutiert und kommentiert werden. Man kann das »Demokratisierung« der Medien nennen, der Bürger ist nicht mehr davon abhängig, dass gelernte Journalisten relevante Themen recherchieren, aufarbeiten und der Allgemeinheit zur Verfügung stellen, um sich dann eine Meinung zu bilden, sondern jeder Einzelne publiziert selbst – und das oft aus dem Affekt heraus. Die Folgen sind bei brisanten oder auch nur kontroversen Themen spalterische, das gesellschaftliche Klima vergiftende Prozesse, angefeuert durch unreflektierte, unsachliche, polemische, ja hasserfüllte »Posts« und »Tweets«. Exemplarisch dazu ist der »Diskurs« über Migration, das Dieselfahrverbot/Feinstaub oder die Genderthematik.

»Fake News« – also absichtlich veröffentliche Falschmeldungen, die bestimmten manipulativen Zwecken dienen - verbreiten sich mithilfe von

»Social Bots«, also Programmen, die menschliche Präsenz im Netz vortäuschen, ähnlich explosionsartig wie virale Epidemien. Prominente Beispiele für diese Art der Einflussnahme auf die öffentliche Meinung sind die Protestbewegung in der Ukraine 2013/2014, der Verlauf der Brexit-Abstimmung in Großbritannien 2016 sowie die US-Präsidentschaftswahl 2016 (https://de.wikipedia.org/wiki/Fake_News#Social_Bots [01.11.2018]).

Wir können also insgesamt eine »digitale Vergiftung« des sozialen Klimas durch soziale Medien konstatieren. Der gesellschaftliche Diskurs vollzieht sich in polarisierten Extremen, durch »Hatespeech« auf der einen und Überbetonung der »Political Correctness« auf der anderen Seite, wobei die Verletzung der »Political Correctness« wiederum »Hatespeech« nach sich ziehen kann. Heutzutage ist es ein hochproblematischer Verstoß gegen die Etikette, sich politisch unkorrekt zu zeigen, wie zum Beispiel der Fall des Nobelpreisträgers für Medizin von 2001 zeigt. Sir Tim Hunt hielt 2015 in Südkorea einen Vortrag vor Wissenschaftlerinnen. Im angelsächsischen Sprachraum ist es weit verbreitet und üblich, Ansprachen mit einem leicht anzüglichen, witzigen Tonfall zu würzen, und so hat es auch Sir Tim versucht, was ihm als frauenfeindlich und sexistisch angelastet wurde. In der Folge brach ein »Shitstorm« in den sozialen Medien aus, der Tim Hunt letztendlich seinen Posten an der Londoner Uni und einiges mehr gekostet hat (http://www.spiegel.de/panorama/gesellschaft/tim-hunt-nobelpreistraeger-musste-uni-posten-aufgeben-a-1038757.html [14.02.2019]).

Es gibt also durchaus Gefahren, vor denen man nicht die Augen verschließen darf. Das Dilemma: Wie können Internetnutzer einerseits vor ihnen geschützt werden, ohne dass andererseits eine Zensur das freie Netz kontrolliert? Beispielhaft ist dies abgebildet in der kontroversen Diskussion über das Netzwerkdurchsetzungsgesetz (NetzDG), welches Betreiber sozialer Medien unter Androhung von Strafe praktisch zur Selbstzensur und gegebenenfalls Löschung vermeintlicher oder auch wirklich unangemessener Inhalte zwingen soll, umgangssprachlich deshalb auch »Facebook-Gesetz« genannt.

Immerhin spielt das Internet bei der Meinungsbildung eine entscheidende Rolle. Der Autor eines Artikels im *Spiegel* bringt es auf den Punkt:

> »83 Prozent der 14- bis 29-Jährigen in Deutschland nutzen mindestens wöchentlich Videoportale wie YouTube. Bei Facebook sehen in dieser Altersgruppe 47 Prozent mindestens wöchentlich Videos. Was auf diesen Plattformen passiert, was dort ein Publikum erreicht, ist also alles andere als irrelevant.

> 16-Jährige sehen eher nicht die Tagesschau, aber wenn sie etwas interessiert, etwa, was da jetzt eigentlich in Chemnitz los war, tippen sie das Wort eben mal schnell bei YouTube ein. Schwupps, verschwindet man im digital auf maximale Sehdauer optimierten Kaninchenloch, hüpft von Propagandahäppchen zu Propagandahäppchen. [...] In diesen neuen, algorithmisch auf Monetarisierung, nicht auf Wahrhaftigkeit optimierten Ökosystemen bewegen sich Kinder und Jugendliche permanent, oft ohne großes Verständnis für die zugrunde liegenden Mechanismen.
> Über die Aktivitäten der Propagandisten wissen sie nicht viel. Aber sie haben durchaus das Gefühl, dass da manchmal irgendetwas komisch ist. Und weil Eltern und Lehrer selbst oft genug überfordert mit diesem neuen Zustand sind, fühlen sich Kinder und Jugendliche dabei oft alleingelassen - völlig zu Recht. Die Lehrpläne kommen mit der Entwicklung nicht mit. Die stabilen, gut eingebundenen, gut informierten unter den Jugendlichen können mit all dem vermutlich hervorragend umgehen. Manche aber werden durch das Zusammenspiel von Propaganda und algorithmischer Sortierung in ein gefährliches Fahrwasser geraten« (http://www.spiegel.de/wissenschaft/mensch/google-facebook-co-internetsysteme-ohne-aufsicht-kolumne-a-1125127.html [01.11.2018]).

Möglich wird derartige politische Beeinflussung oder auch die Manipulation des Kaufverhaltens durch sogenannte Metadaten (»Big Data«), die Hintergrundinformationen über andere Daten, oftmals über große Datensammlungen, liefern. Für den normalen Anwender sind diese Metadaten in der Regel nicht erkennbar. Geheimdienste oder Firmen können aus Metadaten zu Telefongesprächen (gewählte Nummern, Zeit, Ort, Länge und Häufigkeit der Anrufe) sogar auf Persönlichkeitsstrukturen der Beteiligten schließen, wie eine Studie des MIT (Massachusetts Institute of Technology) (http://www.heinz-schmitz.org/index.php/nachrichtenleser/telefon-metadaten-geben-persoenlichkeit-preis.html Zugriff 03.01.2019) zeigt: 100 Studenten charakterisierten sich selbst mithilfe von Fragebögen nach Art des »Fünf-Faktoren-Modells« zur Selbstbeschreibung der Persönlichkeit (mit Blick auf Neurosen, Offenheit, Extrovertiertheit, Leidenschaftlichkeit und Selbstdisziplin, die »Big Fives«). Nachdem den Forschern die Selbstbeschreibungen vorlagen, analysierten sie die Telefon-Metadaten der Probanden zwischen März 2010 und Juni 2011. Diese Analyse schätzte die Charaktereigenschaften zu durchschnittlich 42 Prozent bis hin zu 63 Prozent richtig ein. Ein Algorithmus errechnete sozusagen die

Persönlichkeitsstruktur – nur durch die Auswertung des Telefonverhaltens, nicht der Inhalte.

Pathologische Internetnutzung

Das High-Gefühl beim Konsum von Drogen, das verstärkte Empfinden von Glück, Freude und Zuversicht, wird auf eine verstärkte Ausschüttung von Dopamin beziehungsweise eine Hemmung des Neurotransmitters Noradrenalin zurückgeführt. Opiate, Alkohol, Barbiturate, Benzodiazepine, Nikotin und Koffein als starke Stimulanzien führen beispielsweise zu dieser Ausschüttung von »Glückshormonen«.

Aber auch bestimmte Verhaltensweisen könnten das Belohnungssystem im Gehirn stimulieren. Es wird postuliert, dass das Medium PC/Internet, die Nutzung von Social Media als »Droge«, einen emotionalen Konditionierungsprozess auslöst, der sich vor allem auf das dopaminerge Belohnungssystem des Gehirns bezieht (Grüsser & Thalemann, 2006) und zu typischen Suchtkennzeichen führen kann: Dosissteigerung, Kontrollverlust und Entzugserscheinungen. Aus wissenschaftstheoretischer Perspektive aber erweist sich das Verhaltenssuchtkonzept allein als nicht ausreichend tragfähig; es enthält vielfältige logische Fehlschlüsse und entspricht nicht dem allgemein anerkannten biopsychosozialen Krankheitsverständnis. (Mann, 2013; Pies, 2009).

Gemäß der Zwei-Prozess-Theorie von Evans (2003) sind zwei Systeme des neuropsychologischen Apparates für das Handeln verantwortlich: das evolutionär ältere, unbewusste (»limbische«) System zur Handlungsaktivierung und das bewusste, evolutionär jüngere System (»exekutive Funktionen des Frontalhirns«) zur verzögerten Handlungskontrolle (Kahnman, 2012). Da beide Systeme des neuropsychologischen Apparates in ständigem Widerstreit stehen, ist es notwendig, neben den Konditionierungsprozessen des Belohnungssystems den Einfluss der bewussten Planungs- und Steuerungsfunktion des präfrontalen Cortex miteinzubeziehen (Kiefer et al., 2013).

Insgesamt lassen sich solche komplexen psychischen Phänomene jedoch nicht auf neurobiologische Mechanismen reduzieren (Tretter, 2012). Pathologischer PC-/Internetgebrauch ist demnach erklärbar aus dem Zusammenspiel von genetischen Prädispositionen für die Entwicklung von Süchten und/oder psychischen Störungen (vor allem Depressionen), Modelllernen und Prägung (Vorbild der Eltern und anderer wichtiger Bezugspersonen) und psychosozialen Risikofaktoren und Belastungsfaktoren (zum Beispiel Mobbing, Critical Life Events).

Mit der unkritischen Verbreitung des Verhaltenssuchtkonzeptes können falsche Zuschreibungen, laienhafte Diagnosen (»Der Internetsüchtige«) und daraus resultierende Behandlungsfehler für jugendliche exzessive Nutzer verbunden sein, die schließlich auch unerwünschte Folgen für die Forschung, das Behandlungssystem und die gesellschaftliche Sichtweise nach sich ziehen können: »Vom Killerspiel zum Amoklauf!«

Solche simplifizierenden Schlüsse sind irreführend: Ein Amokläufer hat in aller Regel eine narzisstische Persönlichkeitsstörung, traumatisierende oder belastende Vorerfahrungen oder kumulative Kränkungserfahrungen (zum Beispiel Mobbing); er leidet unter sozialer Isolierung, hat Zugang zu Waffen und erfährt meist eine akute Kränkung, die zum Auslöser wird.

Was aber schützt Kinder und Jugendliche vor den Gefahren durch digitale Medien? In quantitativer oder qualitativer Hinsicht »falscher« Medienkonsum ist durchaus schädlich für die kognitive, psychosoziale und gegebenenfalls körperliche Entwicklung von Kindern und Jugendlichen. Personale, positiv besetzte Beziehungen zu einfühlsamen Bezugspersonen können nicht durch virtuelle Beziehungen ersetzt werden: Unter Umständen ist bei Internetsucht der Verdacht auf eine unsichere Bindung gegeben (Eichenberg, 2014). Orientierende und strukturierte Lebenskontexte (Grenzen, Werte und Regeln) auf der Basis einer sicheren Bindung schützen Kinder und Jugendliche am besten vor Mediengefahren. Zusätzlich sind Aufklärung, Information und Bildung in Familie und Schule unverzichtbar. Medienkompetenz gehört zu den beruflichen und persönlichen »Skills« des postmodernen Menschen. Dementsprechend gehört die altersgemäße Heranführung an diese Medien zum Bildungsauftrag.

Diagnostik

Die Begegnung, der Kontakt mit dem Internet kann auch wie eine Infektion wirken und eine von Suchtphänomenen gekennzeichnete Beziehung zur Folge haben. Dann spricht man tatsächlich von »Internetabhängigkeit«; sie erweist sich gerade vor dem Hintergrund der Frage nach ihrer ätiologischen Einordnung als schwierig und wird überaus kontrovers diskutiert. Bei Wikipedia findet sich dazu folgender Definitionsversuch:

»Mit Internetabhängigkeit, auch Internet- oder Onlinesucht, wird das Phänomen bezeichnet, das Internet übermäßig, das heißt gesundheitsgefährdend, zu nutzen. [...] Weder WHO noch DSM kennen Diagnoserichtlinien und fordern zum Teil weitere Forschungsergebnisse ein. Der Ausdruck ›exzessives Onlineverhalten‹ (EOV) wird synonym zu Begriffen wie Internetsucht, Internetabhängigkeit oder Onlinesucht verwendet« (https://de.wikipedia.org/wiki/Internetabh%C3%A4ngigkeit [03.01.2019]).

Nach ICD-10 wäre diese Symptomatik unter der Klassifikationsziffer F63.8 zu kodieren: *Sonstige abnorme Gewohnheiten und Störungen der Impulskontrolle.* In diese Kategorie fallen andere Arten sich dauernd wiederholenden unangepassten Verhaltens, die nicht Folge eines erkennbaren psychiatrischen Syndroms sind und bei denen der betroffene Patient den Impulsen, das pathologische Verhalten auszuführen, nicht widerstehen kann. Nach einer vorausgehenden Periode mit Anspannung folgt während des Handlungsablaufs ein Gefühl der Erleichterung.

Im DSM-5 dagegen wurde »Internetabhängigkeit« noch nicht als eigene Störungsgruppe aufgenommen. Auch hier wird aber eine Kodierung unter F63 erfolgen als »Störung ohne Substanzbezug«. Im Kapitel »Klinische Erscheinungsbilder mit weiterem Forschungsbedarf« wird die Kategorisierung »Störung durch das Spielen von Internetspielen« nach folgenden Kriterien vorgeschlagen:

1. Übermäßige Beschäftigung mit Internetspielen
2. Entzugssymptomatik, wenn das Spielen von Internetspielen wegfällt
3. Toleranzentwicklung
4. Interessenverlust an früheren Hobbys und Freizeitbeschäftigungen
5. Fortgeführtes exzessives Spielen von Internetspielen trotz Einsicht in die psychosozialen Folgen
6. Täuschen von Familienangehörigen, Therapeuten und anderen
7. Nutzen von Internetspielen, um einer negativen Stimmungslage zu entfliehen
8. Gefährdung oder Verlust einer wichtigen Beziehung, der Arbeitsstelle oder Ausbildungs-/Karrieremöglichkeit

In der elften Revision des ICD, die voraussichtlich im Januar 2022 in Kraft treten wird und 2019 von der WHO verabschiedet wurde, ist die »Gaming Disorder«, die »Spielstörung«, als Störungskategorie aufgenommen worden:

»Eine Spielstörung ist durch ein Muster anhaltenden oder wiederkehrenden Spielverhaltens gekennzeichnet [...], das online (d. h. über das Internet) oder offline sein kann und sich äußert durch:
1) beeinträchtigte Kontrolle über Spiele (z. B. Beginn, Häufigkeit, Intensität, Dauer, Beendigung, Kontext);
2) zunehmende Priorität für das Spielen in dem Maße, in dem das Spielen Vorrang vor anderen Lebensinteressen und täglichen Aktivitäten hat und
3) Fortsetzung oder Eskalation von Spielen trotz des Auftretens von negativen Folgen.

Das Verhaltensmuster ist so schwerwiegend, dass es in persönlichen, familiären, sozialen, erzieherischen, beruflichen oder anderen wichtigen Funktionsbereichen zu erheblichen Beeinträchtigungen kommt. Das Muster des Spielverhaltens kann kontinuierlich oder episodisch und wiederkehrend sein. Das Spielverhalten und andere Merkmale sind normalerweise über einen Zeitraum von mindestens zwölf Monaten sichtbar, damit eine Diagnose zugeordnet werden kann, obwohl die erforderliche Dauer verkürzt werden kann, wenn alle diagnostischen Anforderungen erfüllt sind und die Symptome schwerwiegend sind« (Übersetzung U. L.).

Eine klinisch relevante »Gaming Disorder« im engeren Sinne wird sicherlich nur eine kleinere Anzahl von Patienten entwickeln (vor allem männliche Jugendliche und junge Erwachsene). Die klinische Praxis zeigt schon länger, dass »Computerspielsucht« in der Regel ein komorbides Phänomen ist. Das heißt es gibt noch andere assoziierte psychische Störungen des Erlebens und Verhaltens (insbesondere depressive Episoden, soziale Phobien, ADHS, Identitäts- und Selbstwertkonflikte).

»Volksgesundheitlich« relevanter ist die massenhafte Nutzung von Smartphones, und das betrifft natürlich inzwischen fast alle Altersgruppen. Die Nutzung von Smartphones ist ja durch die Aufhebung von Raum und Zeit gekennzeichnet. Mitzukriegen, was die Freunde oder die Peers gerade machen und dabei vielleicht festzustellen, dass man nicht dabei ist, kann gerade bei Jugendlichen Stress verursachen. Der *Fear-of-Missing-Out-Fragebogen* (FoMO) versucht, den damit verbundenen Stress zu erfassen. Das Rating erfolgt über zehn Items auf einer Skala von 1 bis 5:
1. Ich fürchte, andere machen mehr belohnende Erfahrungen als ich.
2. Ich fürchte, meine Freunde haben mehr belohnende Erfahrungen als ich.

3. Es beunruhigt mich, wenn ich erfahre, wenn meine Freunde ohne mich Spaß haben.
4. Ich werde ängstlich, wenn ich nicht weiß, was meine Freunde vorhaben.
5. Es ist wichtig, dass ich die Witze meiner Freunde verstehe.
6. Manchmal frage ich mich, ob ich zu viel Zeit damit verbringe, herauszufinden, was gerade los ist.
7. Es ärgert mich, wenn ich eine Gelegenheit verpasse, meine Freunde zu treffen.
8. Wenn es mir gerade gut geht, ist es für mich wichtig, Einzelheiten darüber online mitzuteilen (zum Beispiel meinen Status zu updaten).
9. Wenn ich ein geplantes Treffen verpasse, ärgert mich das.
10. Auch wenn ich in Urlaub gehe, verfolge ich das, was meine Freunde so treiben, weiter (Übersetzung Manfred Spitzer, 2015b).

Wenn man sich die Statements anschaut, so lässt sich konstatieren, dass die Aussagen eher jugendspezifisch als medienspezifisch sind. Das Erleben von Jugendlichen ist gerade geprägt durch die Angst, etwas zu verpassen und sozial ausgegrenzt zu sein. Diese gab es natürlich auch schon vor dem digitalen Zeitalter oder gibt es bei Jugendlichen, die Smartphones nicht nutzen können oder dürfen. Insofern ist auch an dieser Stelle die Frage angebracht, ob es sich hier eher um ein entwicklungstypisches, adoleszentes Thema handelt, welches durch die Kommunikationsmöglichkeiten der Handys einfach verstärkt wird.

»Digitale Heilung«

Der Kunstbegriff der »digitalen Heilung« repräsentiert die dialektische Sichtweise, die sich wie ein roter Faden durch das Thema zieht. Digitale Heilung kann verstanden werden als Heilung *von* den gesundheitlichen Folgen der Digitalisierung oder als Heilung *durch* digitale Medien bei gesundheitlichen, in diesem Falle psychischen Störungen und Erkrankungen.

Digital Detox

Auf jeden »Megatrend« folgt in der Regel eine Gegenbewegung (https://www.zeit.de/kultur/2018-12/digital-detox-achtsamkeit-smartphone-nutzung-gehirn [21.01.2019]). Was die exzessive und omnipräsente Nutzung von Smartphones und sozialen Medien etc. angeht, so heißt diese Gegenbewegung »Digital Detox« (»digitale Entgiftung«):

> »Digital Detox bezieht sich auf einen Zeitraum, in dem eine Person die Verwendung elektronischer Verbindungsgeräte wie Smartphones und Computer unterlässt. Es wird als Chance gesehen, Stress abzubauen, sich stärker auf soziale Interaktion und die Verbindung zur Natur in der physischen Welt zu konzentrieren« (Übersetzung U. L.) (https://en.wikipedia.org/wiki/Digital_detox [21.01.2019]).

Auch die Anbieter von Gesundheitsleistungen haben diesen Trend aufgegriffen und werben mit Seminaren, Tipps und ja, paradoxerweise auch mit dazu passenden Apps zur Einschränkung und Kontrolle des eigenen Smartphone-Nutzungsverhaltens (https://www.oberbergkliniken.de/service-navigation/aktuelles/digital-detox-tipps-ideen/ [21.02.2019]). Die Philosophie der Digital-Detox-Bewegung korrespondiert mit der Achtsamkeitsbewegung bei ganzheitlichen Gesundheitskonzepten und in der Psychotherapie. Was die »digitale Entgiftung« bei Kindern und Jugendlichen angeht, so kommen die Fachleute zu altbekannten, gleichen und eigentlich recht banalen Rezepten: Der Kinder- und Jugendlichenpsychiater Michael Winterhoff empfiehlt Waldspaziergänge. Der Hirnforscher Manfred Spitzer empfiehlt »Raus in die Natur!« (https://www.pfalz-express.de/hirnforscher-manfred-spitzer-in-germersheim-raus-in-die-natur/ [28.02.2019]) und der Kinderarzt Herbert Renz-Polster und der Hirnforscher Gerald Hüther (2016) empfehlen die Natur als Entwicklungsraum für Kinder.

E-Mental-Health

Die neuen Begriffe »E-Health« oder »E-Mental-Health«, das heißt die Anwendung digitaler Medien in der Medizin und Psychotherapie, sind bisher noch nicht einheitlich definiert und die Grenzen zu Begriffen wie Telemedizin, Online-Health oder Cybermedizin sind noch nicht klar gesetzt und diese werden oft synonym benutzt (vgl. http://de.wikipedia.org/wiki/E-Health [01.11.2018]).

Natürlich ist der Einsatz von Medien in der Psychotherapie kein neues Phänomen: Poesie- und Bibliotherapie, Therapie mittels selbst verfasster Texte und Telefonseelsorge sind nur einige Beispiele für Settings, in denen

Medien zu therapeutischen Zwecken eingesetzt werden. Auch das 1966 von Joseph Weizenbaum entwickelte Programm ELIZA, das die Möglichkeiten der Kommunikation zwischen einem Menschen und einem Computer über natürliche Sprache aufzeigen sollte, ist durch die Simulation eines Psychotherapeuten bekannt geworden, der die non-direktiven Methoden der klientenzentrierten Psychotherapie nach Carl Rogers verwendet. ELIZA arbeitet also nach dem Prinzip, Aussagen des menschlichen Gesprächspartners in Fragen umzuformulieren und so eine Reaktion auf die Aussage zu simulieren (vgl. https://de.wikipedia.org/wiki/ELIZA#Funktionsweise [03.01.2019]). Bezüglich der Reaktionen auf ELIZA bemerkt Weizenbaum: »Diese Reaktionen auf ELIZA haben deutlicher als alles andere bis dahin Erlebte gezeigt, welch enorm übertriebene Eigenschaften selbst ein gebildetes Publikum einer Technologie zuschreiben kann oder will, von der es nichts versteht« (Weizenbaum, 1978, S. 20).

Später entwickelten sich in den USA professionelle Onlinetherapiekonzepte mit echten Therapeuten. Das früheste bekannte psychologische Onlineangebot (1986) ist »Ask Uncle Ezra«, das psychologische Beratung für Studierende an der Cornell Universität in Ithaka, NY, anbietet und noch heute online ist.

Heute sind erheblich differenziertere E-Mental-Health-Anwendungen möglich. Das Internet kann als Informationsmedium bei der Recherche über eigene psychische Störungen helfen und mittels qualifizierter Selbsttests sogar diagnostische Hinweise liefern.

Es gibt webbasierte Selbsthilfeprogramme (Self-Help) und Selbsthilfeprogramme mit Unterstützung (Guided Self-Help). Bei ambulanter oder stationärer Therapie können vor- oder nachgeschaltete (Stepped-Care) sowie therapieflankierende (Blended-Care) Maßnahmen unterstützen. Das Internet kann als Kommunikationsmedium dienen und beispielsweise Beratung und Therapie mittels E-Mail oder serverbasierte Onlineberatungen per Chat oder Skype mit Therapeuten, im Bereich der Jugendhilfe auch als Peer-to-Peer-Beratung, ermöglichen. Gesundheits-Apps und Serious Games (vor allem für Kinder und Jugendliche) eröffnen vielerlei Zugänge zu hilfreichen Korrekturen des Lebensstils.

In bestimmten Chatbots (zum Beispiel mit dem Dienst Your.MD) können Patienten gesundheitsbezogene Fragen stellen und ihre Symptome checken. Die Antworten werden von Ärzten – verifiziert vom UK National Health Service – geschrieben und geprüft. Auch Virtual-Reality-Anwendungen haben sich bewährt, vor allem bei Angststörungen.

Psychosoziale Onlineberatung bei den verschiedensten Beratungsdiensten ist per Mail, als zeitversetzte schriftliche Kommunikation (aus Datenschutzgründen in der Regel über einen passwortgeschützten Server) auch anonym möglich. Auch über einen Chat, das heißt als schriftlicher Dialog in »Echtzeit« in geschützten Räumen, kann anonym kommuniziert werden. Bei diesem virtuellen Setting beziehen sich die eigenen Ausdrucksmöglichkeiten auf rein verschriftlichte Sprache. Es kann nur ein Sinneskanal genutzt werden, nämlich der visuelle. Die Nachricht kann nur gelesen werden, alle anderen Elemente der Face-to-Face-Kommunikation wie das Hören, die Intonation, Gestik und Mimik des Gegenübers, Geruch und Ähnliches fallen damit weg.

An ihre Grenzen stößt die Onlineberatung bei der Bearbeitung komplexer Störungen wie beispielsweise einer Borderline-Persönlichkeitsstörung, ausgeprägten komorbiden Störungen, schweren psychiatrischen Erkrankungen und/oder dissoziativen Problematiken und schwereren Suchterkrankungen. Ebenso ist keine Diagnostik und umfassende Anamnese möglich. Jedoch kann man eine Alltagsbegleitung für diesen Personenkreis anbieten. Hier kann die Onlineberatung dazu dienen, das Angebot vor Ort plausibel zu machen. Interessanterweise sprechen solche Angebote aber auch Personen mit diesen komplexen Störungsbildern an, die sich von Hilfeangeboten des herkömmlichen Gesundheitswesens nicht oder nicht mehr angesprochen fühlen.

Spricht man von internetbasierter Psychotherapie (IBPT), so sind reine Selbsthilfeprogramme von solchen zu unterscheiden, bei denen ein »echter« Therapeut mitwirkt. Beispiele für Selbsthilfeprogramme sind die Angebote der Krankenkassen bei depressiven Symptomen (zum Beispiel AOK Nordost: Onlineselbsthilfe »Moodgym«; DAK: »depressis24«; Barmer: »Promind«; TK: »Depressionscoach«) oder Onlineangebote zur Stressbewältigung, Raucherentwöhnung, Achtsamkeitsübungen etc.

Therapie im Internet kann viele Vorteile haben. Für Menschen, die in unterversorgten und/oder abgelegenen Gebieten leben, eingeschränkt mobil, behindert oder krank sind, ist die räumliche Unabhängigkeit ein großer Vorteil. Auch die zeitliche Flexibilität (zeitversetzte Kommunikation oder mögliche Kommunikation außerhalb der üblichen Arbeitszeiten) erleichtert die Nutzung der therapeutischen Angebote. Das Medium ist »modern« und damit motivierend für Zielgruppen, die sonst eher wenig therapieaffin sind. IBPT-Angebote für Kinder und Jugendliche sind zumindestens in Deutschland noch unterrepräsentiert, dafür gibt es ein recht breites Beratungsangebot auch als »Peer-to-Peer«-Format mit hoher User-Akzeptanz (Beispiel: »U25« Suizidprävention des Deutschen Caritasverbandes; https://www.u25-deutschland.de [31.03.2019]).

Der niederschwellige Zugang reduziert Schwierigkeiten wie beispielsweise die Angst vor Stigmatisierung oder Schamgefühle. Das Internet ermöglicht zudem Formen der Nachsorge auch nach stationärer Therapie und erfüllt eine »Brückenfunktion« sowohl in der Vor- als auch in der Nachsorge (Stepped-Care). Auch als ergänzendes Angebot von Face-to-Face-Therapie/-Beratung (Blended-Care) kann sich internetbasierte Psychotherapie als wirksam erweisen.

In finanzieller Hinsicht scheint die Anwendung von Onlineangeboten für die Kostenträger durchaus attraktiv. Wenn man jedoch die Overheadkosten dieser Angebote, das heißt die Anschaffung, Wartung, Modernisierung und den notwendigen Support, mitberechnet, so wird der Kostenvorteil eher nur bei den reinen Selbsthilfeprogrammen ohne »echte« Therapeuten und Berater liegen. Es gibt allerdings aktuell wenige empirische Studien mit ausreichender methodischer Qualität, die zeigen können, dass internetbasierte Interventionen generell kosteneffektiver sind.

Nachteile von Beratung und Therapie im Internet gibt es natürlich ebenso. Unseriöse Angebote sind nicht immer einfach zu identifizieren, und die Qualitätsstandards sind uneinheitlich. In akuten Krisensituationen und bei Suizidalität ist es schwierig, hilfreiche Interventionen zu initiieren. Die Niederschwelligkeit und die flexible Strukturierung verführen eventuell zu vorschnellen Behandlungsabbrüchen und erschweren die Compliance. Irritationen und Missverständnisse sind möglicherweise schwieriger zu beseitigen als im Face-to-Face-Gespräch.

Der Einsatz internetbasierter Angebote erfordert außerdem eine funktionierende und kompatible Technologie, und nicht zuletzt entstehen datenschutzrechtliche Schwierigkeiten: Sichere Kommunikationswege müssen gewährleistet sein, die Daten der Benutzer müssen durch entsprechende Maßnahmen geschützt und der Zugriff der Anbieter und Softwareentwickler auf Daten muss auf das Notwendige beschränkt werden.

Was die theoretisch-methodische Fundierung für internetbasierte Psychotherapie angeht, erscheinen kognitiv-behaviorale Psychotherapieansätze – im Sinne eines kleinschrittigen Abarbeitens von Lernschritten zur Störungsreduzierung – aufgrund ihrer Manualisierbarkeit beziehungsweise Digitalisierbarkeit besser geeignet und sind überrepräsentiert. Ihre Wirksamkeit kann gut belegt werden (Klein et al., 2014).

Psychodynamische Therapieformen hingegen sind gerade nicht durch Modularisierung und Manualisierung gekennzeichnet, sondern der Hauptwirkfaktor in der psychodynamischen Psychotherapie ist die therapeutische Beziehung beziehungsweise die Veränderung des »impliziten Beziehungswissens« in einem öffnenden, auch nonverbalen (Handlungs-)Dialog (Stern et. al., 2012) mittels Begegnung, das heißt Veränderung des »Narrativs« durch Dekonstruktion und Neukonstruktion einer leidvoll-dysfunktionalen Lebensgeschichte. Psychodynamische IBTP-Ansätze sind daher deutlich unterrepräsentiert, es gibt aber vereinzelte Ansätze für psychodynamische Onlineformate (zum Beispiel Lemma & Fonegy, 2013 oder Andersson et al., 2012).

Ein gut evaluiertes und ausgearbeitetes Programm ist das »Psychodynamic Guided Self-Help for Adult Depression through the Internet« (Johansson et al., 2012). Die psychodynamische Behandlung wurde als geführte Selbsthilfe (guided self-help) gestaltet, mit minimaler textbasierter Anleitung in wöchentlichem Abstand. Insgesamt gab es neun Behandlungsmodule im Umfang von insgesamt 167 Seiten Text. Den Teilnehmern wurde schrittweise Zugang zu den Selbsthilfemodulen ermöglicht und sie hatten kontinuierlichen Online-Support durch einen Therapeuten über ein sicheres Online-Messaging-System, ähnlich wie bei verschlüsselten E-Mails. Bei genauerer Betrachtung erschließt sich das spezifische Psychodynamische dieses Programmes allerdings nicht, und die Konzeption ähnelt sehr den modularen und manualisierten CBT-IBT Ansätzen.

Ein interessantes, eher spezifisch psychodynamisch ausgerichtetes Nachsorgeprogramm für berufliche Rehabilitation wurde vom Universitätsklinikum Mainz entwickelt, das Nachsorgeprogramm »GSA-Online plus« (vgl. auch Zwerenz et. al., 2018) für beruflich belastete Rehabilitanden: Die zentrale Intervention dieses Nachsorgeprogramms ist eine Schreibintervention. Die Teilnehmer verfassen jede Woche einen Tagebucheintrag zu einem vorgegebenen Schreibimpuls, welcher die sie anleitet, über bestimmte Ereignisse, Gedanken und Gefühle zu schreiben (etwa 45 Minuten). Zu Beginn des Nachsorgeprogramms können die Teilnehmer wählen, an welchem Wochentag sie ihren Eintrag regelmäßig schreiben möchten. Das Programm kann somit problemlos in den jeweiligen Arbeitsalltag und Tagesablauf integriert werden. Die Kommunikation mit dem Onlinetherapeuten erfolgt anonym.

Nach dem Schreiben des Eintrags liest ein geschulter Onlinetherapeut den Text und verfasst in der Regel innerhalb von 24 Stunden eine persönliche Rückmeldung. Dabei geht der Therapeut auf die Belastungen und Probleme des Rehabilitanden ein, indem er Anregungen und Denkanstöße gibt. Das Ziel ist, dass die Teilnehmer die von ihnen beschriebenen Situationen besser verstehen und auf Dauer besser mit belastenden Situationen umgehen können.

Die Schreibintervention ist angelehnt an die Supportiv-Expressive Therapie (SET) nach Luborsky (1995), die auf der gemeinsamen Arbeit zwischen Teilnehmer und Therapeut basiert. Im Zentrum steht das zentrale Beziehungskonfliktthema (ZBKT), das heißt, wenn Menschen miteinander in Kontakt stehen, stellt jeder Kontakt eine Beziehung dar.

Der Fokus der Schreibinterventionen liegt auf den unterschiedlichen Beziehungen der Teilnehmer am Arbeitsplatz, beispielsweise mit Arbeitskollegen oder dem Chef. Der Ausgangspunkt dieses Beziehungskonzepts ist, dass alle Beziehungen nach einem sich wiederholenden (häufig dysfunktionalen) Schema ablaufen.

Das psychodynamisch orientierte Nachsorgeprogramm GSA entspricht der psychodynamischen Auffassung therapeutischer Veränderungsprozesse, das heißt, die sich in der Beziehung aktualisierenden (dysfunktionalen) Erlebens- und Verhaltensmuster werden in einem öffnenden – in diesem Falle schriftbasierten – Dialog zwischen Patient und Therapeut erfahrbar gemacht.

Insgesamt muss sich die psychodynamisch orientierte Profession zu den Fragen positionieren, ob es überhaupt gewünscht wird und wie es möglich ist, zum psychodynamischen Denken und Methoden passende internetbasierte Anwendungen zu entwickeln.

Zusammenfassung und Ausblick

Digitale Medien verändern die Lebensweise der Menschen radikal, und es ist noch offen, ob diese Entwicklung insgesamt eher Segen oder Fluch werden wird.

Fest steht wohl: Nicht die digitalen Medien sind das Problem, sondern die Natur des Menschen und sein Umgang mit Werkzeugen aller Art. Dieser Umgang kann der Menschheit nutzen oder schaden – je nachdem.

Megatrends in der Medizin

Im Bereich der Beratung erscheint die Weiterentwicklung und Implementierung neuer Medien und Techniken aufgrund einfacherer gesetzlicher und finanzieller Rahmenbedingungen leichter als in der Medizin oder Psychotherapie (Stichwort »Fernbehandlung«). Trotzdem ist davon auszugehen, dass viele Entwicklungen auch in den Bereich der Heilkunde gelangen werden.

Der sich hier abzeichnende Megatrend ist die Entwicklung hin zu »hybrider« Beratung oder Therapie: Präsenz- und Onlineberatung/Onlinebehandlung als konzeptionelle Einheit mit unterschiedlichen Zugangswegen. Formen solcher hybrider Behandlungsformen im Medizinbereich sind beispielsweise Medikation via Smartphone, Online-Videosprechstunden oder Decision-Support-Systeme (Entscheidungsunterstützungssysteme).

Vor allem in den Bereichen Prävention und Diagnostik spielen digitale Anwendungen in der Medizin eine Rolle. Trendsetter ist dabei die Kommunikation via Messenger, die selbstverständlich ausschließlich über sichere Server stattfinden darf. Die für das Jahr 2019 vorgesehene Einführung der sogenannten Telematik-Infrastruktur für Arzt- und Psychotherapeutenpraxen sowie Apotheken, ergänzt durch die Einführung der – sehr umstrittenen – elektronischen Gesundheitskarte, zeigt den Weg auf, wohin es gehen wird.

In größeren Beratungsdiensten, beispielsweise im Verbund der Caritas, kann Beratung auch über Plattformen organisiert werden, wie sie in der Wirtschaft längst Megatrend sind (zum Beispiel Uber als Konkurrenz zum herkömmlichen Taxi oder Fewo-Direkt für die Vermietung von Ferienwohnungen). Der Berater hat einen Zugang zur Nutzung aller Kommunikationsmedien (Mail, Chat, Messenger, Foren), die Ratsuchenden erhalten einen Single-Account und die Kommunikationsstränge laufen in einem »Backend« zusammen (Beratungshistorie, Logbuch etc.).

Berater und Ratsuchende gestalten dann ihren Beratungsprozess mittels der Kommunikationskanäle, die ihnen zur Verfügung stehen.

Trends in der Interaktion zwischen Mensch und Maschine

Chatbots

Das Ziel einer Optimierung der Mensch-Maschine-Interaktion verfolgen Chatbots. Hier versuchen intelligente Algorithmen, die menschlichen

Eingaben in das System zu verstehen und in vorbereiteten Datenbanken oder anderen Quellen nach den optimalen Antworten zu suchen. Die Ergebnisse werden als schriftlicher Text oder als Sprachnachricht ausgegeben. Interessant in diesem Zusammenhang: Eine modifizierte Version von ELIZA kann auch heute noch als Chatbot ausprobiert werden, auch eine Variante mit Spracheingabe – ein weiterer Megatrend – ist verfügbar (www.masswerk.at/elizabot [30.04.2019]).

Originäre Chatbots sind in sozialen Medien inzwischen weit verbreitet, und einfache Kommunikation im Servicebereich wird vielfach darüber abgewickelt. Besonders weit entwickelte Chatbotsysteme stellen derzeit die »intelligenten persönlichen Assistenten« wie Siri (Apple), Cortana (Microsoft) oder Echo (Amazon) dar. Pikant in diesem Zusammenhang: 2015 musste das Seitensprungportal Ashley eingestehen, mit Chatbots Kunden betrogen zu haben.

Ein mögliches realistisches Einsatzfeld bei Medizin-, Therapie- oder Beratungsportalen wäre, statt der schematischen FAQs (Frequently Asked Questions) am Anfang zur Erklärung von Abläufen, zur Informationsgewinnung oder bei Standardfragen Chatbots zum Einsatz kommen zu lassen und die Fragen der Nutzer und Nutzerinnen individueller zu beantworten. Menschliche Interaktionspartner kämen dann in zweiter Linie bei inhaltlichen und fachlich komplexeren Fragestellungen hinzu.

Serious Games

Bei »Serious Games« handelt es sich um Computerspiele, die – vor allem für Kinder und Jugendliche – interessante therapeutische Hilfsmittel darstellen können, da sie unterhaltsame Elemente enthalten, ohne aber primär dem Zeitvertreib zu dienen.

Ein Beispiel ist das von Veronika Brezinka vom Zentrum für Kinder- und Jugendpsychiatrie der Universität Zürich entwickelte Computerspiel *Schatzsuche/Treasure Hunt* (www.treasurehunt.uzh.ch/de.html [03.01.2019]) für Kinder im Alter zwischen neun und 13 Jahren. Es soll Psychotherapeuten unterstützen, die mit verhaltenstherapeutischen Methoden die jungen Patienten mit unterschiedlichen Symptomatiken und Indikationsstellungen behandeln. Ausdrücklich nicht als Selbsthilfespiel konzipiert, ist es ausschließlich für Kinder gedacht, die sich in psychotherapeutischer Behandlung befinden und *Schatzsuche* unter Anleitung ihrer Therapeuten spielen. Diese innovative Form einer therapieflankierenden Maßnahme stellt die Universität Zürich kostenlos für Fachleute zur Verfügung.

Ein anderes Beispiel ist das bekannte aus den 1980er Jahren stammende PC-Spiel *Tetris*, das sich in einer Studie der University of Oxford als wirksam in der Traumatherapie erwiesen hat und flashbackartige Erinnerungen reduzieren hilft, ähnlich wie die Formen der bilateralen Stimulierung von Traumanetzwerken in der EMDR-Behandlung von posttraumatischen Belastungsstörungen (vgl. Hauschild, 2010; Fröhlich & Lehmkuhl, 2012).

Augmented Reality

Unter erweiterter Realität oder angereicherter Realität (englisch: Augmented Reality, AR) versteht man die computergestützte Erweiterung der Realitätswahrnehmung. Diese Information kann alle menschlichen Sinnesmodalitäten ansprechen. Häufig wird jedoch unter erweiterter Realität nur die visuelle Darstellung von Informationen verstanden, also die Ergänzung von Bildern oder Videos mit computergenerierten Zusatzinformationen oder virtuellen Objekten mittels Einblendung/Überlagerung. Bei Fußballübertragungen ist erweiterte Realität beispielsweise das Einblenden von Entfernungen bei Freistößen mithilfe eines Kreises oder einer Linie. (vgl. https://de.wikipedia.org/wiki/Erweiterte_Realität [04.01.2019]). Die technische Realisierung erfolgt beispielsweise über das Smartphonedisplay oder auch mittels einer sogenannten Hololens (zurzeit noch sehr teuer), einer Art Brille, die auch ohne Smartphone und PC Bilder in die natürliche Umgebung projiziert. Eine populäre Anwendung aus der jüngeren Zeit ist *Pokémon Go*, ein Spiel für Handheld-Mobilgeräte wie Smartphones und Tabletcomputer. In dem Spiel können die Spieler virtuelle Fantasiewesen fangen, entwickeln und in virtuellen Kämpfen gegeneinander antreten lassen. *Pokémon Go* wurde vom Softwareunternehmen Niantic für die Betriebssysteme iOS und Android entwickelt.

Mittels der ebenfalls populären Smartphone-App »Flightradar24« ist es möglich, die Kenndaten eines beliebigen Flugzeuges auf dem Display angezeigt zu bekommen, während man die Kamera des Handys in den Himmel in Richtung des Fliegers hält. Weniger unterhaltsam ist die Möglichkeit militärischer Anwendungen von Augmented Reality. So hat die Firma Microsoft einen Vertrag mit den US-Streitkräften in Höhe von 480

Mio. Dollar über die Auslieferung von 100.000 AR-Brillen an die Streitkräfte abgeschlossen (vgl. https://www.pcwelt.de/a/fuer-kampfeinsatz-us-armee-kauft-100-000-hololens-von-microsoft,3463181 [05.02.2019]).

Virtual Reality

Als virtuelle Realität (englisch: Virtual Reality, VR) wird die Darstellung und gleichzeitige Wahrnehmung der Wirklichkeit und ihrer physikalischen Eigenschaften in einer in Echtzeit computergenerierten und interaktiven virtuellen Umgebung bezeichnet (https://de.wikipedia.org/wiki/Virtuelle_Realität [04.01.2018]). Im Unterschied zur Augmented Reality handelt es sich um das vollständige Eintauchen in virtuelle Welten. Diese Anwendungen sind technisch in unterschiedlichen Qualitätsstufen verfügbar (Google Cardboard, HTC Vice). Haupteinsatzbereich ist gegenwärtig die Spieleindustrie, aber auch im Ausbildungsbereich (zum Beispiel Flugsimulator) wird Virtual Reality eingesetzt. Es gibt aber auch erste interessante Anwendungen im psychotherapeutischen Bereich, beispielsweise bei Flugangst (Universität Regensburg: https://www.br.de/nachricht/oberpfalz/inhalt/phobien-behandeln-in-der-virtuellen-realitaet-100.htm [21.01.2019]) oder Höhenangst und anderen Phobien (Universität Groningen: https://www.rug.nl/society-business/centre-for-information-technology/research/hpcv/vr_visualisation/fobiebehandeling [04.01.2018]).

Roboter

Die Robotik ist das jüngste Einsatzgebiet im Bereich E-Health-Anwendungen. Bisher gibt es Entwicklungen in den Anwendungsfeldern Unterstützung von emotionalen, kognitiven und sozialen Prozessen. Ein Beispiel ist der »Companion Robot« – ein Begleitroboter als »Kamerad« für Menschen. Zielgruppe sind dabei Kinder und ältere Menschen (Beispiele vgl. https://medicalfuturist.com/the-top-12-social-companion-robots [05.02.2019]).

Oder »Paro«: Paro ist ein 60 Zentimeter langer persönlicher Roboter, der zu therapeutischen Zwecken eingesetzt wird. Paro ist eine Puppe, die dem Jungen einer Sattelrobbe nachempfunden wurde. Sie soll einen beruhigenden Einfluss auf Patienten haben. Die Idee geht von Erfahrungen der tiergestützten Therapie aus (https://de.wikipedia.org/wiki/Paro_(Roboter) [21.01.2019]). Ein weiteres Beispiel ist »Zeno«, ein Roboter, der wie eine Puppe aussieht. Zeno zeigt und erkennt Gefühle und wird in der Therapie autistischer Kinder eingesetzt (https://www.br.de/puls/themen/netz/gefuehle-fuer-roboter-zeno-102.html [21.01.2019]) (vgl. dazu Eichenberg & Küsel, 2018).

Die Wissenschaftlerin Kate Darling vom MIT Media Lab forscht und publiziert über die Verbindung von Technologie und Gesellschaft. Ihre Arbeiten beschäftigen sich unter anderem mit den Auswirkungen von Robotertechnologie mit besonderem Interesse an rechtlichen, sozialen und ethischen Fragen. Über das gegenwärtige Verständnis des Verhältnisses von Mensch und Roboter sagt sie:

»Wir sind weit davon entfernt, Roboter zu entwickeln, die Emotionen spüren, aber wir haben bereits Gefühle zu ihnen und ein solcher Instinkt kann Konsequenzen haben. [...] [W]ir sind biologisch darauf programmiert, Absichten und Leben auf Maschinen zu projizieren« (https://www.media.mit.edu/videos/pr-kate-darling-ted-2018 [01.11.2018]; Übersetzung U. L.).

Wie bei jedem technologischen Fortschritt regt sich Skepsis und Widerstand, was die Anwendung von Robotik in psychosozialen und medizinischen Bereichen angeht. Die schwedische Dramaserie aus dem Jahr 2012 von Lars Lundström, *Real Humans – Echte Menschen* (Originaltitel: *Äkta människor*, deutsch: echte Menschen) thematisiert die ethischen und sozialen Fragen sehr anschaulich. Das Thema der Serie sind menschenähnliche Roboter, sogenannte Hubots (Abkürzung für human robots, deutsch: menschliche Roboter). Sie können fast alle Aufgaben erledigen, die im menschlichen Alltag anfallen und die für gewöhnliche Maschinen zu kompliziert sind. Es gibt Haushaltsroboter, die staubsaugen, den Abwasch erledigen, im Garten arbeiten und Mahlzeiten zubereiten. Einige können auch Autofahren und manche sind zu sexuellen Handlungen fähig. Es gibt Roboter für Baustellen und für die Altenpflege und vieles mehr. Letztendlich geht es um das zentrale Thema von KI-Anwendungen: Entwickeln diese Roboter sich autonom weiter, haben sie dann die gleichen Rechte wie Menschen, rebellieren sie sogar oder sind sie einfach »nur« nützliche Sklaven? (vgl. https://de.wikipedia.org/wiki/Real_Humans_-_Echte_Menschen [29.01.2019]) Tatsache ist, dass wir diesen elektronischen Gegenübern in der Interaktion instinktiv wie einem echten Menschen begegnen. So soll der am häufigsten benutzte Satz sein, den Nutzer zu »Alexa« (dem Sprachbot von Amazon) sagen, »Danke Alexa!« Auch von unseren Kindern erwarten wir, dass sie höflich zu Alexa sind (https://www.netz.de/

trends/news/bitte-danke-guten-tag-seid-nett-zu-alexa-wegen-der-kinder [29.01.2019]).

KI-Expertensysteme

Bleibt abschließend die Frage, ob Künstliche-Intelligenz-Expertensysteme wie das fiktive ISLAND-II aus Frank Schätzings Roman *Limit* (Schätzing, 2009) echte Menschen als Therapeuten ersetzen können. Die Expertensystemdatenbanken könnten gigantische Datenmengen immer wieder aktualisierten medizinischen Wissens mittels Algorithmen verknüpfen, sämtliche Therapieverfahren beherrschen, immer ausgefeiltere Software zur Gefühlserkennung einsetzen und zusätzlich organische Parameter erfassen und diese im Sinne der Decision-Support-Systeme in die Diagnostik und Behandlung einbeziehen. Wenn dann auch computergenerierte lebensechte Hologramme den Patienten als leibhaftige Therapeuten gegenübersitzen würden, könnte dann nicht auch das Argument der fehlenden intersubjektiven Leiblichkeit in der therapeutischen Begegnung als elementarer Wirkfaktor wegfallen? Ein Gegenargument wäre, dass das Künstliche der Situation zumindest implizit doch spürbar wäre, so wie es viele Nutzer von Skypetelefonie und Videokonferenzen bemängeln, die trotz der Bildleitungen den Wegfall der analogen und synchronen Wahrnehmung als Einschränkung erleben. Aber was wäre, wenn im Sinne des Turing-Tests (https://de.wikipedia.org/wiki/Turing-Test [27.02.2019]) für den Patienten gar nicht mehr unterscheidbar wäre, ob er einem Menschen oder einem Computer gegenübersitzt? Doch selbst dann kann von den Skeptikern solcher Entwicklungen das Argument ins Feld geführt werden, dass gerade der unperfekte »echte« Therapeut mit Schwächen und persönlichen Eigenarten das geeignetere Gegenüber für unperfekte Patienten wäre. Wirklich beantwortbar sind diese Fragen erst, wenn diese Systeme realisiert und evaluiert worden sind – falls das je der Fall sein wird.

Allen diesen oben skizzierten Neuerungen ist gemeinsam, dass sie teuer und technisch aufwendig in der Umsetzung sind, die therapeutischen Effekte sich erst erweisen müssen und das Kosten-Nutzen-Verhältnis ausgewogen sein muss. So ist bei Phobien die Frage, ob die klassische Expositionstherapie mit weniger Aufwand und Kosten nicht den gleichen Nutzen bringt. So wie es letztendlich bei allen Formen der Digitalisierung von Beratung und Therapie die Frage ist, ob nicht der »Weizenbaum-Effekt«, sprich die übertriebenen Erwartungen, die in diese smarten Technologien hineingelegt werden, den Blick auf den tatsächlichen Nutzen verstellen. So wie die generelle Ablehnung dieser Medien die Chancen vergeben würde, die in deren Nutzung liegen.

Epilog

Ein Mann wollte wissen, wie es sich mit dem Geist in seinem Computer verhält und fragte ihn daher: »Rechnest du damit, dass du jemals denken wirst wie ein menschliches Wesen?« Worauf nach einiger Zeit der Computer antwortete: »Das erinnert mich an eine Geschichte« (Bateson, 1982).

Literatur

Almer, S. (2008). Das Fernbehandlungsverbot als rechtliche Grenze im Einsatz Neuer Medien in der psychosozialen Versorgung. In S. Bauer & H. Kordy (Hrsg.), *E-Mental-Health* (S. 13–17). Heidelberg: Springer.
Andersson, G., Paxling, B., Roch-Norlund, P., Ostman, G., Norgren, A., Almov, J., Andersson, G., Paxling, B., Roch-Norlund, P., Östman, G., Norgren, A., Almlöv, J., Georén, L., Breitholtz, E., Dahlin. M., Cuijpers, P., Carlbring, P. & Silverberg, F. (2012). Internet-based psychodynamic versus cognitive behavioral guided self-help for generalized anxiety disorder: A randomised controlled trial. *Psychotherapy and psychosomatics, 81*(6), 344–55.
Bateson, G. (1982). *Geist und Natur*. Frankfurt a. M.: Suhrkamp.
Boeckhorst, F. (1994). Narrative Systemtherapie. *Systhema, 8*(2), 2–22.
Bauer, S. & Kordy, H. (Hrsg.). (2008). *E-Mental-Health. Neue Medien in der psychosozialen Versorgung*. Heidelberg: Springer.
Donker, T., Bennet, K., Bennet, A., Mackinnon, A., van Straten, A., Cuijpers, P., Christensen, H. & Griffiths, K. M. (2013). Internet-delivered cognitive behavioral therapy for adults with depressive symptoms: randomized controlled nonferiority trial. *J Med Internet Res, 15*(5), e82.
Fröhlich, J. & Lemkuhl, G. (2012). *Computer und Internet erobern die Kindheit*. Stuttgart: Schattauer.
Eichenberg, C. (2014). Verhaltenssüchte: Internetsucht geht mit unsicherer Bindung einher. *PP, 13*, S. 269.
Eichenberg, E. & Küsel, C. (2018). Roboter in der Psychotherapie: Intelligente artifizielle Systeme. *Deutsches Ärzteblatt PP, 16*(8), 365–367.
Evans J. S. (2003). *In two minds: Dual process accounts of reasoning*. Trends in Cognitive Sciences, 7, 454–459.
Fox, J. & Moreland, J. J. (2015). The dark side of social networking sites: ... *Computers in Human Behavior, 45*, 168–176. http://dx.doi.org/10.1016/j.chb.2014.11
Grüsser, S. & Thalemann, R. (2006). *Computerspielsüchtig? Rat und Hilfe*. Bern: Verlag Hans Huber.

Harari, Y. N. (2013). *Eine kurze Geschichte der Menschheit*. München: Random House.
Hauschild, J. (2010). Tetris gegen Trauma. In: Fröhlich, J. & Lemkuhl, G. (2012). *Computer und Internet erobern die Kindheit*. Stuttgart: Schattauer.
Johansson, R., Ekbladh, S., Hebert, A., Lindstrom, M., Moller, S., Petitt, E., Johansson, R., Ekbladh, S., Hebert, A., Lindström, M., Möller, S., Petitt, E., Poysti, S., Holmqvist Larsson, M., Rousseau, A., Carlbring, P., Cuijpers, P. & Andersson, G. (2012). Psychodynamic guided selfhelp for adult depression through the internet: a randomised controlled trial. *PLoS One, 7*(5), e38021.
Kahnman D (2012). *Schnelles Denken, langsames Denke*. München: Siedler
Kiefer F., Fauth-Bühler M., Heinz A., Mann K. (2013). Neurobiologische Grundlagen der Verhaltenssüchte. *Der Nervenarzt, 84* (5), 557–562.
Klein J. P., Moritz, S., Berger, T. (2014). Internetbasierte psychologische Behandlung bei Depressionen und Angststörungen *Nervenheilkunde, 33*, 278–284.
Kordy, H., Bauer, S., Wolf, M., Mößner, M., Zimmer, B. & Lindenberg, K. (2009). Informations- und Kommunikationstechnologie in der psychosozialen Versorgung: Ergebnisse und Perspektiven. Vortrag: Fachforum Online-Beratung, Nürnberg 21.–23.09.2009.
Lang, J. (2002). Onlineberatung ist anders – Möglichkeiten und Grenzen einer neuen Beratungsform. http://onlineberatungen.com/Onlineberatung_anders.pdf (08.05.2017).
Lang, J. (2015). Wo steht die Onlineberatung/-therapie in 10 Jahren? *E-Beratungsjournal, 11*(2), 93–104. http://www.eberatungsjournal.net/ausgabe_0215/lang.pdf (06.04.2018).
Lemma, A., Fonagy, P. (2013). Feasybility study for a psychodynamic online group intervention for depression. *Psychanalytic Psychology, 30*, 367–380.
Luborsky, L. (1995). *Einführung in die analytische Psychotherapie: ein Lehrbuch* (2. Aufl.). Göttingen, Zürich: Vandenhoeck und Ruprecht.
Mann, K. (2013). »Verhaltenssüchte«: Neue Aufgaben für Psychiater und Psychotherapeuten? *Der Nervenarzt, 84*(5), 501–507.
Medienpädagogischer Forschungsverbund Südwest. http://www.mpfs.de/startseite/ (30.04.2019).
Muster-Berufsordnung für die in Deutschland tätigen Ärztinnen und Ärzte – MBO-Ä 1997 – in der Fassung der Beschlüsse des 114. Deutschen Ärztetages 2011 in Kiel.
Muster-Berufsordnung für die Psychologischen Psychotherapeutinnen und Psychotherapeuten und Kinder- und Jugendlichenpsychotherapeutinnen und Kinder- und Jugendlichenpsychotherapeuten in der Fassung der Beschlüsse des 7. Deutschen Psychotherapeutentages in Dortmund am 13. Januar 2006 aktualisiert mit Beschluss des 11. DPT am 10. November 2007.
Paganini, S., Lin, J., Ebert, D. & Baumeister, H. (2016). Internet- und mobilbasiert Interventionen bei psychischen Störungen. *Neurotransmitter, 27*(1), 48–53
Pariser, E. (2012). *Filter Bubble. Wie wir im Internet entmündigt werden*. Aus dem Amerikanischen von Ursula Held. München: Hanser.
Pies, R. (2009). Should DSM-V designate »internet addiction« as mental disorder? *Psychiatry, 6*(2), 31–37.
Renz-Polster, H. & Hüther, G. (2016). *Wie Kinder heute wachsen: Natur als Entwicklungsraum. Ein neuer Blick auf das kindliche Lernen, Fühlen und Denken*. Weinheim: Beltz.
Schätzing, F. (2009). *Limit*. Köln: Kiepenheuer & Witsch.

Schätzing, F. (2018). *Die Tyranei des Schmetterlings*. Köln: Kiepenheuer & Witsch.
Schlesinger-Stoll, M. (2014). Psychotherapie am Monitor. *Psychologie heute*, (1), 45–47.
Silverberg, F. (2005). *Make the leap: a practical guide to breaking the patterns that hold you back*. New York: Marlowe & Co.
Spitzer, M. (2012). *Digitale Demenz*. München: Droemer.
Spitzer, M (2015a). Zivilisationskrankheiten und Kontrolle. *Nervenheilkunde*, *34*(7), 489–494.
Spitzer, M. (2015b). Smartphones, Angst und Stress. *Nervenheilkunde*, *34*(8), 591–600.
Stern, D. N., Morgan, A., Lyons-Ruth, K., Nahum, J., Bruschweiler-Stern, N. & Reis, B. (2012). *The Boston Change Process Study Group. Veränderungsprozesse – ein integratives Paradigma*. Frankfurt a. M.: Brandes & Apsel.
Tretter, F. (2012). Kritik der Neurobiologie der Sucht – Philosophische Aspekte. *Sucht Aktuell, 19*(3), 26–35.
Weizenbaum, J. (1978). *Die Macht der Computer und die Ohnmacht der Vernunft*. Berlin: Suhrkamp.
White, M. & Epston, D. (1998). *Die Zähmung der Monster. Der narrative Ansatz in der Familientherapie*. Heidelberg: Carl Auer Verlag.
Winterhoff, M. (2009). *Tyrannen müssen nicht sein: Warum Erziehung nicht reicht – Auswege*. Gütersloh: Gütersloher Verlagshaus.
Winterhoff, M. (2017). *Die Wiederentdeckung der Kindheit. Wie wir unsere Kinder glücklich und lebenstüchtig machen*. Gütersloh: Gütersloher Verlagshaus.
Wölfling, K., Jo, C., Beutel, M., Müller, K. (2013). *Computerspiel- und Internetsucht. Ein kognitiv-behaviorales Behandlungsmanual*. Stuttgart: Kohlhamer.
Zwerenz, R., Schury, K., Wiltink, L., Schattenburg, L. & Beutel, M. E. (2018). Therapeutische Allianz bei einer psychodynamischen Online-Nachsorge. *Ärztliche Psychotherapie*, (4), 247–253.

Biografische Notiz

Uwe Labatzki, Dipl.-Päd., ist tiefenpsychologisch fundierter Kinder- und Jugendlichenpsychotherapeut, Kunsttherapeut, Psychotraumatologe, Systemischer Berater (Coaching) und Erziehungs- und Familienberater. Weiterhin ist er Dozent, Supervisor und Lehrtherapeut an der Köln-Bonner Akademie für Psychotherapie (KBAP). Er ist niedergelassen in eigener psychotherapeutischer Praxis in Bonn.

»Emotionen erleben!«

Sozialpsychologische Überlegungen zur Welt der Fußballfans[1]

Rudolf Heltzel

»Der Profisport hat sich tiefgreifend verändert, vor allem in der vergangenen Dekade: Vereine sind Kapitalgesellschaften geworden, Verbände haben sich mit weltweit agierenden Konzernen zusammengetan. Stadien sind Werbearenen mit Sponsorennamen, Turniere tragen Markennamen. Und die Spieler sind als Global Player tätig, wollen vor Ort aber immer noch als lokale Helden gefeiert werden« (*taz* vom 15. Dezember 2005, S. 19)

Das ist ein Drahtseilakt, den der Sportwissenschaftler Cachay und seine Mitarbeiter in einer dreijährigen Feldstudie mit dem Titel: *Global Player – Local Hero. Der Sportverein zwischen Spitzensport, Publikum und Vermarktung* untersucht haben. Bei den Anhängern – sowohl auf der VIP-Tribüne, als auch in der Stehkurve – rangiere das Bedürfnis

---

[1] Der folgende Text entstand in Nachwirkung der Fachtagung »Kultur & Identität in Organisationen«, welche die Sektion Analytische Gruppenpsychotherapie des DAGG im Februar 2005 in Bremen veranstaltete. Damals ging es um die Frage, wie Organisationen erfolgreich sein können (Werder Bremen hatte im Jahr zuvor das Double aus Meisterschaft und DFB-Pokal gewonnen). In einjähriger, intensiver Vorarbeit kam eine Kooperation mit der Profifußballabteilung des Vereins Werder Bremen zustande – hier vertreten durch Präsident, Vorstand, Manager, Trainer, Spieler, MitarbeiterInnen des Fanprojekts sowie zahlreiche Fans, darunter auch »Ultras«. Das Zusammentreffen dieser Akteure im Tagungsverlauf, ihr Austausch untereinander und mit den anwesenden GruppenanalytikerInnen war so eindrücklich (und die Atmosphäre des Zusammentreffens so »ansteckend«), dass der Autor, der diesen Teil der Tagung organisiert hatte, noch heute von Kollegen darauf angesprochen wird. Den folgenden Text schrieb er im Anschluss an das Tagungsprojekt – nicht zuletzt, um seine eigene »Infektion« mit dem Fußballvirus verarbeiten zu können. Er erschien 2006 in der *Zeitschrift für Gruppenpsychotherapie und Gruppendynamik*. Dass der Text – unverändert – in diesem Sammelband erscheinen darf, ist ein kleiner Trost für alle, die seit 2004/2005 Sympathien mit Werder Bremen pflegen und in Sorge sind, weil die Werder-Profis 2020 dem Abstiegsvirus erliegen könnten.

»Emotionen erleben!« ganz oben auf der – empirisch abgesicherten – Wunschliste. Die befragten Fans hielten ungeachtet anders gerichteter Entwicklungen an Begriffen wie »Ehre, Tradition, Verbundenheit und Kontakt der Kicker zum Publikum« fest (ebd.), sähen die um sich greifende Kommerzialisierung des Fußballs kritisch und identifizierten sich – wenn schon die Spieler ständig wechseln – mit dem gesamten Klub als Imageträger. Nach Cachay spielt Letzterer als »hybride Organisation« immer »zwei Spiele gleichzeitig, mit völlig verschiedenen Handlungslogiken: Gewinnen und nicht verlieren ist das eine, das andere: Geld haben oder nicht. Die decken sich nicht immer, deshalb ist und bleibt das hochkonfliktionär« (ebd.).

Der Kontext des Profifußballs

Das Eingangszitat verdeutlicht: Das System des Profifußballs entfaltet sich von Beginn an, also seit etwa einem Jahrhundert (Schulze-Marmeling, 2000) in einem gesellschaftlichen Kontext, von dem es geprägt wird, den es vielfältig widerspiegelt und dem es seinerseits – als wirkmächtiges, vitales Agens – seinen Stempel aufdrückt. Professionell betriebener Fußball ist daher heute weit mehr als nur Spitzensport – nämlich sowohl Ziel als auch Mittel politischer Einflussnahme (Schönau, 2005), sowohl bedeutsamer regionaler Wirtschaftsfaktor als auch Aktionsfeld der »Global Player« (Hödl, 2005), essenzieller Bestandteil der Erlebnis- und Konsumgesellschaft (Mrazek, 2005), Projektionsfläche für unbewusste Ängste und Bedürfnisse inklusive archaischer Destruktivität (Oberhoff, 2000), Gelegenheit zum Ausleben tiefer menschlicher Sehnsüchte ebenso wie krimineller Interessen (Foer, 2004) sowie Ort der Kultur und der Barbarei (Haubl, 2000a). Fußball weist daher über sich selbst hinaus, im Fußball findet sich – nach einer treffenden Formulierung Ror Wolfs – »eine ganze Menge Welt« (zit. n. Schwenzer, 2002, S. 89).

Aber die Fans treffen nicht nur auf gesellschaftlich Relevantes, wenn sie die Spiele besuchen oder sie medial aufbereitet verfolgen – sie bringen die bewusst oder unbewusst vermittelte gesellschaftliche Realität auch selbst in die Sportstätte mit: Dies tun sie, weil sie nicht nur Fußballfans und Anhänger ihres Klubs, sondern in einem komplexen Sinne *Zeitgenossen* sind: Fußballanhänger repräsentieren heute alle Berufsgruppen und Schichten der Bevölkerung in nahezu proportionaler Verteilung, auch alle Altersgruppen sind vertreten.[2] Sie erfahren die Auswirkungen gesellschaftlicher Entwicklungen in ihrer gesamten Lebenswelt und antworten darauf – unter anderem, indem sie als Fans ins Stadion »pilgern« und dort ihre Traditionen, Ritualpraktiken und Leidenschaften pflegen. Aus dieser Sicht kann Fußballfankultur als eine massenhafte Reaktion auf die Zumutungen der globalisierten Welt, auf die Risiken und Herausforderungen der »flüchtigen Moderne« (Bauman, 2003) verstanden werden: Im Fußball und in den massenhaften Reaktionen auf ihn artikuliert sich *gesellschaftlich Unbewusstes* als jener Teil des Unbewussten, den wir als Individuen mit anderen Menschen in ähnlichen Lebenslagen teilen (Erdheim, 1988). Fußballstadien und ihr Umfeld eignen sich sogar besonders dazu – wegen der beispiellosen Breitenwirkung des Sports, dann wegen der besonderen Stärke der beteiligten Emotionen, Affekte und Leidenschaften, wegen der Dynamik der dort generierten Geschichten (Dramen, Tragödien, Komödien) und nicht zuletzt aufgrund der Komplexität und Ungewissheit, die das Wesen des Fußballspiels ausmacht.[3] Ein Blick auf Diskurse in Nachbardisziplinen soll deutlich machen, welche Grundängste heute von der Mehrzahl der Menschen in unseren Breiten geteilt werden.

Spätmoderne Ängste und Verstörungen

Der Soziologe Hartmut Rosa untersucht in einer Studie (Rosa, 2005) die im Wortsinn atemberaubende Dynamisierung gesellschaftlicher Verhältnisse der Spätmoderne in ihrer Auswirkung auf individuelle und kollektive Lebensführung und diskutiert dabei die Beschleunigung sozialen Wandels und die Zunahme der Kontingenzen. Hochdynamische gesellschaftliche

---

2 Obwohl der Anteil des weiblichen Geschlechts kontinuierlich ansteigt, ist der Fußball immer noch eine von Männlichkeitsvorstellungen und –klischees dominierte Kultur. Dieser wichtigen Thematik kann hier aus Raumgründen nicht nachgegangen werden (siehe dazu Dunning, 2003, Böhnisch & Brandes, 2006).

3 Dem Fußball kann sogar eine gewisse Zeitlosigkeit zugesprochen werden. In einer Diskussion mit Fans, die der Frage der Traditionswahrung gewidmet war, formulierte der Präsident des SV Werder Bremen K.-D. Fischer (der das modische Orange im Trikot als »sexy« bezeichnete) zur Beruhigung der jungen Traditionsfans: »Grün-weiß war, ist und wird immer die Farbe des SV Werder sein!«

Veränderung werde als fundamentale *Unbestimmheit* wahrgenommen. Unter Bezugnahme auf zahlreiche sozialwissenschaftliche Studien konstatiert Rosa etwa die verschiedenen Facetten der Prekarisierung der Arbeitsverhältnisse. Unter diesen Bedingungen erlebten Menschen die *Grundangst*, »auf rutschenden Abhängen« (ebd., S. 285) zu existieren. Nach dem Verlust spezifisch religiöser Sinngrundlagen gelte das Versprechen immerwährender Prosperität oder des absoluten Reichtums als stellvertretende *Verheißung:* Das verborgene, kulturell höchst wirksame Heilsversprechen der sozialen Beschleunigung bestehe darin, dass sie einen Ersatz für die Idee des ewigen Lebens biete (ebd., S. 287).

Heitmeyer hatte bereits zu Beginn der 1990er Jahre einen Zusammenhang zwischen *Desintegration* und Gewaltentwicklung hergestellt, zum Beispiel unter jugendlichen Fußballfans (Heitmeyer, 1994). Gesellschaftliche Desintegrationsprozesse (Auflösung von Beziehungen, von Teilnahme an Institutionen, von gemeinsam geteilten Normen und Werten) führten zum Verlust von Zugehörigkeit und Übereinstimmung. Bezogen auf Skinheads in England und jugendliche Fußballfans in Deutschland diskutierte Heitmeyer, wie *Enttraditionalisierung und Anomie* Gewalt erzeugen beziehungsweise fördern. Integrierend wirkten dagegen »Utopien, Traditionen, Rituale, Religion, stabile Zugehörigkeiten und gemeinsam geteilte Wert- und Normvorstellungen« (ebd., S. 377), wie sie übrigens allesamt in der Fußballszene zu haben sind.

Heitmeyer und seine Arbeitsgruppe am Institut für interdisziplinäre Konflikt- und Gewaltforschung der Universität Bielefeld begleiten heute (2005) die Veränderungen der Lebensbedingungen in der Bundesrepublik und die gravierenden Folgen für das Zusammenleben von Menschen in aufwendigen empirischen Follow-up-Untersuchungen (Heitmeyer, 1997, 2005, 2006). Sie dokumentieren eine zunehmende *Verstörung* der Gesellschaft im Sinne gesellschaftlich bedingter Wahrnehmungen, Erwartungen und Erfahrungen, die sich in Angst, Machtlosigkeit und Orientierungslosigkeit ausdrücken und auf um sich greifende Kontrollverluste verweisen. Verstörungen dieser Art nehmen empirisch nachweisbar zu – sowohl was das Niveau der Befindlichkeiten betrifft als auch die Zahl der Menschen, bei denen diese nachgewiesen werden können. Aus der aktuellen Entwicklung leiten Heitmeyer und Mitarbeiter weitere Desintegrationsgefahren ab. Sie beobachten *Kohäsionskrisen*, das heißt den Verlust von Zusammenhalt (Bindekraft von Idealen, sozialen Beziehungen, Milieus, Parteien und Institutionen) und beschreiben ein

»Syndrom der gruppenbezogenen Menschenfeindlichkeit« (Fremdenfeindlichkeit, Antisemitismus und Rassismus u. a.) als gesellschaftliche Antwort darauf, dessen einzelne Komponenten empirisch nachweisbar zunehmen.

Die sozialwissenschaftlich erhobenen Befunde reflektieren zweierlei: Einmal die Existenz gesellschaftlich (individuell, gruppal, institutionell) präsenter *Ängste*, die mit den Stichworten Ungewissheit, Entwurzelung, Orientierungslosigkeit und Ohnmacht umschrieben werden können. Diese Ängste treten vermehrt in Phasen raschen gesellschaftlichen Wandels auf, das heißt unter der Voraussetzung gesellschaftlicher Anomie.[4] Zum Zweiten spiegeln die Befunde gesellschaftliche *Abwehr*: Stellvertretende Verheißungen, Ersatzreligionen, Gewaltexzesse und Varianten »gruppenbezogener Menschenfeindlichkeit« können als gesellschaftlich verbreitete und unterschiedlich hilfreiche Versuche der Angstbewältigung verstanden werden. Sowohl die Ängste als auch die zugehörigen Abwehr- und Bewältigungsversuche sind *gesellschaftlich unbewusst* in dem Sinne, dass sie nur ansatzweise reflektiert, vielmehr in großen Anteilen handelnd kommuniziert werden. Für die Fußballfankultur als spezifischer Ausschnitt gesellschaftlicher Wirklichkeit gilt der letzte Punkt (Bevorzugung der Handlungskommunikation) in besonderem Maße.

Massenbildung und Ichideal bei Fußballfans

»Der« Fan ist eine willkürliche und theoretisch unzureichende Konstruktion. Fans treten stets als Gruppe, als Großgruppe oder in der Masse auf. Mit letzterem Begriff meinte Freud

> »einen spezifischen psychischen Zustand, der bei jeder Gruppengröße, letztlich sogar bei Paaren und Individuen vorkommen kann. [...] Als zentrale Merkmale gelten: Regressionsdruck, unter dem Reflexionsfähigkeit, Affektkontrolle und Kreativität verlorengehen; Bedürfnis nach einem Führer, der als Projektionsschirm dient; Enthemmung von aggressiven und destruktiven Handlungsbereitschaften« (Haubl, 2000b, S. 433f.).

---

4 Siehe dazu Hüpping 2006. Die ethnopsychoanalytische Sicht thematisiert die in »heißen« Kulturen (Lévi-Strauss), das heißt durch beschleunigten Kulturwandel freigesetzten Formen unbewusster Angst (siehe dazu: Erdheim 1992).

Das in der Masse auftretende Individuum ist – Freud zufolge – süchtig nach Autorität, es ersehnt eine Führerfigur, wobei diese im Rahmen der Freud'schen Konzeption des Ödipuskomplexes nur eine Vaterfigur sein kann. Sie verkörpert das externalisierte Ichideal der Individuen. Zur Masse schließen sie sich zusammen, indem sie sich über die Identifizierung mit diesem Ideal auch miteinander identifizieren.

Der patriarchalischen Konzeption Freuds ist widersprochen worden: Aus dieser Sicht (Chasseguet-Smirgel, 1981) erscheint das Ichideal als die Verschmelzung mit der allmächtigen Mutter. Die Gruppe, Großgruppe oder Masse wird für ihre Mitglieder zum Ersatz für das Primärobjekt. Die Gruppe erschafft sich selbst, sie stellt selbst das allmächtige Primärobjekt dar. Es geht ihr nicht darum, sich um eine zentrale Person (den Leiter, Führer etc.) zu sammeln, sondern *um die Gruppe selbst*. Diese Gruppenillusion dient dazu, eine narzisstische Grundstörung zu kompensieren. Zwar verehren Fußballfans männliche Idole; wonach es sie – als Masse – aber vor allem dürstet, sind diese Art von *Illusionen* (»Deutscher Meister wird nur der ...«, oder: »Nie wieder zweite Liga«). Es geht um das Phantasma einer »narzisstischen Himmelfahrt« (ebd., S. 86), wobei das individuelle Ich mit dem Kollektiv »verschmilzt«. Entsprechend sind die Fans – wie ihre individuellen Trikots dokumentieren – die offizielle »Nr. 12« (also Teil des Kollektivs), zugleich Teil der »Vereinsfamilie« (wie ihre Accessoires insgesamt zeigen) und identisch mit ihrem Ichideal als Summe zentraler ethischer und moralischer Idealvorstellungen (wovon ihre »Kurvenshows« und Lieder handeln). *Sie feiern sich in jedem Fall selbst:* Ist ihr Verein erfolgreich, können sie die Wunden, die ihnen die Wirklichkeit alltäglich schlägt, unmittelbar heilen und eine »narzisstische Himmelfahrt« antreten. Versagt er sportlich oder ruiniert ihn das Management, geben sich die Fans untereinander Halt, betrauern das verlorene Objekt und lassen es in sich selbst auferstehen (zum narzisstischen Erleben unter den Bedingungen großen Erfolgs im Profifußball siehe Heltzel, 2006).

Die Differenzierung der Fangemeinde

In Freud'scher Sicht (Freud, 1921c) bedeutet Massenbildung, dass sich die Individuen so verhalten, als wären sie gleichförmig. Massenbildung in diesem Sinne und Differenzierung (oder Distinktion) schließen einander jedoch nicht aus – schon gar nicht im Fußballstadion heutiger Prägung. Unterschiede bestehen durchaus, ihre Kultivierung ist sogar Teil der »Unternehmensphilosophie« erfolgreicher Profiklubs. Aber nicht nur die Klubführungen fördern Distinktion und Differenzierung unter den Anhängern, auch die Fans pflegen eine Kultur der »feinen Unterschiede« (Bourdieu, 1987; zur sozialen Distinktion im Stadion siehe Schwenzer, 2002).

In der nach dem Hauptsponsor benannten »Arena« teilen sich die Anhänger (die im Bedarfsfall wie eine Einheit, also als Masse auftreten) in mindestens drei verschiedene Großgruppen auf: Die zahlungskräftigste Gruppierung sind die örtlichen und überregionalen »VIPs«, die sich im geschlossenen und klimatisierten Bereich aufhalten und dem Klub beträchtliche Einnahmen über die Anmietung von Bussinesslogen und den Verzehr feinen Caterings verschaffen. Sie erkaufen sich damit zugleich die erregende Nähe zur Fußballprominenz (die sich auch dort aufhält) und die beruhigende Distinktion vom gemeinen Volk, dessen »Stimmungsmache« nur vermittelt über Lautsprecherboxen durch die sichere Glasscheibe zu ihnen dringt. Ihr »Vertrag« mit dem Klub ist Bestandteil der »Ökonomie der Aufmerksamkeit« (Franck, 1998), insofern er die zugesicherte Partizipation am Erfolg, am Ruhm, an öffentlicher (medial vermittelter) Aufmerksamkeit regelt. Im richtigen Licht (im Kontext von Hochleistung und Erfolg) gesehen und eingeordnet zu werden, ist ihnen mindestens so bedeutsam wie die Aufmerksamkeit, die sie dem Spiel und seinen Akteuren schenken.[5]

Die größte Fangruppierung sind die konsumorientierten Sitzplatzbesucher, die »Normalos« (Fansprache), wie sie den Verantwortlichen der nationalen und internationalen Fußballbände vorschweben: Sie beteiligen sich an der »La Ola«, jubeln beim Torschuss, halten auf Geheiß des Stadionsprechers die Klubschale hoch, kaufen in der Pause Bratwürste und Bier (und für die Kinder Eis und Brezeln), suchen nach Spielschluss den Fanshop auf und investieren somit einige Male im Jahr 100 bis 200 Euro für den Unterhaltungsspaß der ganzen Familie. Oder ebenso viel für eine Dauersitzplatzkarte nur für den Familienvater. Die Fans investieren aber nicht nur Geld, sondern auch Aufmerksamkeit, und sie sind diesbezüglich medial vorgeprägt:

---

[5] Anders als die meisten Branchen unterliegt der medial vermittelte Sport keinerlei Wachstumsschwäche – im Gegenteil, die Zuwachsraten sind beachtlich (siehe dazu Schaffrath, 1999).

»Es muss lauter, schriller, aufreizender sein. Nichts ist zuverlässiger als diese Überbietung [...]. Wir erwarten ganz selbstverständlich, dass die Reize immer eindringlicher tönen, immer fester zugreifen, immer härter zusetzen. Wir wehren uns vielleicht. Wir hören weg, nehmen die Achtsamkeit zurück. Der Pegel aber steigt. Der Kampf um die Aufmerksamkeit ist zur Materialschlacht geworden« (Franck, 2005, S. 227).

Es sind die fußballorientierten Traditionsfans, die unter dieser Entwicklung leiden beziehungsweise gegen sie protestieren. Diese Anhänger der Stehkurve sorgen mit ihren Sprechchören und Gesängen für die typische Stimmung im Stadion. Sie stehen leidenschaftlich und bedingungslos hinter »ihrer« Mannschaft, sie begleiten sie unter schwierigen Bedingungen beim Auswärtsspiel und tragen Vereinsfarben, Fahnen und Transparente als Zeichen ihrer Identifikation mit dem Verein. Diese »Fankurve« ist in sich noch einmal vielfach differenziert in zahlreiche unterschiedliche Fangruppen – auch wenn sie von außen betrachtet wie eine einzige Masse erscheint. Ihr dynamischer Kern, die »Massenkristalle« (Canetti, 2003) sind relativ kleine, aber gut abgegrenzte Gruppen. Seit Mitte der 1990er Jahre sind das unter anderem die »Ultras«, eine Bewegung jugendlicher Traditionsfans (die Nachfolger der früheren »Kutten«), deren Lebensinhalt der »Support« der Vereinsmannschaft ist. Sie lehnen sich in ihrer der Tradition verhafteten, der Kommerzialisierung kritisch gegenüberstehenden »Philosophie« an italienische Vorbilder an.[6] Wenngleich »Etablierte« unter den Anhängern auf spezifische Aktionen dieser jugendlichen »Außenseiter« (zum Beispiel Bengalfeuer oder das Abschießen von Leuchtraketen) mit Ärger und Ablehnung reagieren, identifizieren sich viele Sitzplatzbesucher doch mit ihnen: Einmal, weil diese Älteren in ihrer Jugendzeit selbst »in der Kurve« standen und alle Auswärtsspiele begleiteten, und dann, weil diese Jugendlichen – stellvertretend für die Elterngeneration unter den Fans – aufrichtig gegen problematische Entwicklungen im Profifußball (etwa die »Söldnermentalität« unter Spielern und Trainern) protestieren und dabei jenen Eigensinn an den Tag legen, wie er viele (auch viele ältere) »Fußball-

---

6 Von den Ultras unterscheiden sich die im Zentrum der öffentlichen Aufmerksamkeit stehenden Gruppen gewaltbereiter Fans (Hooligans), deren Interesse nicht mehr dem Fußball als solchem, sondern ausschließlich der Gewalt gilt, die sie im Umfeld des Stadions (oder in der Stadt) ausleben können. Die Grenze zwischen Ultras und Hools ist nicht starr, die Gewaltbereitschaft fluktuiert und ist von vielen Faktoren abhängig, wie später eingehender diskutiert wird.

verrückte« charakterisiert.[7] In der heutigen Fußballarena treffen diese anachronistisch anmutenden »Bessenen« auf ein »Narrentreiben« der spätmodernen Art.

Fußball in der Erlebnisgesellschaft

Im Kontext einer Theorie des Zivilisationsprozesses diskutierten bereits Elias und Dunning, wie Aktive und Anhänger des Fußballsports das Erleben mimetischer Spannungen und Erregungen genießen, das sie in ihrem zivilisierten Alltag vermissen (Elias & Dunning, 2003). Heute – eine Generation später – haben sportliche Großereignisse, also auch Profifußballspiele eindeutig »eventkulturellen« Charakter. Sport findet dabei als Inszenierung im Stil einer TV-Soap statt. Die Inszenierung ist eine Konsequenz der Kommerzialisierung, denn wenn mit dem Sportinteresse großer Bevölkerungsgruppen Geld verdient werden soll, darf das Zuschauen nicht dem Zufall überlassen bleiben. Also: »Viel Show und Unterhaltung – und mittendrin ein wenig Sport« (Opaschewski 2000, S. 2). Die wissenschaftliche Bearbeitung des Themas ist mit dem kultursoziologischen Konzept der »Erlebnisgesellschaft« (Schulze, 2000) verbunden: Im Zuge einer sich allgemein durchsetzenden, durch Werbung und Produktdesign beförderten »Erlebnisorientierung« der Menschen wird das Leben zum »Erlebnisprojekt« erklärt. Die zugehörigen Aushandlungsprozesse ereignen sich – dieser Konzeption zufolge – im »Erlebnismarkt«, auf dem Erlebnisnachfrage und Erlebnisangebote aufeinandertreffen. Die Erlebnisanbieter versuchen, die Erlebnisnachfragenden für ihre Zwecke einzuspannen. Sie versuchen Geld, Zeit und Aufmerksamkeit des Publikums im Sinne eigener Interessen zu kanalisieren. Es geht um Publikumswirksamkeit, aber andere Ziele (bei Fußballklubs der sportliche Erfolg) spielen ebenfalls eine Rolle. Das Verhältnis von Anbietern und Nachfragenden skizziert Schulze als symbiotische Koexistenz, als wechselseitige Abhängigkeit: »Symbiotisch koexistieren Erlebnisnachfrager und Erlebnisanbieter in einer sozialen Beziehung miteinander verflochtener Rationalitäten, die inkommensurabel sind und dennoch harmonieren« (Schulze, 2000, S. 424). Die langfristigen

---

7 Der Filmemacher Dr. Wilhelm Rösing und Thomas Hafke vom Fanprojekt Bremen haben einen Dokumentarfilm über den Eigensinn von Fußballfans (und ihre »Enteignung« durch die Kommerzorientierung des Profifußballs) erarbeitet.

Wirkungen dieser Interaktion stellten sich ohne Wissen und Absicht der Handelnden ein. Implizit ist damit jene Eigendynamik von Beziehungsgeflechten angesprochen, die Norbert Elias als Figurationen (Interdependenzen, Verflechtungszusammenhänge) beschrieben hat: Die vielfältigen Grade der Abhängigkeit und des Angewiesenseins unter den beteiligten Menschen bestimmen – jenseits des Bewusstseins der Akteure – gesellschaftliche Prozesse. Zwischen den Geschäftsführungen der Klubs und den fußballorientierten Traditionsfans besteht eine klassische Interdependenz-Beziehung: Ohne kommerziell agierende Geschäftsführung keine erfolgreiche Mannschaft, ohne »fußballverrückte« Traditionsfans keine stimmungsvolle Atmosphäre im Stadion und beim Auswärtsspiel. Beide sind Anbieter und Nachfragende zugleich. Obwohl die Geschäftsführung den Ultras teilweise misstrauisch gegenübersteht, profitiert sie von deren Treue und Einsatzbereitschaft. Und obwohl die Ultras die »Eventatmosphäre« im Stadion als vorwiegend kommerz- und konsumorientiert ablehnen, tragen sie doch dazu bei, dass sie entsteht und sich vertieft: Der »Eventkonsument« will möglichst wirklichkeitsgetreu mitgerissen werden, er wünscht starke emotionale und physische Reize und lässt sich nur notfalls auf einen Kompromiss ein – so viel Authentizität wie möglich, so viel Inszenierung wie nötig.[8]

Wer die jugendlichen Traditionsfans bei der Arbeit beobachtet, erkennt sofort, dass sie selbst die glücklichsten Erlebnissuchenden sind. Vom Beginn des Spiels an sind sie ohne Unterlass mit ihrer Mission beschäftigt: Sie klatschen, skandieren, springen und singen ohne Unterlass, sie feiern die Mannschaft und sich selbst, es ist anstrengend, es ist heldenhaft, es ist mitreißende Selbstinszenierung. Ein wenig geben sie von ihren »narzisstischen Himmelfahrtsgefühlen« auch an die übrigen Fans ab, für die sie stellvertretend arbeiten, die sie mit ihrer Begeisterung anzustecken versuchen. Wenn es gut geht, entsteht aus einem relativ fest umrissenen »Massenkristall« heraus auf diese Weise eine Stimmung, die sich zunächst auf die Stehkurve ausbreitet und von dort das ganze Stadionrund erfasst.[9] Das Entscheidende an dieser

---

8 Der beste Weg aus diesem Dilemma ist natürlich mitreißender, offensiver, risikoreicher und erfolgreicher »Erlebnisfußball«, wie es der frühere Bremer Trainer Thomas Schaaf selbst ausdrückt.

9 Der legendäre, in jedem Stadion bekannte Ruf: »Steht auf, wenn Ihr … seid!« bezog sich ursprünglich nicht auf die eigene Mannschaft (deren Widerstandsgeist gegen die drohende Niederlage damit geweckt werden soll), sondern auf die Großgruppe der VIPs, die sich der

Massenbildung ist aber nicht allein die Synchronisierung der Zuschaueraktivitäten, sondern die Feinabstimmung zwischen den Fans und den Spielern auf dem Platz beziehungsweise mit dem Spielverlauf.

»Zustände intensivster Gemeinsamkeit« in der Fußball-Arena

Die Fans versuchen, durch ihr Klatschen, Springen, Skandieren und vor allem durch das körperbetonte gemeinsame Vortragen ihrer Fangesänge Einfluss auf den Spielverlauf zu nehmen. Voraussetzung dafür ist, dass sie sich von eigens dafür ernannten und in der Kurve anerkannten »Chant-Leadern« animieren und anleiten lassen und dass sich diese (mit Megaphonen ausgerüsteten) Anführer in ihren Interventionen möglichst genau auf den Spielverlauf, die Verfassung der Mannschaften und die gegnerischen Fans beziehen. Fangesänge sind Gruppengesänge, sie dienen der Vermittlung eines »Wir-Gefühls«, wobei dieses »Wir« nicht nur die Gruppe, Großgruppe beziehungsweise Masse der Fans meint, sondern die »eigene« Mannschaft und den »Heimatclub« ausdrücklich einbezieht (mitunter auch die Heimatstadt).

Fangesang ist »Großgruppenpräzisionssingen« insofern, als immer mit der gleichen Tonhöhe begonnen wird, also ein »kollektives Tonhöhengedächtnis« vorzuliegen scheint (Kopiez & Brink, 1999). Präzise ist darüber hinaus auch die Abstimmung der Gesänge mit dem Geschehen auf dem Platz, indem der Gegner in entscheidenden Momenten beschimpft, verhöhnt und verunsichert, die Heimmannschaft dagegen erwartungsvoll angefeuert wird. Dies wird erreicht, indem verunsicherte eigene Spieler durch Lob und Zustimmung »aufgebaut« und die Mannschaft als Ganze über die gesamte Spielzeit – insbesondere in entscheidenden Momenten und gegen Ende der Partie – ein die Leistung steigerndes »Tuning« erfährt. Wirklich unvergesslich kann dies werden, wenn – wie die Profifußballer sich auszudrücken pflegen – »alles optimal zusammenpasst«, wenn also der dramatische Verlauf der Partie und die Unterstützung durch die Fans auf eine unvorhersehbare Weise in einem die Stimmung erhebenden gemeinsamen Erlebnis (einer gemeinsamen »narzisstischen Himmelfahrt«) kulminieren.[10]

La-Ola-Welle verweigerte, wodurch die Begeisterung aller abgebremst wurde. Nach mehreren Aufforderungen dieser Art hielt es auch diese Anhänger nicht mehr auf den Sitzplätzen.
10 Nach mehreren – teils mitreißenden – Championsleague-Partien führte Werder Bremen im letzten, entscheidenden Gruppenspiel zwar 3:1 gegen Panathinaikos Athen, benö-

Beschreibungen dieser Hochgefühle des »Zusammenpassens«, des intensiven gemeinsamen Erlebens starker affektiver Zustände in einem Massenkontext, erinnern an die von Stern beschriebenen Gemeinsamkeitserlebnisse in der frühen Mutter-Kind-Dyade (Stern, 1992, 2005; Stern et al. 2002). Diese dyadischen Erlebnisse sind bekanntlich nicht wirklich von Verschmelzungserlebnissen begleitet, sondern werden vom Säugling im Rahmen konturierten Selbstempfindens erlebt: »Was wir im Erwachsenenleben als enge, glückliche, ›symbiotische‹ Beziehung beschreiben, sind eher Zustände intensivster Gemeinsamkeit, als wirklich symbiotische, das heißt grenzauflösende Phänomene« (Dornes, 1993, S. 78).

Das Erleben mystischer oder kreativer Zustände bei Erwachsenen wurde – Dornes zufolge – unter anderem so beschrieben: »Man ist ›versunken‹, ›verloren‹, ›absorbiert‹, ›besessen‹ von einer Person, einem Buch, einem Drama, einem Ziel, einer Idee, einem Musikstück, einer intellektuellen Entdeckung, einem schönen Gemälde [...] In solchen ›Versunkenheitszuständen‹ gibt es eine subtile Veränderung des Bewußtseins« (Ross zit. n. Dornes, 1993, S. 103). Stern beschreibt diese Momente subtiler Bewusstseinsveränderung als »now moments«, als »Momente der Begegnung« (Stern et al., 2002), die im Feld einer »intersubjektiven Matrix« geschehen (Stern, 2005). Die neurowissenschaftlichen Belege dieser Matrix referierend, hebt er die mittlerweile entdeckten Spiegelneuronen hervor: Diese könnten verständlich machen, wie Menschen Aktivitäten anderer zu beobachten und zu imitieren vermögen:

> »Damit eine andere Person eine Resonanz in uns finden kann, müssen wir unbewusst mit ihr synchronisiert sein. Das heißt, wir müssen uns synchron bewegen, wie es zum Beispiel Liebende tun, wenn sie einander an einem Kaf-

---

tigte aber einen Auswärtssieg des FC Barcelona beim direkten Konkurrenten Udinese Calcio, um eine Runde weiter zu kommen. Dort stand es wenige Minuten vor Schluss jedoch nur Unentschieden 0:0. Über 40.000 Zuschauer im Bremer Weserstadion, die ihre Mannschaft zuvor leidenschaftlich angefeuert hatten und dankbar für deren Einsatz waren, reagierten mit – Grabesstille. Auch die Spieler auf dem Platz wirkten ernst, konzentriert, fast traurig. Als – offenbar über Mobiltelefone – das 1:0 für Barcelona die Zuschauerränge erreichte, meldete sich vereinzelter, zurückhaltender, noch besorgter Jubel, an dem sich die Spieler nicht beteiligten (vermutlich, um die Konzentration nicht zu verlieren). Erst das 2:0 führte zu einem synchronen Ausbruch von Freude und Begeisterung bei allen Beteiligten, und die Fans feierten die Auferstehung des schon verlorenen Primärobjekts (eines der legendären »Wunder von der Weser«) mit lauten Gesängen.

feetisch gegenübersitzen und miteinander ›tanzen‹, indem sie ihre Gesichter gleichzeitig annähern und distanzieren oder die Hände im selben Augenblick bewegen« (Stern, 2005, S. 93).

Um Koordination und Synchronizität zu veranschaulichen, wählt Stern ein Beispiel aus dem Fußball – das Treten eines rollenden oder das Auffangen eines durch die Luft fliegenden Balles.

Sterns Beobachtungen stammen aus der Erforschung dyadischer Prozesse, er führt jedoch aus, wie Intersubjektivität die Gruppenbildung fördert, das Funktionieren der Gruppe stärkt und den Gruppenzusammenhalt gewährleistet. Das menschliche Überleben sei auf Gruppenbildung und auf den Zusammenhalt der Gruppe gegründet. In manchen Gesellschaften werde der Begriff des Selbst weniger individualistisch verstanden und eher mit der intersubjektiven Matrix der Gruppe verknüpft: »Unter diesen Umständen wird Zugehörigkeit [...] durch Gruppenrituale und -aktivitäten (Tanzen, Bewegung, Singen, Geschichtenerzählen, Sprechchöre) aufrechterhalten« (ebd., S. 114).

Fußballfans geben sich, indem sie in koordinierter Aktion ihre Mannschaft anfeuern, gegenseitig (Gruppen-)Halt. Ob die Spieler ihnen darin beipflichten oder nicht – sie selbst fühlen sich beteiligt am Erfolg (also bedeutsam). Sie erfahren sich als wirkmächtig (also nicht der Ohnmacht ausgeliefert), sie erleben sich als mit der Mannschaft vereint (im besten Fall also als strahlend erfolgreich) und erfüllen eine wichtige Aufgabe, die ihrem Leben Sinn gibt und öffentlich wahrgenommen wird (sie sind also existent). Von dieser Arbeit sind sie besessen.

Fußball als Religionsersatz

»Fan« ist vom englischen »fanatic« abgeleitet, das auf das lateinische fanaticus zurückgeht: von der Gottheit ergriffen, rasend. Fanatismus ist ein altes Phänomen: Die Römer bezeichneten Menschen, die fremde Götter verehrten, als »fanatici«; umgekehrt sahen die Christen heidnische Priester und Kultdiener als »fanatici« an (Conzen, 2005).

Über Fußball als Religionsersatz nachzudenken, ergibt in mindestens zweierlei Hinsicht Sinn: Erstens ist Fußball in unserer Gesellschaft eine der Erscheinungsformen des Kapitalismus, der als Religion interpretiert werden kann. Zweitens erinnern die Versammlungen und dabei vor allem die Rituale der Fans an religiöse Riten und Praktiken, sodass selbst Protagonisten die Parallele zur Kirchenbindung herstellen:

> »Einer von den Jungs zu sein [...] war für Richard das höchste. Er wurde ganz ernst und ein bißchen sentimental, als er davon sprach [...]. ›Auf den Samstag‹, sagte er, › freuen wir uns doch die ganze Woche lang. Im Grunde eine Religion. So wichtig ist das für uns. Samstag ist unser Feiertag‹. Richard wollte mir erklären, was es bedeutete, ein Fan von Manchester United zu sein« (Buford, 1992, S. 128).

Die jüngere Geschichte gerade dieses Klubs beziehungsweise transnationalen Konzerns ist exemplarisch (siehe dazu: manager-magazin 8/05, S. 30): Vom Gang an die Börse 1991 bis zur Übernahme durch den US-Investor Malcolm Glazer 2005 verfünfzehnfachte sich der Aktienkurs. In der Saison 2003/2004 wurde ein Gewinn von 259 Millionen Euro vor Steuern erwirtschaftet. Die Umsätze resultieren insbesondere aus offensivem Stadionmarketing, aber auch im Asienmarkt ist der Konzern aktiv. Glazer hat die Marke »ManU« im Rahmen einer »feindlichen Übernahme« für 1,2 Milliarden Euro gekauft und von der Börse genommen. Einen Großteil der Übernahmekosten – 800 Millionen Euro – hat er dem Klub aufgebürdet, der seitdem keine Gewinne mehr schreibt. Profifußball ist so sehr eine Erscheinungsform des Kapitalismus, dass es möglich scheint, mit ihm die globalisierte Welt zu erklären (siehe dazu Foer, 2004).

Dass der Kapitalismus als Religion gesehen werden kann, geht auf einen Vorschlag Walter Benjamins zurück, demzufolge er im Kern der Beruhigung derselben Sorgen, Qualen und Ängste dient, auf die ansonsten Religionen antworten. Der Kapitalismus sei Kultreligion ohne Dogmatik und Theologie, wobei der Kultus von permanenter Dauer sei und der Gott der Religion verheimlicht werden müsse (Benjamin, 2003). Der Kulturphilosoph Norbert Bolz hat in seiner Interpretation des Benjamin-Fragmentes dessen Kernaussagen herausgearbeitet. Der permanent andauernde Kultus der kapitalistischen Religion sei ein Kultus der Ware, der Tauschwert derselben werde zum Gegenstand religiöser Verklärung und zum Medium eines religiösen Rausches. Die Verehrung der Ware als Fetisch sei der einzige Inhalt des Kultes, bei den von Benjamin beschriebenen Einkaufspassagen handele es sich um »Tempel« oder »Wallfahrtsstätten«: »Es geht ihnen nicht mehr um den Gebrauchswert, sondern um den Inszenierungswert von Waren. Gefragt sind Themenwelten, Lebenstile, Weltbilder – die man kultisch inszenieren muß« (Bolz, 2003, S. 200).

Mit dem Übergang von der Industrie- zur Mediengesellschaft wird die Ware (die schon Marx als Ding »voll metaphysischer Spitzfindigkeit und theologischer Mucken« bezeichnete (Marx, 1969, S. 85) zur Marke: Heutige Markenführung weist Parallelen zu religiösen Diskursen auf (siehe dazu Schubert, 2004). Das beginnt bei Symbolen, welche die Zugehörigkeit zu einer Gruppe oder den Ausdruck einer Haltung darstellen (die Accessoires der Fans), und reicht – insbesondere bei den Marken der Global Player (Manchester United, Bayern München, Real Madrid, FC Barcelona, Juventus Turin) bis zu weltweit gepflegten »Communities«. Dabei finden wir den neuesten Trend, dass Unternehmensmarken gegenüber einzelnen Markenartikeln an Bedeutung gewinnen, auch im Fußball: der Klub als wiedererkennbare »Marke«, nicht die Mannschaft oder gar einzelne Spieler derselben (Letztere wechseln viel zu schnell). Die Identität des Klubs beeinflusst die Identität und den Marktwert des Spielers:

> »Im Marketing-Fach-Chinesisch sprechen wir hierbei von einem Abstrahl- oder ›Halo-Effekt‹ der Dachmarke auf die einzelnen Produkte, wobei im Englischen das Wort ›Halo‹ für – man ahnt es schon – den Heiligenschein steht. Erfolgreiche Marken etablieren sich als Ikonen, die mit einem Heiligenschein versehen sind« (Schubert, 2004, S. 160).

Kulte und Rituale dienen der Komplexitätsreduktion und damit als »Heilmittel« in einer als chaotisch, unübersichtlich und regellos erlebten, zunehmend komplexen Welt. Kulte geben Sicherheit und Bindung (religio) in einer Welt der Unsicherheit. Das religiöse Bedürfnis wechselt dabei den Schauplatz, es verlässt den kirchlichen Raum und findet sich in Konsumtempeln wieder. Ein Beispiel ist Nike-Town in Chicago:

> »Sport als reiner Kult, Schuhe als Fetische, Basketball-Stars als die Hohenpriester. In Nike-Town einzutreten, ist nicht einfach Shopping, sondern ritueller Vollzug. Entscheidend wichtig dabei ist: Es handelt sich um Riten ohne Gott. [...] Formelhaft gesagt: Man streicht Gott, um desto besser religiöse Gefühle bedienen zu können. [...] Der Kunde soll nicht einfach nur kaufen und verbrauchen, sondern eine rituelle Handlung vollziehen [...] –

der Kunde geht vom passiven Konsum zur aktiven Devotion über« (Bolz, 2003, S. 202).

Damit sind die heutigen Fußballfans angesprochen, die sich in Fanshops mit »Devotionalien« ausstatten.

Fußballstadien gelten heute verbreitet als »Pilgerorte«. Der Gang zum Stadion gleicht einem Prozessionszug, das Auswärtsspiel einer Wallfahrt. Im festen Zeitrhythmus sammeln sich die in Ordenstrachten gekleideten »Pilger« an der heiligen Stätte, sie zeigen ihre Wappen, pflegen ihre Gesänge und kollektiven Beschwörungen und bringen sich in Verzückung, wenn sie den geheiligten Ort betreten.[11]

Stabilitäts- und Identitätssicherung durch Rituale

Rituale helfen Gruppen von Menschen in Krisen und Konfliktambivalenzen, indem sie Möglichkeiten der sinnlichen Darstellung und der symbolischen Aktion bereitstellen (Heimbrock, 2000; siehe auch Josuttis, 2000). Dies gilt insbesondere in »heißen« Kulturen, also Zeiten gesellschaftlichen Umbruchs und Wandels, wenn Werte und Normen aufbrechen und Identitätsängste aufkommen. Auf Ernst Cassirer und seine Auseinandersetzung mit den totalitären Strömungen seiner Zeit geht der Gedanke zurück, dass das Wiederaufleben anachronistischer Riten und Mythen und das Erleben von Ratlosigkeit und Ohnmacht angesichts unlösbarer gesellschaftlicher Probleme miteinander verbunden seien (Erdheim, 2001) Der Politiker erschien daher als »Priester einer neuen vollständig irrationalen und mysteriösen Religion« (ebd.,

---

11 Die unter Fußballfans verbreitete Art des textlosen Singens galt Augustinus als der Idealfall für das Singen in der Kirche, da es die gesamte Person des Singenden in Besitz nimmt und den Zustand höchster religiöser Verzückung ausdrückt (Kopiez & Brink, 1998). Eine Regel der Fußballpilger ist, nach dem Gewinn der Meisterschaft den Platz zu stürmen, um Teile des »Meisterrasens« auszugraben und – als Totem – mit nach Hause zu nehmen. Eine meiner Supervisandinnen (sie ist Dortmundfan und reist zu Spielen hunderte von Kilometern an) erzählte mir stolz, ihr Sohn habe nach dem Gewinn der letzten Meisterschaft durch den BvB »den Elfmeterpunkt mitgebracht«, der wachse nun im Garten, »und ob Sie's mir glauben oder nicht – dieses Stück Rasen ist ›beseelt‹, es wächst anders als der Rasen drumherum!«

S. 318). Erdheim, der an Cassirer erinnert, regt an, heutige Sportveranstaltungen und Popkonzerte neben Fastnacht und Karneval als letzte Reste »heiliger Zeiten« und kultischer Feste anzusehen. Durch Kulte und Rituale werde versucht, »kalte«, stabile Inseln inmitten einer »heißen«, hochdynamischen Kultur zu erzeugen (ebd., S. 325).

Zu den latenten Bedeutungen von Ritualen zählt, dass sie identitätssichernd wirken. In Gruppen und Großgruppen geschieht dies insbesondere, indem sie die Abgrenzung gegenüber anderen Gruppen fördern. Volkan sieht den Hauptzweck von kollektiven Ritualen darin, die Grenzen der Gruppenidentität zu schützen (Volkan, 2005). Dies gelte insbesondere für

> »Rituale, die in Interaktion mit einer gegnerischen/feindseligen Großgruppe entstehen – etwa, wenn Symbole der Gruppe (z.B. Flaggen oder Hymnen), die als grundlegend für die Gruppenidentität gelten, von den Anderen angegriffen werden. Verunglimpfung der Anderen und Abwehr dieser Verunglimpfung sind jeweils beide identitätsstiftend: »Gruppenzugehörigkeit ist eine soziale Kategorisierung, die über Differenzbildung bewusst wird [...]. Eine Person gehört einer bestimmten Gruppe dadurch an, dass sie alternativen Gruppen nicht angehört. [...] Schwinden die Unterschiede zwischen den Gruppen [...], dann ist sie in ihrer Gruppenzugehörigkeit verunsichert« (Haubl, 2000b, S. 177f.).

Aus dieser Verunsicherung heraus kann sie die Fremdgruppe entweder entwerten oder gewalttätig bekämpfen.[12] Der »Narzissmus der kleinen Unterschiede« (Freud) findet seinen Ausdruck in vielen Ritualen der Fankurven, die im direkten Aufeinandertreffen der gegnerischen Mannschaften (und Großgruppen) die kreative Form dialogischer, aufeinander antwortender entwertender Sprechgesänge und »Kurvenshows« annehmen können.

Festzuhalten ist: Sowohl der kommerziell betriebene Fußballzirkus als auch die ihm zugehörige (konsumorientierte oder kritisch-faszinierte) Fußballfanszene haben ersatzreligiösen, neuheidnischen, kultischen Charakter. Fußball als Religionsersatz verhilft den Beteiligten zu dringend be-

---

12 Im Fanblock des BvB Dortmund findet sich unter hunderten von gelben BvB-Enblemen bei jedem Spiel der Mannschaft (nicht nur bei Spielen gegen Schalke 04) ein Enblem mit dem stilisierten Zeichen »Schalke – nein danke«.

nötigtem Halt und ersehnter zwischenmenschlicher Bindung in Zeiten zunehmender Ungewissheit und Desorientierung. Allerdings liegen konstruktive Formen dieser »Religionspraxis« und destruktiv-regressive Varianten derselben gefährlich nahe beieinander.[13]

Feindbilder im Fußballstadion

Feindbilder können teils realitätsgerechte Wahrnehmungen und Einschätzungen reflektieren, entspringen aber meist Projektionen, die sich insbesondere im Zusammenleben von Gruppen katastrophal auswirken können. Zwar geht es dabei immer auch um Distanzierung, Abgrenzung und Selbstdefinition durch Kontrast (Mentzos, 2003), vor allem aber um die »Entsorgung« jener Gefühle, Fantasien und Handlungsbereitschaften, die – aufseiten der Projizierenden – verpönt sind:

> »Im Feind begegnet der Angehörige einer Gruppe seinen eigenen ›bösen‹, d. h. psychisch nur unzureichend integrierten Anteilen. In der Entwertung, Bekämpfung oder gar Vernichtung des Feindes geht er zu sich selbst auf Distanz: der Feind ist der ganz andere und deshalb nicht zu verstehen« (Haubl, 2000b, S. 179).

Die nötige Empathieverweigerung schließt häufig auch die Dehumanisierung des Feindes ein. Wie die spezifische Mischung aus Projektion, Empa-thieverweigerung und Dehumanisierung des anderen gerade in »rechtschaffenen«, empörten Reaktionen auf Hooligans zum Ausdruck kommen kann, ist mit Blick auf Gewalttätigkeiten am Rande der WM 1998 beschrieben worden (Oberhoff, 2000).

Projiziert wird das, was selbst nicht ertragen beziehungsweise toleriert werden kann, was also abgespalten ist. Damit der Feind auch tatsächlich als Container dieses Nichterträglichen fungieren kann, muss er kontrolliert und provoziert werden (projektive Identifizierung). Ein fast alltägliches Beispiel aus der Welt des Fußballs ist dies: Gegen Ende der Saison 2003/2004 hatte Werder Bremen beim Hauptkonkurrenten FC Bayern anzutreten, das Spiel

---

13 Die erste Beobachtung dieser Figur (Flucht in neue, auch totalitäre Bindungen aus Angst vor der Ohnmacht und Unsicherheit, die durch neue Freiheit hervorgerufen werden) verdanken wir einem 1941 erschienenen Essay Erich Fromms (Fromm, 2005).

war entscheidend in Bezug auf die Meisterschaft. Um den Gegner einzuschüchtern, zu verunsichern und zu entwerten, hatte Bayerns Manager Uli Hoeneß eine Art Kriegserklärung über den Fernsehsender »Premiere« verbreitet: Man werde die Bremer in München »wegmachen, richtig niedermachen«! Diese Kampfansage kam sicher keiner Dehumanisierung des Feindes gleich – sie aber als vernichtend zu charakterisieren, scheint nicht übertrieben. Sie transportierte unverkennbar auch die Absicht, das Gegenüber (den Sportdirektor oder den Trainer des Gegners) zu Feindseligkeiten zu provozieren. Thomas Schaaf und Klaus Allofs als Vertreter der Bremer verweigerten jedoch die Mitwirkung, indem sie in allen öffentlichen Verlautbarungen besonnen reagierten. Im Zusammentreffen beider Mannschaften waren es dann die Bayern, die sich selbst zutiefst verunsichert zeigten und mit Wut und Fassungslosigkeit reagierten – der Versuch, sich dieser leistungsmindernden (und vermutlich verpönten) Gefühle via projektiver Identifizierung zu entledigen, war angesichts der besonnenen Reaktion des Kontrahenten gescheitert.

Ernsthafte Feindbeziehungen zwischen Gruppen sind stets paranoid getönt, sie reflektieren eine Dominanz des paranoid-schizoiden Erfahrungsmodus (Ogden, 1995), in dem Feindbilder, Spaltungen, regressive Beziehungsformen, grobe Realitätsverzerrungen, archaische Ängste, Racheimpulse sowie Schuldvorwürfe vorherrschen. Da Symbolisierung in diesem Modus nur sehr eingeschränkt zur Verfügung steht, bestimmen verschiedene Formen des Konkretismus und der Handlungssprache (Agieren) das Geschehen. Im Kontext des Profifußballs bestehen zahlreiche Möglichkeiten, Erfahrungen dieser Art zu kultivieren.

Gewaltbereitschaft, Rassismus und Rechtsextremismus unter Fußballfans

Gewaltbereitschaft, Fremdenfeindlichkeit und Rassismus im Fußball sind komplexe Phänomene, deren Verständnis einen mehrdimensionalen, figurationalen Ansatz erforderlich machen. Ein solcher Ansatz integriert Psychologie, Soziologie und Geschichte und untersucht die Bedeutung, die diese Pänomene für die Akteure selbst haben (Dunning, 2002). Vorerst schälen sich einige Charakteristika gewaltbereiter Fußballfans heraus, die hier zusammengefasst werden (siehe dazu Krause, 2001; Wirth, 2001; Bohleber, 2002a, 2002b; Dunning, 2002; Tömmel, 2002; Elias & Dunning, 2003; Weigelt, 2004; Pilz, 2005a, 2005b, 2006; Schönau, 2005; Buford, 1992; Parks, 2003 auf der Basis teilnehmender Beobachtung. Zu den Akteuren in den Chefetagen der Klubs siehe Foer, 2004; Schönau, 2005):

Bei Hooligans handelt es sich mehrheitlich um junge Männer aus der Unterschicht, also einem Sozialmilieu, in dem Gewalt- und Affektkontrolle weniger ausgeprägt sind und »Machismo« als Ausdrucksform des männlichen Habitus dominiert. Diese Männer leben Gewalt lustvoll aus, sie empfinden »Aggro« als nahezu erotisch erregend und geraten oftmals in eine süchtige Suche nach Momenten des Überlebens, die sie als Erfahrungen absoluten Erfülltseins beschreiben.[14]

Dieses tranceähnliche Erleben ist an das Handeln und Erleben als Masse gebunden und verschafft das Gefühl »ewiger« Zusammengehörigkeit:

> »Wir gegen alle, und wir hatten keine Ahnung, was passieren würde. Lauter ganz verschiedene Gefühle. Angst, Wut, Aufregung. Sowas hab ich noch nie gespürt. Wir haben's alle gespürt, und jeder einzelne von uns weiß jetzt, wir haben etwas Wichtiges durchgemacht – etwas Handfestes. Nach so einem Erlebnis werden wir uns nicht wieder aufsplittern. Wir splittern uns nie mehr auf. Wir bleiben unser Leben lang Kumpels« (Buford, 1992, S. 132).

Die Gewaltaktivitäten vermitteln den Akteuren das Gefühl von Macht über andere, das gezielt herbeigeführt und genossen wird. Genossen wird die Angst, die sie anderen bereiten. Genossen wird die Aufmerksamkeit, die sie erzwingen. Die folgende Aussage eines jugendlichen Skinheads könnte genauso gut von einem Hooligan stammen:

> »Du bekommst ein ungeheures Gefühl von Macht, wenn eine große Gruppe von uns die Straße runterrennt, niemand wird es wagen, Dich zu belästigen, Dich anzurühren, sogar die Polizei hat Respekt vor uns. Außerdem verschafft es Dir eine höllische Aufmerksamkeit. Die Leute beachten Dich, wenn wir nicht so aussähen und so wären, würde uns niemand beachten« (Reimitz, 1989, zit. n. Streeck-Fischer, 1992, S. 756).

Kehrseite dieser Haltung ist das Erleben von Ohnmacht und Nichtanerkennung – nicht nur in der biografischen Entwicklung, sondern auch in Bezug

---

[14] Auch dies findet sich bereits bei Erich Fromm: Als »ekstatische Destruktivität« beschrieb er tranceartiges Erleben in Verbindung mit religiösen Kulten, ekstatischen Tänzen, Drogengebrauch und sexuellen Orgien (Fromm, 1974).

auf die aktuelle Lebenssituation. Elias hat diese Zusammenhänge in sehr plastischer Sprache als Ausdruck eines »Außenseitersyndroms« beschrieben (Elias & Dunning, 2003, S. 109–111).

Die Welt dieser adoleszenten jungen Männer ist in Gut und Böse gespalten, in Freunde und Feinde beziehungsweise in Menschen, denen Respekt entgegengebracht wird und solche, denen nur Verachtung zukommt. Autoritäten, Repräsentanten von Institutionen – insbesondere der staatlichen Gewalt – werden angegriffen, beschädigt, zerstört, Gesetze – zum Beispiel solche, die dem Schutz von Gegenständen oder der Unversehrtheit von Personen gelten – systematisch gebrochen. Zum Kern der Hooliganidentität gehört, dass sich die Aktivisten selbst erheblichen Gefahren und Risiken aussetzen beziehungsweise diese aktiv suchen; dabei nehmen sie Selbstschädigungen verschiedenster Art in Kauf. Auf diese Weise gestalten sie eine fortlaufende Eskalationsspirale aus Traumatisierungen anderer und Retraumatisierungen ihrer selbst. Gewaltneigungen verbinden sich oftmals mit Feindbildern und spezifisch rassistischen Einstellungen, die Grenzen zwischen diesen Erscheinungsformen »gruppenbezogener Menschenfeindlichkeit« (Heitmeyer) sind fließend. Auch rechtsextremistische Haltungen liegen dann nahe (wie zum Beispiel im Umfeld von Roter Stern Belgrad, von Lazio Rom, dem österreichischen FC Braunau oder dem FC Dynamo Dresden), sodass sich in der Summe ein abstoßendes Konglomerat aus menschenfeindlichen und menschenverachtenden Haltungen und Praktiken ergibt.

Diese Skizze der Gewaltbereitschaft unter Fußballfans erinnert in vielem an klinische Kriterien von Borderline-Organisationsformen, wie sie in Gruppen und Großgruppen zum Ausdruck kommen können (Kernberg, 2000, 2001). »Klinische« Erklärungsansätze von Eskalationen der Gewalt, des Rassismus und Rechtsextremismus greifen jedoch zu kurz, wenn sie gesellschaftliche (institutionelle, politische, kulturelle, wirtschaftliche, historische) Aspekte außer Acht lassen (siehe dazu kritisch Lempa, 2001). Die Tatsache, dass es gerade in den neuen Bundesländern zu einem außergewöhnlichen Anstieg sowohl gewaltbereiter Fanaktivitäten als auch rassistischer und rechtsextremistischer Haltungen kommt, bliebe auf diese Weise ebenso unverstanden wie beispielsweise die in Deutschland unvorstellbare politische Polarisierung des Fußballs in Italien.[15]

---

15 Der AC Milan diente Silvio Berlusconi in einem solchen Ausmaß als Mittel zum Zweck der politischen Machtübernahme, dass er seine im Anschluss an den Aufstieg des Fußballklubs gegründete politische Partei nach einem Schlachtruf der Fußballfans benannte:

Hooliganismus und Fanrassismus als Ausdruck kollektiver narzisstischer Verstörung

Fremdenhass, Gewalt gegen Fremde und die ihnen zugrunde liegenden Feindbilder sind als kollektive narzisstische Störungen beschrieben worden (Wirth, 2001). Unter Bezugnahme auf Devereux führt Wirth aus, dass die individuelle (»idiosynkratische«) Störung aufgrund spezifischer Lebensumstände von Individuen entstehe, während die kollektive (»ethnische«) Störung die Lebensumstände eines Kollektivs, einer Großgruppe reflektiere (ebd., S. 1240). Sofern sich gewaltbereite und rassistisch ausgerichtete junge Männer überhaupt in psychotherapeutischen Behandlungen oder intimen Interviewsituationen mitteilen, erfährt das Gegenüber in der Regel nicht nur von kumulativen traumatisierenden Kindheitserfahrungen, sondern von lebensgeschichtlich fortlaufenden Geschichten des Scheiterns, des Nichtgewollt- und des Abgeschobenseins, der Unbehaustheit und Hoffnungslosigkeit (Streeck-Fischer, 1994a, 1994b; Wirth, 2001; aber auch Lempa, 2001). Die gefühlsmäßige Reaktion auf diese Grundsituation der Zurückweisung und Nichtanerkennung, auf erlebte Entwürdigung und Demütigung ist Scham-Wut (Krause, 2001). Schamgefühle sind aus dieser Sicht die Antwort auf das Ausbleiben des liebenden Erkennens beziehungsweise der natürlich zustehenden Anerkennung:

> »Die Idealisierung der eigenen Person beispielsweise als Krieger oder Tugendwächter dient dazu, chronische Scham- und Unwertgefühle fernzuhalten. [...] In bestimmten, meist auch politisch regressiven Umständen gelingt es diesen Personen, eine Klientel von ebenfalls Gedemütigten in ihr phantasmatisches System einzubeziehen« (ebd., S. 948).

Junge Männer neigen dazu, die aus Traumatisierungen resultierenden massiven Beschämungsgefühle mit einem Panzer aus Stärke und Unberührbarkeit abzuwehren. Angst, Furcht und Scham gelten ihnen als »weibliche«

»Forza Italia« (siehe dazu: Foer, 2004; Schönau, 2005). Wenn die Profis von Lazio Rom auf die Rivalen aus Livorno stoßen, werden die Treffen in den Fankurven als Zusammenstoß neofaschistischer und kommunistischer Bewegungen inszeniert. Und während der eine Mannschaftskapitän seine Tore mit dem Faschistengruß vor den Anhängern feiert, grüßt der andere seine Parteigänger mit erhobener Kommunistenfaust (siehe dazu *11 Freunde*, Heft Nr. 51 vom Februar 2006).

Affekte, Wut, Verachtung und Ekel dagegen als idealtypisch »männliche« Affekte einer Kampf- und Kriegerkultur, wobei die von Krause referierten Sozialisationstechniken zur Herausbildung derselben sämtlich auf die Kultur gewaltbereiter Fußballfans zutreffen.

Die »ethnische« narzisstische Störung läßt sich als tiefgreifender und kollektiv geteilter Anerkennungskonflikt beschreiben (Honneth, 1994, 2003; Altmeyer, 2000, S. 152–157): Das natürliche Bedürfnis, anerkannt zu werden, muss von Individuen – nach mehr oder weniger gelungener intersubjektiver Anerkennung in der Kindheit – lebenslang »aufgefrischt« werden. Im Fall des frühen Misslingens folgen auf Erfahrungen der Traumatisierung, der Vernachlässigung und der Misshandlung im Elternhaus oftmals kumulativ wirkende Folgeerfahrungen in der Adoleszenz und im jungen Erwachsenenalter: Nichtgewolltsein (Schulverweise, Pflegefamilien, Heimaufenthalte), berufliches Scheitern (abgebrochene Ausbildungen, Arbeitslosigkeit) und gesellschaftlicher Abstieg (Alkohol- und Drogenmissbrauch, Verschuldung, Wohnungsverlust, Strafverfolgung etc.). Im Fall junger ostdeutscher Männer kommen die ökonomisch bedingte und politisch verantwortete Perspektivlosigkeit und der massive Verlust an institutionell und gesellschaftlich wirksamem »Holding« hinzu, wie er durch die abrupte Modernisierung und die sozialen Desorganisationsprozesse für Heranwachsende verursacht wird – besonders in sozialen Räumen, in denen die soziale Kontrolle aufbricht (Kühnel, 1994).[16]

Gruppenanalytisch gesprochen wurde der ostdeutschen Gesellschaft ein wesentlicher Teil der »Holding-together-Function« (Hearst) genommen, sodass viele Jugendliche und junge Erwachsene dringend benötigten Halt verloren (Loch, 2001; Tömmel, 2002). Unter diesen Bedingungen sind Gruppen und speziell der Zusammenhalt und die Anerkennung, die sie vermitteln können, von existenzieller Bedeutung.

Erfahrungen der Beschämung, Demütigung und des Nichtgesehenwerdens können in einem Kreis von Gleichgesinnten kollektiv bewältigt werden, indem das gefährdete Ich durch eine gemeinsame Grandiositätsfigur (ein aufgeblähtes Gruppengrößenselbst) ersetzt wird, was ein gemeinsam geteiltes manisches Hochgefühl entstehen läßt. Die erlebte Bedeutungs- und Macht-

---

16 Es sind exakt diese sozialen Räume, in denen nach Auskunft zuständiger Stellen der rassistisch motivierte Hooliganismus in Ostdeutschland eskaliert: im Umfeld der weniger bekannten Zweit- und Drittligaclubs (persönliche Mitteilung eines Einsatzleiters der Bereitschaftspolizei an den Verfasser).

losigkeit kann so konterkariert werden: Die Erfahrung gemeinsam ausgeübter Gewalt vermittelt das Gefühl der Kontrolle, der Wirkmächtigkeit und des Triumphes, gesehen zu werden – und sei es als Inkarnation des Bösen. Innerhalb der gewaltausübenden, fremdenhassenden Peergroup machen die jugendlichen Mitglieder darüber hinaus die Erfahrung Halt gebender Gruppenstrukturen (also klarer Hierarchien in der »Ersatzfamilie«). Ihr im Kern wohlbegründetes Gefühl, ungerecht behandelt worden zu sein, findet Bestätigung in der Peergroup. Es gelingt ihnen in Identifikation mit akzeptierten Führern, die verpönten Gefühle der Scham und der Angst in Verachtung und Abscheu den »Feinden« gegenüber zu verwandeln und ihrem zerstörischen Hass in gemeinsamen »geilen« Aktionen Ausdruck zu geben: Insbesondere unter Alkoholeinfluß geraten sie in eine rauschhafte Verfassung, die Gewaltexzesse fördert: »Den anderen brutal zu misshandeln, bluten zu sehen, zu zerstören, dient der Reparation einer zuvor erfahrenen schweren narzisstischen Beschädigung, eines durch Ausgrenzung und massive Grenzüberschreitungen beschädigten Selbst« (Streeck-Fischer, 1994b, S. 83).[17]

Zum Berserker werden – Initiationsritus oder Götzendienst?

Es war Erich Fromm, der den bei den Germanen üblichen Brauch, »zum Berserker werden«, als Initiationsritus interpretierte (Fromm, 1997): Das Wort »Berserker« leitet sich von den altnordischen Substantiven für »Bär« und »Gewand« ab und bezeichnete den in Bärenfelle Gehüllten, der sich in einen Trancezustand versetzte und – wenn ihm dies gelang – die Schwelle zum unabhängigen Mannestum überschritt:

> »In dem Ausdruck furor teutonicus kommt die Heiligkeit dieses besonderen Zustandes der Raserei zum Ausdruck. Mehrere Merkmale dieses Rituals sind

---

[17] Die von diesen Gruppen ausgehenden Versprechungen sind so »attraktiv«, dass ihnen nicht nur Personen mit manifester Persönlichkeitsstörung erliegen. Letztere eignen sich allerdings – wenn sie das erforderliche »Charisma« auszeichnet – bevorzugt als Anführer: Der Kriegsverbrecher Arkan nutzte die von ihm aufgebaute Hooligan-Fanszene des Fußballklubs Roter Stern Belgrad zur Rekrutierung Milosevic-treuer Terrorgruppen, die sich unter seiner Führung am Genozid beteiligten (Foer, 2004). Die neofaschistische Fankurve des Klubs Lazio Rom zeigte im Jahr 2000 ein Spruchband mit der Aufschrift: »Ehre dem Tiger Arkan« (Schönau, 2005, S. 147). Ein anderes Banner teilte den gegnerischen Fans mit: »Auschwitz ist eure Heimat, die Öfen sind euer Schicksal.«

bemerkenswert. Zunächst handelt es sich um eine Raserei um der Raserei willen [...]. Sie hat einen tranceähnlichen Zustand zum Ziel, in dessen Mittelpunkt [...] das alldurchdringende Gefühl der Wut steht. Es ist möglich, dass man zur Herbeiführung dieses Zustandes mit Drogen nachgeholfen hat [...]. Um dieses Erlebnis der Ekstase zu erreichen, bedarf es der einigenden Kraft der absoluten Wut. Fernerhin handelt es sich um einen auf Tradition, auf der Leitung durch Medizinmänner [also auf Vermittlung durch kundige Dritte, R. H.] und auf der Wirkung der Gruppenpartizipation begründeten kollektiven Zustand [...]. Schließlich handelt es sich um einen vorübergehenden und nicht um einen chronischen Zustand von Wut« (ebd., S. 311).

Die chronische Hingabe eines Menschen an Hass und Destruktivität ergreife demgegenüber die Gesamtpersönlichkeit, sodass alle ihre Kräfte auf Zerstörung ausgerichtet seien. Diese Verfassung bezeichnet Fromm als »permanenten Dienst am Götzen der Zerstörung« (ebd., S. 312).

Ohne Fromm zu erwähnen, stellt Nadig eine Verknüpfung zwischen rechtsradikalen Gewaltaktionen Jugendlicher und Übergangsritualen aus anderen Kulturen her, bei denen Entdifferenzierung im Rausch und regressive Gruppenphänomene ebenfalls bedeutsam sind (Nadig, 1998). Ritualen komme in nichtindustriellen Gesellschaften eine gesellschaftsintegrierende Funktion zu, rechtsradikale Praktiken könnten als »Ritualersatz« interpretiert werden und Peergroups komme eine intermediäre Funktion zwischen Familie und gesellschaftlichen Institutionen zu. Das für ihre Interpretation leitende Konzept entnimmt Nadig dem Werk des Ethnologen Victor Turner (Turner, 1989). Im Zentrum von Übergangsritualen fand dieser Schwellen- oder Umwandlungsphasen, in denen sich die Schwellenwesen in einem Zustand der Ambiguität und Unfassbarkeit befinden – nicht mehr in alten Rollen fixiert, in den neuen noch nicht angekommen: »In diesem Moment sind sie quasi freischwebend und ungebunden; sie befinden sich außerhalb der von Gesetz, Tradition, Hierarchie und Etikette fixierten Positionen. Von daher werden sie als gefährlich für die Ordnung der Gesellschaft erlebt« (Nadig, 1998, S. 337). Hexen, Schamanen und Narren (»Fanatici«, »I Furiosi«, »Berserker« und »Fans«) repräsentieren »Communitas« – eine rudimentär strukturierte, relativ undifferenzierte Gemeinschaftsverfassung, deren dialektisches Wechselverhältnis mit dem Gegenpol »Struktur« menschliche Sozialbeziehungen und Gesellschaft konstituieren: Leben von Individuen, Gruppen und Gesellschaften versteht Turner als ständig wechselnde Erfahrung von Oben und Unten,

Communitas und Struktur, Homogenität und Differenzierung, Gleichheit und Ungleichheit. Die gewaltbereiten Jugendgruppen gleichen in manchem der »Communitas« Turners:

> »Sie funktionieren unstrukturiert, spontan und gesetzlos. Die Mitglieder suchen Nähe, Zusammengehörigkeit und Direktheit in ihren Beziehungen sowie Rausch, Auflösung und Entgrenzung im Alkohol, der aufpeitschenden Musik, dem Erzählen von Medienereignissen und von eigenen Erfahrungen. [...] Um aus dem regressiv lustvollen, aber bedrohlichen Zustand wieder herauszukommen, müssen sie zur Handlung, zur ›action‹ greifen und sich dadurch strukturieren« (ebd., S. 338).

Kreative Entstrukturierung und Terror oder Gewalt liegen daher sehr nahe beieinander.

Nach Turner entstehen religiöse Bewegungen vom Charakter der »Communitas« dort, wo es entwurzelte und hoffnungslose, am Rand der Gesellschaft lebende Massen gibt, oder wo Stammesgesellschaften mit der Dynamik komplexer Industriegesellschaften konfrontiert werden – also unter Bedingungen der Anomie. Subkulturelle Milieus wie die Fußballfanszene können als solche »religiösen« Bewegungen gelten. Sie sind wichtige Experimentierfelder für Gruppen von Jugendlichen und jungen Erwachsenen und stellen Übergangsräume dar, in denen die Umstellung von alten auf neue Rollen, die Beziehung zwischen den Generationen, das Experimentieren mit Identitäten und die Bewältigung aktueller gesellschaftlicher Herausforderungen thematisiert und »geübt« werden können. Ob die Initiation, der Wandel und die Entwicklung gelingen oder ob ein permanenter Dienst am Götzen der Zerstörung resultiert, hängt von zahlreichen Bedingungen ab, deren Diskussion eine eigene Arbeit erforderte. Diese Diskussion müßte 1. die Lebensperspektiven von Fußballfans thematisieren, sie hätte 2. ordnungspolitische Fragen aufzuwerfen, 3. müsste sie die Entwicklung des Profifußballs problematisieren und 4. die Bedeutung sozialpädagogischer Arbeit mit vor allem jugendlichen Fans hervorheben (zur Arbeit von Fanprojekten siehe Pilz, 2006; Hafke, 2006).

Literatur

Altmeyer, M. (2000). *Narzissmus und Objekt: ein intersubjektives Verständnis der Selbstbezogenheit*. Göttingen: Vandenhoeck & Ruprecht.

Bauman, Z. (2003). *Flüchtige Moderne*. Frankfurt a. M.: edition suhrkamp.
Benjamin, W. (2003). Kapitalismus als Religion. In D. Baecker (Hrsg.), *Kapitalismus als Religion* (S. 15–18). Berlin: Kulturverlag Kadmos Berlin.
Böhnisch, L. & Brandes, H. (2006). »Titan« und »Queen von Madrid« – Fußball zwischen Männlichkeitspraxis und Kommerz. In H. Brandes, H. Christa & R. Evers (Hrsg.). *Hauptsache Fußball* (S. 133–146). Gießen: Psychosozial-Verlag.
Bohleber, W. (2002a). Kollektive Phantasmen, Destruktivität und Terrorismus. *Psyche, 56,* 699–720.
Bohleber, W. (2002b). Gewalt in der Adoleszenz – Sackgassen der Entwicklung. In A.-M. Schlösser & A. Gerlach (Hrsg.), *Gewalt und Zivilisation. Erklärungsversuche und Deutungen* (S. 557–572). Gießen: Psychosozial-Verlag.
Bolz, N. (2003): Der Kapitalismus – eine Erfindung von Theologen? In D. Baecker (Hrsg.), *Kapitalismus als Religion* (S. 187–208). Berlin: Kulturverlag Kadmos Berlin.
Bourdieu, P. (1987). *Die feinen Unterschiede. Kritik der gesellschaftlichen Urteilskraft.* Frankfurt a. M.: edition suhrkamp.
Buford, B. (1992). *Geil auf Gewalt. Unter Hooligans.* München, Wien: Hanser.
Cachay, K., Thiel, A., Willke, H., Riedl, L. & Wagner, C. (2001). *Global Player – Local Hero: Der Sportverein zwischen Spitzensport, Publikum und Vermarktung.* Bielefeld: Universität Bielefeld / Abteilung Sportwissenschaft / Arbeitsbereich Sportmedizin - Gesundheit und Training.
Canetti, E. (2003). *Masse und Macht* (29. Aufl.). Frankfurt a. M.: Fischer Taschenbuch.
Chasseguet-Smirgel, J. (1981). *Das Ich-Ideal.* Frankfurt a. M.: Suhrkamp.
Christa, H. (2006). Zwischen Fankultur, Ballkunst und Kommerz – Betrachtungen zum Systemwechsel im professionellen Fußball. In H. Brandes, H. Christa & R. Evers (Hrsg.), *Hauptsache Fußball* (S. 49–70). Gießen: Psychosozial-Verlag.
Conzen, P. (2005). *Fanatismus. Psychoanalyse eines unheimlichen Phänomens.* Stuttgart: Kohlhammer.
Dornes, M. (1993). *Der kompetente Säugling. Die präverbale Entwicklung des Menschen.* Frankfurt a. M.: Fischer Taschenbuch.
Dornes, M. (1997). *Die frühe Kindheit. Entwicklungspsychologie der ersten Lebensjahre.* Frankfurt a. M.: Fischer Taschenbuch.
Dunning, E. (2002). Gewalt und Sport. In W. Heitmeyer & J. Hagan (Hrsg.), *Internationales Handbuch der Gewaltforschung* (S. 1130–1154). Wiesbaden: Westdeutscher Verlag.
Dunning, E. (2003). Sport als Männerdomäne. Anmerkungen zu den sozialen Quellen männlicher Identität und deren Transformation. In N. Elias & E. Dunning, *Sport und Spannung im Prozeß der Zivilisation* (S. 473–502). Frankfurt a. M.: Suhrkamp.
Elias, N. & Dunning, E. (2003). *Sport und Spannung im Prozeß der Zivilisation.* Frankfurt a. M.: Suhrkamp.
Erdheim, M. (1988). *Die Psychoanalyse und das Unbewußte in der Kultur.* Frankfurt a. M.: edition suhrkamp.
Erdheim, M. (1998). Adoleszenz, Esoterik und Faschismus. In E. Modena (Hrsg.), *Das Faschismus-Syndrom* (S. 311–329). Gießen: Psychosozial-Verlag.
Erdheim, M. (2001): Ritual und Reflektion (S. 165–178). In C. Caduff & J. Pfaff-Czarnecka (Hrsg.): *Rituale heute. Theorien – Kontroversen – Entwürfe* (2. Aufl.). Berlin: Reimer.
Franck, G. (1998). *Ökonomie der Aufmerksamkeit. Ein Entwurf.* München, Wien: Hanser.
Franck, G. (2005). *Mentaler Kapitalismus. Eine politische Ökonomie des Geistes.* München, Wien: Carl Hanser Verlag.

Freud, S. (1921c). *Massenpsychologie und Ich-Analyse. GW XIII*, S. 71–161.
Foer, F. (2004). *How Soccer Explains the World. An Unlikely Theory of Globalisation*. New York: Harper Collins.
Fromm, E. (1990). *Die Furcht vor der Freiheit*. München: dtv.
Fromm, E. (1997). *Anatomie der menschlichen Destruktivität*. Reinbek bei Hamburg: Rowohlt.
Fromm, E. (2005). *Die Furcht vor der Freiheit*. München: dtv
Hafke, T. (2006). »Sitzen ist für'n Arsch!« 25 Jahre Fan-Projekt Werder Bremen. In H. Brandes, H. Christa & R. Evers (Hrsg.). *Hauptsache Fußball* (S. 171–188). Gießen: Psychosozial-Verlag.
Haubl, R. (2000a). Zivilisation und Barbarei. Zur Dynamik gewaltträchtiger Gruppenkonflikte. *Freie Assoziation, 3*, 173–200.
Haubl, R. (2000b). Masse. In W. Mertens & B. Waldvogel (Hrsg.), *Handbuch psychoanalytischer Grundbegriffe* (S. 433–436). Stuttgart, Berlin, Köln: Kohlhammer.
Heimbrock, H.-G. (2000). Rituale: Unsinn oder Beitrag zu religiöser Sinn-Bildung? In M. Wermke (Hrsg.), *Rituale und Inszenierungen in Schule und Unterricht* (S. 25–47). Münster, Hamburg, London: LIT Verlag.
Heitmeyer, W. (1994). Entsicherungen. Desintegrationsprozesse und Gewalt. In U. Beck, E. Beck-Gernsheim (Hrsg.), *Riskante Freiheiten* (S. 376–401). Frankfurt a.M.: edition suhrkamp.
Heitmeyer, W. (1997). Einleitung: Auf dem Weg in eine desintegrierte Gesellschaft. In ders. (Hrsg.), *Was treibt die Gesellschaft auseinander?* (S. 9–28). Frankfurt a.M.: edition suhrkamp.
Heitmeyer, W. (Hrsg.). (2005). *Deutsche Zustände. Folge 3*. Frankfurt a.M.: edition suhrkamp.
Heitmeyer, W. (Hrsg.). (2006). *Deutsche Zustände. Folge 4*. Frankfurt a.M.: edition suhrkamp.
Heltzel, R. (2006). Erfolgsmodell Werder Bremen – aus Sicht des gruppenanalytischen Organsiationsberaters. In H. Brandes, H. Christa & R. Evers (Hrsg.). *Hauptsache Fußball* (S. 215–234). Gießen: Psychosozial-Verlag.
Hödl, G. (2002). Zur politischen Ökonomie des Fußballsports. In M. Fanizadeh, G. Hödl & W. Manzenreiter (Hrsg.), *Global Players – Kultur, Ökonomie und Politik des Fußballs* (S. 13–36). Frankfurt a.M.: Brandes & Apsel.
Honneth, A. (1994*). Kampf um Anerkennung. Zur moralischen Grammatik sozialer Konflikte*. Frankfurt a.M.: edition suhrkamp.
Honneth, A. (2003). Das Ich im Wir. Anerkennung als Triebkraft von Gruppen. In *Jahrbuch für Gruppenanalyse und ihre Anwendungen Band 9* (S. 5–22). Heidelberg: Mattes.
Hüpping, S. (2006). Anomia. Unsicher in der Orientierung, sicher in der Abwertung. In W. Heitmeyer (Hrsg.), *Deutsche Zustände. Folge 4*. Frankfurt a.M.: edition suhrkamp.
Josuttis, M. (2000). »Fußball ist unser Leben!« – Über implizite Religiosität auf dem Sportplatz. In M. Wermke (Hrsg.), *Rituale und Inszenierungen in Schule und Unterricht* (S. 110–120). Münster, Hamburg, London: LIT Verlag.
Kernberg, O.F. (2000). Sanktionierte gesellschaftliche Gewalt: eine psychoanalytische Sichtweise. *Persönlichkeitsstörungen, 4*, 4–26.
Kernberg, O.F. (2001). Psychoanalytische Beiträge zur Verhinderung gesellschaftlich sanktionierter Gewalt. *Psyche, 55*, 1086–1109.

Kopiez, R. & Brink, G. (1998). *Fußball-Fangesänge. Eine FANomenologie*. Würzburg: Königshausen & Neumann.
Krause, R. (2001). Affektpsychologische Überlegungen zur menschlichen Destruktivität. *Psyche, 55*, 934–960.
Kühnel, W. (1994). Entstehungszusammenhänge von Gewalt bei Jugendlichen im Osten Deutschlands. U. Beck & E. Beck-Gernsheim (Hrsg.), *Riskante Freiheiten* (S. 402–420). Frankfurt a. M.: edition suhrkamp.
Lempa, G. (2001). *Der Lärm der Ungewollten: psychoanalytische Erkundungen zu Fremdenfeindlichkeit, Gewalt und politischem Extremismus*. Göttingen: Vandenhoeck & Ruprecht.
Loch, D. (2001). Die radikale Rechte in den westlichen Demokratien: »Geschlossen« gegen die »offene Gesellschaft«? In D. Loch & W. Heitmeyer (Hrsg.), *Schattenseiten der Globalisierung* (S. 463–496). Frankfurt a. M.: edition suhrkamp.
Marx, K. (1969). *Das Kapital. Kritik der politischen Ökonomie, 1. Band* Berlin: Dietz Verlag.
Mentzos, S. (2003). Machtpolitische und psychosoziale »Funktionen« der Feindbilder. In W. Brüggen & M. Jäger (Hrsg.), *Brauchen wir Feinde?* (S. 63–82). Berlin: Edition Freitag.
Mrazek, K. (2005). *Fussball Cash-League. Wie das Geld den Lauf des Balles bestimmt*. München: Copress Verlag.
Nadig, M. (1998). Geschlechtsspezifische Aspekte in fremdenfeindlichen Abwehrformen. In E. Modena (Hrsg.), *Das Faschismus-Syndrom* (S. 330–357). Gießen: Psychosozial-Verlag.
Oberhoff, B. (2000). Die Gewalttätigkeiten am Rande der Fußballweltmeisterschaft 1998 und das gesellschaftliche Unbewußte. *Freie Assoziation, 3*, 159–172.
Ogden, T. H. (1995). *Frühe Formen des Erlebens*. Wien, New York: Springer.
Opaschewski, H. W. (2000). Jugend im Zeitalter der Eventkultur. http://www.bpb.de/publikationen/8WD8XJ,O,O,Jugend im Zeitalter der Eventkultur.html (22.06.2020).
Parks, T. (2003). *Eine Saison mit Verona*. München: Goldmann.
Pilz, G. A. (2005a). Gewalt im Umfeld von Fußballspielen – Ursachen und Möglichkeiten der Prävention. http://www.hooligans.de/info_ueber/Uber_Hooligans/Wissenschaftliche_Texte/Gewalt_im_Umfeld/gewalt_imumfeld.html (nicht mehr online verfügbar).
Pilz, G. A. (2005b). Aufsuechende, »akzeptierende« Jugend(sozial)arbeit mit gewaltfaszinierten, gewaltbereiten und »rechten« Jugendlichen. Ergebnisse und Perspektiven aus Forschung und praktischer Arbeit mit Fußballfans und Hooligans. http:// www.hooligans.de/info_ueber/Uber_Hooligans/Wissenschaftliche_texte/Praktische_Arbeit/praktische_arbeit.html (nicht mehr online verfügbar).
Pilz, G. A. (2006). »Soziale Arbeit statt Knüppel!?« Fans im Fukos von Ordnungspolitik und Sozialpädagogik. In H. Brandes, H. Christa & R. Evers (Hrsg.), *Hauptsache Fußball* (S. 235–250). Gießen: Psychosozial-Verlag.
Rosa, H. (2005). *Beschleunigung. Die Veränderung der Zeitstrukturen in der Moderne*. Frankfurt a. M.: edition suhrkamp.
Schaffrath, M. (1999). *Die Zukunft der Bundesliga: Management und Marketing im Profifußball*. Göttingen: Verlag Die Werkstatt.
Schönau, B. (2005). *Calcio. Die Italiener und ihr Fußball*. Köln: Kiepenheuer & Witsch.
Schubert, A. (2004). Brand Religion. In M. Baltes (Hrsg.), *Absolute Marken – Labels – Brands* (S. 158–165). Freiburg: orange-press.

Schulze, G. (2000). *Die Erlebnisgesellschaft. Kultursoziologie der Gegenwart.* Frankfurt a. M., New York: Campus.
Schulze-Marmeling, D. (2000). *Fußball. Zur Geschichte eines globalen Sports.* Göttingen: Die Werkstatt.
Schwenzer, V. (2002). Fußball als kulturelles Ereignis: Eine ethnologische Untersuchung am Beispiel des 1. FC Union Berlin. In P. Lösche, U. Ruge & K. Stolz, K. (Hrsg.), *Fußballwelten. Zum Verhältnis von Sport, Politik, Ökonomie und Gesellschaft* (S. 87–116). Opladen: Leske + Budrich.
Stern, D. (1992). *Die Lebenserfahrung des Säuglings.* Stuttgart: Klett-Cotta.
Stern, D. (2005). *Der Gegenwartsmoment. Veränderungsprozesse in Psychoanalyse, Psychotherapie und Alltag.* Frankfurt a. M.: Brandes & Apsel.
Stern, D., Sander, L. W., Nahum, J. P., Harrison, A. M., Lyons-Ruth, K., Morgan, A. C., Bruschweiler-Stern, N. & Tronick, E. Z. (2002). Nicht-deutende Mechanismen in der psychoanalytischen Therapie. Das »Etwas-Mehr« als Deutung. *Psyche, 56*, 974–1006.
Streeck-Fischer, A. (1992). »Geil auf Gewalt«. Psychoanalytische Bemerkungen zu Adoleszenz und Rechtsextremismus. *Psyche, 46*, 745–768.
Streeck-Fischer, A. (1994a). »Wir sind die Kraft, die Deutschland sauber macht.« – Oder die Entstehung von Fremdenhaß und Gewalt als Gruppenprozeß. *Gruppenpsychother. Gruppendynamik, 30*, 75–85.
Streeck-Fischer, A. (1994b). Entwicklungslinien der Adoleszenz. Narzißmus und Übergangsphänomene. *Psyche, 48*, 509–528.
Tömmel, S. E. (2002). Identität und »deutsch-sein«. Ein kulturpsychoanalytischer Beitrag zum Verständnis der neuen rechtsradikalen Gewalt in Deutschland. A.-M. Schlösser & A. Gerlach (Hrsg.). *Gewalt und Zivilisation. Erklärungsversuche und Deutungen* (S. 251–278). Gießen: Psychosozial-Verlag.
Turner, V. (1989). *Das Ritual. Struktur und Anti-Struktur.* Frankfurt a. M., New York: Campus.
Volkan, V. (2005). *Blindes Vertrauen. Großgruppen und ihre Führer in Krisenzeiten.* Gießen: Psychosozial-Verlag.
Weigelt, I. (2004). *Die Subkultur der Hooligans. Merkmale, Probleme, Präventionsansätze.* Marburg: Tectum Verlag.
Wirth, H.-J. (2001): Fremdenhaß und Gewalt als familiäre und psychosoziale Krankheit. *Psyche, 55*, 1217–1244.

Biografische Notiz
Rudolf Heltzel, Dr. med., ist Psychiater, Arzt für Psychotherapeutische Medizin, Psychoanalytiker (DGPT), Gruppenlehranalytiker (DAGG), Gruppenanalytischer Supervisor und Organisationsberater (DAGG), Supervisor (DGSv) sowie Mitglied des Fanprojekt Bremen e. V.

Die infizierte Gesellschaft

Epidemische Phänomene im öffentlichen Diskurs

Konrad Heiland

»Wie weit war die Seuche gekommen? Wo war sie noch nicht? Welche Gegenden galten als sicher? Welchen falschen Gründen galt es entgegenzutreten?« Mit diesen aufgelisteten sorgenvollen Fragen versetzt sich der Kulturwissenschaftler Olaf Briese in seinem Beitrag zu dem Sammelband *Die Kommunikation der Gerüchte* (Briese, 2008, S. 266) in die Situation der Menschen Mitte des 19. Jahrhunderts in Preußen hinein, als die Choleraepidemie von Asien her ins Land hinüberzuschwappen droht. »Brieflich und per Presse wurde der Stand der Choleraverbreitung annonciert« (ebd.). Dabei wurde das Fortschreiten der Infektion oft absichtlich bagatellisiert, um die Bevölkerung nicht in Aufruhr und Panik zu versetzen. Nichtsdestotrotz forderte sie zahlreiche Todesopfer – bis zum Ende des 19. Jahrhunderts waren es mehr als 300.000 Menschen.

Dicke Luft – Die Welt der Gerüch(t)e

Da die Informationen zur damaligen Zeit so unsicher und so unzuverlässig sind, brodelt die Gerüchteküche ungehindert vor sich hin, Gerüchte beherrschen die Kommunikation, unklare Quellen verbreiten fragwürdige Neuigkeiten.

Unabhängig von jeglichem Wahrheitsgehalt neigen Gerüchte aber nun einmal zu einer spezifischen Dynamik, sie pflegen zunächst an Fahrtwind aufzunehmen, ihre Intensität zu steigern, um danach irgendwann wieder abzuflauen, nicht zuletzt, indem sie weder Bestätigung finden noch widerlegt werden.

Die Literaturwissenschaftlerin Brigitte Weingart verweist auf das griffige Verlaufsmodell der amerikanischen Psychologen Gordon W. Allport und Leo Postman: »Leveling (Einebnung durch Weglassen von Details),

Sharpening (Zuspitzung von Details) und Assimilation (Anpassung an den Kontext)« (Brokoff et al., 2008, S. 292).

Weingart spricht von einer »Logik des Epidemischen«, die auch in den »sich immer mehr beschleunigenden Kettenreaktionen, Multiplikationen, Rekombinationen und Mutationen der Gerüchte am Werk« sei, »noch bevor diese sich in eine regelrechte Plage verwandelt haben« (ebd., S. 295). Das Gerücht breitet sich aus, wie eine Epidemie, es pflanzt sich fort, zunächst manchmal noch halb im Verborgenen, da wird seine tatsächliche Brisanz nicht sogleich erkannt, es verändert seine Gestalt vielleicht ein klein wenig, mutiert und tarnt sich womöglich sogar vorübergehend, wird dann aber immer deutlicher, unübersehbarer, unüberhörbarer, erreicht später einen dramatischen Höhepunkt und ebbt irgendwann auch wieder ab.

»Gerüchte als Ansteckung – eine verführerische Denkfigur, eine verführerische wissenschaftliche Denkfigur«, so heißt es bei Olaf Briese (Briese, 2008, S. 252). Nicht umsonst unterscheiden sich Gerüche und Gerüchte lediglich durch einen Buchstaben, beide liegen in der Luft! Die Luft dient als Transportmittel für allerlei erwünschte und unerwünschte Objekte, nicht zuletzt auch für Bakterien und Viren. Die Luft, die wir so dringend zum Atmen benötigen, kann kontaminiert sein, nicht nur mit Giften und Abgasen, sondern auch auf zuweilen durchaus hilfreiche Weise mit Gerüchten. In aller Regel haftet Gerüchten ja ein schlechter Leumund an, dabei liegt aber ihr Sinn nicht zuletzt gerade auch in der Vorbereitung auf das Kommende. Man beginnt sich einzustellen, ist gewappnet und vorgewarnt. Der Schock, der mit dem Auftritt des Neuen verbunden sein kann, wird so nicht selten erfolgreich abgemildert.

»Fonwostinktsnso?« Was für ein wunderbarer Einstieg, den der französische Schriftsteller Raymond Queneau mit diesem empörten Ausruf in sein Meisterwerk *Zazie dans le metro* (Erstausgabe 1960) gefunden hat! Dieser erste Satz zieht einen direkt in den Text hinein. Er spielt auf tatsächlich oder vermeintlich ungewaschene Teile der Pariser Bevölkerung an, die ihre schlechten Gerüche ungehemmt in der Stadt verbreiten. Die hygienischen Verhältnisse lassen zwar immer noch erheblich zu wünschen übrig, die Gefahr einer tödlichen Infektion ist jedoch deutlich gesunken. Schlechte Luft bedeutet nun lediglich eine vorübergehende Belästigung, aber keine akute Bedrohung mehr. Die Medizin hat aufgerüstet, die Infektionskrankheiten scheinen, zumindest in der westlichen Welt, Ende der 1950er, Anfang der 1960er Jahre auf dem Rückzug zu sein, bevor dann in den 1980ern mit dem Auftauchen von Aids alles wieder umschlägt. *Zazie dans le Metro* – der Originaltext stammt von 1959 und wurde 1960 von Louis Malle, mit grotesken Slapstick-Effekten gespickt und reich an anachronistischen Tricks aus der Stummfilmzeit, kongenial verfilmt – zeigt uns eine unbefangene, rotzfreche Göre im Zentrum von Paris, der modernen Metropole. Das Werk atmet spürbar eine lustvolle, vitale Aufbruchstimmung, wie es sie seitdem so wohl nicht mehr gegeben hat. Diese Epoche erscheint aus heutiger Sicht wie die Endphase der Avantgarden, die zum damaligen Zeitpunkt noch nichts von ihrem bevorstehenden Abschied wussten. Die serielle Musik, die elektronische Musik, der Free Jazz, der abstrakte Expressionismus, der Beginn der Pop-Art, die neue Rockmusik, die Feier des Experiments, das Straßentheater, die Nouvelle Vague, die Happenings, die wilden Manifeste – all das hatte seinen ersten Ursprung in den Provokationen der Dadaisten Anfang des 20. Jahrhunderts! Mit den späten 1950ern startete nun die letzte Epoche der Avantgarde, die bis in die 1970er-Jahre hineinreichte. Es ging darum, Kunst und Leben zusammenzuführen, das Leben bis in den Alltag hinein von der Kunst infizieren zu lassen!

Zazie nun entstammt der verspielten Avantgarde von Oulipo, der Werkstatt für potenzielle Literatur, einer 1960 ins Leben gerufenen Literatengruppe, die sich an der Schnittstelle von Surrealismus und Strukturalismus gebildet hatte. Neben dem Gründer Raymond Queneau gehörte ihr später auch der eigensinnige französisch-polnische Autor Georges Perec an, der in seinem Roman *Anton Voyls Fortgang* (1969) vollkommen auf den an sich doch sehr häufigen Buchstaben *E* verzichtet, so als sei dieser heimlich von einem Virus gelöscht, ausgerottet worden. Durch sein gelungenes Experiment tritt der Schriftsteller den Nachweis an, dass es durchaus möglich ist, einen Roman zu verfassen, der von der ersten bis zur letzten Seite ohne den Buchstaben *E* auskommt. Die freiwillige und konsequente Unterwerfung unter eine selbst gesetzte, strenge Regel prägt den Charakter dieser künstlerischen Unternehmung. Die Freiheit liegt in ihrer selbst gewählten Einschränkung.

Mit ihrer filmischen Installation *Manifesto* (2015) haben der deutsche Künstler Julian Rosefeldt und die australische Schauspielerin Cate Blanchett dem Jahrhundert der Avantgarden ein beeindruckendes Denkmal gesetzt, das wie ein Schlusspunkt oder gar wie ein Ausrufezeichen hinter dem Zeitalter der Manifeste wirkt. Jedenfalls ist der Bedeutungsverlust der Pamphlete eklatant, eine stetig verlaufende Abstiegskurve, vom legendären kommunistischen Manifest Karl Marx' bis in die postmoderne Gegenwart hinein. Die Infektionsgefahr scheint bis auf weiteres gesunken. Der umstrittene deutsche Künstler Jonathan Meese, der nicht müde wird, die Diktatur der Kunst lautstark zu propagieren, wirkt da nur noch wie ein einsam vor sich hin trompetendes Fossil aus vergangenen, glorreicheren Zeiten. Ein für viele ansteckendes, für andere Künstler inspirierendes Pamphlet, eine neue Bewegung, entsteht sicher nicht aus seinen plakativen Aktionen und mit wildem Gestikulieren dekorierten deklamatorischen Auftritten. Meese bleibt ein Unikum.

Am Horizont aber tauchen bereits erste Zeichen einer Veränderung, einer Umkehr auf, die sich noch nicht abschließend deuten lassen. Das Zeitalter der künstlerischen Avantgarden jedenfalls scheint ein für allemal der Vergangenheit anzugehören, ihnen haftete zweifellos immer auch etwas Elitäres, die Mehrheit arrogant Ausgrenzendes an. Das »Épater le bourgeois«, das Vor-den-Kopf-Stoßen des Bürgers, zu provozieren und zu beleidigen, von dem deutschen Autor Botho Strauss bereits im Zeit-Interview am 25.06.2003 (Greiner, 2003) treffend als »verbrauchtester aller Impulse« gebrandmarkt, hat sich längst überholt. Statt intellektueller Speerspitze, anstelle von geistigen Vorreitern, die ein bis dato unerkanntes Territorium erobern, erleben wir nun den populäreren Zugang, bei dem tatsächlich alle gemeint sind. Nicht nur der sogenannte Rechtspopulismus tritt hier auf den Plan und müht sich ab, ansteckend zu wirken, wobei der Begriff Volk in unzulässiger Weise dreist gekapert wird, nein, es betrifft auch die neue, noch frische Bewegung der jungen Generation, die sich unter der Überschrift Fridays for Future zum wöchentlichen Schulstreik versammelt, um wieder auf die Straße zu gehen. Wird sie ihren anfänglichen, bewundernswerten Elan beibehalten können, ohne ins Diktatorische, in einen vernagelten Fanatismus abzugleiten?

Ein mehr oder weniger mächtiger und massiger Gegenspieler Greta Thunbergs, die die Bewegung Fridays for Future ins Leben gerufen hatte, ist gegenwärtig der US-amerikanische Präsident Donald Trump, der den Umweltaktivisten als sturer, unbelehrbarer Klimaleugner provozierend gleichgültig und vollkommen ignorant gegenübertritt. Mit seiner Amtsübernahme erscheint ein zuvor für lange Zeit eher weniger beachtetes Phänomen auf dem Plan: Fake News verstopfen die Kanäle der Wahrnehmung, sie täuschen uns und vergiften die Atmosphäre. So wird ein fruchtbarer Boden bereitet für feindseliges Misstrauen und abstruse Verschwörungstheorien, die Grenzen zwischen Nachrichten und Gerüchten verschwimmen. Die Wahrheit leidet.

Verwirrende Verschwörungen

Der Psychoanalytiker Martin Altmeyer formuliert in seiner wunderbar flüssig geschriebenen, enorm kundigen Abhandlung *Auf der Suche nach Resonanz. Wie sich das Seelenleben in der digitalen Moderne verändert* (2016) zur Dynamik unserer Mediengesellschaft:

> »Die Rückseite der Medialisierung ist (deshalb) der chronische Verdacht, dass es sich um Massenbetrug handelt. Vielleicht ist alles ganz anders, als es uns vorgeführt wird. Auf dem Boden dieses Verdachts blühen allerlei Verschwörungstheorien. Sie beruhigen ihre Anhänger in ähnlicher Weise wie die Wahnbildungen der paranoiden Schizophrenie den Psychotiker beruhigen: Die Beunruhigung ist zuerst da, der Wahn dient der Beruhigung, er hat eine stabilisierende Funktion« (Altmeyer, 2016, S. 58f.).

Verschwörungstheorien wirken wie Wahnbildungen, sie beruhigen nicht selten zunächst einmal den Aufgewühlten; Schuldige werden gefunden und können bezichtigt werden, ein kathartischer Effekt tritt ein. Eine Kanalisierung der Aggressionen entlastet, damit tritt eine relative Beruhigung ein, darunter aber brodelt es weiter und kann bei entsprechender Gelegenheit leider auch explodieren.

Der Kulturwissenschaftler Olaf Briese verweist auf prägende, allgemeingültige Zusammenhänge, wenn er konstatiert:

> »Soziale Unsicherheit und Gerücht sind fast zwingend miteinander verschwistert. Seuchen bzw. Epidemien sind hervorragende Generatoren von Gerüchten bzw. von gezielt lancierten Verschwörungstheorien [...]. So wurden nach den sogenannten Mongolenstürmen Mitte des 13. Jahrhunderts die ersten Pestepidemien mit Mongolen in Verbindung gebracht; die Kreuzzüge gaben das Paradigma einer arabischen Herkunft bzw. Verbreitung der Epidemie. Vor allem aber waren es Juden, die als innere Feinde und Sündenböcke herhalten mussten« (Briese, 2008, S. 261).

Verschwörungstheorien und Rassismus passen geradezu wunderbar zusammen. Die anscheinend unausrottbare Fiktion von der jüdischen Weltverschwörung, die den Juden unterstellt, nach der Weltherrschaft zu streben, fungiert als fatales Beispiel für diese unglückliche Liaison.

Die eigene Ohnmacht nicht hinnehmen können, vom abgelehnten Ausgegrenzten zum überheblichen Bescheidwisser, von der Depression zur Anmaßung, so könnte die Beschreibung der kurzen und steilen Karriere eines Verschwörungstheoretikers lauten.

Zuschreibungen, die für eine falsche Ordnung sorgen, wie sie zweifellos auch der Faschismus darstellt, eine Ordnung voller Gemeinheit und Gewalt, sind im schlimmsten Fall die fatale Folge. Nicht alle Verschwörungstheorien entwickeln allerdings ein derartiges Infektionspotenzial wie die Erzählung von der jüdischen Weltverschwörung. Manche bleiben auch relativ isoliert oder beschränken sich sogar auf paranoid gefärbte Fantasiegebilde eines Einzelnen, dem, als Psychotiker identifiziert, dann nicht zuletzt die Psychiatrisierung droht.

Anders sieht es aus, wenn ein einflussreicher Teil der Gesellschaft einen großen Teil der Bevölkerung erfolgreich mit einer Verschwörungstheorie infiziert. So geschehen nach dem Ersten Weltkrieg: Die Behauptung, dass die Sozialdemokratie und das Bolschewistische Judentum den eigentlich bereits erreichten Sieg zunichte gemacht hätten, indem sie dem kämpfenden Heer in den Rücken gefallen seien (»Dolchstoßlegende«), wurde von der obersten Heeresleitung gezielt verbreitet.

Verschwörungstheorien dienen insbesondere der Manipulation, der gezielten Irreführung, der versuchten Vertuschung, der mehr oder weniger fantasievollen Ablenkung von anderen wirksamen, realeren Faktoren; es soll nicht selten ein geeigneter Sündenbock gefunden und geopfert werden, auf den jegliche Schuld projiziert werden kann. Die Lüge entlastet alle, so zumindest könnte es sein.

Der gefährliche und widerwärtige Rassismus, der in solchen Konstrukten so häufig sein übles Unwesen treibt, sollte dabei allerdings keineswegs übersehen werden. Verschwörungstheorien können in ihrem Charakter und ihren Konsequenzen durchaus etwas von einer geistigen Seuche an sich haben, die ein Land wie eine Plage heimsuchen kann; man denke nur an die grausame Judenverfolgung in der Nazizeit, nachdem zuvor die entsprechenden boshaften, letztendlich vernichtenden Unterstellungen erfolgreich verbreitet worden waren.

Der französische Soziologe Luc Boltanski hat das Phänomen bis in die Gegenwart hinein studiert und schreibt in seinem Buchessay *Rätsel und Komplotte- Kriminalliteratur, Paranoia, moderne Gesellschaft* (2013):

> »Eine Verschwörungstheorie ist nicht nur eine falsche, sondern auch eine gefährliche Theorie. Eine paranoide Theorie [...]. Zu Beginn des 21. Jahr-

hunderts erreichen sie [die Verschwörungstheorien] allerdings ein noch nie da gewesenes Ausmaß, das häufig mit den Nachwehen von ›Nine-Eleven‹ und/oder mit der Entwicklung des Internets in Verbindung gebracht wird. Es dürfte schwer sein, heute noch einen Bereich weitab vom politischen Leben im eigentlichen Sinne zu finden, in dem nicht sich wechselseitig überkreuzende Komplott-, Verschwörungstheorie- und Paranoia-Anschuldigungen ausgetauscht werden« (Boltanski, 2013, S. 350).

Das üppige Wuchern alternativer Verschwörungsideen führt zur chaotischen Konkurrenz auf dem freien Markt wilder Behauptungen, vielleicht senkt es doch die Durchschlagskraft einzelner fataler Anschuldigungen erheblich, darauf wäre jedenfalls zu hoffen.

Nicht nur die Realität wirkt auf die Fiktion ein, dieser Prozess verläuft auch umgekehrt; das wusste schon Miguel de Cervantes Saavedra, als er im 16. Jahrhundert seine weltberühmte Satire *Don Quichotte* zu Papier brachte. Ist die romantische Liebe nicht letztlich sogar von der romantischen Literatur mit erfunden worden? Liegt hier eine wechselseitige Beeinflussung vor, ein Infektionsprozess, der in zwei Richtungen verläuft? Boltanski ist der Ansicht, dass

»das akademische Interesse an Verschwörungstheorien, die immer größere Zahl von Romanen, die Komplotte und Komplottanschuldigungen in Szene setzen, und schließlich die Neigung von so genannten ganz gewöhnlichen Leuten, an die Existenz von Komplotten zu glauben, einen Kreislauf bilden, so wie jedes Mal, wenn ein neues Repräsentationsfeld entsteht« (Boltanski, 2013, S. 352).

Offenbar gibt es ein unausrottbares Bedürfnis, jenseits aller Wissenschaftlichkeit an Mythen und nicht belegbare Zusammenhänge zu glauben. Geister und Gespenster wieder einzuführen, das scheint immer auf 's Neue ein tiefes, archaisches Begehren der Menschen zu sein – Spuk und Aberglaube in zeitgemäßem Gewand, was für tot erklärt wurde, taucht wieder auf, im Wald steht der Wolf, wie in alten Zeiten, im dunklen Tann.

Und doch: Wir leben schon lange nicht mehr im finsteren Mittelalter oder in der von der Dunkelheit so faszinierten Epoche der deutschen Romantik, sondern im vom Displaylicht hell erleuchteten digitalen Zeitalter mit Überwachungskamera und Smartphone; das wilde Tier – es bleibt ein

Schreckgespenst am Rande, ein verirrter Wiedergänger aus vergangenen Zeiten.

Unter Verdacht

> »Der Mensch denkt nicht – er spricht nur. Aber der Mensch wird von anderen Menschen verdächtigt, dass er nicht nur spricht, sondern auch denkt, d. h. möglicherweise nicht ›meint‹, was er sagt. Die Realität des Denkens ist allein die Realität des Verdachts, der sich notwendigerweise beim Betrachter einstellt, der den sprechenden Anderen beobachtet« (Groys, 2000, S. 67),

konstatiert der deutsch-russische Philosoph und Kunstkritiker Boris Groys in seinem Buchessay *Unter Verdacht. Eine Phänomenologie der Medien* (2000).

Die Kultur der Verdächtigungen wird nicht nur von der Psychoanalyse, sondern auch in weiten Teilen der humanistischen Psychotherapie oder vom Marxismus gepflegt: Nichts erscheint als das, was es ist, immer steckt noch etwas anderes dahinter – eine Art propagierte Anti-Naivität, nach dem Motto: Fall bloß nicht auf das herein, was du siehst oder hörst! Der Reiz in der Argumentation des slowenischen Parade-Intellektuellen und Lacan-Schülers Slavoj Zizek liegt nicht zuletzt gerade darin, dass er dieses Muster bis ins Parodistische hinein zu steigern vermag: Vertraue bloß nicht dem ersten Anschein, denn es verhält sich genau anders, als du denkst, gerade umgekehrt wird ein Schuh daraus, lautet seine Devise. Eine Masche, gewiss, doch gleichwohl lassen sich so nicht selten neue Einsichten gewinnen und es wird tatsächlich ein bislang verdeckter Zusammenhang erkennbar.

Die Jagd nach dem verborgenen Komplott und dem verschleierten Motiv ist ein klassischer Topos der Spionage- und Kriminalliteratur. Paradigmatisch für die moderne Wissenschaft, ja, für die Moderne überhaupt, sei diese detektivische Grundhaltung, so lautet sinngemäß die Kernthese von Luc Boltanski in seinem aufschlussreichen Buch über *Rätsel und Komplotte*.

Dieses Vorgehen, diese permanente Verdächtigung, es stecke noch etwas anderes dahinter und das Eigentliche würde sich nicht zeigen, trifft aber durchaus auch auf deutliche Kritik: So meinte der Freud-Schüler und Begründer der Logotherapie Viktor Frankl, der psychoanalytische Blick könne nichts stehen lassen, ohne es zu zerpflücken, auch die hilfreiche Tat, das soziale Engagement würden entlarvt und mit einem Defizit verknüpft. Sie stünden ja sowieso von vornherein unter Verdacht. Die altruistische Abtretung liefert in gewisser Weise die begriffliche Formel dafür. Während Freud mit seinem analytischen Zugang auf das Dahinter abzielt, kennzeichnet Frankl eine eher theologische Position, der es auf den Wert an sich ankommt, der nun eben nicht durch Zerlegungen beschädigt werden soll. Anders gesagt: Das Gute bleibt das Gute.

»Wie kommt eine Schneeschaufel ins Museum? Warum finden wir nichts dabei, ein Häufchen Reis als Kunstwerk zu betrachten? In der Moderne weckt jeder alltägliche Gegenstand den Verdacht, dass sich hinter seiner Oberfläche ein Geheimnis verbergen könnte«,

so heißt es im Klappentext von Groys' *Unter Verdacht*. Was wir sehen, reicht also nicht aus, es fehlt etwas Wesentliches: das Eigentliche, so jedenfalls wird es vermutet.

Boris Groys folgt nun auch dem Verdacht, unter dem die Medien stehen, der Unterstellung, dass sie uns manipulieren wollen. Vor 20 Jahren hatte dieser Gedanke allerdings noch nicht die gleiche Vertrautheit, wie sie ihm heute zu eigen ist.

»Der Privatdetektiv ist der symbolische Vertreter der medialen Öffentlichkeit – er verkörpert den Verdacht, der das Verhältnis dieser Öffentlichkeit zu den Medien als solchen definiert. Auch der Medientheoretiker agiert als Privatdetektiv, indem er behauptet, das sublimste und perfekteste aller Verbrechen aufgedeckt zu haben – das Verbrechen ohne Verbrecher, das Verbrechen der Sprache, der Medien, der Codes, die unsere Botschaften unterminieren und verfälschen« (Groys, 2000, S. 226).

Mit diesen Worten bilanziert Groys am Ende seiner Ausflüge in die Welt der Kunst, seiner Betrachtung der Avantgarde als Offenbarung der künstlerischen Mittel und seiner medientheoretischen Verdächtigungen seine Gedanken.

Das Prinzip des Verdachts offenbart sich als ein über die verschiedensten Felder und Bereiche hin weitverbreitetes Modell. Die Welt der Erscheinungen entspricht nicht der wahren Welt, so will uns dieses Prinzip glauben machen. Demgegenüber setzt die phänomenologische Philosophie

Edmund Husserls mit ihrer Aufforderung: »Wir wollen zu den Sachen selbst zurückkehren!« (https://de.wikiquote.org/wiki/Edmund_Husserl [23.12.2019]) einen Gegenakzent, ebenso wie auch die um äußerste sprachliche Genauigkeit ringende Literatur des österreichischen Literaturnobelpreisträgers Peter Handke, die dem unmittelbar Wahrgenommenen die allergrößte, die allerfeinste Aufmerksamkeit schenken will. Nicht zuletzt das in der Psychotherapie propagierte Achtsamkeitsprinzip setzt sich von der Kultur der Verdächtigungen ab, weil es erst mal allein dem unmittelbaren Eindruck gilt. Könnte es auch sein, dass sich das Geheimnis eines Objekts bereits erahnen lässt, wenn man nur seine Oberfläche hinreichend genau und mit liebevoller Geduld zu erfassen versucht? Das Latente, Verborgene, und das Manifeste, Offensichtliche, würden dann untrennbar ineinandergreifen.

Eine dauerhafte Heimat hat die Verdachtslogik nun ohne Zweifel im Kriminalroman, der von so unterschiedlichen, geradezu gegensätzlichen Figuren wie dem durch und durch von der Wissenschaft geprägten, klug kombinierenden Detektiv Sherlock Holmes oder der schrulligen Figur der Miss Marple, einer gewitzten älteren Dame, die vor allem ihrer Lebenserfahrung und ihrer Intuition folgt, geprägt ist. Fast noch zwingender, noch wissenschaftlicher gezeichnet als die Figur des Kommissars oder des Detektivs erscheint allerdings der gebildete Gerichtsmediziner, der nicht ohne Stolz seine abschließende Diagnose präsentiert. Die Leiche wurde enthüllt, nun wird der Befund analysiert, das Ergebnis ist nicht mehr korrigierbar. Die Wissenschaft hat gesprochen. Da capo al Fine.

Renaissance der Massen

Die Masse taucht wieder auf, sie erscheint am Horizont, sie verdunkelt den Raum. Zu Beginn des 20. Jahrhunderts waren die Menschen und insbesondere die Intellektuellen vom neuartigen, unheimlich wirkenden Phänomen der Masse fasziniert. Heutzutage wird nun gerne die Formel »Wir sind das Volk« bemüht. Das wirft nun doch einige Fragen auf: Wer oder was ist denn nun die Masse? Kann man volksnah und gleichzeitig »massenfern« sein? Zur Masse jedenfalls bekennt sich keiner, so attraktiv klingt der Begriff nun doch nicht, als dass er zu einer freiwilligen Identifikation einladen würde.

Der Masse, dieser Ansammlung einer großen Zahl von Menschen, die auf irgendeine Weise, analog oder digital, miteinander in Kontakt stehen, haftet etwas Unförmiges an, eine unscharfe Kontur, verblasen und verwaschen, nicht richtig greifbar. Gerade diese Unbestimmtheit kennzeichnet die Masse.

Zweifellos trägt sie eine deutlich erhöhte Ansteckungsgefahr in sich. In ihren unübersichtlichen Reihen kann sich allerlei ausbreiten, antiaufklärerische Impulse und regressive Tendenzen sind leicht auszumachen und wirken hochinfektiös.

Die Kulturwissenschaftlerin Brigitte Weingart greift auf einen Klassiker vom Anfang des 20. Jahrhunderts zurück, auf den Begründer der Massenpsychologie, den französischen Sozialpsychologen Gustave le Bon, und schreibt:

> »Es ist diese mysteriöse Ersetzung der ›bewussten Tatkraft des Einzelnen‹ durch ›die unbewusste Wirksamkeit der Massen‹, die er [Gustave Le Bon] mit dem Konzept der ›contagion mentale‹ zu erläutern versucht: ›In der Masse ist jedes Gefühl, jede Handlung übertragbar, und zwar in so hohem Grade, dass der Einzelne sehr leicht seine persönlichen Wünsche den Gesamtwünschen opfert‹« (Brokoff et al., 2008, S. 282f.).

Auf diese Verwandlung des Einzelnen in der unüberschaubaren Menge hatte Le Bon schon 1895 in seinem Hauptwerk *Die Psychologie der Massen* mahnend hingewiesen. Die enorme Beeinflussbarkeit der Massen, ihre offensichtliche Suggestibilität erschien ihm fatal. Synchronisierungstendenzen, Adhäsionskräfte sind da am Werk, verschieben die Positionen ihrer namenlosen Mitglieder je nach ihrem augenblicklichen Gusto, sind auf einen lautstarken Gleichklang hin ausgerichtet. Abweichungen werden dabei mehr oder weniger streng geahndet.

Aber das affektive Mitschwingen in der Masse führt auch zu euphorischen Rauschzuständen, vermittelt ein Gefühl der Wehrhaftigkeit und Stärke, verleiht Mut und erhöht den Tatendrang. Jubel und ekstatische Begeisterungsstürme liegen der Masse, geradezu manische Zustände, die differenzierteren Zwischentöne aber eher nicht, da sie in aller Regel für sich weitgehende Homogenität anstrebt. Vereinzelte Buh-Rufer und böse Kommentare im Theater oder im Konzertsaal sind durchaus erlaubt, sie kommen ja zumeist auch nicht gänzlich unerwartet, im Fußballstadion oder gar auf der Straße wird es mit der klaren Abweichung von der Mehrheit schon sehr viel schwieriger und kann äußerst unangenehme Folgen haben. Wer in der gegnerischen Fankurve dem eigenen Verein lautstark zujubelt, kann sich durchaus später im Krankenhaus wiederfinden. Toleranz zählt keinesfalls zu den charakteristischen Merkmalen der Masse.

Der bulgarisch-schweizerische Literaturnobelpreisträger Elias Canetti nennt in seinem nahezu zeitlos gültigen Meisterwerk *Masse und Macht* (1980) vier Haupteigenschaften: Die Masse will immer weiter wachsen, innerhalb der Masse herrscht Gleichheit, die Masse liebt Dichte und die Masse braucht eine Richtung (Canetti, 1980, S. 30). Für ihren Wachstumsdurst findet er in seiner fulminanten Abhandlung ein ebenso einfaches wie poetisch-kraftvolles Bild:

> »So groß wie das Meer möchte die Masse werden, und um das zu erreichen, zieht sie mehr und mehr Menschen an. (...) Wäre das Meer nicht unerfüllbar, die Masse hätte kein Bild für ihre eigene Unersättlichkeit. Sie könnte sich ihres tiefsten und dunkelsten Triebes, mehr und mehr Menschen anzuziehen, nie so sehr bewußt werden. Der Ozean aber, der ihr natürlich vor Augen steht, gibt ihr ein mythisches Recht zu ihrem unbezwinglichen Drang auf Universalität« (ebd., S. 93f.).

Erleben wir nun, im digitalen Zeitalter, einige Jahrzehnte nach dem Zivilisationsbruch durch die Nazis, eine Art Renaissance dieser Bedrohung durch die Massenbewegungen, wie sie einst Canetti sehr zu Recht wahrgenommen hatte?

Die teilweise erschreckende, primitive Verrohung der Sprache im Internet, das irritierende und abstoßende Phänomen Shitstorm – nicht selten eine Art digitales Mobbing –, der vielfach hemmungslos artikulierte Hass, die aggressiv-dumpfen Aufmärsche rechtsgerichteter Bürger, die zunehmend tiefere Spaltung der Gesellschaft, das Gebrüll und Geschrei in der Öffentlichkeit – all das wirkt doch recht infantil und regressiv, so, als sollte sich alles Menschliche, alles Feinere und Differenziertere wieder zurückentwickeln. Die Geborgenheit in der Masse der scheinbar oder tatsächlich Gleichgesinnten spielt dabei sicher eine Rolle, die infektiöse Aufladung mit Wut und Hass, die sich multiplizieren und zu einer Seuche werden kann, die erlebte Energiezufuhr in großer Zahl, die pure Steigerungslust – es geht noch mehr, noch zugespitzter, noch böser –, wobei die Sehnsucht nach dem schlichten, sehr überschaubaren »Wir gegen Die!« dominiert. Sich keine Mühe mehr geben wollen, die Liebe verlassen – sie ist wahrlich zu aufwändig –, die Anforderungen herunterfahren, sich nicht mehr anstrengen müssen – in alldem waltet eine Kultur der Destruktion und des Todes. Eine positive Vision wird nicht wirklich ausformuliert, sodass das Negative dominiert. Feindseligkeit, eine ansteckende Droge!

Gleichwohl bietet das Internet auch viele enorm hilfreiche Möglichkeiten an, die es zuvor so nicht gab, so etwa die Chance zur spontanen Gruppenbildung, zum sogenannten Flashmob, durch flink getroffene Verabredungen im Netz.

In Windeseile lässt sich so etwas auf die Beine stellen, was früher mit einem langwierigen, mühsamen Organisationsaufwand verbunden war. Das wirkt verblüffend. Und ehe man sich's versieht, hat sich diese Ansammlung wieder aufgelöst. Fast wie ein Zauber mutet dieser Vorgang an, eine Irritation der Sinne, ein Verwirrspiel, das schon gezielt und durchaus erfolgreich für politische Aktionen eingesetzt werden konnte.

Contagion mentale

Das Phänomen der geistigen Ansteckung, wie es bei Gustave le Bon schon 1895 vorkommt, als »Contagion mentale« bezeichnet, greift gegenwärtig auch der deutsche Psychiatrieprofessor Manfred Spitzer wieder auf. Er spricht in seinem Buch *Einsamkeit – die unerkannte Krankheit* (2018) von »sozialer Ansteckung« und schreibt:

> »Mit dem Phänomen der sozialen Ansteckung haben sich seit geraumer Zeit vor allem die Soziologie, die Psychologie, die Medizin, die Ökonomie und zuletzt auch die Informatik beschäftigt. Im Extremfall spricht man von Massenhysterie, bei der bestimmte Krankheitssymptome auftreten, die durch soziale Ansteckung bedingt sind« (Spitzer, 2018, S. 71).

Der Psychiater orientiert sich insbesondere an den vorgängigen Darstellungen und prägenden Sichtweisen von Gustave Le Bon. So heißt es etwa voller Respekt für das Werk seines berühmten Vorgängers:

> »Der Klassiker unter den einschlägigen Publikationen zur sozialen Ansteckung ist das Werk *Psychologie der Massen* des französischen Arztes und Sozialpsychologen Gustave Le Bon (1841–1931). Darin beschreibt er die Ausbreitung von Emotionen analog zu Erregern von Krankheiten und deren Konsequenzen im Sinne gesteigerter Angst und verminderter Kritikfähig-

keit größerer, der gegenseitigen Ansteckung unterliegender Ansammlungen von Menschen« (ebd., S. 75).

Paradoxerweise unterliegt auch der gefährliche Zustand der Einsamkeit einem infektionsartigen Fortschreiten, was dann durch zunehmende soziale Isolation irgendwann zum Stillstand kommt, obsolet wird. Eindringlich schildert Spitzer die lebensbedrohlichen Gefahren, die mit der Einsamkeit verbunden sind. Es wird nach wie vor erheblich unterschätzt, welche Risiken dieser Zustand mit sich bringt. Schwere Erkrankungen wie Krebs, Herzinfarkt, Schlaganfall, Depression oder Demenz treten im Kontext der Vereinsamung um ein Vielfaches häufiger auf.

Spitzer zitiert die amerikanische Psychologin Elaine Hatfield, die den Begriff »emotionale Ansteckung« definiert als »›die Tendenz, den Ausdruck, die Sprache, Gestik und Mimik einer anderen Person automatisch nachzuahmen und mit der anderen Person zu synchronisieren, um sich ihr emotional anzunähern‹« (ebd., 2018, S. 77f.), und er erläutert dazu:

> »Man muss sich das Ganze daher eher als gemeinsame Improvisation vorstellen, ähnlich wie Jazzmusiker gleichzeitig improvisieren. Dabei gibt es keinen ›Anführer‹, der etwas vorgibt, auf das die anderen dann reagieren. Es ist vielmehr so, dass man sich beim Improvisieren vorher schon geeinigt hat, worum es geht, und dann gleichzeitig agiert. Keiner reagiert! Man weiß dies, weil man das Phänomen der Improvisation experimentell gut untersucht hat. Zudem hat man bei improvisierenden Jazzmusikern eine Verminderung der Aktivität von Gehirnbereichen festgestellt, die für bewusste, kontrollierte und gesteuerte Handlungen zuständig sind« (ebd., S. 78).

Ein Ereignis beeinflusst ein anderes, ohne dass man es merkt, das Bewusstsein ist hier viel zu langsam, es stellt allenfalls im Nachhinein etwas fest. So läuft es bei einem Jazzkonzert.

Man antwortet eben nicht bewusst auf das Spiel der anderen, eigene Impulse mischen sich mit denen der Mitwirkenden so, dass sie nahezu ununterscheidbar werden, es existiert eine leichtfüßige Eleganz des gelungenen Zusammenspiels. Bei Miles Davis legendärer Improvisation zu dem Film *Fahrstuhl zum Schafott* (1958) von Louis Malle scheint jeder Ton perfekt zu stimmen, auch nach über 50 Jahren bleibt dieser Eindruck noch immer bestehen, obwohl das Stück damals lediglich der Gunst des Augenblicks entsprang: der Improvisation im Studio vor der Leinwand.

Hier hat sich der berühmte Trompeter von den Bildern des Films zu seinen faszinierenden Klängen inspirieren, ja, von ihnen infizieren lassen, eine gelungene atmosphärische Übertragung: Einsamkeit, Nacht und Dunkelheit, Dauerregen, endloses, vergebliches Warten in der großen Stadt während der Autoverkehr vorbeirauscht, Auf- und Abgehen ohne Ziel, Scheinwerfer erleuchten die Szenerie immer wieder für einen flüchtigen Moment, aber niemand kommt, jedenfalls nicht der Ersehnte.

Diese Zeitdehnung vermag die Musik wunderbar zu füllen: Sie drückt eine verhaltene Sehnsucht aus, die bereits von ihrer Unerfüllbarkeit weiß. Es wird kein Ende geben, weil dies bereits das Ende ist. *Fahrstuhl zum Schafott* ist ein kafkaesker Thriller aus der Anfangszeit der Nouvelle Vague, dessen atmosphärische Dichte sich eingegraben hat und der nicht zuletzt auch und gerade dank der kongenialen Musik eine tiefe Erinnerungsspur hinterlassen hat.

Die Gleichzeitigkeit wechselseitiger Ansteckungsprozesse während einer Jazz-Improvisation dient Manfred Spitzer als anschauliches Modell für einen zwischenmenschlichen Austauschprozess, der sich nicht so leicht erfassen lässt.

Die Begriffe soziale Ansteckung und emotionale Ansteckung überlappen sich zweifellos in ihrer Bedeutung, wobei aber einmal der Akzent mehr auf der Übernahme von Gefühlen liegt, im anderen Fall geht es auch um das Kopieren des Verhaltens anderer. Wesentlich dabei bleibt, dass es sich bei der Infektion hier auf jeden Fall um einen rein psychischen Vorgang handelt, der dem physischen, wie ihn die Medizin beschreibt, allerdings auffallend ähnelt.

Aus der Naturwissenschaft, aus der somatischen Medizin, stammt das Modell, das hier Verwendung findet und uns weiterhelfen soll, unter anderem auch künstlerische oder gesellschaftspolitische Phänomene anders zu verstehen.

Der kompetente Säugling, der labile Jugendliche

>»Die Begriffe ›Affekt-Angleichung‹ oder ›Affekt-Ansteckung‹ weisen eine gewisse Ähnlichkeit auf. Sie bezeichnen die automatische Auslösung eines Affekts durch das Sehen oder Hören der Affektäußerungen eines anderen Menschen. Bei diesem Prozess könnte es sich durchaus um eine biologische Grundtendenz hoch entwickelter, sozial lebender Arten handeln, die beim Menschen ihre vollendete Ausprägung erlangt hat« (Stern, 2016, S. 205).

Mit diesen Worten verweist der legendäre amerikanische Säuglingsforscher und Psychoanalytiker Daniel Stern in seinem grundlegenden Werk *Die Lebenserfahrung des Säuglings* auf die basale Bedeutung der psychischen Infektion, und er fährt folgerichtig fort:

> »Die früheste Affekt-Ansteckung, die nachgewiesen wurde, betrifft den Schmerzschrei menschlicher Säuglinge. Wolff (1969) stellt fest, dass zwei Monate alte Kinder ›angesteckt‹ werden, wenn sie Tonbandaufnahmen ihres eigenen Schmerzschreis hören. Simner (1971) sowie Sagi und Hoffman (1976) wiesen nach, dass eine Ansteckung durch Schreien bei Neugeborenen erfolgt. Sie schrien stärker, wenn sie andere Kinder schreien hörten, als bei ebenso lauten, künstlich erzeugten Tönen« (ebd., S. 205).

Das Ansteckungsprinzip durchzieht und durchwirkt unser ganzes Leben, von der Wiege bis zur Bahre. Es könnte kaum einen wertvolleren Kronzeugen für diese These geben als den allseits geschätzten und verehrten Säuglingsforscher, der auf seinem Gebiet Bahnbrechendes geleistet hat und die Welt des Säuglings erleuchtet hat wie kein anderer je zuvor. Stern hat den Neugeborenen aus der hilflosen Ecke herausgeholt und seine Kompetenzen präzise, differenziert und detailliert beschrieben und dokumentiert: seine unterschiedlichen Wahrnehmungsarten etwa, seine Möglichkeiten, in Kontakt zu treten und Begegnungen aktiv zu gestalten, Anfang und Ende, ja, die gesamte Dynamik, den Stil einer Interaktion entscheidend mitzubestimmen.

Zweifellos gilt die frühe Kindheit in der Psychotherapie, namentlich der Analyse wie der Tiefenpsychologie, nach wie vor als prägend für das weitere Leben, auch wenn ich persönlich der Überzeugung bin, dass in der Adoleszenz die Weichen noch einmal ganz neu gestellt werden und wesentliche Akzente hinzukommen, die nicht zwingend mit der Kindheit in Verbindung stehen müssen.

Der Trauma-Begriff deutet ja bereits darauf hin, dass sich nicht alles aus einer Kontinuität heraus erklären lässt, sondern auch radikalere Brüche möglich sind. Eine Entwicklung kann sogar abrupt abreißen oder umschlagen. Von außen können infektiöse Prozesse einwirken, so verändert etwa der sogenannte Zeitgeist nicht selten die Lebensbahn vieler Menschen. Die Kriegsbegeisterung vor dem Ersten Weltkrieg war offenbar sehr ansteckend und ergriff alle Schichten. Sie hat zahlreiche junge Soldaten in den elenden Tod auf dem Schlachtfeld geführt. In meiner Jugendzeit wurden psychodelische Drogen gefeiert, aus Protest gegen die Elterngeneration, die sogenannte Kriegsgeneration, aber auch als vielversprechender Zugang in eine andere, geheimnisvolle Welt, die einem sonst verborgen geblieben wäre. Die Einnahme etwa von LSD wurde von einigen zur verlockenden Mutprobe hochstilisiert. Auch diese bald wieder vorübergehende Manie hat einige junge Menschen das Leben gekostet. Andere landeten verwirrt und lebensuntüchtig in psychiatrischer Obhut.

Der Säugling und der Jugendliche – vielleicht sind gerade sie besonders empfänglich für Ansteckungsprozesse: der Säugling, weil er noch so unfertig und offen in der Welt liegt, der Jugendliche, weil er sich in einer besonders labilen Phase der Lösung von den Eltern und der herausfordernden, zuweilen überfordernden Neuorientierung befindet.

Was wir in der Adoleszenz erleben, gräbt sich besonders nachhaltig und prägend ein, spätere Eindrücke verblassen hingegen schneller wieder. Die Infektionsanfälligkeit ist denn auch entsprechend hoch. Körperliche Strapazen werden gleich wieder vergessen, hinterlassen keine Spuren, psychische und geistige Erlebnisse bleiben länger haften. Junge Männer erscheinen extrem gefährdet. Sie sind nicht selten willfährige Opfer für Manipulationen aller Art. So vertritt der renommierte deutsche Wirtschaftswissenschaftler und Soziologe Gunnar Heinsohn in seinem Buch *Söhne und Weltmacht-Terror im Aufstieg und Fall der Nationen* (2006) die durchaus triftige These, der übergroße Anteil perspektivloser junger Männer sei die Hauptursache für Krieg, Terror und Gewalt. Das ungebundene Aggressionspotenzial braucht ein Ziel. Es muss sich entladen können.

Mimetische Krisen

»Wenn zwei Menschen sich unterhalten, schaffen sie nicht nur eine körperliche und akustische Harmonie. Sie veranstalten auch etwas, was Wissenschaftler ›motorische Mimikry‹ nennen« (Gladwell, 2002, S. 102), weiß der kanadische Journalist und Unternehmensberater Malcolm Gladwell in seinem Buch *Tipping Point. Wie kleine Dinge Großes bewirken können* zu berichten. Auf der folgenden Seite heißt es dann weiter in seinem Essay:

»Wenn ich lächle und Sie mich sehen und zurücklächeln – und sei es auch nur ein Mikrolächeln, das nicht mehr als ein paar Millisekunden dauert –, dann ahmen Sie mich nicht nur nach oder fühlen mit mir. Dies ist auch eine

Art, wie ich mein Glücksgefühl auf Sie übertragen kann. Emotionen sind ansteckend« (ebd., S. 103).

Sogenannte Spiegelneuronen helfen uns, wie mittlerweile eingehender erforscht wurde, wirkungsvoll dabei, die Bewegungen eines anderen Menschen nachzuvollziehen, den wir aufmerksam beobachtet haben. Wir können ihn vermutlich durch diese Neuronen anschließend viel besser nachahmen. Ob ihre Aktivität im Gehirn allerdings ausreicht, um einen so komplexen Vorgang wie die empathische Einfühlung in ein Gegenüber zu ermöglichen und erschöpfend zu erklären, ist nach wie vor umstritten. So ist denn auch in jüngster Zeit die Aufregung um ihre Entdeckung merklich abgeklungen, so als hätte man von diesem Phänomen zunächst wesentlich mehr erwartet, als sei man von den Spiegelneuronen letztlich doch enttäuscht. Was hatte man denn nun erhofft – einen wissenschaftlich fundierten Nachweis für die Güte des Menschen? Sollte dessen Neuroanatomie tatsächlich darauf angelegt sein, den anderen zu verstehen, mit ihm zu fühlen?

Empathie bedeutet eben diese Einfühlung, aber nicht Identifikation oder gar Verschmelzung mit dem Anderen. Empathie ist unerlässlich für das friedliche Zusammenleben der Menschen, aber immer auch begrenzt auf bestimmte Aspekte, auf einzelne Situationen und auf damit verbundene Gefühlslagen. Und doch findet etwa in einer Begegnung zweier Individuen in aller Regel eine fortwährende Anpassung an das Gegenüber statt, eine Einschwingung aufeinander, die nicht bewusst gesteuert wird.

In der therapeutischen Praxis, bei einer vor allem verbal orientierten Psychotherapie, gleichen sich angeblich Sprechweise und Stimmhöhe von Patient und Therapeut im Verlauf einer Stunde immer weiter aneinander an. Das Bemühen um gegenseitiges Verständnis, um eine inhaltliche Annäherung, färbt auch auf die Stimmlage ab. Solange sich keiner dagegen sperrt, wird eine derartige Angleichung von selbst in Gang kommen und eher unbemerkt ablaufen.

Das ubiquitäre Prinzip der Mimesis, der Nachahmung, und seine nicht selten auch fatalen Folgen bilden das mit unermüdlicher intellektueller Leidenschaft bearbeitete Kernthema des französischen Literaturwissenschaftlers, Kulturanthropologen und Religionswissenschaftlers René Girard, der daraus fast eine Art umfassender Welterklärung entwickelte. Obwohl er selber über die Landesgrenzen hinweg gar keinen so enormen Bekanntheitsgrad erlangen konnte, zumal in Deutschland, hat er doch zahlreiche

Denker nachhaltig beeinflusst. 2019 etwa erschien *Das Licht, das erlosch. Eine Abrechnung*, verfasst von einem Autorenduo, dem Bulgaren Ivan Krastev und dem Amerikaner Stephen Holmes. Diese Paarung wirkte insofern besonders passend, als es im Text hauptsächlich um die Entwicklung des Ost-West- Verhältnisses nach 1989 geht. Die Darstellung, die im Wesentlichen auf den Theorien von René Girard fußt, sorgte für Furore in den Medien, wurde als ungemein erhellender, aufregender, neuer Blick ausgiebig gefeiert, musste sich aber auch den Vorwurf gefallen lassen, sie sei zu eindimensional und es blieben zu viele wichtige Aspekte unberücksichtigt. Dennoch schlug das Werk fast wie ein Meteorit in den Buchmarkt ein, zu griffig und gleichzeitig auch zu verblüffend erschienen die Thesen, die auch die Theorien von René Girard mit ins Licht der Öffentlichkeit katapultierten. Zunächst wird der französische Intellektuelle in seinem wesentlichen Wirken vorgestellt:

> »In mehreren Werken hat [...] Girard seine Ansicht dargelegt, dass Historiker und Sozialwissenschaftler die zentrale Bedeutung der Nachahmung für das Menschsein ebenso fälschlich wie fahrlässig vernachlässigt hätten. Er widmete sich immer wieder der Frage, wie Nachahmung psychische Traumata und soziale Konflikte erzeugen kann« (Krastev & Holmes, 2019, S. 23).

Krastev und Holmes liefern nun eine für viele schlüssig klingende Theorie für die Abwendung Osteuropas vom Westen, für die Entwicklung hin zu mehr Nationalismus und weniger Demokratie. Die willfährige Nachahmung des Westens in den osteuropäischen Ländern nach 1989 war zunächst eine unvermeidbare Folge der politischen Entwicklung nach dem Fall der Mauer. Der Westen hatte gesiegt, das war eindeutig, und Francis Fukuyama raunte bereits vom *Ende der Geschichte* (1992). Dem von den Machtverhältnissen zur Nachahmung Verdammten aber mangelte es nun schmerzlich an eigener Identität, denn die Kopie besitzt, nicht nur in der Kunst, keineswegs denselben Wert wie das Original. Diese quälende Demütigung wurde nach und nach immer deutlicher und bildete einen nicht unwesentlichen Faktor bei der Abwendung von westlichen Standards im Osten. Den mit der Verwestlichung verbundenen Zwangsimport von Säkularisierung, multikultureller Öffnung und sexueller Liberalisierung hatte man so eigentlich gar nicht gewollt, dagegen formierte sich nun ein wachsender Widerstand. Es erfolgte eine Gegenreaktion, ein Umkippen, eine Verkehrung ins Gegenteil. Der vormalige Lehrer hat nunmehr seine Autorität verloren, er hat ausgedient, sein Licht ist erloschen. Durch die zunehmende Abschottung, die gesteigerte Fremdenfeindlichkeit, die demonstrativ gezeigte Ignoranz gegenüber zahlreichen demokratischen Prinzipien können sich Länder wie Polen oder Ungarn deutlich absetzen, von der Nachahmung des Westens auch wieder verabschieden. Krastev und Holmes sind sogar der Meinung, dass der anfängliche Nachahmungsprozess sich jetzt umkehrt und Donald Trump, der bizarre, irrlichternd flackernde Führer der westlichen Welt, nunmehr den bullig-autoritären, illiberalen Victor Orban imitiert. Der Wind hat sich auf jeden Fall gedreht, die Akzente haben sich verschoben, die Welt ist aus den Fugen. »Der Sohn will wie sein Vater sein, doch der Vater sendet die unterschwellige Botschaft aus, dass das ehrgeizige Ziel des Jungen unerreichbar ist, was den Sohn dazu bringt, den Vater zu hassen«, schreibt Krastev (ebd., S. 23).

René Girard versucht mit seiner mimetischen Theorie, in der Rivalität von ähnlichen, gerade sich besonders nahestehenden Menschen, von Brüdern und Schwestern, eine Basis für weltweit verbreitete Konflikte zu formulieren. Die Geschichte vom Brudermord, die Erzählung von Kain und Abel, schlägt in dieselbe Kerbe, die Auseinandersetzung scheint schicksalshaft und unvermeidbar.

> »[Girards] Ansicht nach wollen Menschen etwas nicht, weil es ansprechend oder erstrebenswert ist, sondern nur, weil jemand anderes es auch will. Diese Hypothese kann man an zwei Kleinkindern in einem Zimmer voller Spielzeug überprüfen: Das ›begehrenswerteste‹ Spielzeug hat immer gerade das andere Kind in der Hand« (ebd., S. 23).

Dieser vom nicht sehr komplexen Grundgedanken des mimetischen Begehrens her entwickelte theoretische Zugang lässt sich auf viele Gebiete übertragen, so befasst sich Girard etwa in seinem umfassenden Werk *Shakespeare. Theater des Neides* (2011) eingehend mit den zeitlos gültigen Stücken von William Shakespeare und betrachtet die wie exemplarisch dargestellten Machtkämpfe in den Königsdramen von seiner mimetischen Warte aus. Welcher Theaterautor konnte je besser darüber Auskunft geben, wie sich die Dynamiken der Macht entfalten, als der ungekrönte König des Londoner Globe Theatre? Das Dreieck des Neides – zwei Personen konkurrieren um etwas Drittes – herrscht im Kleinen wie im Großen. Neben dem gewaltsamen, meist sehr blutigen Kampf um die politische

Vorherrschaft wird auch der erotische Neid immer wieder zum Thema. Shakespeares narratives Gedicht *Die Schändung der Lukretzia*, das 1594 veröffentlicht wurde, etwa zeigt die fatalen Folgen, die Girard dem mimetischen Begehren zuschreibt: Ein Mann begehrt eine Frau, die er noch nie im Leben zu Gesicht bekommen hat, allein deshalb mit tiefster, brennender Leidenschaft, weil ein anderer, ihr Ehemann, so überschwänglich und ausgiebig von seiner Frau schwärmt und dadurch das Feuer des Rivalen unlöschbar entfacht. Am Ende vergewaltigt der Protagonist die Unbekannte, eine blinde Tat, allein getrieben von dem unwiderstehlichen Drang, zu besitzen, was dem anderen zusteht, vom Neid auf das vermeintliche oder tatsächliche Glück des anderen.

Dem mimetischen Begehren haftet aber auch eine weitaus harmlosere, friedlichere Seite an, als dieser brutale Konkurrenzkampf vermuten lässt. Es ist ein lebendiges, in der menschlichen Entwicklung fest verankertes Prinzip, und dient zunächst vor allem dem notwendigen Erlernen neuer Fähigkeiten: Das Kleinkind kopiert die Eltern, so gut es eben kann, Abweichungen sind dabei durchaus erlaubt, ja, sogar beabsichtigt, denn gerade sie markieren die Individualität. Die Kleinen lernen von den Großen, eignen sich deren Fähigkeiten an. In der Jugendzeit löst sich diese Vorbildfunktion der Eltern auf, die Heranwachsenden wenden sich ab und orientieren sich um. Starkult treibt nicht selten seine bizarren Blüten: die Imitation des bewunderten Idols vor dem Spiegel, bei Instagram oder sonst wo im Internet. Körpersprache, Gesten, Kleidung, Stimmklang, das ganze Gehabe bietet eine mehr oder weniger geeignete theatrale Vorlage. Kann man mit der Übernahme dieser Äußerlichkeiten auch am Ruhm, am Erfolg des verehrten Stars teilhaben? Und danach, im Erwachsenenalter, was passiert dann? Wohin wandert das mimetische Begehren nun? Im günstigen Fall, so scheint mir, bildet es sich wieder zurück: Es verliert an Bedeutung, wenn wir unseren eigenen Weg als Individuum gefunden haben. Das Elend des Vergleichens versiegt, wird überflüssig. Man ist mit sich selbst weitgehend im Reinen. Oder aber das mimetische Begehren entfaltet seine höchst gefährlichen, destruktiven Wirkungen, befeuert Kriege und blutige Konflikte allerorten, wie in Europa zuletzt beim desaströsen Niedergang des Vielvölkerstaates Jugoslawien, wo sich ehemalige Nachbarn auf einmal spinnefeind wurden, sich gegenseitig nach dem Leben trachteten. »Nicht so sehr kulturelle Unterschiede gemäß Samuel Huntingtons *Kampf der Kulturen* (2002) kennzeichneten die Gewaltexzesse in diesem Konflikt, sondern gerade das Fehlen der Unterschiede, die große Nähe der verfeindeten Menschen«, heißt es dazu in dem ausführlichen Essayband, den der Theologe Wolfgang Palaver über *René Girards Mimetische Theorie* (2008) verfasst hat. Palaver führt weiter aus:

> »Der englische Journalist Misha Glenny hat in der fehlenden Distanz zwischen den einzelnen Gruppen, d. h. in ihrer Gleichheit, eine der zentralen Ursachen für die extremen Grausamkeiten in diesem Krieg erkannt. Weil letztlich alle Brüder sind, stechen sie sich gegenseitig die Augen aus« (Palaver, 2008, S. 92).

Dies ist ein Phänomen, das sich doch erstaunlich häufig beobachten lässt. Die biblische Geschichte von Kain und Abel bleibt leider bis ins 21. Jahrhundert hinein aktuell, in dieser Hinsicht erfahren wir keinerlei Weiterentwicklung, keinen Fortschritt.

Der deutsche Philosoph und Autor Rüdiger Safranski etwa hat die '68er-Rebellion unmittelbar miterlebt und hat sich auch in radikal linken Gruppierungen engagiert. Über deren Zerfallsphase Anfang der 1970er Jahre weiß er im Gespräch mit dem Verleger Michael Krüger und dem Journalisten Martin Meyer zu berichten:

> »Eine unglaubliche Verfeindungsgeschichte. Die einen trugen den Terror nach draußen, daraus wurde dann die RAF. Andere, vor allem diese kommunistischen Sekten, terrorisierten sich gegenseitig. An gesellschaftlichen Erfolg wurde nicht gedacht, es genügte, die konkurrierende Organisation auszustechen« (Safranski, 2019, S. 50).

Nähe als Feindschaft! Man hatte damals tatsächlich den Eindruck, die Splitter wurden immer kleiner, in denen sich die Gruppen noch spiegeln konnten, die Feindseligkeiten allerdings immer größer – ein Atomisierungsprozess.

In seinem facettenreichen Porträt der mimetischen Theorie René Girards spürt der Theologe Wolfgang Palaver die passenden gedanklichen Entsprechungen bei zahlreichen Schriftstellern und Kulturtheoretikern auf und kommt zu der Schlussfolgerung:

> »Wo die Mimesis zur metaphysischen Begierde wird, ist sie [...] durch eine außerordentliche Ansteckungsfähigkeit gekennzeichnet. Die räumliche, soziale und vor allem geistige Nähe der Menschen zueinander in Situationen

interner Vermittlung macht sie zu seiner Art Infektionskrankheit, die sich seuchenartig ausbreiten kann. In vielen archaischen Mythen und literarischen Texten finden wir immer wieder das Symbol der Plage oder der Pest, das einen durch die Mimesis bedingten Zusammenbruch der menschlichen Gesellschaft zum Ausdruck bringt. So wie die Nachahmung ist auch die Seuche ansteckend; beide bedrohen in gleicher Weise die soziale Ordnung« (Palaver, 2008, S. 92).

Nun verweist René Girard aber auf einen uralten, archaischen Lösungsweg, den Sündenbockmechanismus, das Opfer, das wieder zur Versöhnung führen kann. Es muss ein Sündenbock gefunden werden, der getötet wird. Wolfgang Palaver referiert die Sichtweise des französischen Religionswissenschaftlers:

»Girard gebraucht den Begriff Sündenbock*mechanismus,* um den unbewußt bleibenden Vorgang der Krisenlösung hervorzuheben. Die *Verkennung* des tatsächlichen Geschehens ist eine notwendige Bedingung für das Funktionieren des Mechanismus. Nur wenn niemand weiß, daß hier Schuld und Verantwortung abgeschoben werden, läßt sich die Krise überwinden« (ebd., S. 201f.).

Durch dieses grausam anmutende Ritual werden aggressive Spannungen wirkungsvoll gebunden, die Gewalt wird in diesem entscheidenden Akt der Opferung kanalisiert, abgelenkt. Es kommt zu einer erlösenden Entladung, nach der ein friedliches Zusammenleben tatsächlich wieder möglich wird, so stellt es sich in der mimetischen Theorie dar.

Zwar wüten in Deutschland gottseidank keine Kriege mehr, aber es fällt doch eine zunehmende Gereiztheit und weit verbreitete aggressive Anspannung auf. Der Ton wird rauer, unversöhnlicher, vergifteter, davon profitieren anscheinend vor allem die sogenannten Rechtspopulisten, deren Zahl noch weiter anzuwachsen scheint. Es verschwindet die stabile Mitte, so wie auch die sogenannten Volksparteien weiter an Einfluss verlieren, ein geradezu »borderlinig« anmutender Entscheidungszwang bestimmt immer mehr den öffentlichen Diskurs, eine gewaltsame Zuordnung, so, als müsse man sich zwangsläufig in allen Fragen ausschließlich auf einer Seite einreihen, ohne genauere Differenzierung, ohne gelegentlichen Seitenwechsel. Eine Sehnsucht nach geistiger Schlichtheit und einfachen Lösungen wächst gleichzeitig mit der Ungeduld und Unzufriedenheit, die auf die Dauer der Demokratie erheblich zusetzen. Es dominieren mittlerweile die »harten« gegenüber den »weicheren« Werten, Stärke übertrumpft Mitgefühl, Aggression ersetzt Trauer. Die Gesellschaft lässt sich infizieren von geistigen Moden und aktuellen Denkschablonen, das war auch früher schon so, doch heutzutage, im Netz, wirken sie besonders ansteckend, die dort auftauchenden, aufschießenden Emotionen. So bilden sich die sektiererischen Gruppen und Grüppchen, die Schwärme, die Gleichgesinnten rotten sich zusammen. Eine ohnehin vorhandene Polarisierung wird noch weiter gefördert, und die jeweiligen Nachplapperer beherrschen mit ihren Floskeln das Feld. Der Papagei aber weiß nicht wirklich, was er da eigentlich sagt. Echolalie erfüllt den öffentlichen Raum: Nachahmung ohne Nachdenken.

Der fundamentale Glaubwürdigkeitsverlust des Kapitalismus westlichen Zuschnitts – mit der Finanzkrise von 2008, mit der globalen, verheerenden Umweltzerstörung, die sich ja keineswegs auf die Klimaerwärmung beschränkt, mit dem moralischen Debakel des mit einer faustdicken Lüge gerechtfertigten Irakkriegs und seinen bis heute nachwirkenden katastrophalen politischen Folgen – hat nicht, wie es zunächst eigentlich zu erwarten gewesen wäre, die Linke, sondern tatsächlich in Überzahl die Rechte auf den Plan gerufen. Die Verunsicherung der Menschen lässt sie »zurückrudern«, nicht Verbesserung und Fortschritt suchen, sondern zurückkehren zu alten Überzeugungen, um überkommene Verhältnisse wieder zu reinstallieren. Zugespitzt formuliert: Der Schnee von gestern soll das Paradies von morgen ermöglichen!

Hierzu lieferte die Soziologin Cornelia Koppetsch einen wertvollen Beitrag, der dann allerdings durch zahlreiche gravierende Zitierfehler in ihrem Text mit einem erheblichen, doch sehr nachhaltig verstörenden Makel behaftet wurde. Das zuvor vielfach so hochgelobte Buch wurde infolgedessen sogar vom Verlag aus dem Verkehr gezogen, eine korrigierte Neuauflage soll demnächst erscheinen. Koppetschs Grundthese aber, dass der Rechtspopulismus eine Gegenbewegung zur Globalisierung und deren Folgen sei, bleibt zweifellos bestehen. So heißt es in ihrem Text, »dass der Aufstieg der Rechtsparteien eine aus unterschiedlichen Quellen gespeiste Konterrevolution gegen die Folgen der Globalisierungs- und Transnationalisierungsprozesse darstellt« (Koppetsch, 2019, S. 23). Zudem gilt es zu bedenken, »dass der Rechtspopulismus, ähnlich wie in den USA die Trump-Ära, selbst als eine Bewegung auch zur Stabilisierung fragiler Männlichkeit verstanden werden muss«, wie Cornelia Koppetsch fraglos zutreffend diagnostiziert. (ebd., S. 62) Auch in der Geschlechterfrage wird neuerdings von vielen ein reaktionäres Rollback betrieben. Die alte Ordnung soll endlich wiederhergestellt werden.

Worin besteht aber nun darüber hinaus noch die so mit Nachdruck behauptete Überforderung durch die Globalisierung? Worauf reagiert der Rechtspopulismus so allergisch, so antizyklisch und gegenwendisch, so trotzig-rebellisch?

Bezüglich dieser Fragen lassen sich tatsächlich eine ganze Reihe verschiedener Punkte anführen: Mit *Die neue Unübersichtlichkeit* betitelte der renommierte Philosoph Jürgen Habermas bereits 1985 mit einiger Berechtigung seine damalige Zeitdiagnose. Die Gesellschaft wurde zunehmend komplexer und nach und nach folgten später: eine weitestgehende Auflösung der Grenzen, eine erhebliche Zunahme der Migration, vor allem von Süden nach Norden, damit verbunden das direkte, keineswegs unproblematische Aufeinanderprallen einander sehr fremder Kulturen, was den ohnehin bereits bestehenden Orientierungsverlust für manche noch weiter verstärkte. Die Zeit der Finanzgarantien scheint erst einmal, auf absehbare Zeit, vorbei zu sein: Das Ersparte ist so unsicher wie nie zuvor seit 1945, der Arbeitsplatz auch, die Beziehung und nicht zuletzt die Wohnung ebenfalls. Das Digitale entpuppt sich als ein Luftraum mit vielen Freiheiten und sehr wenig Bodenhaftung, Ortlosigkeit kennzeichnet die Globalisierung. Das Ergebnis ist eine poröse Durchlässigkeit der Welt, die bereits wieder heftig umkämpft wird. Erfordert sie nun tatsächlich vielerorts neue Mauern, wie einige Potentaten zu glauben scheinen? Wer regiert denn nun die Welt? Die Politik wirkt zuweilen recht überfordert oder gar ausgebootet, die Internet-Konzerne entscheiden stattdessen, wie es weitergeht, wie die Welt sich weiterdreht, beeinflussen zahlreiche Entwicklungen, entziehen sich jeglichem Zugriff des Staates – soll das wirklich so bleiben? Hinzu kommt noch der deutliche Ansehensverlust des Westens in der Welt, vielleicht auch die durchaus umstrittene Identitätspolitik der ansonsten recht einfallslosen Linken, die Diskussionen über so etwas für »Normalbürger« eher Bizarres wie Transgender-Toiletten zur Folge hat. Die Leute verkünden dann plötzlich: Da sind wir nun nicht mehr mit dabei, jetzt reicht's, da steigen wir aus, Kehrtwende, rechts um!

Wenn die Zukunft nun abgewirtschaftet hat und nicht mehr als Projektionsfläche für Träume taugt – sie erscheint jedenfalls keineswegs rosig, sondern eher bedrohlich –, so entfaltet sich ein nostalgisch eingefärbter Trotz, eine starrsinnige Sehnsucht nach der vermeintlich guten alten Zeit, die so gut allerdings niemals war. Der Versuch der Rückkehr zu einer solchen Zeit ist ein doch recht restaurativ, regressiv anmutendes Unterfangen, ganz anders als es der deutsche Philosoph Ernst Bloch einst formulierte, der in seinem Hauptwerk *Prinzip Hoffnung* (1959) Heimat als Utopie begriffen hatte, als den Ort, den es erst noch zu erreichen galt und wo noch niemand jemals war (https://www.quotez.net/german/ernst_bloch.htm, [16.06.2020]). Auch in den Schriften von Bloch allerdings erscheint die Kindheit wie ein erstrebenswertes Ziel am fernen Horizont.

2017 gelang dem deutschen Soziologen Andreas Reckwitz mit seiner Abhandlung *Die Gesellschaft der Singularitäten* ein veritabler Wurf, ein vielbeachteter Bucherfolg. Mit seinem Begriff der Singularitäten schien er den Nerv des vorherrschenden Zeitgeistes punktgenau getroffen zu haben. Jedenfalls wurde die Triftigkeit seiner Analyse, deren Auswirkungen auch Ende 2019 noch deutlich in vielen nachfolgenden Texten spürbar, ja, nachlesbar sind, allenthalben anerkannt. »Wohin wir auch schauen in der Gesellschaft der Gegenwart: Was immer mehr erwartet wird, ist nicht das Allgemeine, sondern das Besondere« (Reckwitz, 2017, S. 7), so steigt Reckwitz unmittelbar in seinen Text ein, der die »Explosion des Besonderen« (ebd.) scharfsinnig ins Visier nimmt. Tatsächlich erscheint unsere Gegenwart geprägt von einem Kult des Einzigartigen, der sich über unzählige Bereiche erstreckt, eine Infektion mit Singularität hat sich erfolgreich ausgebreitet. Jeder will etwas Besonderes sein, darstellen, verkörpern, machen, verkaufen, erwerben oder ersteigern. So wird, paradoxerweise, die Einzigartigkeit zum hervorstechenden Merkmal, zu einer Eigenschaft von mehr oder weniger allen und allem. Das Besondere und das Allgemeine fallen nun in gewisser Weise in eins.

Eine »Doppelstruktur von Singularisierung und Polarisierung«, so schreibt Reckwitz in seinem Nachfolgeband *Das Ende der Illusionen. Politik, Ökonomie und Kultur in der Spätmoderne* (2019), »gilt für alle Dimensionen der tektonischen Verschiebung, welche die spätmodernen Gesellschaften erleben« (Reckwitz, 2019, S. 22).

Die Gesellschaft zersplittert in viele Gruppierungen und polarisiert sich gleichzeitig in Lager, die keine Verständigung mehr miteinander finden – und dies vielleicht auch nicht mehr wollen. Die Tribalisierung im digitalen Raum verschärft diesen Prozess noch in erheblichem Ausmaß, die sozialen Netzwerke bringen ihre Eigengesetzlichkeit und ihre Eigendynamik jeweils mit ins Spiel.

Der Medienwissenschaftler Bernhard Pörksen zitiert in seinem Buchessay *Die große Gereiztheit* (2018) den renommierten Soziologen Niklas Luhmann mit seiner Sentenz: »Was wir über unsere Gesellschaft, ja über die Welt, in der wir leben, wissen, wissen wir durch die Massenmedien« (Pörksen, 2018, S. 66). Wenige Seiten später aktualisiert er diese entscheidende Rolle der Medien, integriert nun auch noch die digitale Welt und verweist auf den Netzpublizisten Sascha Lobo und dessen Darstellung:

> »In der Medienwirklichkeit unserer Tage sei, vor allem getrieben durch die sozialen Netzwerke, das Primat der Emotion bestimmend geworden, nicht jedoch das der Information. ›Was wir über die Welt wissen‹, so parodiert Sascha Lobo die Sentenz des Soziologen Niklas Luhmann, ›wissen wir aus einem kleinen Bildschirm, der uns sozial, redaktionell und algorithmisch aufbereitete Informationen präsentiert, dabei Sensationalisiertes, Zugespitztes, Radikales tendenziell bevorzugt, was durch die Echokammern der Netzöffentlichkeit selbstverstärkend wirkt‹« (ebd., S. 69).

Ein Verlust an Sachlichkeit, eine Emotionalisierung auf allen Seiten folgt offensichtlich aus dieser medialen Entwicklung: Kaum jemand sagt noch etwas ohne Zuspitzung. Müssen alle Aussagen plakativ sein, reden wir bald alle, als hätten wir in der Journalistenschule der Bildzeitung gelernt und dabei leider sehr gut aufgepasst: Bitte nur noch mit Ausrufezeichen!! So sollen wir uns äußern: laut, deutlich, klar, einfach und griffig, sofort nachvollziehbar, gleichzeitig überhöht und demonstrativ zugespitzt, jeder Satz ein Geschoss, ein Frontalangriff, ein Aufschrei, eine wuchtige Verallgemeinerung, eine passende Beleidigung, ein verbales Vomitieren, Wörter auskotzen und herausbrüllen!

Völlig zu Recht stellt Pörksen deshalb, mehr oder weniger entsetzt, fest:

> »Die große Gereiztheit hat inzwischen den Diskurs und den Diskurs über den Diskurs erreicht. Heute regiert die Angst, dass Hass, Misstrauen und Wut das große gesellschaftliche Gespräch ruinieren könnten und die öffentliche Welt in einem Strudel von sinnlosen Attacken und bösartigem Gerede versinkt« (ebd., S. 70f.).

Zumindest in Teilen scheint die Gesellschaft vom Hass infiziert zu sein. Eine atmosphärische Vergiftung der Debatten, ein verbaler Kontrollverlust einerseits, die umstrittene, nicht immer überzeugend angewandte Political Correctness andererseits, all das bringt die reflexhaft unreflektiert wirkende

Floskel »Das wird man doch wohl noch sagen dürfen!« auf den Plan. Letztlich ist gar nicht so klar, was mit diesem Satz überhaupt gemeint sein soll. Man darf es ja sagen, man hat es doch soeben erst gesagt. Fürchtet man also den Widerspruch, möglicherweise gar die ausgelöste Empörung, das moralisch vernichtende Urteil, den beschämenden Gesichtsverlust in der Öffentlichkeit? Ist das der Grund für diesen seltsam »herumorakelnden« Satz? Das wäre nun tatsächlich ein Armutszeugnis für die Demokratie, denn für eine lebendige Debatten- und Streitkultur spricht dies ja eben gerade nicht. Vielleicht geht es aber, so zumindest mein Verdacht, lediglich um einen verbalen Machtkampf: Man, wer auch immer das sei, will sich von der politischen »Sprachpolizei« nichts verbieten lassen und das mit der genannten Floskel für alle kenntlich machen. Tatsächlich hat ja auch die Political Correctness in den letzten Jahren manch seltsame und durchaus auch weniger schöne Blüten getrieben, zuweilen die Grenze zur Intoleranz indeutig überschritten. Ein besonders schlimmes Beispiel: Die Zwangsübermalung des Eugen Gomringer-Gedichtes *Avenidas* 2018 an der Hauswand der Berliner Alice-Salomon-Universität wegen angeblichem Sexismus, eine Unterstellung, die nun rein gar nichts mit dem Text zu tun hat. Dieser absolut skandalöse Vorgang folgt der Maxime: »Wir ersetzen Poesie durch Ideologie!«, und das wäre tatsächlich das Ende der Kunst, so es denn Schule machen würde.

Wie dem auch sei – dem Benutzer obengenannter Floskel würde ich gerne zurufen: Wenn Du unbedingt was sagen willst, dann sag's einfach! Du darfst aber auch gerne still sein, das ist ebenfalls durchaus erlaubt.

Die prämierte Publizistin Carolin Emcke hat über das Phänomen Hass nachgedacht und dazu einen lesenswerten Essay verfasst, darin heißt es unter anderem sehr treffend:

> »Gehasst wird ungenau. Präzise lässt sich nicht gut hassen. Mit der Präzision käme die Zartheit, das genaue Hinsehen oder Hinhören, mit der Präzision käme jene Differenzierung, die die einzelne Person mit all ihren vielfältigen, widersprüchlichen Eigenschaften und Neigungen als menschliches Wesen erkennt« (Emcke, 2016, S. 12).

Hass ist leider sehr ansteckend, das müssen wir immer wieder betrübt feststellen. Das Internet, die sozialen Netzwerke bieten dafür offenbar einen fruchtbaren Boden, sich auszutoben, sich gegenseitig anzustacheln, ja, die eigenen Hassgefühle geradezu emporzuheben und zu feiern.

Hass verleiht Identität, das steht außer Frage. Feindseligkeit hilft dabei, sich selbst besser zu spüren. Ich hasse, also bin ich. Hass verschafft eine letztlich illusionäre Wahrnehmung eigener Kraft und Stärke. Wer hasst, scheint entschlossen zu sein, kein Zauderer und Zögerer wie Hamlet, der sich lange selbst mit quälenden Fragen bombardiert und verwirrt, Fragen, die er zunächst gar nicht zu beantworten vermag. Der Hass bindet einen mit enormer Macht genau an das Objekt, das man gleichzeitig so vehement ablehnt, er schädigt dadurch auch immer den Hassenden selber mit, belastet ihn sehr und macht ihn krank an Körper und Seele. Hass ruft eine sadomasochistische Konstellation hervor, eine ungemein schmerzhafte Bindung, eine Vergiftung im Haushalt der Gefühle, die nicht folgenlos bleibt.

Die Religionen, die mit ihrem aggressiven Messianismus nicht selten erheblich zur Verschärfung von Konflikten beigetragen haben, so sie nicht gar deren Ursache waren, hätten gegebenenfalls aber auch Lösungswege zur Hand. Die christliche Gnade etwa stellt zweifellos ein wirksames Gegengift gegen den Hass dar, wenn denn jemand überhaupt empfänglich für diese überaus hilfreiche Botschaft sein sollte. Empathie ist ebenfalls sinnvoll, da sie einen Einblick in die Gefühls- und Gedankenwelt des Anderen, des tatsächlichen oder vermeintlichen Feindes, verschafft. Sogar die gelungene, angemessene und eben nicht übersteigerte Selbstliebe erleichtert es, auf Hass zu verzichten, nicht zuletzt gerade, weil sich hinter der verbohrten Feindseligkeit nicht selten ein schon seit Längerem konservierter Selbsthass verbirgt. Für all das braucht es durchaus auch ein wenig Fantasie, besonders für die stimmige Einfühlung in den anderen, den Andersdenkenden und Andersempfindenden. Carolin Emcke schreibt: »Zum zivilen Widerstand gegen den Hass gehört für mich auch, sich die Räume der Phantasie zurückzuerobern« (ebd., S. 216).

Religionen haben beides – das Gift und auch das Antidot – in ihrem, zugegebenermaßen etwas angestaubten Arzneischrank; die Kunst stimuliert die Fantasie und kanalisiert im günstigen Fall die aufgestauten Emotionen im Sinne einer kathartischen, befreienden, letztlich entspannenden Entladung, die für Körper und Seele förderlich ist. Wie weit aber stehen diese so hilfreichen Möglichkeiten in unserem westlichen Kulturraum gegenwärtig noch einer Vielzahl von jungen Menschen zur Verfügung? Oder sind sie mittlerweile obsolet geworden und werden in ihrem Geist, in ihren ureigensten Anliegen, überhaupt nicht mehr verstanden?

Gnade wird womöglich nur noch als Schwäche angesehen oder gar als Inkonsequenz verurteilt, Empathie als Fingerübung für sogenannte Gutmenschen abqualifiziert. Komplexere Musik mit ihrem ungeheuren Reichtum an Nuancen, an klanglichen Feinheiten, an dramaturgischen Raffinessen, wird schon in der Schule nicht mehr zur Genüge und auch nicht mit der unbedingt gebotenen Leidenschaft vermittelt. Die Folge: Es baut sich keine dauerhafte Beziehung auf. Und doch müssen wir leider zugeben: All diese von mir eben genannten und durchaus nach wie vor geschätzten Instrumente waren in der Vergangenheit auch nicht immer hilfreich, Krieg und Hass jedenfalls konnten sie nicht wirklich aus der Welt schaffen. So traurig das ist: Da haben sie völlig versagt.

Die Mobilisierung per Internet hat aber nun, neben den erschreckenden Rückfällen in die Barbarei, durchaus auch sehr viele positive, enorm hilfreiche und erfreuliche Aspekte gezeigt. Bernhard Pörksen weiß davon zu berichten: »Ein Beispiel für die spontane Mobilisierung ohne klar identifizierbare Anführer und die diskursprägende Wirkung plötzlich durchdringender Anstöße liefert die #aufschrei-Debatte, die das Thema des Alltagssexismus auf die allgemeine Agenda katapultiert hat« (Pörksen. 2018, S. 88). Im Anschluss an diese triftige Feststellung konkretisiert der Medienwissenschaftler seine Aussagen noch weiter und vermittelt, wie durch einen begrüßenswerten, positiven Infektionsprozess eine politische Bewegung entstehen und weiterwachsen kann:

> »In der Nacht des 24. Januar 2013 liest die Netzaktivistin Anne Wizorek eine Botschaft ihrer Online-Bekanntschaft Nicole von Horst, die sie erschüttert: ›Der Arzt, der meinen Po tätschelte, nachdem ich wegen eines Selbstmordversuches im Krankenhaus lag.‹ Es ist dieser aufs äußerste verknappte Bericht von einem Übergriff, der sie auf die Idee bringt, solche Erfahrungen sexistischer Brutalität unter dem Hashtag #aufschrei zu sammeln. Und plötzlich werden jede Menge dummer Sprüche sichtbar, aber auch Gewalt, Schläge, Attacken« (ebd.).

#aufschrei gilt heute als Vorläufer der sogenannten MeToo-Debatte, die bald danach enorme Aufmerksamkeit gewinnen und eine mächtige publizistische Lawine in Gang setzen konnte, ein Hashtag folgte auf den anderen. »Hashtags«, so definiert es der Kulturwissenschaftler Andreas Bernard in seiner kurzen und konzentrierten Abhandlung *Das Diktat des #hashtags. Über ein Prinzip der aktuellen Debattenbildung* (2018), »sind

Knotenpunkte einer neuen Medienöffentlichkeit« (Bernard, 2018, S. 56). An anderer Stelle heißt es pointiert: »Der Hashtag ist Index und Parole zugleich« (ebd., S. 45).

Auf jeden Fall gelingt mittels Hashtags eine wirkungsvolle Bündelung aller Anliegen, die mit einem bestimmten Thema in Verbindung stehen. Diese Methode erscheint sehr effektiv und von daher durchaus sinnvoll, aber doch auch ziemlich diffus, da jegliche Differenzierungen leider fehlen. Bei Andreas Bernard ist zum weiteren Verlauf der MeToo-Debatte zu lesen:

> »Um in dieser Debatte Gehör zu finden, mussten alle Beiträgerinnen und Beiträger ihre individuellen Erlebnisse, Geschichten und Anschauungen unter dasselbe Schlagwort stellen. Eine Stimme im Namen von ›#MeToo‹ wäre ohne die Rubrizierungskraft des Hashtags sowohl vernetzungstechnisch als auch inhaltlich im Nichts verhallt. Genau diese mediale Bedingung hat aber die Gefahr der Vereinheitlichung und Grenzverwischung, die im Lauf der Debatte dann so häufig kritisiert wurde, verstärkt« (ebd., S. 81).

Am Ende seines schmalen Bändchens zieht der Kulturwissenschaftler dann folgendes Fazit: »Der Hashtag ist ein gutes Jahrzehnt nach seinem Auftauchen von einer unauflösbaren Ambivalenz gekennzeichnet. Er bringt die verstreuten Stimmen zum Ertönen und tilgt gleichzeitig das, was an ihnen unverrechenbar ist« (ebd., S. 82).

Dabei ist es aber durchaus beeindruckend zu lesen, was alles im Rahmen der MeToo-Bewegung aufgedeckt wurde, welche Machenschaften trotz aller Vertuschungsversuche so ans Licht der Öffentlichkeit gelangten.

Konrad Heiland

Die Jagd auf Harvey Weinstein

Der amerikanische Journalist Ronan Farrow, der Sohn des Filmregisseurs Woody Allen und der Schauspielerin Mia Farrow, hat entscheidend dazu beigetragen, den Weinstein-Skandal zu enthüllen, der zum Sturz eines der mächtigsten und in gewisser Weise sogar angesehensten Filmproduzenten Hollywoods geführt hat. Sein Buch *Durchbruch. Der Weinstein-Skandal, Trump und die Folgen* (2019) liest sich wie eine ausführliche, akribische Dokumentation der Ereignisse mit ihren vielen Schlaufen und Wendungen, in Teilen durchaus spannend, wegen der zahlreichen Wiederholungen teils aber auch etwas ermüdend.

Der Bericht zeigt ein entlarvendes Porträt der Machtstrukturen in den USA und die zähe, von zahlreichen herben Rückschlägen geprägte Jagd auf Harvey Weinstein, den renommierten Filmmogul, dem Belästigung und Missbrauch, bis hin zur Vergewaltigung von zahlreichen Frauen, vorgeworfen werden. Die Liste ist erschütternd lang. Harvey Weinstein jedoch wehrt sich mit allen Mitteln, die ihm zur Verfügung stehen, mit einem geradezu mafiösen Netz von hoch dotierten Anwälten. Sein Einschüchterungspotenzial erscheint enorm. Davon ließen sich sogar die Medien tief beeindrucken, die überaus verzagt agierten und trotz aller Zeugen und Beweise immer wieder verängstigt vor einer Berichterstattung zurückzuckten. Weinstein sicherte sich bereits im Vorfeld durch sogenannte Knebelverträge ab, durch menschenverachtende, gleichwohl rechtlich bindende Arrangements, mit denen sich die Geschädigten hinterher zum Schweigen verpflichteten. Als Gegenleistung winkten ihnen dafür eine oder mehrere Filmrollen, vielleicht sogar eine ruhmreiche Karriere in Hollywood.

Was Ronan Farrows Erfolg lange Zeit im Wege stand, war nicht zuletzt auch die panische Angst der Opfer, auszusagen, die Angst vor der ihnen dabei drohenden beschämenden Wiederholung der Demütigung. Weinsteins Anwälte pflegten die Taktik der aggressiven Einschüchterung und üblen Verunglimpfung der Opfer, um sie unglaubwürdig erscheinen zu lassen. Das war das verabscheuungswürdige Ziel. Farrow zitiert das prägnante Statement des Moderators Tucker Carlson von Fox News: »Viele einflussreiche Leute wussten genau, was Harvey Weinstein trieb, und ignorierten nicht nur seine Verbrechen, sondern stellten sich aktiv auf seine Seite gegen seine unzähligen Opfer« (Farrow, 2019, S. 488). Das immer wieder erwähnte Catch-and-Kill-Modell, dem Farrows Buch nicht zuletzt auch seinen Originaltitel verdankt, verweist auf eine moralisch äußerst verwerfliche Praxis, mit der die Reichen und Mächtigen meist recht erfolgreich versuchen, sich Ärger und Imageverlust oder gar Schlimmeres wie eine Verurteilung zu einer Gefängnisstrafe vom Leibe zu halten: Man kauft die Rechte an einer Geschichte auf, um die Story dann anschließend vollständig zu vernichten. So schafft man die Grundlagen für jede mögliche Anklage einfach wieder aus der Welt, und weiter geht's, wie bisher.

Letztlich erzählt *Durchbruch* eine klassische Heldengeschichte mit dem Autor als Hauptfigur, der nach zahlreichen Drehungen und Wendungen, nach der Überwindung mehr oder weniger lebensbedrohlicher Hindernisse endlich doch noch zu einem glücklichen Abschluss kommt und seine ihm selbst gestellte Aufgabe erfolgreich lösen kann. *Durchbruch* bedient eines dieser wohltuenden David-gegen-Goliath-Muster, in denen der gute Schwächere den vermeintlich stärkeren Bösen zu Fall bringt – eine Ermutigung für uns alle, sich gegen üble Machenschaften zur Wehr zu setzen und sich nicht wegzuducken.

Am Ende seines umfangreichen Buches lautet das Fazit von Ronan Farrow:

> »Ein *Konsens darüber, was das Beste für das Unternehmen beim weiteren Vorgehen* war, knickte vor Anwälten und Drohungen ein; ein Konsens druckste herum, dröselte auf und zuckte mit den Schultern; ein Konsens legte sich über unzählige glaubwürdige Anschuldigungen wegen sexuellen Fehlverhaltens und verwarf ein aufgezeichnetes Schuldbekenntnis. [...] [E]in Konsens verschlang Frauen mit Haut und Haaren« (ebd., S. 490).

Mit diesen Worten formuliert Farrow eine scharfe Kritik gegenüber der Anpassung, wie sie selbst in den Führungsetagen amerikanischer Medienkonzerne offenbar üblich ist. Die allerteuersten und raffiniertesten Anwälte beherrschen jeden noch so abseitig erscheinenden juristischen Kniff, mit dem sie ihren Mandanten aus seiner misslichen, ja vielleicht sogar aussichtslos wirkenden Lage wieder befreien können. Alle potenziellen Gegner werden bedroht, eingeschüchtert und letztlich mundtot gemacht. Oft gilt dabei die Regel »Macht schlägt Wahrheit«, das beweist nicht zuletzt der für viele doch sehr irritierende Erfolg von Donald Trump. Er reiht sich ein in die schamlose Dreistigkeit ehrlicher Lügner, die ihren Machtmissbrauch einfach offen zugeben und dann weitermachen und weiterlügen, als wäre nichts geschehen, als wären sie tatsächlich unangreifbar, was immer sie auch tun. Das vorerst letzte Kapitel in der Causa Weinstein war nun seine mitleidheischende Selbstinszenierung mit marodem, quietschendem Rollator, sein schräger Auftritt vor Gericht als gebrochenes Wrack Ende 2019.

Aber dann passierte das schon gar nicht mehr für möglich Gehaltene: Harvey Weinstein wurde tatsächlich wegen Vergewaltigung und sexueller Belästigung schuldig gesprochen und am 11.03.2020 zu 23 Jahren Haft verurteilt.

MeToo und die Folgen

MeToo jedoch wirkte unterdessen fleißig weiter – prominente, herausragende Künstler, sogenannte Ausnahmekünstler wie der quirlige Musiker und weit über die lokalen Grenzen hinaus bekannte Münchener Musikhochschuldirektor Siegfried Mauser, der auf so vielen verschiedenen musikalischen Terrains zu beeindrucken wusste; der begnadete Filmregisseur und Oscarpreisträger Roman Polanski, der zweifellos im Verlaufe seiner Karriere einige moderne Klassiker der Filmgeschichte, sozusagen für die Ewigkeit, geschaffen hat; der umtriebige, immer etwas verwuselt und aufgemischt wirkende, gleichwohl doch sehr energiegeladene Theater- und Filmregisseur Dieter Wedel; der hochgelobte Dirigent James Levine, ein vormaliges Wunderkind und Multitalent der Musik, jahrzehntelanger Chef des Orchesters der New Yorker Met; der weltberühmte Opernstar Placido Domingo, eine global gefeierte, umjubelte Ikone in der Welt der klassischen Musik, ein gern gesehener Gast auf allen bedeutenden Opernbühnen weltweit – sie alle waren und sind betroffen, sie alle wurden im Zuge von MeToo erneut oder auch zum ersten Mal sexueller Übergriffe bis hin zur Vergewaltigung und teils auch des Machtmissbrauchs bezichtigt. Das war in diesem Ausmaß neu. MeToo veränderte das Bewusstsein und damit auch den Blick. Zahlreiche Koryphäen wurden so geräuschvoll vom Sockel geholt, begleitet von unzähligen Kommentaren in den Feuilletons der großen Zeitungen und von mehr oder weniger aufgeregten Stellungnahmen in allen anderen Medien. Ein Ausnahmekünstler zu sein erlaubt eben noch lange kein Ausnahmeverhalten, so lautet die nachvollziehbare Position der Hashtag-Aktivisten. Diese Sichtweise etablierte sich tatsächlich in vielen westlichen Ländern durch MeToo, während allerdings gleichzeitig der amerikanische Präsident mit derben sexistischen Sprüchen auffiel, die er schamlos und lauthals in die Mikrofone der Weltpresse hinein posaunte. Er benahm sich im wahrsten Sinne des Wortes »unverschämt«. Sich zu schämen allerdings offenbart keineswegs eine Schwäche, die es unbedingt zu überwinden gilt, sondern kann durchaus als Beleg für die Feinfühligkeit einer Person angesehen werden. Manch leichtfertig geäußerter Rat moderner, rein positiv gesinnter Psychologen will da nicht so recht einleuchten: Der Aufforderung etwa, alles glattzubügeln und sich auch nicht zu schämen, könnte man schlicht und einfach widersprechen. Mit ihrem durchgängig pamphletistisch verfassten Text *Das Glücksdiktat und wie es unser Leben beherrscht* (2019) attackieren die renommierte israelische Psychologin Eva Illouz und ihr spanischer Kollege Edgar Cabanas völlig zu Recht die Eindimensionalität der sogenannten Positiven Psychologie, ihre monotone, neoliberal fixierte Ausrichtung auf das Glücksstreben des Einzelnen, der so viele wesentliche Aspekte eben leider fehlen. Diese unzulässige, verfälschende Vereinfachung des Lebens, wie sie auch schon von so manchem in kommerzieller Absicht flugs und flüchtig verfassten Ratgeber propagiert wurde, sollte zweifellos scharf kritisiert werden. Man sagt den Leuten das, was sie glauben, hören zu wollen, und weicht auf diese Weise jeder komplexeren Wahrheit aus. Daran krankt nicht zuletzt auch ein Großteil der psychotherapeutischen Praxis, in der unter dem Deckmantel der notwendigen Unterstützung des Patienten auf nachdenklichere Invektiven oder gar konfrontative Passagen vollkommen verzichtet wird. So wird der Patient gerade auch in seinen problematischen Anteilen und Verhaltensweisen noch weiter bestärkt, und eine Verschlechterung seiner Lage durch die Psychotherapie erscheint durchaus denkbar. Die Frage darf nun allerdings gestellt werden, ob die Autoren mit ihrer Kampfschrift nicht doch, mit großem Anlauf, offene Türen einrennen, die mangelhafte geistige Grundausstattung der Positiven Psychologie war schließlich bis dato bereits nicht gänzlich unbekannt. Zudem ist die durchaus gewollt polemische Darstellung selber offenbar vom Virus der Einseitigkeit und Schmalspurigkeit so nachhaltig infiziert worden, dass in dem Text der beiden Experten jegliche Zwischentöne und Gegenstimmen oder gar irgendeine bereichernde kontrapunktische Unterströmung durchweg Mangelware sind. Die Lektüre wirkt auf Dauer dadurch recht ermüdend, da man so in Windeseile bereits begriffen hat, worauf der Text insgesamt hinauswill.

Das nicht unerhebliche Verdienst der MeToo-Bewegung, ja, überhaupt der ganzen daraus entstandenen Debatte, liegt zweifellos darin, das öffentliche Bewusstsein geschärft, die Wahrnehmung sensibilisiert, das bisher übliche Wegschauen erschwert zu haben, wenn jemand, und sei er noch so prominent und ungewöhnlich begabt oder gar genial, seine Ausnahmestellung missbraucht, um andere, die ihm in gewisser Weise anvertraut sind, sexuell zu erpressen. Harvey Weinstein war das Musterbeispiel für dieses eklatante, widerliche Fehlverhalten, das von der Gesellschaft konsequent geahndet werden sollte.

Allerdings gab und gibt es auch einige Gegenstimmen und, wie bei jeder Bewegung, wohl auch ungute Übertreibungen und problematische oder gar tragische Einzelfälle. So hat sich der Stockholmer Theaterregisseur Benny Fredriksson nach offenbar völlig ungerechtfertigten Anschuldigungen das Leben genommen. Er glaubte, seinen über alles geliebten, mit sehr viel Freude praktizierten Beruf, die zuvor recht erfolgreiche Leitung des Stockholmer Stadttheaters, nicht mehr ausüben zu können, nachdem die Vorwürfe durch die schwedische Presse gingen; so jedenfalls berichtet und bezeugt es seine Ex-Ehefrau, die Opernsängerin Anne Sofie von Otter, in einem Interview mit der *Zeit*, das unter dem Titel »So kann man eine Person kaputt machen« im Internet nachzulesen ist (https://www.zeit.de/2018/31/anne-sofie-von-otter-benny-fredriksson-suizid [16.06.2020]). Benny Fredriksson war also zurückgetreten und dann an seiner künstlerischen Arbeitslosigkeit wie auch an seinem schwer beschädigten Image verzweifelt. Leider bietet die aufgeladene, aufgeheizte Stimmung einen fruchtbaren Boden dafür, einen missliebigen Konkurrenten durch Falschanschuldigungen aus dem Weg zu räumen oder irgendein sinistres Rachespiel zu betreiben, alte Rechnungen zu begleichen und die aus welchen Gründen auch immer schon so lange heimlich gehasste Person nun endlich beruflich zu ruinieren. Vieles lässt sich eben leider nicht überprüfen – ein fatales Faktum, ein unglücklicher Umstand, der für sehr viel Leid sorgen kann.

Eine respektable Gegenstimme in der MeToo-Debatte kommt auch von der Philosophin und Autorin Svenja Flaßpöhler, die sich als Chefredakteurin des *Philosophie Magazins* seit Langem profiliert hat sich und immer wieder gerne mit eigenwilligen Beiträgen in aktuelle Debatten einmischt. In ihrer mit präziser Knappheit pointiert formulierten Streitschrift, dem schmalen Bändchen *Die potente Frau. Für eine neue Weiblichkeit* (2018) heißt es etwa:

> »Eine für Herbst 2018 angedachte Ausstellung des Modefotografen Bruce Weber in den Hamburger Deichtorhallen – abgesagt wegen des Vorwurfs sexueller Nötigung. Solch ein Vorgehen hat nichts mit Rechtsstaatlichkeit zu tun. Die Unschuldsvermutung wird kurzerhand ausgehebelt, ausschlag-

gebend ist bereits die Anklage. Was gegenwärtig in der Kunstwelt passiert, ist, um einen Ausdruck der Philosophin und Schriftstellerin Thea Dorn zu verwenden, ›moralischer Totalitarismus‹« (Flaßpöhler, 2018, S. 18).

Hat die meist so kluge, öffentlichkeitserprobte und argumentationssichere Publizistin Thea Dorn damit nicht recht? Herrscht hier nicht allzu viel geistige Bevormundung, zu viel intellektuelle Überwachung, ja, eine Art gesinnungspolizeiliches Diktat vor?

Unsere Welt erscheint extrem gespalten: Wir leisten uns jemanden wie Donald Trump, der in sämtlichen moralischen Kategorien krachend durchfällt, planieren mit den SUVs die Gegend, so lange, bis man sie nicht mehr wiedererkennt, zerfliegen die ganze Welt und bestäuben sie eifrig mit Kerosin, vergiften gnadenlos die Natur, wo es nur geht, und sind plötzlich hochmoralisch aufgeladen, weil uns eine kleine Gedichtzeile irgendwie verdächtig vorkommt. Auf der einen Seite ignorieren wir moralische Kategorien völlig, so als existierten sie gar nicht, andererseits jagen wir den Moralismus gleichsam durch die Decke und die Kunst gleich mit. Ist das nicht bedauernswert?

Die Moral der Kunst, die Kunst der Moral

Was nun die Kunst angeht, so ist die Liste der problematischen Fälle jedenfalls beeindruckend lang. Im Folgenden führe ich nur einige wenige dieser vermeintlichen oder tatsächlichen, durchweg männlichen Übeltäter auf: Emil Nolde, Pablo Picasso, Peter Handke, Ezra Pound, Knut Hamsun, Woody Allen, Roman Polanski, Richard Wagner. Inwieweit kann, darf man nun eigentlich den Künstler von seinem Werk trennen? Wird mit seinem fragwürdigen oder gar verabscheuenswürdigen Verhalten nicht auch seine Kunst »schlecht« und fällt einer moralischen Fäulnis anheim, die sie sozusagen von innen auffrisst? Müsste man infolgedessen nicht zunächst Bayreuth ein für allemal zusperren? Denn Richard Wagners grausamer, fanatischer Antisemitismus ist ja an moralischer Verworfenheit wohl kaum zu übertreffen. Werden hier nicht sogar zuweilen Vorlieben und Geschmacksfragen von moralischen Fragen zugedeckt? Den einen hat man noch nie gemocht mit seinem bombastischen Getöse, seinem auftrumpfenden Pathos, also ist seine Kunst sicher auch moralisch verwerflich, man hört es doch schon bei den ersten Tönen seiner mehr oder weniger wuchtigen Ouvertüren, diese klanggewordene Anmaßung. Den anderen hat man durchaus immer geschätzt mit seinen sinnlichen, erdigen, leuchtend-farbenfrohen Bildern mit dem kraftvollen, dicken Pinselstrich, also dürfen wir demzufolge seine Kooperation mit den Nazis nicht allzu hochhängen und müssen seine Bilder auch nicht abhängen. Es waren halt schwierige Zeiten damals, und am Ende kann man ja sowieso den einen nicht mit dem anderen vergleichen, jeder Künstler ist eben eine Welt, ein Kosmos für sich – so könnte die Position des einen oder anderen kunstsinnigen Zeitgenossen lauten.

Nach der Lektüre des *Spiegel*-Interviews mit der französischen Schauspielerin Fanny Ardant, anlässlich ihres 80. Geburtstages geführt, eines spannenden, unkonventionellen, ja, erstaunlichen Gesprächs, in dem sie sich vehement gegen die überbordende Moralisierung in unserer Gegenwart wehrt (Sandberg, 2019), könnte man geradezu den Eindruck gewinnen, wir alle seien viel zu vorsichtig und in zahlreichen Lebensängsten gefangen, die uns dauerhaft und unnötig einengen: Wie ein Vogel, der in seinem Käfig um die Welt fliegt, zwar globalisiert, aber doch auch sehr kleinkariert und eingekastelt. Vieles wäre zwar eigentlich möglich, doch die inneren Grenzen gestatten es nicht, sie verhindern ein freieres Leben.

Lieben oder verstehen wir die Kunst nicht mehr und müssen sie durch etwas anderes, etwa durch Moral ersetzen? Gesinnung statt Kunst? Was für ein Tausch! Dabei wird die moralische Messlatte keineswegs immer in gleicher Höhe angelegt, mal werden die Ansprüche angehoben, dann werden sie wieder gesenkt, je nachdem um wen oder was es sich gerade handelt. Sogar die allerhöchste Instanz der Moral auf Erden genügt selber nicht immer ihren eigenen Ansprüchen. Dabei findet sich in der Religion zweifellos die wesentliche Quelle der Kunst, sie hat ihren Ursprung im Sakralen.

Was ist denn nun aber das Wesen der Kunst? Nicht die Moral, so möchte man annehmen – schon eher der seit Ewigkeiten mehr oder weniger vergebliche Versuch, dem unaussprechlichen Geheimnis der Welt auf die Spur zu kommen, dem Unsagbaren eine Stimme zu verleihen. Könnte man also in Anlehnung an einen berühmten Begriff des deutschen Philosophen Martin Heidegger heute gar von einer Kunstvergessenheit sprechen? Unsere Lebensweise hat zwar eine hier und da durchaus begrüßenswerte, umfassende Ästhetisierung des Alltags erfahren, mehr oder weniger formschönes Design gestaltet unsere Umwelt und hebt womöglich tatsächlich das Lebensgefühl. Die Kunst selbst jedoch verschwindet offenbar, sie wird unsichtbar im Spagat zwischen den wuchtigen Eckpfeilern Ökonomisierung und Moralisierung. Das genuin Künstlerische steckt eben weder in dem finanziellen Wert der Kunstobjekte noch in der Gesinnung ihres Schöpfers, es ist das, um mit dem kunstsinnigen Philosophen Theodor W. Adorno zu sprechen, »Nichtidentische« (Hoffmann, 1996, S.156), das eine aufklaffende Lücke bildet, die sich der letzten Verfügbarkeit immer wieder entzieht.

Künstler und Werk sind dabei niemals vollkommen identisch, sie sind nicht absolut deckungsgleich, gleichwohl haben sie doch sehr viel miteinander zu tun. Die Musik, die poetische Sprache, die dramatische Kunst, die Welt der Gemälde und Skulpturen, das Kino – sie alle kennen ihre eigenen Regeln und Wahrheiten. In diesen Welten kann sich ein Künstler besonders gut zu bewegen wissen, das verdient vielleicht sogar Bewunderung und zwar jenseits dessen und unabhängig davon, wie er als Mensch, als Person, als Individuum anderen gegenüber in Erscheinung tritt.

Für sein persönliches Versagen sollte er, wenn es erforderlich und rechtlich geboten erscheint, auch persönlich vor Gericht gestellt und gegebenenfalls bestraft werden, nicht unbedingt aber seine Kunst in Mithaftung genommen, abgelehnt oder gar verboten werden. Erinnern wir uns doch an den Fall des französischen Schriftstellers und Dramatikers Jean Genet, der als rechtmäßig verurteilter Verbrecher im Gefängnis saß, später nicht zuletzt durch eine Petition des schon zu Lebzeiten legendären Philosophen Jean Paul Sartre wieder freikam und der wunderbar feinfühlige, ungemein poetische, bildstarke Texte verfasst hat, wie etwa das parabelhafte Langgedicht *Der Seiltänzer* (1963), in dem die Position des Künstlers anhand eines Zirkusartisten exemplarisch dargestellt wird.

Eine deutlichere, grundsätzlichere Trennung zwischen Leben und Werk zuzulassen, ist gegenwärtig leider keine Selbstverständlichkeit, wo wir doch schon seit Längerem allzu sehr dazu neigen, pauschale »Bausch-und-Bogen«-Urteile zu fällen. Diese groben Vereinfachungen schaffen allenfalls eine Art Pseudoklarheit, die letztlich doch immer sehr unbefriedigend bleibt, weil sie der Wirklichkeit nicht einmal annähernd gerecht werden kann. Nicht nur eine Borderlinisierung der Politik, nein, eine fatale Borderlinisierung der Moral lässt sich nun obendrein auch noch feststellen. Da erleben wir die zuweilen allzu engen Grenzen einer rigide verordneten Tugendhaftigkeit, die nicht immer gerade klug erscheint; da staunen wir gleichzeitig über die erschreckende, nahezu komplette Verweigerung, überhaupt irgendeinen moralischen Aspekt anzuerkennen, so, als sei die Moral lediglich eine Angelegenheit für Schwächlinge oder kranke Geister, die sich auf ihrem Lebensweg heillos verirrt haben. Differenzierungen gehen leider sehr leicht unter in dieser dünnen Polarisierungsluft. Man gewinnt eher den Eindruck, jede Seite sei geradezu akribisch damit befasst, bei den anderen, bei der Gegenseite, einen derartig gravierenden Fehler zu entdecken, sodass es möglich wird, den Gegner einzuordnen, abzustempeln, abzuwerten und aus dem Weg zu räumen, nach dem Motto: »Jetzt habe ich ihn endlich erwischt, jetzt hat er sich endgültig verraten!« Der Feind ist gefasst!

Svenja Flaßpöhler jedoch bemüht sich um eine sinnvolle Differenzierung, besser gesagt um einen sehr eigenen, persönlichen Standpunkt, indem sie die von betroffenen Frauen ausgehende MeToo-Bewegung eben gerade im Namen der Frauen kritisiert. In ihrer Streitschrift plädiert sie vehement für die Stärke, für die eminente Durchsetzungskraft der Frau und fordert: »Anstatt den Mann zu kastrieren, muss die Frau selbst in die Potenz finden: Aktion statt Reaktion. Positivität statt Negativität. Fülle statt Mangel« (Flaßpöhler, 2018, S. 44). Nicht ohne Sinn für Situationskomik stellt die Philosophin fest – und man hat die entsprechende Szene sofort vor Augen: »Wer zu jedem Knopföffnen erst seine Zustimmung geben muss, ist zu ekstatischem Selbstverlust nicht in der Lage« (ebd., S. 26). Damit ist zweifellos ein Dilemma benannt, eine Ideallösung gibt es dafür allerdings nicht: Ein möglicher Verlust an spontaner Leidenschaft und Ekstase steht einem potenziellen Verlust an Schutz und Sicherheit gegenüber. Flaßpöhler jedenfalls setzt eindeutig auf »die potente Frau«, und sie schließt ihr gleichnamiges Pamphlet mit dem eindringlichen Appell: »Hören wir also auf, die männliche Macht zu stützen, indem wir uns schwächer machen, als wir sind« (ebd., S. 44). Die Opferrolle zu verlassen, das ist es, was die Philosophin damit propagiert. Selbstverantwortung übernehmen lautet die Devise; ein Bewusstsein der eigenen Möglichkeiten zu haben und danach auch zu leben ist Flaßpöhlers unmissverständliche Forderung.

Trotz eines nochmaligen Aufschäumens in Frankreich, bei dem sich die junge französische Vollblutschauspielerin Adèle Haenel Ende 2019 sehr lautstark zu Wort meldete und ihre Kollegin Catherine Deneuve, die bereits vor geraumer Zeit ein umstrittenes Pamphlet gegen die MeToo-Bewegung mitunterzeichnet hatte, unter Hinweis auf eigene schlimme, anhaltend schmerzliche und traumatisierende Erfahrungen während ihrer Anfangszeit als noch minderjährige Darstellerin beim Film vehement kritisierte, scheint die Bewegung nun langsam wieder abzuebben: Die Aufregung in Paris war zu Beginn recht heftig getönt, die Empörung schwappte hoch, aber nur kurz, die Wogen haben sich danach relativ schnell wieder geglättet.

Autophagie der Skandale

>»Skandale produzieren und sie kannibalisieren Empörung; sie putschen sie auf und erzeugen so gleichzeitig die Bedingung für ihr allmähliches Abklingen. Die eigene Logik der Skandalisierung zwingt das Kerngeschehen in einen allgemein menschlichen Aufmerksamkeits- und Beachtungszyklus hinein, das unterschiedliche Phasen und einen klar fixierbaren Höhepunkt kennt. Niemand kann sich dauerhaft und über Wochen und Monate hinweg über ein und dieselbe Geschichte empören« (Pörksen & Detel, 2012, S. 68),

schreiben die Journalistin Hanne Detel und der Medienwissenschaftler Bernhard Pörksen in ihrem gemeinsam verfassten Buchessay *Der entfesselte Skandal. Das Ende der Kontrolle im digitalen Zeitalter* (2012). Skandale fressen sich am Ende selbst auf: eine Autophagie der Skandale. Wie eine Epidemie, die ebenfalls abebbt, wenn so viele Menschen gestorben sind, dass es an Ansteckungsmöglichkeiten immer mehr zu mangeln beginnt, so finden auch Skandale zu einem selbst verursachten Ende. Selbst wenn, wie etwa im Falle des sogenannten Rinderwahns BSE, das Problem noch keineswegs behoben ist, kräht irgendwann kein Hahn mehr danach. Langeweile hat noch jeden Skandal getötet. Die Erregung versickert, sie ebbt ab und verschwindet, so wie jede Epidemie irgendwann im Sande verläuft. Nicht nur die Menschen sterben an den Infektionskrankheiten, auch die Epidemie selber kommt irgendwann zu einem Ende. Die Erregungskurve der Infektion steigt zunächst stetig an, bis hin zu ihrem Höhepunkt, um dann wieder abzuflauen und schließlich endgültig zu versiegen, sie beschreibt in etwa eine klassische Gauss'sche Glockenkurve.

Zeitgeistspuk, Visionen der Biokosmisten

In *Der entfesselte Skandal* zitieren Hanne Detel und Bernhard Pörksen den kanadischen Journalisten Malcolm Gladwell:

>»›Um die Macht von Epidemien zu erfassen, müssen wir unsere Vorstellung von Proportionalität aufgeben. Wir müssen uns auf die Möglichkeiten einstellen, dass kleine Ereignisse große Veränderungen auslösen können, und dass diese Veränderungen manchmal sehr schnell eintreten.‹ Informationen und Botschaften, die sich in dieser massiven, disproportionalen Art und

Weise ausbreiten, müssen bestimmte Eigenschaften besitzen: Sie müssen, um in der einmal gewählten Bildwelt zu bleiben, *infektiös* sein, nicht unbedingt relevant, aber doch interessant – und eben deshalb für viele von Belang« (ebd., S. 139).

Bedeutet Zeitgenossenschaft nicht immer auch ein Infiziertsein vom gerade herrschenden Zeitgeist, der uns tatsächlich alle mehr oder weniger ansteckt mit seinem wankelmütigen Charakter? Seine Drehungen und Wendungen – müssen wir sie denn immer alle mitmachen, all seinen Kapriolen folgen? Heute etwa dem Gesundheits- und Fitnesswahn, der täglichen Anstrengung für den Körper, der geradezu pflichtgemäß absolvierten Selbstoptimierung nach Zahlen als williges Opfer der Numerokratie und der Unterwerfung unter die vorgegebene Norm, der akribisch verfolgten gesunden Ernährung, fast schon als Lebensinhalt oder gar als Religionsersatz? Gleichzeitig erscheint der mehr oder weniger exzessive Konsum hochgelobter Fernsehserien als eine veritable Infektion: Man muss dem Geschehen immer weiter folgen, die filmischen Ereignisse nehmen so schnell kein Ende mehr, man bleibt im Hinblick auf die fiktiven Geschehnisse für lange Zeit versorgt.

Und selbst in den herkömmlichen Leitmedien, zum Beispiel in den Feuilletons der überregionalen Zeitungen, grassieren offenbar von dubiosen infektiösen Prozessen mitverursachte Anpassungen: Es existiert nicht selten eine jeweils gerade vorherrschende Meinung, sozusagen ein Meinungskorridor, in dem unausgesprochen veranschlagt sein kann, wie ein bestimmter Künstler oder eine bestimmte Künstlerin denn nun maßgeblich zu bewerten sei – eine Haltung, der sich dann mehr oder weniger alle Journalisten anschließen. Es liegt etwas in der Luft, ein Spuk, der Zeitgeist, ein Gespenst. Infektionsprozesse laufen ab, die sich teilweise auch unterhalb der Wahrnehmungsschwelle bewegen. Wie weit könnte man da tatsächlich aussteigen und sich den Eingebungen, den subliminalen Einflüsterungen der eigenen Gegenwart widersetzen – und wäre das Sich-Widersetzen überhaupt sinnvoll? Es gibt immer wieder einzelne Personen, die tatsächlich versuchen, sich vom Getöse der Zeit zu distanzieren, sich dem Zeitgeist, soweit überhaupt möglich, zu entziehen. So lebt etwa der Schriftsteller Botho Strauss seit vielen Jahren als bekennender Außenseiter, als abgesonderte Randfigur, in der Uckermark und vermeidet es, in der Öffentlichkeit aufzutreten. Er wirkt in erster Linie durch seine präzise ausformulierten Texte, seine zuweilen umstrittenen, zugespitzt formulierten Essays und seine Bücher und Theaterstücke, denen es vor allem in den 1970er und 1980er Jahren gelungen war, den damals vorherrschenden Zeitgeist treffend und pointiert einzufangen. Aus der Distanz des Beobachters zu beschreiben und zu argumentieren war eigentlich immer eine Aufgabe des Intellektuellen, der seinerseits aber auch in der Gegenwart gefangen scheint und ihr eben doch nicht völlig entkommen kann.

Nicht erst seitdem die Fridays-for-Future-Bewegung den öffentlichen Raum mit ihrer jugendlichen Energie geflutet und erfrischend belebt hat wurde sie zur modischen Denkfigur, zu einer häufig und geradezu reflexhaft verwendeten Sprachformel, dass sie schon fast zur Floskel verkommen zu sein schien: die sogenannte Dystopie. Gemeint ist der Entwurf einer mehr oder weniger katastrophalen Zukunftsvision. Man könnte sich schon fast fragen: Sind wir gegenwärtig nicht mehr in der Lage, uns eine positive, bessere Zukunft überhaupt auch nur vorzustellen?

Wie anders das doch einmal zu Beginn des 20. Jahrhunderts war! Kaum jemals in der Moderne hat, so scheint es jedenfalls, sich das utopische Potenzial derart frei entfaltet, hat sich die utopische Fantasie ähnlich weit in fernste Gefilde vorgewagt wie im Russland der frühen Sowjetzeit. Dieser radikal umstürzlerische Zeitgeist, diese Phase des Umbruchs und des Aufbruchs, nicht zuletzt auch in der Kunst, etwa mit dem *Schwarzen Quadrat* und seinen gemalten Geschwistern von Kasimir Malewitsch (1915), findet sich akribisch dokumentiert in dem von Boris Groys und Michael Hagemeister unter Mitarbeit von Anne von der Heiden herausgegebenen Sammelband *Die Neue Menschheit. Biopolitische Utopien in Russland zu Beginn des 20. Jahrhunderts* (2005). Dort schreibt etwa der deutsche Historiker und Slawist Michael Hagemeister: »Der Prometheismus der frühen Sowjetzeit wies auch okkulte, genauer magische Elemente auf. Der Glaube an die Allmacht des befreiten Menschen ließ die Grenze zwischen Wissenschaft und Esoterik schwinden« (Groys & Hagemeister, 2005, S. 28). Dieser Gedankengang wird noch weiter vervollständigt und geradezu überhöht, wenn Hagemeister kurz danach erhellend ergänzt:

> »Je mehr nämlich der Einzelne seine Individualität und Differenziertheit überwindet und mit dem ›unsterblichen Überorganismus‹ des Kollektivs, dem ›ewigen Ganzen‹ der Gesamtmenschheit, verschmilzt, desto mehr verlieren Zeit und Tod ihren Schrecken: Das ›universelle Ich‹ weiß sich unendlich im ›realen Bewusstsein der Unsterblichkeit des Menschengeschlechts‹« (ebd., S. 31).

Die Utopisten machten sich tatsächlich daran, die Naturgesetze zu verändern; die Überwindung, die Abschaffung des Todes, das war ihr Ziel. Der deutsch-russische Philosoph Boris Groys weiß von einem außergewöhnlichen und gewagten Experiment von Aleksandr Bogdanov, einem frühen Vertrauten Lenins, mit dem dieser sich allerdings später entzweite, zu berichten:

> »1926 gründete Bogdanov mit Unterstützung durch Stalin und Bucharin in Moskau ein Institut für Bluttransfusionen, das erste seiner Art. Er starb 1928, nachdem er sich bei einem Selbstversuch mit dem Blut eines Malaria- und Tuberkulosekranken infiziert hatte.«

Und zur weiteren Erläuterung seines doch sehr eigenwilligen, bizarr anmutenden Vorgehens heißt es:

> »Die Bluttransfusion von den jüngeren zu den älteren Generationen sollte die Älteren verjüngen und zugleich den solidarischen Ausgleich zwischen den Generationen schaffen, den Bogdanov im Sinne der Etablierung einer gerechten sozialistischen Gesellschaft für unentbehrlich hielt« (ebd., S. 18).

Zudem war es wohl Bogdanovs ursprüngliche Intention gewesen, durch den Blutaustausch Krankheiten zurückzudrängen, Defizite auszugleichen und überhaupt für ein längeres Leben zu sorgen, (vgl. ebd., S. 29) – eine Art wissenschaftlich organisierter Vampirismus zum Wohle der gesamten Menschheit.

Die mit allem auch nur irgendwie denkbaren Nachdruck verfolgte Vorstellung von einer gerechteren Gesellschaft machte eben auch nicht vor der Biologie des Alterns, ja, nicht einmal vor der Pforte des Todes halt. War es denn überhaupt gerecht, so dachten die sogenannten Biokosmisten, dass die zu erwartenden Segnungen des Kommunismus nur den Lebenden zuteil wurden und nicht ebenso auch den Toten, die sich ein Leben lang abgerackert und abgemüht hatten? Aus diesem Geist heraus formulierten sie ihre exorbitante Vision und propagierten:

> »Den vollständigen Sieg über den Tod aber wird die ›Anastatik‹ erringen, die ›Kunst, verlorenes Leben wiederzuerwecken‹. Der Mensch als ›Besieger des Todes‹ wird seine Macht über das All ausdehnen und eine wahre ›Kosmokratie und Pantokratie‹ errichten. Dann wird ›die Geschichte mit der

Astronomie verschmelzen. [...] Und das Ende der Erdgeschichte in diesem Sinne wird der Beginn der Sonnengeschichte und dann der Geschichte des Kosmos sein« (ebd., S. 55).

Durch die Auferstehung der Toten wird es nun aber auf der Erde ein unerträgliches Gedränge geben, es wird viel zu eng werden und die nächstliegenden Planeten müssten ebenfalls alsbald von Menschen besiedelt werden. Der frühe Kommunismus gerierte sich somit als ein Kosmismus, und der immer wieder geäußerte Vorwurf, die sowjetischen Kommunisten hätten imperiale Bestrebungen gehabt und die Weltherrschaft erobern wollen, kann durchaus als Untertreibung angesehen werden: Die Erde hätte nicht gereicht, der Kosmos war das Ziel.

In der achten Reise seiner *Sterntagebücher* (1976), einer Sammlung bizarrer Science-Fiction-Geschichten, schildert der mit einer geradezu überbordenden Fantasie gesegnete polnische Schriftsteller Stanislaw Lem – der in seiner Art, technische Fantasie und naturwissenschaftliche Kenntnisse mit grotesken, zuweilen gar sarkastischen Elementen, philosophischem Tiefgang und psychologischer Plausibilität zu verknüpfen, bislang keinen auch nur annähernd würdigen Nachfolger gefunden hat –, wie die vom blauen Planeten abstammenden Erdlinge den Versuch wagen, in die OVP, die Organisation der Vereinigten Planeten, aufgenommen zu werden und dabei kläglich scheitern: Die Menschheit, so muss der Astronaut und Diarist Ijon Tichy, dessen Tagebuchaufzeichnungen die Erzählungen angeblich entnommen sind, erfahren, ist tatsächlich das Ergebnis einer ausgeleerten Kehricht-Jauche der in der kosmischen Verwaltung offenbar dominanten Gruppe der sogenannten Tarrakaner.

Die Erde erscheint hier weniger als besonders wertvoller und lebensspendender Planet, voller Wunder der Natur, da sie unter anderem vom Unruhe stiftenden, belastenden Wechsel der Jahreszeiten, den dauerhaft vereisten Polkappen und zahlreichen anderen irdischen Unwirtlichkeiten erheblich beeinträchtigt wird, der Homo sapiens wird zudem des brutalen Brudermordes an seinem Artgenossen, dem Homo neandertalensis, bezichtigt. Durch seine erzählerischen Tricks kann Lem mit der Perspektive jonglieren und die Verhältnisse sogar umkehren. Diese unsentimentale Darstellung des Planeten Erde würde unserem heutigen Zeitgeist so gar nicht entsprechen, da wir doch sehr dazu neigen, aus schlechtem Gewissen über die bereits angerichtete fatale und irreparable Umweltzerstörung mit einem bewundernden Blick auf die terrestrische Natur zu schauen, sie in gewisser Weise zu idealisieren, aber gleichzeitig die Zerstörung weitestgehend ungehindert einfach fortzusetzen – ein seltsames Verhältnis, das sadomasochistische Verknüpfungen aufzuweisen scheint. Überträgt der Mensch seinen Selbsthass, seine gescheiterte Selbstliebe, auf die Natur und sagt: Weil ich dich liebe, muss ich dich zerstören? Wie sollte man diese Haltung nur einem Ausstehenden, einem extraterrestrischen Wesen erklären?

Bereits zu Beginn des 20. Jahrhunderts zeigten sich die Biokosmisten mit der Erde und ihrer Position im Weltall nicht so ganz einverstanden: So formulierte etwa der russische Dichter Aleksandr Svjatogor in seinem manifestartig verfassten Text *Die biokosmische Poetik*, der ursprünglich 1921 veröffentlicht wurde: »Wir sind mehr als schockiert, dass die Erde wie eine Ziege am Strick des Hirten Sonne ewig ihre Kreisbahn zieht« (Groys & Hagemeister, 2005, S. 393).

Unter dem Titel »Ambrosia« laufen nun, fast genau 100 Jahre nach dem visionären Furor der radikalen Biokosmisten, auch wieder Transfusionsexperimente, zunächst allerdings an Mäusen und im Silicon Valley. Trotzdem bedeuten sie doch eine erstaunlich anmutende Wiederaufnahme von Bogdanovs Praktiken, zumal sich mittlerweile herumgesprochen hat, dass eine Verjüngung durch das Blut junger Mäuse bei älteren Nagetieren tatsächlich funktioniert. Jetzt sind also auch die Menschen wieder zum Blutaustausch eingeladen. Alterung und Tod stellen nun mal eine Kränkung, eine offenbar inakzeptable Beleidigung dar, für das Gerechtigkeitsempfinden ebenso wie für den wissenschaftlichen Fortschritt. Die Unsterblichkeitsideen haben ihre Heimat gewechselt, sie wohnen jetzt nicht mehr in Moskau, sondern logieren im Silicon Valley, dort, wo einst der Hippietraum von einer friedlicheren Gesellschaft vorübergehend zur bunt schillernden, aber auch recht schnell wieder verblassenden Blüte kam. Die Unsterblichkeit aber lässt uns nicht mehr los, sie bleibt ein ewiges Thema der Menschheit, so lange, bis sie irgendwann erreicht ist – und zwar für ausnahmslos alle Menschen.

Literatur

Altmeyer, M. (2016). *Auf der Suche nach Resonanz*. Göttingen: Vandenhoeck & Ruprecht.
Bernard, A. (2018). *Das Diktat des #hashtags. Über ein Prinzip der aktuellen Debattenbildung*. Frankfurt a. M.: Fischer Taschenbuch.
Bloch, E. (1959). *Das Prinzip Hoffnung*. Frankfurt a. M.: Suhrkamp.

Boltanski, L. (2013). *Rätsel und Komplotte. Kriminalliteratur, Paranoia, moderne Gesellschaft*. Berlin: Suhrkamp.
Briese, O. (2008). Gerüchte als Ansteckung. In J. Brokoff, J. Fohrmann, H. Pompe & B. Weingart (Hrsg.), *Die Kommunikation der Gerüchte*. Göttingen: Wallstein Verlag.
Brokoff, J., Fohrmann, J., Pompe, H. & Weingart, B. (Hrsg.). (2008). *Die Kommunikation der Gerüchte*. Göttingen 2008, Wallstein Verlag.
Canetti, E. (1980). *Masse und Macht*. Frankfurt a. M.: Fischer Taschenbuch.
Emcke, C. (2016). *Gegen den Hass*. Frankfurt a. M.: Fischer.
Farrow, R. (2019). *Durchbruch. Der Weinstein-Skandal, Trump und die Folgen*. Hamburg: Rowohlt.
Flaßpöhler, S. (2018). *Die potente Frau*. Berlin: Ullstein.
Fukuyama, F. (1992). *Ende der Geschichte. Wo stehen wir?*. München: Kindler.
Genet, J. (1963). *Der Seiltänzer*. Hamburg: Merlin Verlag.
Girard, R. (2011). *Shakespeare. Theater des Neides*. München: Hanser.
Gladwell, M. (2002). *Tipping Point. Wie kleine Dinge Großes bewirken können*. München: Goldmann.
Greiner, U. (2003). *Am Rand. Wo sonst. Ein Zeit-Gespräch mit Botho Strauß*. https://www.zeit.de/literatur/interview_strauss (16.06.2020).
Groys, B. (2000). *Unter Verdacht. Eine Phänomenologie der Medien*. München: Hanser.
Groys, B. & Hagemeister, M. (unter Mitarbeit von Anne von der Heiden) (2005). (Hrsg.). *Die Neue Menschheit. Biopolitische Utopien in Russland zu Beginn des 20. Jahrhunderts*. Berlin: Suhrkamp.
Habermas, J. (1985). *Die neue Unuübersichtlichkeit*. Frankfurt a. M.: Suhrkamp.
Heinsohn, G. (2006). *Söhne und Weltmacht-Terror im Aufstieg und Fall der Nationen*. Zürich: Orell Fuessli.
Hoffmann, K. (1996). *Das Nichtidentische und die Struktur. Adornos strukturalistische Rettung mit Lacanschen Modellen*. Würzburg: Königshausen & Neumann.
Huntington, S. (2002). *Kampf der Kulturen. Die Neugestaltung der Weltpolitik im 21. Jahrhundert*. München: Goldmann.
Illouz, E. & Cabanas, E. (2019). *Das Glücksdiktat. Und wie es unser Leben beherrscht*. Berlin: Suhrkamp.
Koppetsch, C. (2019). *Die Gesellschaft des Zorns. Rechtspopulismus im globalen Zeitalter*. Bielefeld: transcript.
Krastev, I. & Holmes, S. (2019). *Das Licht, das erlosch. Eine Abrechnung*. Berlin: Ullstein.
Lem, S. (1976). *Sterntagebücher*. Frankfurt a. M.: Insel.
Palaver, W. (2008). *René Girards mimetische Theorie*. Berlin, Wien: Lit Verlag.
Perec, G. (1993). *Anton Voyls Fortgang*. Reinbek bei Hamburg: Rowohlt.
Pörksen, B. (2018). *Die große Gereiztheit. Wege aus der kollektiven Erregung*. München: Hanser.
Pörksen, B. & Detel, H. (2012). *Der entfesselte Skandal. Das Ende der Kontrolle im digitalen Zeitalter*. Köln: Herbert von Halem Verlag.
Queneau, R. (1989). *Zazie dans le Metro*. Frankfurt a. M.: Suhrkamp.
Reckwitz, A. (2017). *Die Gesellschaft der Singularitäten*. Berlin: Suhrkamp.
Reckwitz, A. (2019). *Das Ende der Illusionen. Politik, Ökonomie und Kultur in der Spätmoderne*. Berlin: Suhrkamp.
Safranski, R. (2019). *Klassiker! Ein Gespräch über die Literatur und das Leben*. München: Hanser.

Sandberg, B. (2019). »Diese ganze Political Correctness geht mir total auf die Nerven«. Die französische Schauspielerin Fanny Ardant erklärt im Interview, warum sie nichts für ihre Gesundheit tut, nie wählen geht und trotz der Vergewaltigungsvorwürfe zu Roman Polanski hält. https://www.spiegel.de/kultur/fanny-ardant-diese-ganze-political-correctness-geht-mir-total-auf-die-nerven-a-00000000-0002-0001-0000-000167093514 (16.06.2020).

Spitzer, M. (2018). *Einsamkeit. Die unerkannte Krankheit. Schmerzhaft, Ansteckend, Tödlich.* München: Droemer Knaur.

Stern, S. (2016). *Die Lebenserfahrung des Säuglings.* Stuttgart: Klett-Cotta.

Biografische Notiz

Konrad Heiland ist Arzt, ärztlicher Psychotherapeut mit Zusatzqualifikation in Psychoanalyse, klinischer Musiktherapeut, Supervisor, Lehrtherapeut und Dozent an verschiedenen Weiterbildungsinstituten. Darüber hinaus verfasst er als freier Autor essayistische Beiträge für Fachzeitschriften und Bücher, ist freier Mitarbeiter beim Bayerischen Rundfunk und Autor mehrerer Radio-Features.

Die Gefühlsansteckung –
nur einen Moment oder Mausklick entfernt
Marie-Luise Althoff

Vor ein paar Jahren erlebte ich auf einer psychotherapeutischen Konferenz im Ausland, dass die Vortragende über einen Fall von schwerer Traumatisierung sprach, wie versunken in das Skript schien und plötzlich »einfror«. Sie hörte einfach auf zu sprechen und reagierte nicht mehr. Kollegen kamen zu Hilfe und führten sie aus dem Saal. Sie hatte später keine Erinnerung an den Moment des »Einfrierens«, fühlte sich aber Stunden später wieder wohl. Was war geschehen? Ich war Konferenzteilnehmerin, deshalb kann ich über diesen Moment nur Vermutungen anstellen:

➢ Es könnte sein, dass die innere Anspannung, einen Vortrag zu halten, unabhängig vom Thema zu hoch war, und zu einem Freeze-Zustand führte. Die Angst zu versagen, sich lächerlich zu machen, könnte eine Rolle gespielt haben.

➢ Spezifischer wäre schon die Angst, aufgrund der vorzutragenden Thesen angegriffen zu werden; eine Angst, die sich während des Vortrags steigern könnte, weil die anschließende Diskussion immer näher rückte.

➢ Es könnte aber auch sein, dass die Vortragende vom Thema des Vortrags infiziert wurde, und zwar entweder aufgrund eigener Traumatisierung, die unerwartet angetriggert wurde und in dem Moment nicht zu bewältigen war.

➢ Oder die Infizierung könnte geschehen sein dadurch, dass die Vortragende bei der Vorstellung des Falles so intensiv mit der kognitiven Leistung der Vermittlung der Problematik des Falles beschäftigt war, dass die emotionale Dimension nicht mehr mentalisiert werden konnte. Es kam möglicherweise aufgrund des intensiven Eindenkens dazu, unbewusst ganz und gar in die vermuteten emotionalen Zustände des Patienten einzutauchen, die eigene Befindlichkeit zu verlieren, mehr noch, sogar – wie der Patient in derartigen Situationen – den Kontakt zur Realität zu verlieren.

Es gehört zum psychologischen Allgemeinwissen, dass Menschen sich von fremden Emotionen und Zuständen berühren lassen. In der Literatur nennt man das Emotional Contagion oder Gefühlsansteckung. Hatfield, Cacioppo und Rapson (1993) zum Beispiel erforschten dieses Phänomen. Ihrer Meinung nach tritt Gefühlsansteckung automatisch und oftmals sogar nichtbewusst auf:

> »Recently, we have begun to explore this process of emotional contagion. People seem to be fully aware that conscious assessments can provide a great deal of information about other people. They seem to be less aware that they can gain even more information by focusing in now and then on *their own* emotional reactions during those social encounters. As people nonconsciously and automatically mimic their companions' fleeting expressions of emotion, they often come to feel pale reflections of their partners' feelings. By attending to this stream of tiny moment-to-moment reactions, people can and do ›feel themselves into‹ the emotional landscapes inhabited by their partners« (Hatfield et al., 1993, S. 96).

Negative Gefühlsansteckung kann Symptome hervorrufen. Wenn andere leiden, leidet man mit. Und es beeinträchtigt unseren Gemütszustand umso mehr, je weniger wir unsere Emotionen von denen unterscheiden können, mit denen wir uns angesteckt haben. Psychotherapeuten wissen schon lange, dass die eigene Stimmung unbewusst von der Laune anderer beeinflusst wird. Freud nannte das »Übertragung«. Er meinte, das Beste, worauf ein Therapeut hoffen dürfe, sei, dass man sich dieser bewusst würde:

> »Wenn wir durch Bewußtmachen die Übertragung ›aufheben‹, so lösen wir nur diese beiden Komponenten [gemeint sind hier die Komponenten der negativen und der von verdrängten erotischen Regungen hervorgerufenen Übertragung, Anm. d. A.] des Gefühlsaktes von der Person des Arztes ab; die andere, bewußtseinsfähige und unanstößige Komponente bleibt bestehen und ist in der Psychoanalyse genau ebenso die Trägerin des Erfolges wie bei anderen Behandlungsmethoden« (Freud, 1912b, S. 371).

Es ist ein beobachtbares Phänomen, dass nicht jeder gleich stark auf die Emotionen anderer reagiert. So wird ein brutaler Film bei den Zuschauern ganz unterschiedliche Gefühle, Zustände und Erinnerungen hervorrufen. Allerdings sind wir möglicherweise als Zuschauer nicht so empfänglich für die Emotionen der Filmcharaktere, beziehungsweise können uns besser distanzieren. Erst wenn eine intensive Bindung zu jemandem besteht, können wir es kaum verhindern, dass die Emotionen des anderen uns berühren.

Obwohl es also Nachteile hat, dass unser Gefühlsleben von dem anderer beeinflusst werden kann, so erfüllt doch die automatische Übernahme fremder Emotionen eine äußerst wichtige Funktion. Es ist allgemein akzeptiert, dass sie die Voraussetzung für Empathie und Mitgefühl ist. Wenn unser Mitgefühl uns aber (unbewusst) überfordert, vielleicht weil wir gleichzeitig unsere Konzentration auf etwas anderes wie zum Beispiel einen Vortrag richten müssen, kann es sein, dass wir mental abschalten und uns außerhalb der Realität zu positionieren versuchen. Das könnte – wie eingangs dargelegt – bei dem Konferenzvortrag passiert sein.

Rempala (2013) zeigte Versuchspersonen Filme von fröhlichen und traurigen Menschen. Die Versuchspersonen sollten so tun, als seien sie Therapeuten und führten ein Gespräch mit den Menschen im Film. Rempala weist darauf hin, dass Dissoziation, hier positiv verstanden als Fähigkeit, sich selbst mental außerhalb des Geschehens zu stellen, zur Folge hatte, dass die Versuchspersonen von den Emotionen der Menschen weniger berührt waren, im Gegensatz zu denjenigen, die versuchten, sich in die Situation der Menschen einzufühlen.

Vom Prinzip her ist der Bewältigungsversuch der Vortragenden in meinem Beispiel also sogar eine gesunde Adaptionsstrategie, allerdings führte diese in der Beispielsituation nicht zu einer ausreichenden Beruhigung und Enrängstigung des mentalen Systems, sodass zusätzlich zur Dissoziation ein Freeze-Zustand eintrat.

Emotionale Ansteckung wird manchmal mit Empathie gleichgesetzt. Ebenso wird oft gefragt, in welchem Verhältnis projektive Identifizierung zur emotionalen Ansteckung steht. Alle drei Phänomene haben Gemeinsamkeiten und treten oft gleichzeitig auf, aber es gibt Unterschiede:

➤ Empathie zeigen heißt, sich in eine andere Person hineinzuversetzen, ihre Gedanken und Gefühle nachzuvollziehen. Sich in die andere Person hineinzuversetzen bedeutet jedoch nicht, die eigenen Gedanken und Emotionen zu vergessen.

➤ Jeder von uns kann Ziel einer projektiven Identifizierung werden. Dann hat eine andere Person unbewusst ihre (noch) nicht verbalisierbaren Gefühle im anderen untergebracht. Man spürt dann etwas, das sich fremd anfühlt, so als gehöre es nicht zu einem, kann sich aber oft zunächst schwer von diesen fremden Gefühlen befreien.

Emotionale Ansteckung beinhaltet noch mehr, nämlich sich die Emotionen einer anderen Person (unbewusst) anzueignen. Das bedeutet, unfähig zu sein, die eigenen Emotionen von denen der anderen Person zu unterscheiden. Die Emotionen der anderen Person werden so erlebt, als wären es die eigenen.

Die Ansteckung durch positive Gefühle

Gute Laune sei ansteckend, so sagt der Volksmund. Lachen steckt an, und dieses Lachen wiederum führt zu Glücksgefühlen. Christakis und Fowler (2010) beschreiben in ihrem Buch *Conntected – Die Macht sozialer Netzwerke und warum Glück ansteckend* ist Phänomene von Glücksansteckung. Zunächst greifen die Autoren das Phänomen auf, dass jeder jeden über durchschnittlich sechs Ecken »kenne« (vgl. zum Beispiel Dodds et al., 2003), und ergänzen, dass man über bis zu drei Ecken Menschen glücklich machen könne, die man nicht mal »kenne«.

Die Forscher hatten eine Sammelstudie ausgewertet, in der Gesundheit, Befindlichkeit und soziale Kontakte von mehr als 4.700 Erwachsenen über einen Zeitraum von 20 Jahren untersucht wurden. Die statistische Analyse der Daten ergab, dass das Gefühl, glücklich zu sein, ein hochansteckendes kollektives Phänomen ist, das sich entlang sozialer Kontakte in einer Kettenreaktion ausbreitet. Demnach steigere ein glücklicher Mensch die Wahrscheinlichkeit, dass sein direkter Nachbar glücklich sei, um 34 Prozent. Bei einem in der Nähe wohnenden Freund seien es 14 Prozent. Jeder dieser Betroffenen gebe die Emotion wiederum tendenziell unter seinen eigenen Bekannten weiter, berichten Christakis und Fowler.

Als Mitglied eines Netzwerkes, egal ob dieses real oder virtuell ist, müssen wir uns also bewusst darüber sein, dass jeder in einer gewissen Weise sein Netzwerk prägt, aber auch selbst von diesem geprägt werden kann, und zwar bewusst und unbewusst.

Verbreitet sich Zufriedenheit dann ungebremst weiter? Nein, denn die Wirkung nimmt mit zunehmender räumlicher und zeitlicher Distanz stark ab, und natürlich gibt es Interferenzen mit anderen Gefühlszuständen anderer Menschen. Dennoch ist es eine wichtige Erkenntnis, dass Menschen in soziale Netze eingebunden sind und dass die Gesundheit und das Wohlbefinden einer Person sich auf Gesundheit und Wohlbefinden anderer auswirken.

Die Ansteckung durch negative Gefühle

Jeder von uns kennt auch Situationen von negativer Gefühlsansteckung. So überfielen mich einmal Sekunden vor dem Öffnen der Tür meines Behandlungsraumes intensive Magenschmerzen (zu denen ich normalerweise nicht neige) und Verzweiflung. In der Sitzung erzählte meine Patientin davon, dass ihre Mutter ihrer Erinnerung nach früher immer mit Magenschmerzen auf dem Sofa gelegen habe, wenn sie von der Schule nach Hause gekommen sei. Ich habe meine Schmerzen und Verzweiflung als Gefühlsansteckung beziehungsweise Resonanzgeschehen in einem intensiven Übertragungs- und Gegenübertragungsgeschehen verstanden. Diese Ansteckung ereignete sich, bevor ich eine bewusste Idee davon haben konnte, was sich in der Sitzung ereignen würde.

Phillips (1974) wies als erster Wissenschaftler nach, dass es einen Zusammenhang zwischen der Berichterstattung über Suizide prominenter Personen und der Suizidrate in der Bevölkerung gibt. Er führte dafür den Begriff des Werther-Effekts ein. So korrelierte die Selbstmordrate in den Jahren 1947 bis 1967 mit der Suizidberichterstattung in der *New York Times*: Machte die Zeitung mit dem Thema auf, stieg die Suizidrate. Die größte Suizidwelle seiner Untersuchung wurde durch die Berichterstattung über den Tod Marilyn Monroes ausgelöst. Nach dem Tod des Sängers Kurt Cobain gelang es, die Kenntnis über den Werther-Effekt zu nutzen, und Gegenmaßnahmen zu treffen (Ziegler & Hegerl, 2002). Es gibt natürlich keinen reinen Kausalzusammenhang zwischen Suizid und Nachahmungstaten, da der Effekt auch mit Risikofaktoren wie Labilität oder psychischer Störung zusammenhängt.

Das Internet wird auch als Beispiel für negative Gefühlsansteckung genannt. Allner berichtet 2018 in seinem Artikel »Vorsicht viral!« zum Beispiel über eine 2015 von Pam Ramsden präsentierte Studie, die nachwies, dass

Social-Media-Konsum (speziell der Konsum grafischer Gewalt) PTBS (posttraumatische Belastungsstörung) hervorrufen kann. Bei einer Testgruppe von 189 Personen wurden bei ca. 22 Prozent Anzeichen einer posttraumatischen Belastungsstörung entdeckt. Die Studie befasste sich mit normalen Rezipienten, die nicht besonders vorbelastet waren. (vgl. Allner, 2018, S. 55f.).

Auch Christakis und Fowler (2010) verstehen in ihrem Werk *Connected!* soziale Epidemien als Belege für die Macht von sozialen Netzwerken. Mittels umfassender statistischer Erhebungen zeigten die Forscher zum Beispiel, dass Gewichtszu- oder abnahme davon abhing, ob die drei engsten Netzwerkmitglieder eines Menschen zu- oder abnahmen. Es wird unterstellt, dass Gewichtsveränderungen etwas mit Gefühlen und Einstellungen zu tun haben. Dabei machte es keinen Unterschied, ob diese Netzwerkmitglieder Freunde, Familie, Ehepartner oder Kollegen waren. Wichtig waren also auch Menschen, mit denen die Betroffenen höchstens einzelne Mahlzeiten gemeinsam einnahmen.

Was Menschen fühlen und wie sie sich verhalten, entscheiden sie also nicht allein. Die weit gespannten Onlinenetzwerke verstärken die Macht der sozialen Epidemien, ohne dass klar ist, wie es ausgeht. Es ist ein großer Vorteil, dass Jugendlichen eine schnelle und unkomplizierte Kommunikation möglich geworden ist. Nachteilig wirkt sich aus, dass noch so unbedeutende, abwegige oder negative Gedanken und Impulse, die früher einfach verpufft wären, sofort ein Feedback erhalten, verstärkt werden und »Influencer« hervorbringen. Dadurch wird es sehr viel wahrscheinlicher, dass sich solche Verhaltensweisen ausbreiten können. Jugendliche haben sich gegenseitig schon immer stark beeinflusst, aber es ist nun sehr leicht geworden, Bestätigung für das eigene Verhalten zu finden. Diese Bestätigung liegt nur einen Mausklick entfernt.

Todbringende Ansteckungen

Besonders bedrückend ist das Phänomen des sogenannten psychogenen Todes. Kächele verfasste 1979 einen populären und nach wie vor aktuellen Artikel zum Thema »Der Begriff ›psychogener Tod‹ in der medizinischen Literatur«. Als psychogener Tod wird ein Tod verstanden, der vermutlich aufgrund psychischer Ursachen eingetreten ist. Auch bei diesem Phänomen kann die psychische Infektion die entscheidende Rolle spielen. Sie kann zum Beispiel erfolgen

➤ durch unbewusste Übernahme der Absichten oder Ansichten von mächtigen Autoritäten, Glaubensgemeinschaften, Sekten, etc.
➤ durch implizite Übernahme der Tabus der Gesellschaft
➤ durch automatische Übernahme der Abwertungen anderer
➤ durch unhinterfragte Übernahme von Hoffnungslosigkeit in einer Gruppe

Schmid (2000) unterteilt in seinem Buch *Tod durch Vorstellungskraft* die Phänomene des psychogenen Todes in vier Klassen: Den Voodoo-Tod, den Tabu-Tod, den Heimweh-Tod und den Seelen-Tod.

Der von außen induzierte psychogene Tod

Die beiden erstgenannten Todesarten kommen durch mächtige äußere Einflüsse zustande. Beim Voodoo-Tod fühlt der Betroffene sich einer mächtigen Autorität ausgeliefert und hat das Wissen darüber, dass diese Autorität nun beginnt, ihm direkt zu schaden, oder dass sie Schritte auf magisch-ritueller Ebene einleitet, mit dem Ziel, den Betroffenen zu töten. Ähnlich beim Tabu-Tod, bei dem jemand stirbt, weil er weiß, dass er gegen ein Tabu der Gesellschaft verstoßen hat, das mit einem Todesbann belegt ist.

In beiden Fällen ist die Voraussetzung für die Wirksamkeit von Voodoo oder Tabu die unumstößliche Überzeugung, dass die Autoritäten diese Macht besitzen beziehungsweise dieses Tabu mit einem solchen Bann belegt ist. Dieser Glaube darf nicht als solcher erlebt werden, sondern muss im Sinne einer Infektion als unumstößliche Gewissheit, als felsenfeste Überzeugung verankert sein. Die Nähe zu der Gemeinschaft, in der (vermeintlich) alle Mitglieder glauben, ist dabei ein wichtiger Aspekt. Wenn alle sich geschlossen der autoritären Struktur unterwerfen, dann auch der Betroffene, der sein individuelles Empfinden und Erleben möglicherweise verloren hat.

Der psychogene Tod durch innere Überzeugungen

Findet diese Unterwerfung nicht statt, ist der Betroffene überzeugt davon, von allen wichtigen Bindungen getrennt und verbannt zu sein, kommt der Heimweh-Tod. Auch in diesem Fall ist der Betroffene mit den emotionalen

Wertungen der Gruppe untrennbar verbunden und infiziert. Ähnliches gilt für den Seelen-Tod. Nach Schmid sind darunter plötzliche, unerwartete oder außergewöhnlichen Todesfälle zusammenfasst. Das Kennzeichnende ist hier, dass eine Gruppe oder ein Einzelner bedingt durch die emotionale Lage, zu der (scheinbaren) Gewissheit gelangt, in einer ausweglosen Situation zu stecken. Kächele (1970, S. 208) beschreibt dies bei Kriegsgefangenen, die mitunter ewig durchhalten könnten, aber wenn sie die Hoffnung verlieren und sich aufgeben würden, innerhalb weniger Tage sterben könnten.

Es kann davon ausgegangen werden, dass bei den Betroffenen immer ein Zusammenspiel von inneren und äußeren Faktoren eine Rolle spielt. Sie müssen anderen, wie zum Beispiel den Autoritäten oder der Gesellschaft, eine uneingeschränkte Macht zuschreiben. Sie müssen regelrecht infiltriert sein mit dem Glauben an die unbedingte Macht. Sind sie es nicht, können die religiösen, politischen, gesellschaftlichen oder familiären Gruppen nicht eine solche Wirkung entfalten. Aber selbst wenn Menschen in späteren Jahren einigen Einfluss auf sich selbst haben, so hat jeder doch auch den prägenden Einfluss der ersten Lebensjahre verinnerlicht. Es ist bekanntlich schwer, die impliziten Beziehungsmuster, Werte und Gepflogenheiten der eigenen Umwelt zu erkennen, und es kann passieren, dass man nie erkennt, dass man diese verinnerlicht hat. Man kann sich in dem Fall nichts anderes mehr vorstellen. Man ist also nicht so frei und unabhängig in seiner Weltsicht. Aber – hat der Voodooglaube in unserer Erfahrungswelt denn überhaupt noch eine Macht?

Moderner Voodooglaube oder der Noceboeffekt

Schmid betont, dass auch in modernen Gesellschaften solche Einflüsse weiterwirken. Oft geht es dann um das Thema Gesundheit. In einer Krankheitsphase fühlen sich viele Menschen einigermaßen schutzlos, erfahren für eine gewisse Zeit Trost, Hilfe und Schonung. In dieser Zeit sind viele offener und empfänglicher für allerlei Botschaften aus früheren, quasi magischen Bereichen der eigenen Psyche. Dieses Phänomen ist bekannt unter dem Namen Placebo- beziehungsweise Noceboeffekt. Ärztliche Prognosen werden manchmal als moderner Voodoozauber bezeichnet, denn bei einer entsprechenden Autoritäts- und Wissenschaftsgläubigkeit schließen sich einige Kranke unkritisch dem irgendwo Gehörten oder scheinbar Gesagten oder Gesicherten an. Die Betroffenen sind dann so überzeugt beziehungsweise infiltriert, dass diese Informationen töten können (Schmid, 2000).

Tragische Beispiele aus unserer Zeit:

1. Ein an Krebs erkrankter Mann hat die Möglichkeit, an einer Studie teilzunehmen, in der ein neues Mittel erprobt werden soll. Da seine Prognose nicht gut ist, nutzt er die Gelegenheit, nimmt das neue Medikament und hat Glück. Das Mittel schlägt bei ihm an, der Krebs verschwindet. Er scheint gerettet. Einige Jahre später hört oder liest er durch Zufall irgendwo, dass das Mittel, das ihn seiner Meinung nach rettete, nicht zugelassen worden war, da es seinen Nutzen nicht erweisen konnte. Der Mann bekam binnen kurzer Zeit ein Rezidiv und starb.

2. Ein gutes Ende nahm der Fall eines Mannes, der sich mit einer Überdosis an Medikamenten das Leben nehmen wollte. Er wurde in einem lebensbedrohenden Zustand die Klinik gebracht, mit allen Anzeichen einer schweren Vergiftung. Die Ärzte wussten zunächst nicht, welches Medikament er genommen hatte. Der Mann nahm an einer Medikamentenstudie teil und durch einen Anruf in der Klinik konnte man herausfinden, womit er sich vergiftete: mit seiner eigenen Überzeugung. Der Mann war in der Placebogruppe, das heißt, er bekam wirkstofffreie Scheinmedikamente. Als man ihm das sagte, änderte sich sein Zustand.

3. Die Macht der Worte erahnt man auch im Fall einer jungen Frau, die auf dem Wege guter Genesung die ärztliche Morgenvisite erlebte. Nach der Visite war die Frau völlig verändert, obwohl die Ärzte ihr sagten, alles bei ihr sei auf einem guten Weg. Sie verstand jedoch bei der Visite eine Abkürzung, die einer der Ärzte im Zusammenhang mit ihr gebrauchte, falsch und dachte, TS sei gleichbedeutend mit hoffnungsloser Fall: terminale Situation. Es hieß in ihrem Zusammenhang jedoch nur, dass eine relativ harmlose Verengung einer Herzklappe vorlag, nämlich temporäre Stenose. Abends war die Frau tot.

Die Kraft der Überzeugungen

Manche sprechen von der Kraft des Glaubens, andere sprechen bestimmten Menschen absolute Autorität zu. Schmid (2000) schreibt, die jeweilige

Überzeugung dürfe nicht als solche erlebt werden, sondern als felsenfeste Gewissheit (S. 174).

Was früher religiöser Glaube war, ist für viele heute der Wissenschaftsglaube. Viele glauben an die Wissenschaft mit der gleichen Gewissheit wie andere beispielsweise an Gott. Das eine Weltbild macht nicht prinzipiell anfälliger für Ansteckungen als das andere. Mit anderen Beeinflussungen, die zu anderen Weltbildern führen, ist man auch anfällig, aber es sind eben andere Gefährdungen. Wer nicht an Voodoo im klassischen Sinn glaubt, ist natürlich vor seinen Bannflüchen geschützt.

Warten Betroffene jedoch beim Arzt auf eine Diagnose, so sieht es schon anders aus. Unser Voodoo sind Diagnosen, Laborwerte und Bilder aus unserem Inneren. Es ist klar, dass diese gebraucht werden als Voraussetzung für eine medizinische Behandlung, aber für Laien ist dieses für sie fremde Gebiet emotional stark aufgeladen. Was für Angestellte des medizinischen Systems tagtägliche Routine bedeutet, ist für einen Patienten, der lange auf ein wichtiges Laborergebnis gewartet hat, mit einem emotionalen Ausnahmezustand verbunden. In einer solchen Situation kann es dann zu unerkannten psychischen Ansteckungen kommen. Diese Tatsache wird leider oft aufs Sträflichste vernachlässigt.

Kann man nach ärztlichem Ermessen nichts mehr tun, sind diejenigen, die etwas weniger wissenschaftsgläubig sind, sogar in gewisser Weise im Vorteil: Wo der Arzt nichts mehr machen kann, haben sie vielleicht noch einen weiteren Trumpf im Ärmel, sei es der Glaube an Gott, an einen Wunderheiler oder an ein besonderes Verfahren der Alternativmedizin.

Glücklicherweise scheint es so zu sein, dass so unerwartet einen der psychogene Tod unter bestimmten Bedingungen ereilen kann, so plötzlich kann man auch gesunden. Es spricht einiges dafür, dass die Bedingungen für Spontanheilungen ähnlich sind wie für den psychogenen Tod: Felsenfestes Vertrauen in den anderen oder grenzenloses Vertrauen in die Situation, nur spiegelbildlich. Die Begrenztheit von Spontanheilungen ergibt sich daraus, dass man die innere Gestimmtheit eben nicht erzwingen und die Einflüsse, denen man (unbewusst) unterliegt, nicht einfach ausschalten kann. Aber wenn weiter erforscht wird, was bestimmte Herangehensweisen in Menschen auslösen, können wir die destruktive Kraft des Noceboeffektes minimieren und die konstruktive Kraft des Placeboeffektes maximieren. Wer kann die Verantwortung dafür übernehmen, wann einem Patienten noch Hoffnung gegeben werden kann und wann er sich auf den Tod vorbereiten sollte?

Die traumatische Ansteckung
(in Form von sekundärer Traumatisierung)

Es ist eine bekannte Tatsache, dass Menschen, die Schreckliches erleben, nachfolgend an einer posttraumatische Belastungsstörung erkranken können. Diese Belastungsstörungen können auf Mitmenschen übertragen werden. Ich vermute, dass dieses Phänomen der Übertragung eines Zustands von posttraumatischer Belastung auf den Vortragenden in meinem Eingangsbeispiel aufgetreten ist.

Psychotherapeuten, Polizisten, Notfallhelfer, Ärzte oder Angehörige, die mit Kriegsopfern, Verletzten, Drogensüchtigen oder sexuell missbrauchten Menschen zu tun haben, können Symptome einer posttraumatischen Belastungsstörung entwickeln. Diese Angehörigen können auch die Kinder dieser Personen sein, zum Beispiel Kriegskinder und Kriegsenkel. Hier möchte ich beispielhaft die bahnbrechenden Forschungen von Luise Reddemann (2015) nennen.

Die Helfer und Angehörigen werden von sogenannten Intrusionen – Bildern, Flashbacks und Albträumen – heimgesucht und erleben die Erlebnisse wieder und wieder, obwohl sie gar nicht ihre eigenen sind. Für indirekte oder sekundäre Traumatisierung genügt es, wenn jemand von den Details eines Traumas erzählt bekommt; direkte sinnliche Eindrücke vom eigentlichen Ereignis sind dafür nicht nötig.

Im Oktober 2001 besuchte ich eine Konferenz in New York und sprach mit einigen Kollegen über die Auswirkungen des 11. September. Sie berichteten unter anderem, dass sie so etwas Schreckliches noch nie gehört und erlebt hätten. Die Bilder, die sich in ihnen festgesetzt hätten, würden sie begleiten bis in ihre Träume und ließen sie nicht los – und das, obwohl sie selbst nicht in dem brennenden World Trade Center gewesen seien.

Für die Diagnose der posttraumatischen Belastungsstörung bedarf es im DSM-5 nicht mehr eines direkten Kontakts mit einem traumatischen Ereignis; man muss also nicht mehr vor Ort dabei gewesen sein, ob als Opfer oder Zuschauer. Ausreichend ist, wenn jemand von den Details eines Traumas erzählt bekommt. Je nach Studie und untersuchter Gruppe wird das Risiko für eine indirekte Traumatisierung meist zwischen zehn und 20 Prozent beziffert. Wenn Therapeuten allerdings selbst eine Traumageschichte haben, muss man mit dem Begriff der »sekundären Traumatisierung« vorsichtig sein. Dann müsste man eher von Retraumatisierung als von sekundärer Traumatisierung sprechen. Die Diagnose bleibt letztlich in allen Fällen posttraumatische Belastungsstörung.

Jenseits aller Phänomene und Zahlen stellt sich die Frage, wie sich die Symptome einer posttraumatischen Belastungsstörung überhaupt auf Helfer oder Angehörige übertragen können. Warum sahen die New Yorker Kollegen jahrelang brennende und abstürzende Menschen? Gerade bei solchen sinnlichen Eindrücken ist es auf den ersten Blick besonders frappierend, dass sie in den Kopf eines anderen gelangen. Eine von Judith Daniels (2008) vorliegende Studie zeigt, dass sich tatsächlich ohne direkten Kontakt zum Ausgangstrauma eine solche »übertragene« Traumatisierung herausbilden kann. Daniels vermutet, dass aufgrund der Tatsache, dass die Gehirnregionen, die visuelle Vorstellungen verarbeiten, sich sehr stark mit Regionen überlappen, die für visuelles Wiedererleben zuständig sind, es für das Gehirn auf einer gewissen Verarbeitungsebene vermutlich egal sei, ob die Bilder durch das Auge und den visuellen Nerv oder aber durch die Vorstellungsfähigkeit entstanden sind. Wenn die Verarbeitung entsprechend laufe, könnten beide als visuelle Intrusionen zu Belastungen führen.

Wie kommt es, dass mancher Therapeut, Helfer oder Angehörige das Gehörte vergleichsweise leicht verdauen kann und ein anderer lange Zeit mit den Gedanken und Eindrücken ringt? Vieles deutet darauf hin, dass es auf die betreffende Person und ihre Situation ankommt. Die Empathiefähigkeit, also das Vermögen, die Gefühle von Patienten emotional nachzuerleben, könnte das Risiko für eine sekundäre Traumatisierung erhöhen, und zwar dann, wenn man die eigenen Gefühle »vergisst«. Vermutlich lässt man sich mit dem Gehörten dann »anstecken«. Bei Therapeuten, Helfern und Angehörigen könnte fehlende Distanz ein Problem sein. Ehefrauen von ehemaligen Kriegsgefangenen zum Beispiel sind offenbar anfälliger für eine sekundäre Traumatisierung, wenn sie sich sehr stark mit ihrem Mann identifizieren, dessen traumatische Erlebnisse verinnerlichen und ihr eigenes Gefühlsleben vernachlässigen.

Judith Daniels ist in ihrer Forschung mit Therapeuten auf einen weiteren Risikofaktor gestoßen, nämlich die dissoziative Verarbeitung des Erzählten. Die Wahrnehmung des Therapeuten verändert sich, während ihm ein Patient von traumatischen Erlebnissen berichtet. Das eigene Handeln erlebt er plötzlich als automatisiert, wie auf Autopilot, während die äußere Welt irreal oder wie im Traum erscheint. Das könnte eine indirekte Traumatisierung begünstigen, weil nämlich die Gegenwart und die reale Situation nicht mehr mitbedacht und mentalisiert werden. Der Therapeut speichert dann das Berichtete ohne Informationen über Ort und Zeitpunkt des gegenwärtigen Geschehens und mit einer geringeren Differenzierung zwischen sich und dem Patienten ab. Aufgrund dieser besonderen Weise der Gedächtnisbildung erlebt er dann in der Erinnerung die Bedrohung als eine aktuelle, gegen sich selbst gerichtete. Auch das könnte der Vortragenden in meinem Eingangsbeispiel passiert sein.

Bis zu einem gewissen Grad hat man es demnach selbst in der Hand, inwieweit Berichte von traumatischen Erlebnissen die Psyche infizieren. Erste Ergebnisse deuten darauf hin, welche durchaus wirksamen Bewältigungsstrategien es gibt.

Psychotische Ansteckung

Die Möglichkeit einer »psychotischen Infektion« ist seit Langem bekannt (früher als »infektiöses Irresein«, »contagio psychica« oder auch als »Folie à deux« bezeichnet).

Folie à deux (französisch: Geistesstörung zu zweit) heißt, dass eine im Allgemeinen geistesgesunde Person die Wahnvorstellungen eines Psychoseerkrankten (Geisteskranken) übernimmt. Damit teilen sich zwei (oder gelegentlich auch mehr) Menschen denselben Wahn oder das gleiche Wahnsystem und bestärken sich nach und nach so in dieser Überzeugung, dass zuletzt ein chronischer Krankheitsverlauf droht.

Nach den bisherigen Erkenntnissen kommt die induzierte wahnhafte Störung nur selten vor. Oder vielleicht sollte man treffender sagen, sie wird nur selten entdeckt und diagnostiziert und noch seltener gezielt behandelt. Der Verlauf droht in der Regel chronisch zu werden. Je länger die gemeinsame psychotische Störung dauert, desto schlechter sind die Heilungsaussichten, falls man sich überhaupt zu einer Therapie entschließt.

Oft handelt es sich bei den Betroffenen um Verwandte, das heißt Schwestern, Brüder, Mütter, Väter, Töchter, Söhne sowie Ehepartner. Seltener, aber auch anzutreffen sind sonstige Verwandte, Freunde, Nachbarn, Anhänger usw. Das Alter hängt von der Zusammensetzung des Paares beziehungsweise der Gruppe ab. Sind es nur zwei Betroffene, ist es meist ähnlich.

Die induzierende Person (»aktiver Partner«, »Induzierer«, »Primärfall«) gilt als eher aktiv, asthenisch, kraftvoll, zäh, beharrlich, gegebenenfalls hochmütig, rücksichtslos oder gar fanatisch, dabei unter Umständen sensitiv, überempfindlich, selbstunsicher oder leicht kränkbar. Die Person ist in der entsprechenden zwischenmenschlichen Beziehung auf jeden Fall dominierend.

Bei den wahnhaften Überzeugungen handelt es sich in der Regel um Verfolgungs-, Beeinträchtigungs-, seltener religiöse oder querulatorische Wahnzustände. Sie können leichter Natur sein, pflegen aber in der Regel eher heftig und bizarr auszufallen. Meist sind sie negativer, also belastender oder bedrohender Art (feindliche Mächte, Bespitzelung, Verfolgung, Schädigung etc.), mitunter auch scheinbar erfreulich bis hin zum Größenwahn (finanziell, politisch, künstlerisch, beruflich, sexuell usw.). Am Ende steht nicht selten ein regelrecht ausgebautes Wahnsystem.

Beim wahninduzierenden, aktiven Partner liegt oft eine vorbestehende Geisteskrankheit vor. In der Regel lautet die psychiatrische Diagnose paranoide (halluzinatorische) Schizophrenie mit formalen Denkstörungen, Ichstörungen und Autismus sowie gegebenenfalls Sinnestäuschungen.

Etwas seltener kann es sich aber auch um eine wahnhafte Störung oder um wahnhafte affektive Störungen, also eine wahnhafte Depression oder eine sogenannte (wahnhaft) »überkochende« Manie handeln.

Die Heilungsaussichten sind meist mäßig bis schlecht. Dies gilt auch für die sogenannte soziale Heilung, das heißt für die Fähigkeit, sich zwischenmenschlich, beruflich und gesellschaftlich einigermaßen zu integrieren.

Die induzierte oder angesteckte Person (passiver Partner, der das Wahnsystem übernimmt) ist oft eher (aber nicht grundsätzlich) passiv, indifferent und asthenisch: kraftlos, ohne Spannkraft und Ausdauer, oft müde, erschöpft und erholungsbedürftig, empfindlich, ängstlich, rasch verstimmbar und von nicht objektivierbaren vegetativen Beschwerden geplagt.

Der passive Partner, dem aktiven meist durch Blutsverwandtschaft oder Heirat verbunden und seit längerer Zeit mit diesem zusammenlebend, manchmal sozial isoliert, versucht sich in der Regel dieser Beziehung anzupassen. Häufig ist er weniger intelligent als der aktive Partner oder erscheint zumindest so. Außer den übernommenen Wahnideen, bis hin zum ausgebauten Wahnsystem, liegen jedoch keine formalen Denkstörungen, keine Ichstörung, kein Autismus vor wie beim aktiven Partner. Deshalb sind beim passiven Partner die Heilungsaussichten bezüglich wirklicher Heilung befriedigend bis gut, wenn er in Behandlung kommt. Am günstigsten sind sie natürlich nach konsequenter Trennung vom wahninduzierenden Partner beziehungsweise wenigstens nach dessen erfolgreicher Behandlung.

Zu den psychologischen Hintergründen einer solchen Abhängigkeit gibt es unterschiedliche Ansichten. Beispiele: reine Nachahmung; aus Sympathie heraus; als Folge einer Beziehung aus dominierendem und sich unterwerfendem Partner; als »Lernprozess«; als mehr oder weniger bewusster Versuch, die eigene kleine Gemeinschaft zu retten. Am plausibelsten erscheint mir, dass der induzierende, wahnhaft gewordene (paranoide) Kranke durch seine isolierende Wahnwelt zu vereinsamen droht. Er sucht sich einen Partner, der ihn vor der völligen sozialen Entfremdung bewahrt, indem er seine Wahnideen teilt.

Der passive, oft auch dependente Partner, aufgrund seiner Persönlichkeitsstruktur meist selber nicht vor Isolationsgefahr geschützt, steht nun vor der Alternative, diese (»abstrusen«) Ideen abzulehnen und dadurch die Beziehung zu gefährden oder sie erst passiv, mit der Zeit aber auch aktiv anzunehmen oder gar auszubauen. Dadurch entsteht eine sogenannte »Wir-Identität«. Damit versuchen beide Partner die gefürchtete und bedrohlich erlebte Umwelt auf Distanz zu halten, und sei es durch aggressive Abgrenzung, die weitere Angehörige, Freunde, Nachbarn, Behörden etc. mit Gewalt abwehrt.

Hierbei spielt das jeweilige Wahnthema eine große Rolle. Es bildet eine verlässliche Norm bei sonst ja diffusem, verwirrendem, vielleicht sogar bedrohlichem Umfeld. An einem konkreten Wahnthema, sei es Verfolgungs- oder Größenwahn, kann man sich halbwegs orientieren. Und wenn es zu einem regelrechten Wahnsystem geworden ist, dann ist die scheinbare Sicherheit noch größer, auch wenn es sich aus objektiver Sicht um »abstruse Hirngespinste« handelt. Dies wird umso wichtiger, je mehr die Betroffenen durch entsprechende Reaktionen der Umgebung in die Enge gedrängt werden, was ihnen nur die Richtigkeit ihrer Vorstellungen bestätigt.

Zuletzt entsteht als Teufelskreis eine sogenannte »Wahnmühle«, in der der passive Partner seine eigene Gefühls- und Erlebenswelt nicht mehr finden kann und aus der die Betroffenen ohne fachliche Hilfe eher nicht mehr herauskommen können. Beim passiven Partner erreicht man durch reine Trennung vom aktiven Part mitunter eine Besserung. Oft ist aber auch damit keine dauerhafte Zustandsänderung verbunden, bisweilen kommt es auch hier eher zu einer Verschlechterung. Am erfolgreichsten ist die getrennte stationäre Aufnahme in einer (oder zwei verschiedenen) psychiatrischen Fachklinik(en) mit einer Kombination aus Psycho- und Soziotherapie und vor allem Pharmakotherapie mit den erwähnten Neuroleptika. Anschließend sollte eine ambulante Nachbetreuung mit fortlaufender psychotherapeutischer und vor allem soziotherapeutischer Führung sowie länger dauernder neuroleptischer Medikation erfolgen. Der Erfolg hängt allerdings von der Mitarbeit der Patienten ab, die nur selten freiwillig und konsequent gegeben ist, vor allem beim aktiven Kranken.

Fazit: Der wirksamste Schutz vor emotionaler Ansteckung kann darin gesehen werden, die eigene Gefühls- und Gedankenwelt nach Möglichkeit zu bewahren, damit diese nicht überfremdet oder gar ausgelöscht werden kann durch die (unbewusste) Aneignung von Emotionen anderer Personen oder Personengruppen. Ich vermute, dass die Vortragende in meinem Eingangsbeispiel mithilfe der nahestehenden Kollegen und Freunde wieder zu sich finden und deshalb auch so schnell wieder zu Kräften kommen konnte. Diese Erfahrung unterstreicht die Bedeutung eines funktionierenden und hilfreichen sozialen Netzes in einem Notfall, der vermutlich durch emotionale Ansteckung ausgelöst wurde.

Literatur

Allner, C. (2018). Vorsicht viral! Emotionen und emotionale Ansteckung im Netz. *Social Media Magazin, 27*, 48–57.
Christakis, N.A. & Fowler, J.H. (2010). *Connected! Die Macht sozialer Netzwerke und warum Glück ansteckend ist.* Frankfurt a.M.: Fischer.
Daniels, J. (2008). Sekundäre Traumatisierung. Interviewstudie zu berufsbedingten Belastungen von Therapeuten. *Psychotherapeut, 53*(2), 100–107.
Dodds, P.S., Muhamad, R. & Watts, D.J. (2003). An Experimental Study of Search in Global Social Networks. *Science, 301*, 827–828.
Freud, S. (1912b). Zur Dynamik der Übertragung. *GW VIII*, 364–374.
Hatfield E., Cacioppo J. & Rapson R. (1993). Emotional Contagion. *Current Directions in Psychological Science, 2*(3), 96–100.
Kächele, H. (1970). Der Begriff »psychogener Tod« in der medizinischen Literatur. *Zeitschrift für Psychosomatische Medizin und Psychoanalyse, 16*(2), 1, 105–129; 2, 202–222.
Phillips, D.P. (1974). The influence of suggestion on suicide: substantive and theoretical implications of the Werther effect. *Am Soc Rev, 39*, 340–354.
Reddemann, L. (2015). *Kriegskinder und Kriegsenkel in der Psychotherapie.* Stuttgart: Klett-Cotta.
Rempala, D. (2013). Cognitive strategies for controlling emotional contagion. *Journal of Applied Social Psychology, 43*(7), 1528–1537.
Schmid, G.B. (2000). *Tod durch Vorstellungskraft.* Wien: Springer.
Schmid, G.B. (2010). *Selbstheilung durch Vorstellungskraft.* Wien: Springer.
Ziegler, W. & Hegerl, U. (2002). Der Werther-Effekt. *Nervenarzt, 73*, 41–49.

Biografische Notiz
Marie-Luise Althoff, Dr. phil., ist als Psychotherapeutin und Psychoanalytikerin für Kinder, Jugendliche und Erwachsene in freier Praxis in Bielefeld tätig. Darüber hinaus ist sie

Dozentin, Supervisorin, Lehrtherapeutin und Lehranalytikerin sowie Prüferin an mehreren Instituten, seit zehn Jahren regelmäßige Dozentin der Erfurter Psychotherapiewoche sowie ehemalige KBV-Gutachterin.

Psychosozial-Verlag

Steven Taylor
Die Pandemie als psychologische Herausforderung
Ansätze für ein psychosoziales Krisenmanagement

2020 · 185 Seiten · Broschur
ISBN 978-3-8379-3035-1

»**Eine wertvolle Grundlage für politische Entscheidungsträger.**«
Dean McKay

»**Ein umfassender Überblick über die psychologischen Zusammenhänge und Folgen von Pandemien.**«
Bunmi O. Olatunji

Schon lange vor dem neuartigen Coronavirus wurden Szenarien für die Bekämpfung von Pandemien entworfen. Psychologischen Faktoren und emotionalen Belastungen wurde dabei bemerkenswert wenig Aufmerksamkeit zuteil. Mit der Zielsetzung, diese psychosoziale Dimension stärker zu beleuchten, erschien im Herbst 2019 die englischsprachige Originalausgabe dieses Buches – nur wenige Wochen vor dem Ausbruch von COVID-19 im chinesischen Wuhan.

Auf der Grundlage der wissenschaftlichen Literatur zu früheren Pandemien untersucht Steven Taylor die psychologischen Folgen von Pandemien und ihrer Bekämpfung. Er verdeutlicht, dass die Psychologie bei der (Nicht-)Einhaltung von Abstandsregelungen und Hygieneempfehlungen sowie beim Umgang mit der pandemischen Bedrohung und den damit verbundenen Einschränkungen eine wichtige Rolle spielt. Anhand zahlreicher Fallberichte erörtert er die vielfältigen Reaktionen: weitverbreitete Ängste vor Ansteckung und wirtschaftlichem Ruin, Panikkäufe, Verschwörungstheorien, Rassismus, unangepasstes Verhalten sowie Abwehrreaktionen, aber auch die Zunahme von Altruismus.

Psychosozial-Verlag

Konrad Heiland (Hg.)
Kontrollierter Kontrollverlust
Jazz und Psychoanalyse

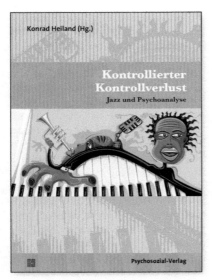

2016 · 340 Seiten · Broschur
ISBN 978-3-8379-2530-2

Die perfekte Kontrolle blockiert unsere Kreativität, im völligen Kontrollverlust versinken wir im Chaos. Kontrollierter Kontrollverlust – ein Zustand, der sowohl für den psychoanalytischen Prozess als auch für den Jazz konstitutiv ist, gibt der Kreativität einen Rahmen.

Sowohl in der Psychoanalyse als auch in der Musik ist ein kontrollierter Kontrollverlust nicht nur möglich, sondern sogar erwünscht, um Spielräume auszuloten, die Beziehung zwischen Bewusstem und Unbewusstem zu vertiefen und neue Ideen zu entwickeln. Die Texte des vorliegenden Buches vermitteln ein besseres Verständnis psychischer Prozesse anhand musikalischer Phänomene, während umgekehrt auch musikalische Vorgänge mithilfe psychoanalytischer Begrifflichkeiten verstehbar werden. Porträts facettenreicher Musikerpersönlichkeiten sowie Interviews mit zeitgenössischen Jazz-Musikern ergänzen die theoretischen Betrachtungen.

Mit Beiträgen von Ulli Bartel, Christopher Dell, Daniel Feige, Laia Genc, Konrad Heiland, Andreas Jacke, Hannes König, Klaus Lumma, Sebastian Leikert, Antje Niebuhr, Theo Piegler, Jörg Scharff und Willem Strank